구속사의 관점에서 본

요한복음 파노라마

우리가 메시아를 만났다

유도순 지음

머릿돌

▌추천사▌

비 성서적인 주장의 파도 속에서 나침반의 역할을

이 책은 유도순 목사님의 세 번째 방송 성경 강해 집입니다. 첫 번째로 로마서 강해가 나왔고 이어 창세기 강해가 나왔으며 이번에 요한복음 강해가 출간되기에 이른 것입니다. 이 같은 작업이 끊어지지 않고 계속되어 성경 예순 여섯 권의 방송 성경 강해가 모두 출간되기를 바랍니다. 하나님께서 이 일에 필요한 건강과 지혜와 그 밖의 것들을 허락하여 주시기를 간구합니다.

유도순 목사님의 방송 성경 강해는 처음에는 극동방송의 심야 시간대에서 송출되다가 많은 청취자들이 청취하기 편한 시간대로 옮겼으면 좋겠다는 요청이 있어서 현재의 방송시간으로 옮겨졌습니다. 그 뒤에 유목사님의 설교를 북방지역과 국내 전역에서 청취가 가능한 아세아 방송의 이른 아침 시간대에서도 송출하게 되었습니다. 방송설교의 일차적 평가 자들이라고도 할 수 있는 방송 실무자들이 유도순 목사님의 설교에 대해 이렇게 깊은 관심을 갖고 있는 것은 유도순 목사님의 성경 강해가 이 시대에 꼭 필요한 것이라는 판단 때문인 것으로 알고 있습니다.

영적 복음서라는 별명을 가지고 있는 요한복음서는 영지주의의 위협을 받고 있던 초대교회 성도들에게 있어서 하나의 밝은 등불이었습니다. 유목사님의 구속사적 관점에서 본 요한복음서 강해는 이단과 비 성서적인 주장들의 파도 속에서 허덕이고 있는 이 세대 성도들에게 나침반 역할을 할 것으로 확신합니다.

요한복음서는 기록 목적을 분명하게 제시하고 있습니다. "너희로 예수께서 하나님의 아들 그리스도이심을 믿게 하려 함이요, 또 너희로 믿고 그 이름을 힘입어 생명을 얻게 함이라"(요 20:31), 유도순 목사님의 기도와 정성이 깃들어 있는 이 책을 통해 더욱 많은 사람들이 예수님을 하나님의 아들 그리스도로 고백하고 영생을 얻게 되는 일이 일어나기를 바라면서 삼가 추천합니다.

극동방송. 아세아방송 사장 **김 장 환**

머리말

저는 로마서를 통해 복음을 만났습니다. 어느 석양에 포켓 성경을 읽으면서 산기슭을 걷고 있었습니다. 제가 읽고 있던 곳은 로마서의 "일하는 자에게는 그 삯을 은혜로 여기지 아니하고 빚으로 여기거니와 일을 아니할지라도 경건치 아니한 자를 의롭다 하시는 이를 믿는 자에게는 그의 믿음을 의로 여기시나니"(롬 4:4-5) 하는 말씀이었는데 그 때 갑자기 성령의 조명을 받게 되었습니다. 그 후로 저는 로마서에 미친 목사가 되었습니다. 이것이 로마서 강해 상 하권을 쓰게 된 동기입니다.

또한 저는 창세기를 통해서 하나님의 주권을 만났습니다. 언약하시고 주권적으로 성취해 나가시는 하나님의 은혜의 역사를 깨닫게 하셨습니다. 오늘날 인간의 책임만을 강조한 채 하나님의 주권에 대해서는 얼마나 모르고 있는지요. 하나님의 주권을 만나고부터 비로소 제 마음에 하나님 안에서 즐거워하는 평강을 누리게 되었습니다. 이것이 창세기 파노라마를 쓰게 된 동기입니다.

다음으로 저는 요한복음을 통해서 크게 두 가지를 깨닫게 되었는데 첫째는, 성경은 기록한 목적에 입각해서 해석되어야 한다는 것이고, 둘째는 모든 사람은 메시아를 만나야만 한다(1:41)는 점입니다. 요한복음은 기록목적을 분명하게 밝히고 있는(20:30-31) 복음서입니다. 성경을 올바르게 해석하는 길은 성경을 기록한 목적대로 해석하는 것일 겁니다. 그러나 오늘날은 기록하게 하신 분의 의도와는 너무나 동떨어지게, 자기 좋을 대로, 회중이 좋아하는 대로 전해지고 있음을 보게 된 것입니다. 이것이 요한복음 파노라마를 쓰게 된 동기입니다.

이상의 저서들은 책으로 펴내기에 앞서 극동방송을 통해서 10년여에 걸쳐서 방송된 내용들입니다. 바울 사도는 "이것을 읽으면 그리스도의 비밀을 내가 깨달은 것을 너희가 알 수 있으리라"(엡 3:4) 하고 말씀했습니다. 감히 말씀 드립니다. "요한복음 파노라마"를 읽으면 형제도 메시아를 만나게 될 것이고, 구원의 확신을 갖게 될 것입니다. 그리고 왜 성경을 구속사의 관점에서 보아야만 하는지를 깨닫게 될 것입니다.

저는 이 책을 예수 그리스도와 복음을 증거하기 위해서 썼습니다. 이것은 제가 주님을 처음 만났을 때의 약속입니다.

본서를 읽는 독자 여러분들에게 부탁드릴 말씀이 있습니다. 각 장의 앞부분에 도표로 작성하여 제시한 성경 본문을 먼저 읽으실 것을 간곡히 부탁드립니다.

주님이시여, 이 책을 읽는 자마다 예수 그리스도를 만나는 역사가 일어나게 하옵소서. 복음전파에 귀하게 쓰임 받고 있는 극동방송, 아세아방송 위에 복을 주시옵소서, 이 책이 나오기까지 물심양면으로 수고한 우리교회 성도들을 기억하여 주시옵소서.

1994. 11 **유 도 순**

CONTENTS

20:30-31절 요한복음을 기록한 목적 19
1:1-18절 요한복음 전체적인 요약 25
1:19-34절 세상 죄를 지고 가는 하나님의 어린양 35
1:35-51절 최초로 메시아를 만난 사람들 43
2:1-12절 첫 표적의 구속사적 의미 52
2:13-22절 성전 정화의 구속사적 의미 61
2:23-3:15절 거듭나야 들어가는 하나님 나라 71
3:16-36절 독생자를 보내주신 하나님 83
4:1-26절 네게 말하는 내가 그로라 93
4:27-42절 세상의 구주신줄 앎이니라 104
4:43-54절 보고 믿는 믿음, 말씀 믿는 믿음 113
5:1-18절 내 아버지께서 이제까지 일하시니 나도 일한다 120
5:19-30절 성부 성자 간의 동역 128
5:31-47절 5중 6중 7중의 증거 135
6:1-27절 5병 2어의 표적을 행하심 145
6:28-51절 내가 곧 생명의 떡이로라 154
6:52-71절 내 안에 거하라 나도 네 안에 거하리라 166
7:1-24절 사람이 하나님의 뜻을 행하려 하면 182
7:25-53절 누구든지 목마르거든 내게로 와서 마셔라 188
8:1-11절 나도 너를 정죄하지 않는다 200
8:12-30절 나를 믿지 아니하면 죄 가운데서 죽으리라 207

8:31-47절 진리가 너희를 자유케 하리라 217
8:48-59절 죽음을 영원히 보지 아니하리라 227
9:1-23절 세상의 빛이 되시는 그리스도 236
9:24-41절 너와 말하는 내가 그리스도다 246
10:1-21절 나는 양의 문이요 선한 목자라 253
10:22-42절 나와 아버지는 하나이니라 266
11:1-32절 나는 부활이요 생명이라 275
11:33-57절 네가 믿으면 하나님을 영광을 보리라 283
12:1-26절 인자가 영광을 얻을 때가 왔도다 294
12:27-50절 이를 위하여 이 때에 왔나이다 303
13:1-20절 하나님께로 돌아가실 때가 이른 줄 아시고 313
13:21-38절 새 계명을 너희에게 주노라 322
14:1-15절 너희는 마음에 근심하지 말라 330
14:16-31절 성령이 너희와 함께 있으리라 343
15:1-15절 내 안에 거하라 나도 너희 안에 거하리라 358
15:16-27절 택함 받은 자의 사명과 고난 376
16:1-15절 내가 떠나가는 것이 너희에게 유익이라 386
16:16-33절 환난을 당하나 담대 하라 내가 이기었노라 397
17:1-8절 아버지여 때가 이르렀삽나이다. 412
17:9-26절 제자들과 교회를 위한 기도 423
18:1-27절 너희가 누구를 찾느냐 437
18:28-40절 네 말과 같이 내가 왕이니라 447
19:1-22절 십자가에 못박히신 하나님의 아들 457
19:23-42절 다 이루었다 하시고 운명하시다 464
20:1-18절 어찌하여 울며 누구를 찾느냐 476
20:19-31절 아버지께서 나를 보내신 것같이
나도 너희를 보내노라 483
21:1-14절 부활 후 세 번째로 나타내신 의도 493
21:15-25절 내 양을 먹이라 나를 따르라 502

▌요한복음 파노라마▐

주제: 예수께서 하나님의 아들 그리스도이심을 믿게 하려 함이요
믿고 영생을 얻게 하려 함이라(20:31)

요한복음은 말미(末尾)에서 기록목적을 분명히 밝혀주고 있는 복음서입니다. "오직 이것을 기록(記錄)함은 너희로 예수께서 하나님의 아들 그리스도이심을 믿게 하려 함이요 또 너희로 믿고 그 이름을 힘입어 생명(生命)을 얻게 하려 함이니라"(20:31) 합니다.

이는 요한복음에 국한된 것이 아니라, "예수가 누군가? 그가 우리를 위해서 무엇을 행해주셨는가?" 하는 두 주제(主題)는 모든 복음서의 공통적인 기록목적인 것입니다. 그러므로 복음서를 해석하고 설교할 때에 이 두 주제에 입각해서 증거 해야만 복음서를 기록한 목적대로 바르게 사용하는 것이 됩니다.

① 먼저 "예수가 누구신가?" 하는 점을 상고해보겠습니다. 이점이 1:1절, 14절, 18절의 결부(結付)에 나타납니다.

㉠ 1:1절, "태초에 말씀이 계시니라 이 말씀이 하나님과 함께 계셨으니 이 말씀은 곧 하나님이시니라"(1:1).

㉡ 1:14절, 이 “말씀이 육신이 되어 우리 가운데 거하시매”,

㉢ 1:18절, “본래 하나님을 본 사람이 없으되 아버지 품속에 있는 독생하신 하나님이 나타내셨느니라”(1:18) 합니다.

즉 하나님과 함께 계시던 말씀이, 육신이 되어 우리 가운데 거하심으로, 볼 수 없는 하나님께서 볼 수 있는 사람으로 나타내셨다는 것입니다. 그리하여 “우리가 그 영광을 보니 아버지의 독생자의 영광이요 은혜와 진리가 충만하더라”(1:14) 합니다. 옛적에 모세의 성막과, 솔로몬의 성전에 충만했던 영광은 임마누엘에 대한 예표였던 것입니다. “예수”는 이러한 분이시라는 것입니다.

그러므로 빌립이 “주여 아버지를 우리에게 보여 주옵소서” 하고 말하자, “내가 이렇게 오래 너희와 함께 있으되 네가 나를 알지 못하느냐 나를 본 자는 아버지를 보았거늘 어찌하여 아버지를 보이라 하느냐”(14:8-9) 하시고, “나와 아버지는 하나이니라(10:30), 아브라함이 나기 전부터 내가 있었느니라”(8:58) 말씀하셨습니다.

② 이런 맥락에서 요한복음에 계시된 예수 그리스도는 아브라함과 다윗의 자손으로 오신 것도 아니요, 인류의 시조 아담으로부터 나신 것도 아닙니다. 그러므로 족보가 있는 것도 아니요, 태어나신 출생지가 있는 것도 아닙니다. 요한복음이 예수가 누구신가를 얼마나 드러내기를 원하고 있는가 하는 점이 구구절절이에 나타납니다.

㉠ 유대인들은 세례 요한에게 “네가 누구냐”(1:19) 하고 묻습니다. 그들은 혹시 세례 요한이 그리스도신가 해서 물었던 것입니다. 요한은 나는 그리스도가 아니다 나는 그 분의 길을 예비하기 위해서 온 “광야에서 외치는 자의 소리”라고 말합니다. 그리고는 “보라 세상 죄를 지고 가는 하나님의 어린양이로다”(1:29) 하고 증거합니다.

㉡ 주님은 사마리아 수가성의 여인에게, "네게 물 좀 달라 하는 이가 누구 인줄 알았더면"(4:10) 하십니다.

㉢ 베데스다 연못가에 누어있던 38년 된 병자가 고침을 받고 걸어갈 때에, "너더러 자리를 들고 걸어가라 한 사람이 누구냐"(5:12) 하고 묻습니다.

㉣ 나면서 소경 되었던 자에게, "그 사람이 네 눈을 뜨게 하셨으니 너는 그를 어떠한 사람이라 하느냐"(9:17) 하고 묻습니다.

㉤ 주님께서 "내가 땅에서 들리면 모든 사람을 내게로 이끌겠노라" 하시자 "너는 어찌하여 인자가 들려야 하리라 하느냐 이 인자는 누구냐"(12:34) 하고 묻습니다.

요한복음의 1차적인 기록목적은 이렇게 반복적으로 제기되는, "예수가 누구신가"를 증거하기 위해서 기록이 된 것입니다. 그러므로 요한복음을 읽는 자와 듣는 자는 "너는 나를 누구라 하느냐?" 하는 주님의 질문에 확고한 대답을 가지고 있어야 하는 것입니다.

③ 또한 요한복음에는 7가지 표적(表迹)과, 7번의 자기 선언(宣言)이 나옵니다. 요한은 주님께서 행하신 많은 기사이적 중에서 7가지만을 선별적으로 기록하면서 이를 7번의 자기 선언과 조화를 시키고 있습니다. 그래서 이적이라 하지 않고 "표적"이라 말씀하는 것입니다.

㉠ 주님은 "내가 생명의 떡이다"(6:35) 하고 선언하셨는데, 이 선언은 5병 2어로 5천명을 먹이신 후에 하신 선언으로 "표적과, 선언"이 조화를 이루고 있습니다.

㉡ "내가 세상의 빛이라"(9:5, 8:12) 하신 선언은 나면서부터 소경 된 자를 보게 하신 표적 후에 주어짐으로 조화를 이루고 있습니다.

㉢ “나는 부활이요, 생명이다”(11:25) 하신 선언은 죽은 지 나흘이나 되어 냄새가 나는 나사로를 살리시는 표적과 함께 주어졌습니다. 이 표적은 주님께서 “사망의 세력을 잡은 자 곧 마귀를 없이 하시려”(히 2:14) 오셨음을 증거해 주는 표적이었던 것입니다.

㉣ 이 외에도 “나는 양의 문이라(10:7), 내가 곧 길이요 진리요 생명이다”(14:6) 하고 선언하셨는데, 이는 내가 곧 해답(解答)이다 하는 뜻입니다. 그렇습니다. 성경은 문제(問題)가 발생했기 때문에 주어진 해답(解答)입니다. 그래서 “나로 말미암지 않고는 아버지께로 올 자가 없느니라” 하십니다.

㉤ “나는 선한 목자라”(10:11) 하고 선언하셨는데 이는 에스겔 선지자로 예언하신, “내가 한 목자를 그들 위에 세워 먹이게 하리니 그는 내 종 다윗이라 그가 그들을 먹이고 그들의 목자가 될지라”(겔 34:23) 하신 예언의 성취 자로 오셨음을 의미합니다.

㉥ “내가 참 포도나무요 너희는 가지니”(15:5) 하고 선언하십니다. 이는 그리스도와의 연합을 가리키는 것으로, 그를 믿는 자는 주님과 떼어놓을 수도 없고, 떨어질 수도 없음을 나타냅니다.

이상의 증거들이 우리가 믿는 “예수”가 누구신가를 계시해주고 있습니다.

④ 다음은 요한복음을 기록한 두 번째 목적인 “또 너희로 믿고 그 이름을 힘입어 생명을 얻게 하려 함이니라”는 말씀을 상고해 보겠습니다.

㉠ “자기 땅에 오매 자기 백성이 영접하지 아니하였다”(1:11) 하고 말씀합니다. 그러면 어떻게 하는 것이 영접(迎接)하는 것인가? “영접하는 자 곧 그 이름을 믿는 자들에게는 하나님의 자녀가 되는

권세를 주셨으니"(1:12), 즉 믿는 것이 영접(迎接)하는 것이라고 말씀합니다. 그러므로 요한복음에는 "믿음"이 강조되어 있습니다.

㉡ "믿는 자는 영생이 있고"(3:36),

㉢ "믿는 자는 영생을 얻었고"(5:24),

㉣ "믿는 자는 영생을 가졌나니"(6:47) 하십니다.

이점에서 중요하게 대두되는 것이 믿음의 "내용"이 무엇이냐 하는 점입니다. 즉 멸망 받아 마땅한 자들이 예수님의 무엇을 믿음으로 영생을 얻게 되는 것이 가능하여진단 말인가? 한마디로 십자가상에서 "다 이루었다"(19:30) 하고 선언하신 구속을 믿는 것입니다. 왜냐하면 주님께서는 십자가를 앞에 놓고, "내가 이를 위하여 이 때에 왔나이다"(12:27) 하고 말씀하셨기 때문입니다.

이점이 "그 이름을 힘입어"(20:31) 라는 표현에 나타납니다. 전적 타락한 인간은 자력으로는 구원에 이를 수가 없고 누군가를 "힘입을" 수 밖에는 없게 된 것입니다. 이점이 "오호라 나는 곤고한 사람이로다 이 사망의 몸에서 누가 나를 건져 내랴"(롬 7:24) 한 절규에 나타납니다.

⑤ 이런 맥락에서 요한복음에는 "때"를 강조하면서, 모든 초점(焦點)이 이 〈때〉에 맞춰져 있음을 대하게 됩니다.

㉠ 가나 혼인 잔치 집에 포도주가 떨어졌다는 마리아의 말에, "나와 무슨 상관이 있나이까 내 때가 아직 이르지 못하였나이다"(2:4) 하십니다.

㉡ 육신의 형제들이 "이 일을 행하려 하거든 자신을 세상에 나타내소서" 하는 말에, "내 때는 아직 이르지 아니하였다"(7:6) 하십니다.

㉢ 연보 궤 앞에서 말씀하셨으나 잡는 자가 없음은 "그의 때가 아직 이르지 아니 하였음일러라"(8:20) 합니다.

㉣ 주님은 십자가를 앞에 놓고 "아버지여 이 때를 면하게 하여 주옵소서 그러나 내가 이를 위하여 이 때에 왔나이다"(12:27) 하십니다.

㉤ "유월절 전에 예수께서 자기가 세상을 떠나 아버지께로 돌아가실 때가 이른 줄 아시고"(13:1) 합니다.

㉥ 드디어 "아버지여 때가 이르렀사오니 아들을 영화롭게 하사 아들로 아버지를 영화롭게 하게 하옵소서"(17:1) 하시고,

㉦ 십자가상에서 "다 이루었다"(19:30) 선언하십니다. 이 구속을 믿는 자는 "영생이 있고, 영생을 얻었고, 영생을 가졌나니" 하는 것이 가능하여진다는 말씀입니다. 주님께서는 이를 위해서 이 때에 오셨던 것입니다.

⑥ 8장에는 간음하다 현장에서 끌려온 여인이 등장하는데 이를 들어 설명함이 도움이 됩니다. 그 장면은 여인을 중심(中心)으로 한편에는 모세가 율법(律法)을 들고 서 있고, 다른 한 편에는 예수님이 복음(福音)을 들고 서 있는 재판 장면의 구도(構圖)입니다.

㉠ 모세는 율법에 기록한 대로 돌로 치라 명합니다. "선생은 어떻게 명하시겠나이까" 하고 묻습니다.

㉡ 주님은 "나도 너를 정죄(定罪)하지 아니하노니"(8:11) 하십니다. 누명을 쓴 자가 아니라 명백한 현행범인데 의로우신 주님께서, 정죄하지 않는다는 것이 어떻게 가능하단 말인가?

이에 대한 대답이 로마서 8:3절에 나옵니다. "율법이 할 수 없는 그것을 하나님은 하시나니 자기 아들을 죄 있는 육신의 모양으로

보내어 육신의 죄(罪)를 정(定)하사", 즉 예수 그리스도에게 여인과 우리들의 죄를 대신 정죄하심으로 가능해졌다는 것입니다. 그래서 예수 그리스도는 문제에 대한 해답이십니다.

⑦ 요한복음에는 주님께서 친히 "진실로 진실로 너희에게 이르노니" 하시는 말씀이 무려 25번이나 등장하는데 이를 주목해 보아야만 합니다. "진실로 진실로 너희에게 이르노니 인자의 살을 먹지 아니하고 인자의 피를 마시지 아니하면 너희 속에 생명이 없느니라 내 살을 먹고 내 피를 마시는 자는 영생을 가졌고 마지막 날에 내가 그를 다시 살리리니"(6:53-54) 하십니다.

㉠ "이러므로 제자 중에 많이 물러가고 다시 그와 함께 다니지 아니 하더라"(6:66) 합니다. 5병 2어의 식탁에는 5천명이 모였으나 복음진리의 식탁에는 다 물러가고 말았던 것입니다. 이런 맥락에서 요한복음에는 주님을 귀신들린 "미친 자" 취급하는 것이 여러 번 등장합니다.

㉮ "당신은 귀신이 들렸도다 누가 당신을 죽이려 하나이까"(7:20),

㉯ "너를 사마리아 사람이라 또는 귀신이 들렸다 하는 말이 옳지 아니하냐"(8:48),

㉰ "유대인이 가로되 지금 네가 귀신 들린 줄 아노라 아브라함과 선지자들도 죽었거늘 네 말은 사람이 내 말을 지키면 죽음을 영원히 맛보지 아니하리라 하니"(8:52) 하고 비웃었던 것입니다.

㉱ "저가 귀신 들려 미쳤거늘 어찌하여 그 말을 듣느냐 하며 혹은 말하되 이 말은 귀신 들린 자의 말이 아니라 귀신이 소경의 눈을 뜨게 할 수 있느냐"(10:20-21) 하고 쟁론합니다.

우리가 믿는 예수님께서는 4대 성인 중 한 분이 아니십니다. 그들 중 누가 "나는 하나님의 아들이다, 나는 하늘에서 내려온 산 떡이다 이를 먹으면 영원히 죽지 아니하리라, 나를 믿는 자는 죽어도 살겠고, 내가 다시 와서 너희를 내게로 영접하여 나 있는 곳에 너희도 있게 하리라" 하고 말한 사람이 있었습니까? 우리 주님은 "귀신 들린 자이거나, 하나님의 아들 그리스도"이시거나 둘 중의 하나이신 것입니다.

그런데 귀신 들린 자가 "죽은 지가 나흘이 되었으매 벌써 냄새가 나나이다"(11:39) 한 나사로를 살릴 수가 있단 말인가? 형제는 예수님을 누가라고 고백하십니까?

⑧ 그러므로 요한복음에는 "성령"에 관한 언급이 많이 등장합니다. 성경 전체에 있어서 "성령론"은 주님께서 잡히시던 날 밤에 행하신 다락방 강화에 집중적으로 나타납니다. 왜냐하면 "성령으로 아니하고는 누구든지 예수를 주시라 할 수가 없기"(고전 12:3) 때문입니다.

㉠ 주님께서 십자가 상에서 "다 이루었다" 하고 선언하셨을 때에 1500년 동안이나 가로막혀있던 휘장이 비로소 열렸습니다. 죄의 담은 제거가 되고 하나님 앞에 나아가는 길이 열렸다는 증거입니다. 그런데 이를 인간의 지혜로 알 수가 있단 말인가? 그래서 주님은 "예루살렘을 떠나지 말고 내게 들은바 아버지의 약속하신 것을 기다리라"(행 1:4) 명하셨던 것입니다. 그러면 성령의 사명이 무엇인가?

㉡ "보혜사 곧 아버지께로서 나오시는 진리의 성령이 오실 때에 그가 나를 증거하실 것이요"(15:26), 즉 주님께서 이루어 놓으신 구속 사역을 증거하러 오시는 것입니다. 그러므로 주님은 근심하는 제자들에게 "그러하나 내가 너희에게 실상을 말하노니 내가 떠나가는 것이

너희에게 유익이라 내가 떠나가지 아니하면 보혜사가 너희에게로 오시지 아니할 것이요 가면 내가 그를 너희에게로 보내리니"(16:7) 하신 것입니다.

만일 주님께서 죽으시고 다시 사심을 통해서 "다 이루었다" 하심이 없다면 성령은 오시지 아니하셨을 것이요, 오실 이유도 없으신 것입니다. 그리하여 사도행전 1장에서 주님은 승천하시고, 2장에서 성령은 강림하시는 임무교대(任務交代)가 이루어졌던 것입니다.

⑨ 요한복음의 요절(要節)은, "하나님이 세상을 이처럼 사랑하사 독생자를 주셨으니 이는 저를 믿는 자마다 멸망치 않고 영생을 얻게 하려 하심이니라" 한 3:16절입니다. 이는 요한복음의 요절일 뿐만 아니라 성경 전체의 요절이라 할 수가 있습니다.

㉠ 예수가 누군가? 하나님의 "독생자"이십니다.

㉡ 왜 오셨는가? "믿는 자는 영생"을 얻고,

㉢ "믿지 않는 자는 멸망"을 당한다,

㉣ 하나님께서 왜 이렇게 행해주셨는가? "세상을 이처럼 사랑하사", 그렇습니다. 궁극적인 증거는 하나님의 사랑입니다.

주님은 "사람이 친구를 위하여 자기 목숨을 버리면 이에서 더 큰 사랑이 없나니"(15:13) 하시고, 로마서에서는 "우리가 아직 죄인 되었을 때에 그리스도께서 우리를 위하여 죽으심으로 하나님께서 우리에게 대한 자기의 사랑을 확증(確證)하셨느니라"(롬 5:8), 즉 확실히 증명하셨다고 말씀합니다.

형제여, 하나님의 사랑에 대한 인간의 합당한 반응도 한마디로 요약을 하면 "사랑"입니다. 주님께서는 물으십니다. "네가 나를 사랑하느냐"(21:15), 아멘.

요한복음 20:30-31절, 개관도표

주제: 요한복음을 기록한 목적

<table>
<tr><td>기록 목적</td><td>30-31
30 ① 예수께서 제자들 앞에서 이 책에 기록되지 아니한 다른 표적도 많이 행하셨으나

31 ② 오직 이것을 기록함은
너희로 예수께서
하나님의 아들 그리스도이심을 믿게 하려 함이요

또 너희로 믿고 그 이름을 힘입어 생명을 얻게 하려 함이니라</td></tr>
</table>

20:30-31절
요한복음을 기록한 목적

본문은 사도 요한이 복음서를 끝마치면서 밝힌 기록목적(記錄目的)입니다. 그런데 어찌하여 마지막 부분에 놓여있는 기록목적을 맨 앞으로 가져와 우선적으로 상고해야만 하는가? 그것은 현대교회가 하나님께서 맡겨주신 성경을 기록한 목적대로 해석하여, 바르게 사용(使用) 하고 있는가 하는 물음을 제기하자는 뜻에서입니다. 이는 본문에 들어가기에 앞서서 겸허하게 물어야 될 물음입니다.

요한복음은 도표(圖表)에 표시된 대로, "오직 이것을 기록함은" 하고 기록(記錄)목적을 분명히 밝히고 있습니다.

① "오직 이것을 기록함은 너희로 예수께서 하나님의 아들 그리스도이심을 믿게 하려 함이요",

② "또 너희로 믿고 그 이름을 힘입어 생명을 얻게 하려 함이니라".

이 두 주제를 증거하기 위해서 요한복음을 기록하였다고 말씀합니다.

그렇다면 요한복음은 이 두 가지 기록목적에 의해서 해석이 되어야 마땅한 것입니다. 만일 기록한 목적(目的)대로 사용하지 아니할 때는, "무식한 자들과 굳세지 못한 자들이 다른 성경과 같이 그것도 억지로 풀다가 스스로 멸망에 이르느니라"(벧후 3:16) 한 결과를 가져올 수도 있기 때문입니다.

자신만이 아니라, "화 있을진저 너희 율법사여 너희가 지식의 열쇠를 가져가고 너희도 들어가지 않고 또 들어가고자 하는 자도 막았느니라"(눅 11:52) 하십니다. 무엇으로 막았는가? 설교를 통해서입니다. 유대인들은 메시아를 대망하고 있었으나 메시아가 오시자 배척하고 죽였습니다. 그렇게 한 원인은 지식의 열쇠를 가진 자(성경 해석자들)들이 성경을 곡해(曲解)했기 때문입니다.

이는 요한복음에만 국한된 기록목적은 아닙니다. 마태복음을 예로 들어보면 마태복음도 구도는 둘(두 주제)로 나누어져 있습니다. 그 분기점은, "너희는 나를 누구라 하느냐" 하고 물으신 16:15절입니다. 이 질문을 중심으로 전반부는 예수가 누구인가를 증거 하는데 초점을 맞추고 있습니다. 예수가 메시아 곧 그리스도이심을 입증하기 위하여, 많은 기사와 이적이 제시되고 있습니다. 8:32절 이하에는 바다를 잔잔케 하신 기사가 있는데 이 사건을 통해서 제자들은, "이 어떠한 사람이기에 바람과 바다도 순종하는고"(27) 하고 말했던 것입니다. 이처럼 전반부의 초점은, 예수가 누군가를 증거하는데 맞춰져 있습니다.

"주는 그리스도시요 살아계신 하나님의 아들이시니이다" 하는 베드로의 신앙고백을 들으신 후에, "이때로부터 예수 그리스도께서 (그냥 예수라 하지 않고 예수 그리스도라 칭하고 있음을 주목하라)

자기가 예루살렘에 올라가 장로들과 대제사장들과 서기관들에게 많은 고난을 받고 죽임을 당하고 제 삼 일에 살아나야 할 것을 제자들에게 비로소 가르치시니"(21), 즉 예수 그리스도께서 왜 오셔야만 했는가를 비로소 말씀하셨던 것입니다.

성경은 문제에 대한 해답으로 주어진 것입니다. 한 사람으로 말미암아 죄가 세상에 들어왔습니다. 죄는 하나님을 대적하고 하나님의 나라를 파괴하였습니다. 안식(安息)하시던 하나님께서는, "내가…하리니"(창 3:15) 하고, 다시 일을 시작하셨습니다. "죄가 세상에 들어오지" 않았다면 성경은 기록될 필요가 없었을 것이요, 그리스도께서 이 땅에 오셔서 십자가에 못 박혀야 하는 일은 없었을 것입니다.

그러면 시작하신 일의 내용이 무엇인가? "여자의 후손을 보내어 뱀의 머리를 상하게 하리라"(창 3:15), 즉 자기 아들을 통하여 이루신다는 것이 하나님의 구원계획입니다. 그리고 하나님의 일하심이 계시록 마지막에 이르러서, "이루었도다 나는 알파와 오메가요, 처음과 나중이요, 시작과 끝이라"(계 21:6) 하고 완성이 된다는 것이 신 구약성경의 구조(構造)입니다. 그러므로 성경은 점들의 모임이 아니라 계획하시고 언약하신 바를 성취해나가시는 구속사(救贖史)라는 "선"(線)인 것입니다.

이점에서 우리의 시야를 구속사(救贖史)라는 넓은 지평으로 돌려신 구약성경 전체의 기록목적이 무엇인가를 생각해 보아야만 하겠습니다. 주님께서는 말씀하십니다. "너희가 성경에서 영생을 얻는 줄 생각하고 성경을 상고하거니와 이 성경이 곧 내게 대하여 증거하는 것이로다"(5:39), 구약성경의 기록목적도 그리스도를 증거하기 위하여 기록이 되었다는 말씀입니다.

구약성경(舊約聖經)의 주제는 무엇인가? 범죄한 인간을 구원하시기 위하여, "여인의 후손"(창 3:15)으로 지칭된 메시아를, 아브라함과 다윗의 자손으로 보내주시겠다는 것이 구약성경의 주제입니다.

그러면 신약성경(新約聖經)의 주제는 무엇인가? "아브라함과 다윗의 자손 예수 그리스도의 세계라"(마 1:1) 하고 시작이 됩니다. 즉 "아브라함과 다윗에게 언약하신 그리스도가 예수로 오셨다, 그러므로 그를 믿음으로 영생을 얻으라", 이것이 신약성경의 대 주제입니다.

이점에서 유념해야할 점이 있는데 성경에는 신학(神學)적은 면과 교훈(敎訓)적인 면이 있다는 점입니다. 그런데 인류가 풀어야할 문제에 대한 해답(解答), 즉 구원은 신학적인 면에 있다는 점에 확고해야만 합니다. 교훈은 중요하고 필요합니다. 그러나 교훈은 해답, 즉 구원을 주지 못합니다. 그러므로 성경을 "성경신학", 즉 구속사(救贖史)라는 관점으로 보아야 한다는 점은 너무나 당연한 것입니다.

그러므로 복음서를 해석할 때에 "예수가 누구인가? 왜 오셔야만 했는가?" 하는 두 큰 주제에 입각해서 해석해야만 성경을 기록한 목적대로 사용하는 것이 되는 것입니다. 물론 성경을 들어 교훈을 말하며, 윤리를 가르치고, 축복을 받으라고 말할 수도 있습니다. 그러나 문제는 이런 것들로 구원에 이르게 할 수는 없다는 것입니다.

형제여, 형제는 2천년 전 유대 땅에 나셨던 역사적인 인물 예수가, 하나님의 아들 그리스도이심을 믿으십니까? 그를 믿음으로 나에게 영원한 생명이 주어졌음을 확신하십니까? 그리고 이 복음은 구약성경에서 언약하시고 신약성경에서 성취하여 주신 하나님의 주권적인 은혜임을 고백하십니까? 그렇다면 형제는 참으로 복 받은 사람입니다.

현대교회는 제2의 종교개혁이 절실할 만큼 성경을 곡해하는 탁류 속에 떠내려가고 있습니다. 지식의 열쇠를 위임 받은 말씀의 사역자들은 진지하게, 나는 성경을 기록한 목적대로 사용하고 있는가? 아니면 사람을 기쁘게 하기 위해서 자기 구미에 맞도록 해석하고 적용하는 잘못을 범하고 있지는 아니한가? 심각하게 반성해 보아야만 합니다.

이제부터 우리는 성령께서 요한을 감동하셔서 복음서를 기록하게 하신 목적에 입각하여, 요한복음을 상고해 나갈 것입니다. 그렇게 한다면 누구라도 분명히 "우리가 메시아를 만났다" 하고 말하게 될 것입니다.

묵상해 봅시다.

1. 구약성경의 주제는 무엇입니까?
2. 신약성경의 주제는 무엇입니까?
3. 요한복음을 기록한 두 가지 목적은 무엇입니까?

요한복음 1:1-18절 개관도표

주제 : 요한복음 전체적인 요약

말씀이 계셨다	1-5 1 ① **태초에** **말씀이 계시니라** 이 **말씀이** 하나님과 함께 계셨으니 이 **말씀은** 곧 하나님이시니라 2 ② 그가 태초에 **하나님과 함께 계셨고** 3 **만물이 그로 말미암아 지은바 되었으니** 지은 것이 하나도 그가 없이는 된 것이 없느니라 4 ③ **그 안에 생명이 있었으니** 이 **생명은** 사람들의 **빛이라** 5 **빛이** 어두움에 비취되 어두움이 깨닫지 못하더라
육신을 입고 오셨다	6-14 6 ④ **하나님께로 서 보내심을 받은** 사람이 났으니 이름은 **요한이라** 7 **저가 증거하러 왔으니** 곧 **빛에 대하여 증거하고** 모든 사람으로 자기를 인하여 **믿게 하려 함이라** 8 그는 이 **빛이 아니요** 이 **빛에 대하여 증거하러 온 자라** 9 ⑤ **참 빛** 곧 세상에 와서 각 사람에게 비취는 **빛이 있었나니** 10 그가 세상에 계셨으며 세상은 그로 말미암아 지은바 되었으되 세상이 그를 알지 못하였고 11 **자기 땅에 오매 자기 백성이 영접하지 아니하였으나** 12 **영접하는 자** 곧 그 이름을 믿는 자들에게는 **하나님의 자녀가 되는 권세를 주셨으니** 13 이는 혈통으로나 육정으로나 사람의 뜻으로 나지 아니하고 오직 **하나님께로 서 난 자들이니라** 14 ⑥ **말씀이 육신이 되어 우리 가운데 거하시매** 우리가 **그 영광을 보니** **아버지의 독생자의 영광이요 은혜와 진리가 충만하더라**
하나님이 나타내셨다	15-18 15 ⑦ **요한이** 그에 대하여 **증거하여** 외쳐 가로되 내가 전에 말하기를 내 뒤에 오시는 이가 나보다 앞선 것은 나보다 먼저 계심이니라 한 것이 **이 사람을 가리킴이라** 하니라 16 우리가 다 그의 충만 한데서 받으니 **은혜 위에 은혜러라** 17 ⑧ **율법은 모세로 말미암아 주신 것이요** **은혜와 진리는 예수 그리스도로 말미암아 온 것이라** 18 **본래 하나님을 본 사람이 없으되** 아버지 품속에 있는 **독생하신 하나님이 나타내셨느니라**

1:1-18절
요한복음 전체적인 요약

첫째 단원(1-5) **태초에 말씀이 하나님과 함께 계셨다**
둘째 단원(6-14) **말씀이 육신을 입고 오셨다**
셋째 단원(15-18) **볼 수 없는 하나님이 나타내셨다**

사도는 복음서를 기록하면서 상론(詳論)에 들어가기에 앞서 1:1-18절을 통해서 "복음서 전체를 요약"해주고 있습니다. 그리고 1-18절은 또 다시 1절, 14절, 18절, 세 절로 집약이 되고 있습니다. 그러므로 이를 깨닫는다면 요한복음 절반을 깨달은 것이라 해도 과언이 아닐 만큼 중요합니다. 도표를 보시면 각 단원에 중심적인 주제가 표시되어 있는데, "태초에 말씀이 있었다"(첫째 단원), "육신을 입고 오셨다"(둘째 단원), "독생하신 하나님이 나타내셨다"(셋째 단원), 이것이 대의입니다.

① 1절은 세 마디로 되어 있습니다.

㉠ 태초에 말씀이 계시니라.

㉡ 이 말씀이 하나님과 함께 계셨다

㉢ 이 말씀은 하나님이시니라.

14절도 세 마디로 되어 있습니다.

㉮ 말씀이 육신이 되어

㉯ 우리 가운데 거하셨다

㉰ 그 영광을 보니 아버지의 독생자의 영광이요 은혜와 진리가 충만하였다

이제 1절의 세 문장과, 14절의 세 문장을 대조해 보면,

㉠ 태초에 말씀이 계시니라(1)

㉮ (그) 말씀이 육신이 되었다(14)

㉡ 이 말씀이 하나님과 함께 계셨다(1)

㉯ (그 말씀이) 우리 가운데 거하셨다(14)

㉢ 이 말씀은 하나님이시니라(1)

㉰ (말씀이 육신이 되어 우리 가운데 거하시는) 그 영광을 보니 아버지의 독생자의 영광이요 은혜와 진리가 충만하였다(14)는 말씀입니다.

또 하나의 요절인 18절은, 1절과, 14절에 대한 요약입니다.

18절, "본래 하나님을 본 사람이 없으되, 아버지 품속에 있는 독생하신 하나님이 나타내셨느니라" 합니다.

② "태초에 말씀이 계시니라" 한 1절의 상황은 아무도 볼 수 없는 상태인데, "말씀이 육신이 되어 우리 가운데 거하심으로"(14) 그 영광을 보게 되었다는 것입니다.

㉠ 이점을 18절에서는, "본래 하나님을 본 사람이 없으되 아버지의 품속에 있는 독생하신 하나님이 나타내셨느니라", 즉 볼 수 없는 하나님이 볼 수 있게 나타내 주셨는데 그 분이 예수 그리스도시라는 말씀입니다.

③ 이런 맥락에서 세 절(1, 14, 18) 안에는, "계시니라(1), 거하시매(14), 나타내셨느니라"(18) 하는 중요한 동사가 각각 들어있습니다.

㉠ 첫째로 1절 속에는 "계시다"가 두 번 나오는데 "말씀이 계셨다, 하나님과 함께 계셨다" 하는데, 이는 예수 그리스도의 선재(先在)와 본질(本质)을 말씀해 주고 있습니다. "아버지여 창세 전에 내가 아버지와 함께 가졌던 영화로써…나를 영화롭게 하옵소서"(17:5) 하십니다. 이것이 "계시니라"는 동사 속에 함축되어 있는 예수 그리스도의 선재적인 본성입니다. 주님은 "아브라함이 나기 전부터 내가 있느니라(8:58), 나와 아버지는 하나이니라"(10:30) 하고 말씀하십니다.

㉡ 둘째로 14절의 "거하시매" 인데, "우리 가운데 거하시매" 합니다. 직역하면 우리 가운데 장막을 치셨다는 뜻입니다. 이는 구속사의 맥락에서 볼 때에 대단히 중요한 의미가 있습니다. 출애굽기

25:8절에서, "내가 그들 중에 거할 성소를 그들을 시켜 나를 위하여 짓되" 하고 명하십니다. 성막(聖幕)은 하나님께서 이스라엘 백성들을 찾아오셔서 그들 가운데 거하신다는 임재의 상징이었습니다.

그러므로 구약의 성막(聖幕)이나 성전은 하나님께서 인간의 장막을 입으시고 "우리 가운데 거하실" 임마누엘의 모형이었던 것입니다. 이점을 마태복음에서는, "보라 처녀가 잉태하여 아들을 낳을 것이요, 그 이름을 임마누엘이라 하리라 하셨으니 번역한즉 하나님이 우리와 함께 계시다 함이라"(마 1:23) 하고 말씀합니다.

성막이 완성되었을 때에, "여호와의 영광이 성막에 충만하였다"(출 40:34) 하고 말씀하는데, "말씀이 육신이 되어 우리 가운데 거하시매 우리가 그 영광을 보니 아버지의 독생자의 영광이요, 은혜와 진리가 충만하더라" 하고 말씀합니다.

하나님과 함께 계시던 곧 하나님이신 그 분이 육신을 입으시고 "우리 가운데 거하신다"는 이보다 더한 경이롭고 놀라운 영광스러움은 달리는 없습니다. 더욱이나 우리를 찾아오신 목적이 십자가 상에서, "다 이루었다"(19:30) 하고 선언하신 대속제물이 되시기 위해서라는 것입니다. 이는 지고(至高) 지선(至善)의 망극하신 사랑과 은혜인 것입니다.

그리고 "우리 가운데 거하시는" 궁극적인 완성(完成)은, "보라 하나님의 장막(帳幕)이 사람들과 함께 있으매 하나님이 저희와 함께 거하시리니 저희는 하나님의 백성이 되고 하나님은 친히 저희와 함께 계셔서 모든 눈물을 그 눈에서 씻기시매 다시 사망이 없고 애통하는 것이나 곡하는 것이나 아픈 것이 다시 있지 아니하리니 처음 것들이 다 지나갔음이러라"(계 21:3-4), 즉 그리스도의 재림으로 완성이 되는 것입니다. 그리고 그 다음은 "영원"입니다.

출애굽기의 성막(聖幕)이 그리스도께서 육신(肉身)을 입고 오심으로 성취(成就)되고, 요한계시록에서 하나님의 장막(帳幕)이 사람과 함께 거하심으로 완성(完成)이 된다는 것이 구속사를 관통하고 있는 일관성인 것입니다. 이것이 곧 하나님의 나라 회복입니다.

하나님이 "함께 거하심"이 지금은, "너희가 하나님의 성전인 것과 하나님의 성령이 너희 안에 거하시는 것을 알지 못하느뇨"(고전 3:16) 한 교회와, "너희 몸은 너희가 하나님께로부터 받은바 성령의 전인 줄을 알지 못하느냐"(고전 6:19) 한 교회 구성원들인 성도들의 몸에 임하게 된 것입니다. 이는 그리스도의 구속으로 말미암아 가능하여진 것입니다. 이보다 더한 은총과 신비는 달리 없습니다.

ⓒ 셋째로 18절에서, "하나님이 나타내셨느니라" 말씀하고 있는데, "나타내심"은 계시(啓示)를 의미합니다. 기독교가 계시의 종교임은 주지의 사실입니다. 하나님께서 열어서 보여주심, 즉 나타내시지(계시) 아니하시면 하나님을 알 자가 없습니다. "본래 하나님을 본 사람이 없으되 아버지 품속에 있는 독생하신 하나님이 나타내셨느니라" 하고, 볼 수 없는 하나님이 볼 수 있게 "나타내셨다"는 것입니다.

"나를 본 자는 아버지를 보았거늘"(14:9) 하십니다. 그러므로 예수 그리스도를 알아야만 하나님을 알 수가 있고, 예수 그리스도를 알아야만 전적타락한 자신의 죄성을 알 수가 있는 것입니다. 이런 맥락에서 예수 그리스도의 성 육신은 최대의 계시요, 최종적인 계시(히 1:2)인 것입니다. 이를 보고도 믿지 못한다면 그에게 보여줄 다른 계시는 없습니다.

▌둘째 단원(6-14) **말씀이 육신을 입고 오셨다**

④ "하나님께로 서 보내심을 받은 사람이 났으니 이름은 요한이라 저가 증거하러 왔으니 곧 빛에 대하여 증거하고 모든 사람으로 자기를 인하여 믿게 하려 함이라"(6-7),

㉠ "그는 이 빛이 아니요 이 빛에 대하여 증거하러 온 자라"(8) 합니다.

⑤ 참 빛 곧 세상에 와서 각 사람에게 비취는 빛이 있었나니 그가 세상에 계셨으며 세상은 그로 말미암아 지은바 되었으되 세상이 그를 알지 못하였고"(9-10),

이 말씀은 자연 계시를 연상하게 합니다. 3절에서 "만물이 그로 말미암아 지은바 되었으니" 한 대로 인간이 살아가는 지구(地球)와 그 안의 만물은 "말씀"으로 말미암아 지은바 되었고, 또한 태양(太陽)이 찬란하게 온누리를 비취고 있건만 그 고마움을 알지 못하듯이, "참 빛"이 임하여 각 사람에게 비취건만 "세상이 그를 알지 못한다"는 것입니다.

㉠ "자기 땅에 오매 자기 백성이 영접하지 아니하였으나"(11), "자기 땅, 자기 백성"이란 1차적으로 선민 이스라엘을 가리킵니다. "내가 땅의 모든 족속 중에 너희만 알았나니"(암 3:2) 하십니다. 그런데 그들이 영접하지 아니하였다는 것입니다.

㉡ "영접하는 자 곧 그 이름을 믿는 자들에게는 하나님의 자녀가 되는 권세를 주셨으니"(12), "하나님의 자녀"가 된다는 말씀은 실로 엄청난 선언입니다. 그래서 "권세를 주셨으니" 하는 것입니다. 그것도 무엇을 행해야 하는 것이 아니라 "믿기만" 하면 받을 수 있다니 이보다

복되고 기쁜 소식이 달리 있단 말인가!

그렇다면 이처럼 엄청난 축복을 받을 수 있는 "믿음"이란 어떤 믿음인가? 복음서 중에서 요한복음에 "믿음"이 가장 많이 강조되어 있는데, "믿음"이 처음 등장하는 것은 1:7절이지만 이는 증거자의 말이고 선언적(宣言的)으로는, "그 이름을 믿는 자들에게는 하나님의 자녀가 되는 권세를 주셨으니" 한 12절이 처음입니다.

그렇다면 하나님께서 주시는 "자녀가 되는 권세"를 받을 수 있는 "믿음"이란 어떤 믿음인가? 이점을 분명히 해두어야만 뒤에 가서 구원에 이르는 참 믿음과 그렇지 못한 믿음을 분별할 수 있게 되고, 현대교회의 믿음을 점검하는 시금석이 될 것입니다.

먼저 "믿음" 자체가 구원을 주는 것은 아니라는 점입니다. "너희가 그 은혜를 인하여 믿음으로 말미암아 구원을 얻었나니"(엡 2:8), 믿음은 은혜(恩惠)가 임하는 통로(通路), 즉 파이프와 같고, "은혜와 진리는 예수 그리스도로 말미암아 온 것이라"(17) 말씀합니다. 즉 "그리스도 예수 안에 있는 구속으로 말미암아 하나님의 은혜로 값없이 의롭다 하심을 얻은 자 되었느니라"(롬 3:24) 하십니다.

그래서 "믿음은 들음에서 나며 들음은 그리스도의 말씀으로 말미암는다"(롬 10:17) 하는 것입니다. "들음"이란 지적(知的)인 요소를 가리킵니다. 즉 무엇을 믿는지 알아야 한다는 말씀입니다. 그렇지 않으면 맹신(盲信)이 되는 것입니다.

2장에서 "많은 사람이 그 행하시는 표적을 보고 그 이름을 믿었으나"(2:23) 합니다. 3장에서는 니고데모가 "당신의 행하시는 이 표적을 아무라도 할 수 없음이니이다"(3:2) 하고 말합니다. 이들은 표적을 보고 믿었다는 것입니다. 그런데 6장에서 주님께서, "나는 하늘로서 내려온 산 떡이니 사람이 이 떡을 먹으면 영생하리라 나의 줄 떡은 곧 세상의 생명을 위한 내 살이로라"(6:51) 하고 말씀하시자 이 말씀을 듣고 믿은 것이 아니라, "이 말씀은 어렵도다" 하면서 제자 중에 많이 물러가고 다시 그와 함께 다니지 아니하더라(6:66) 합니다. 여기서 구원에 이르는 믿음이 어떤 믿음인가 하는 점이 드러납니다. 주님은, "사람이 거듭나지 아니하면 하나님 나라를 볼 수 없느니라" 하십니다.

㉢ 그래서 "이는 혈통으로나 육정으로나 사람의 뜻으로 나지 아니하고 오직 하나님께로서 난 자들이니라"(13) 하는 것입니다. 유대인으로 태어나기만 하면 자동적으로 하나님의 자녀(백성)가 되는 것이 아니라, "하나님께로서 난 자", 즉 거듭난 자들만이 하나님의 자녀가 되는 권세를 얻게 된다는 것입니다. 이것이 "영접하는 자 곧 그 이름을 믿는 자들"이라는 의미입니다.

사도 바울은 "표면적 유대인이 유대인이 아니라"(롬 2:28) 하고 말씀는데, 그렇다면 입으로만 주여 주여 하는 표면적 그리스도인이 그리스도인이 아니라는 논리도 성립이 되는 것입니다. 이점을 3장에서 다루게 될 것입니다.

⑥ "말씀이 육신이 되어 우리 가운데 거하시매 우리가 그 영광을 보니 아버지의 독생자의 영광이요 은혜와 진리가 충만하더라"(14) 합니다. 이는 1-13절까지의 요약이요, 1장 전체의 중심점입니다.

▌셋째 단원(15-18) 하나님이 나타내셨다

⑦ 이렇게 선언(宣言)을 한 다음에, "요한이 그에 대하여 증거하여

외쳐 가로되" 하고, 또 증언이 나오는데, "내가 전에 말하기를 내 뒤에 오시는 이가 나보다 앞선 것은 나보다 먼저 계심이니라 한 것이 이 사람을 가리킴이라 하니라"(15) 합니다.

그리고 16-18절은 작은 결론인데, "우리가 다 그의 충만 한데서 받으니 은혜 위에 은혜러라 율법은 모세로 말미암아 주신 것이요 은혜와 진리는 예수 그리스도로 말미암아 온 것이라 본래 하나님을 본 사람이 없으되 아버지 품속에 있는 독생하신 하나님이 나타내셨느니라" 합니다.

㉠ 여기 "모세와 그리스도, 율법과 은혜"가 대조적(對照的)으로 나타나는데 구속사의 맥락에서 이를 깨닫는 것은 중요한 요점이 됩니다. 그 예가 8장에서 볼 수가 있는데, 간음한 여인을 중심으로 한 쪽에는 모세가 "율법"을 가지고 정죄를 하고, 다른 쪽에는 예수 그리스도가 "복음, 즉 은혜"를 가지고 "나도 너를 정죄하지 아니 하노니" 하고 상반(相反)된 선언을 하는 것을 보게 됩니다. 간음 현장에서 잡혀온 변명의 여지가 없는 죄인을 어떻게 정죄하지 아니할 수가 있단 말인가? 오직 한가지 방법은 대신 정죄를 받으러 오셨기 때문에 가능한 것입니다. 이것이 "율법과, 은혜"의 다른 점입니다.

예수님은 누구인가?
태초부터 계신 말씀입니다.
하나님과 함께 계셨습니다
그 분은 하나님이십니다(1).
"만물이 그로 말미암아 지은바 된"(3) 창조자라 하십니다.

⑧ 세상에 와서 비취는 빛이라(9) 합니다.

⑨ 육신을 입으시고 우리 가운데 오셨습니다(14).

⑩ 그 분은 독생하신 하나님이십니다(18).

⑪ 은혜와 진리가 충만할 뿐만이 아니라,

⑫ 우리에게 "은혜와 진리"를 주셨습니다.
예수 그리스도는 이러한 분이십니다.

형제도 이렇게 고백하십니까?

그런 분이 형제를 대신하여 죽으시고 다시 사심을 믿으십니까?

그런 분이, 형제의 몸을 장막 삼으시고 형제 안에 거하심을 믿으십니까?

묵상해 봅시다.

1. 1절과, 14절을 대조해서 설명해 보십시오.
2. 1절과, 14절의 내용이 18절에 어떻게 함축적으로 표현되어 있습니까?
3. "계시다, 거하시다, 나타내셨다"에 대해 나누어 봅시다.

요한복음 1:19-34절 개관도표

주제:세상 죄를 지고 가는 하나님의 어린양

주의 길을 예비하는 자	19-28 19 ① 유대인들이 예루살렘에서 제사장들과 레위인들을 **요한에게 보내어** 네가 누구냐 물을 때에 **요한의 증거가 이러 하니라** 20 ② 요한이 드러내어 말하고 숨기지 아니하니 드러내어 하는 말이 **나는 그리스도가 아니라** 한대 21 또 묻되 그러면 무엇, 네가 엘리야냐 가로되 나는 아니라 또 묻되 네가 그 선지자냐 대답하되 아니라 22 또 말하되 누구냐 우리를 보낸 이들에게 대답하게 하라 너는 네게 대하여 무엇이라 하느냐 23 ③ 가로되 나는 선지자 이사야의 말과 같이 **주의 길을 곧게 하라고 광야에서 외치는 자의 소리로라** 하니라 24 저희는 바리새인들에게서 보낸 자라 25 또 물어 가로되 네가 만일 그리스도도 아니요 엘리야도 아니요 그 선지자도 아닐진대 어찌하여 세례를 주느냐 26 ④ 요한이 대답하되 나는 물로 세례를 주거니와 너희 가운데 너희가 알지 못하는 한 사람이 섰으 니 27 곧 **내 뒤에 오시는 그이라** 나는 그의 신들메 풀기도 감당치 못하겠노라 하더라 28 이 일은 요한의 세례 주던 곳 요단강 건너편 베다니에서 된 일이니라
하나님의 아들이오셨다	29-34 29 ⑤ 이튿날 요한이 **예수께서** 자기에게 나아오심을 보고 가로되 **보라 세상 죄를 지고 가는 하나님의 어린 양이로다** 30 내가 전에 말하기를 **내 뒤에 오는 사람이 있는데** 나보다 앞선 것은 그가 나보다 먼저 계심이라 한 것이 이 사람을 가리킴이라 **그를 이스라엘에게 나타내려 함이라** 하니라 32 요한이 또 증거하여 가로되 내가 보매 **성령이 비둘기 같이 하늘로서 내려와서 그의 위에 머물렀더라** 33 나도 그를 알지 못하였으나 나를 보내어 물로 세례를 주라 하신 그이가 나에게 말씀하시되 성령이 내려서 누구 위에든지 머무는 것을 보거든 그가 곧 **성령으로 세례를 주는 이인 줄 알라** 하셨기에 34 ⑦ 내가 보고 **그가 하나님의 아들이심을 증거하였노라** 하니라

1:19-34절

세상 죄를 지고 가는 하나님의 어린양

첫째 단원(19-28) **주의 길을 예비하는 자**

둘째 단원(29-34) **하나님의 아들이 오셨다**

1장은 크게 세가지 주제(主題)로 구분할 수가 있는데, ㉮ 먼저 예수가 누구신가에 대한 선언(宣言)이 나옵니다(1, 14, 18). ㉯ 연후에 이에 대한 증거 자로 세례 요한의 증언(證言)(6, 15, 19, 29, 35)이 뒤따릅니다. ㉰ 그런 다음에 최초로 메시아를 만나고 따르게 되는 첫 제자(弟子)(40-41, 44-45)들이 나타나는 구조(構造)입니다. 그러니까 예수 그리스도에 대한 증거자가 길 예비자 세례 요한으로부터 "내 증인이 되리라" 한 제자들에게로 옮겨지게 되는 시발(始發)이 되는 것입니다.

본 문단의 내용은 예수 그리스도의 길 예비자 세례 요한의 증거(證據)입니다. 증거의 핵심은, "보라 세상 죄를 지고 가는 하나님의 어린양이로다"에 있습니다.

㉠ "말씀이 육신이 되었다"(14)는 선언은 예수 그리스도가 누구신가 하는 본성(本性)을 나타내고,

㉡ "세상 죄를 지고 가는 하나님의 어린양이로다"(29) 라는 증거는, 그가 왜 오셨는가 하는 사명(使命)을 나타냅니다.

도표를 보시면 "보라 하나님의 어린양이로다"를 중심으로, "주의 길을 예비하는 자"(첫째 단원)로 보냄을 받은 세례 요한이, "하나님의 아들이라"(둘째 단원) 하고 증거합니다.

세례 요한의 영향력은 대단했던 것 같습니다. 마태복음 3:5절에 의하면 "이 때에 예루살렘과 온 유대와 요단강 사방에서 다 그에게 나아와 자기들의 죄를 자복하고 요단강에서 그에게 세례를 받더니" 합니다. 드디어 예루살렘에서 제사장들과 레위인들로 구성된 조사단이 파견되기에(19) 이른 것입니다.

▌첫째 단원(19-28) 주의 길을 예비하는 자

① "유대인들이 예루살렘에서 제사장들과 레위인들을 요한에게 보내어 네가 누구냐 물을 때에 요한의 증거가 이러하니라"(19),

왜 물었을까요? 누가복음 3:15절에서 그 이유를 짐작할 수가 있는데, "백성들이 바라고 기다리므로 모든 사람들이 요한을 혹 그리스도신가 심중에 의논했다" 하고 말씀합니다. 혹시 이 사람이 그리스도가 아닌가 하여 확인하러 보냈던 것입니다.

② "나는 그리스도가 아니라"(20),

"그러면 무엇 네가 엘리야냐"(21),

"나는 아니라",

"네가 그 선지자냐",

"아니라",

"그렇다면 도대체 너는 누구냐, 우리를 보낸 이들에게 대답하게 하라"(22) 합니다.

③ "나는 선지자 이사야의 말과 같이 주의 길을 곧게 하라고 광야에서 외치는 자의 소리로다"(23) 하고 대답합니다.

세례 요한은 자신을 "외치는 자의 소리"라고 말합니다 소리에는 형체(形體)가 없습니다. 형체를 찾을 필요도 없이 외치는 자의 소리를 듣기만 하면 됩니다. 세례 요한은 왜 자신을 선지자라고 말하지 않았을까요? 어찌하여 말라기서에 예언된 엘리야(말 4:5)라고 증거하지 않았을까요?

그는 실로 오리라 한 엘리야였던 것입니다. 예수님께서 "엘리야가 이미 왔으되 사람들이 알지 못하고 임의로 대우하였도다" 하고 말씀하시니 "그제야 제자들이 예수의 말씀하신 것이 세례 요한인 줄 깨달으니라"(마 17:12-13) 합니다.

세례 요한은 "선지자보다 나은 자(마 11:9)요, 여자가 낳은 자 중에 세례 요한보다 큰이가 일어남이 없도다"(마 11:11) 하신 그런 존재였습니다. 그러나 요한은 자신을 "소리"라고 말합니다. 자신은 외치는 자의 소리로서의 사명을 감당할 뿐 백성들의 이목(耳目)을 예수 그리스도에게로 돌리게 하기 위해서였을 것입니다. 세례 요한은 "길 예비자, 증거자"의 임무를 수행할 뿐입니다.

옛날 동방에서는 임금님이 행차할 때에 길 예비자가 앞서 갔던 것입니다. 세례 요한은 이사야 선지자가, "외치는 자의 소리여 가로되 너는 광야에서 여호와의 길을 예비하라 사막에서 우리 하나님의 대로를 평탄케 하라" 한 예언의 성취 자로 보내심을 받은 길 예비자였습니다. 길 예비자 뒤에는 "여호와의 영광이 나타나고 모든 육체가 그것을 함께 보리라"(사 40:3-5) 하고, 그리스도가 오시게 될 것이 예언되어 있습니다.

그러므로 요한복음 1장은 먼저 예수가 누구인가를 선포하고, 다음에 증거자의 증거가 나오는 구조(構造)로 되어 있는 것입니다.

㉠ 1-5절의 선언이 있은 후에, "하나님께로 서 보내심을 받은 사람이 났으니 이름은 요한이라 저가 증거하러 왔으니" 하고 증거(6-8)가 등장합니다.

㉡ 9-14절의 선언이 있은 후에, "요한이 그에 대하여 증거하여 외쳐 가로되"(15) 하고 요한의 증거가 따라나옵니다.

㉢ 16-18절의 선언이 있은 후에, "네가 누구냐 물을 때에 요한의 증거가 이러하니라"(19) 하고 요한의 증거가 뒤따라 나옵니다, 이 외에도 32절에 "요한이 또 증거하여 가로되" 말씀하고, 34절에서도 "내가 보고 그가 하나님의 아들이심을 증거 하였노라" 하고 시종일관 증거자로 등장합니다.

④ 세례 요한은, "곧 내 뒤에 오시는 그이라 나는 그의 신들메 풀기도 감당치 못하겠노라"(27) 하고, "내 뒤에 오시는 이"가 있다는 말을 15절, 27절, 30절에서 거듭 강조하고 있습니다. 이렇게 증거함은 초점을 자신에게 가 아니라 뒤에 오시는 분에게로 맞추기 위해서입니다. 그렇다면 길 예비자 뒤에 오시는 그가 누구란 말인가?

▌둘째 단원(29-34) 하나님의 아들이 오셨다

⑤ "이튿날 요한이 예수께서 자기에게 나아오심을 보고 가로되 보라 세상 죄를 지고 가는 하나님의 어린양이로다"(29) 하고 증거합니다. 그러면서 "내가 전에 말한 내 뒤에 오는 사람이 있는데 나보다 앞선 것은 그가 나보다 먼저 계심이라 한 것이 이 사람을 가리킴이라"(30) 하고 증거합니다.

㉠ 세례 요한의 증거는 "내 뒤에 오시는 분"에서, 그 분이 왜 오셨는가 하는 그 분의 사명(使命)으로 전진(前進)을 하고 있는 것입니다. 즉 "세상 죄를 지고 가는 하나님의 어린양"으로 오셨다는 것이 요한의 증거입니다.

저는 이 말씀을 관찰하는 중에 묘한 점을 발견했습니다. 요한은 예수께서 분명히 자기에게 "나아오심"을 보았습니다. 그러나 그는 "보라 세상 죄를 지고 〈오는 자라〉 하지 않고, 세상 죄를 지고 가는 하나님의 어린양이로다" 하고 증거하고 있기 때문입니다.

만일 세상 죄를 지고 오는 이라고 했다면 어떻게 되겠습니까? 이는 큰일 날 문제입니다. 세례 요한은 레위기 16장 대 속죄일에 백성들의 죄를 지고 가는 아사셀 염소라는 예표를 염두에 두고 증거했음이 분명합니다.

㉡ 하나님께서 명하시기를, "아론은 두 손으로 산 염소의 머리에 안수하여 이스라엘 자손의 모든 불의와 그 범한 모든 죄를 고하고 그 죄를 염소의 머리에 두어 미리 정한 사람에게 맡겨 광야로 보낼지니 염소가 그들의 모든 불의를 지고 무인지경에 이르거든 그는 그 염소를 광야에 놓을지니라"(레 16:21-22) 하고 명하셨습니다.

㉢ 아사셀 염소는 백성들의 죄를 짊어지고 멀리 옮겨버렸던

것입니다. 이점을 시편에서는 "동이 서에서 먼것 같이 우리 죄과를 우리에게서 멀리 옮기셨으며"(시 103:12) 하고 말씀합니다. 예수 그리스도는 이 예표의 성취자인 "세상 죄를 지고 가는 하나님의 어린양"으로 오셨던 것입니다.

하나님께서는 백성들에게, "번제, 화목제, 속죄제" 등을 드리라고 명하셨습니다. 그래서 무지한 인간들은 구약성경을 읽을 때에 하나님은 "드리라, 바치라" 하고 요구하시는 하나님으로 잘못 인식해 왔습니다. 아닙니다. 이것들은 하나님께서 자기 아들을 "세상 죄를 지고 가는 하나님의 어린양"으로 내어 주실 메시아 언약을 잊지 않게 하기 위한 예표로 주어진 것입니다.

⑥ "나도 그를 알지 못하였으나 내가 와서 물로 세례를 주는 것은 그를 이스라엘에게 나타내려 함이라"(31) 합니다. "나타내려 함이라", 이것이 길 예비자의 사명이요, "진리의 성령이 오실 때에 그가 나를 증거하실 것이요"(15:26) 한 성령님의 사명이요, "성령이 너희에게 임하시면, 내 증인이 되리라"(행 1:8) 하신 전도자의 사명인 것입니다.

㉠ "요한이 또 증거하여 가로되 내가 보매 성령이 비둘기 같이 하늘로서 내려와서 그의 위에 머물렀더라 나도 그를 알지 못하였으나 나를 보내어 물로 세례를 주라 하신 그이가 나에게 말씀하시되 성령이 내려서 누구 위에든지 머무는 것을 보거든 그가 곧 성령으로 세례를 주는 이인 줄 알라 하셨기에"(32-33),

⑦ "내가 보고 그가 하나님의 아들이심을 증거하였노라"(34) 합니다. "하나님의 아들과, 하나님의 어린양"의 두 증거는 요한복음을 기록(記錄)한 목적과도 일치하는 핵심적인 증거입니다. 예수님의 신

분은 하나님의 아들 그리스도이십니다. 예수님의 사명은 세상 죄를 대속하러 오신 하나님의 어린양이십니다.

그리스도인들 중에는 지적인 수준이 낮은 사람도 있고, 듣는 것이 둔한 노인들도 계십니다. 그렇다 해도, "예수님이 하나님의 아들 그리스도이심과, 나의 죄를 대신하여 죽으시고 다시 사신" 하나님의 어린양이라는 두 가지 요점만은 확고하게 세워주어야만 하는 것입니다. 왜냐하면 여기에 사활이 걸려 있기 때문입니다. 세례 요한은 이를 증거케 하기 위하여 "하나님께로 서 보내심을 받은 사람"(1:6)이었습니다.

형제여 지존 무쌍하신 하나님의 아들께서 죄인이요 원수 된 우리를 구원하시기 위하여 세상 죄를 지고 가는 하나님의 어린양이 되셨다는데 대해서 형제의 마음은 어떠하십니까? 말씀의 사역자들은 이를 증거하라고 세움 받은 "외치는 자의 소리"입니다.

묵상해 봅시다.

1. 예수님에 대한 세례 요한의 두 증거(29, 34)가 무엇니까?
2. "세상 죄를 지고 가는 하나님의 어린양"이라 한 성경적인 근거에 대해서,
3. "소리"에 대해 묵상해 봅시다.

요한복음 1:35-50절 개관도표

주제 : 최초로 메시아를 만난 사람들

우리가 메시아를 만났다	35-42 35 ① 또 이튿날 **요한이** 자기 제자 중 두 사람과 함께 섰다가 36 예수의 다니심을 보고 말하되 **보라 하나님의 어린 양이로다** 37 두 제자가 그의 말을 듣고 예수를 좇거늘 38 ② 예수께서 돌이켜 그 좇는 것을 보시고 물어 가라사대 **무엇을 구하느냐** 가로되 랍비여 어디 계시오니이까 하니 (랍비는 번역하면 선생이라) 39 예수께서 가라사대 **와 보라** 그러므로 저희가 가서 계신 데를 보고 그 날 함께 거하니 때가 제 십시 쯤 되었더라 40 ③ 요한의 말을 듣고 예수를 좇는 두 사람 중에 하나는 시몬 **베드로의 형제 안드레라** 41 그가 먼저 자기의 형제 **시몬을 찾아** 말하되 **우리가 메시아를 만났다** 하고 (메시아는 번역하면 그리스도라) 42 데리고 예수께로 오니 예수께서 보시고 가라사대 네가 요한의 아들 **시몬이니** **장차 게바라** 하리라 하시니라 (게바는 번역하면 베드로라)
성경에 기록된	43-46 43 ④ 이튿날 예수께서 갈릴리로 나가려 하시다가 **빌립을 만나** 이르시되 **나를 좇으라** 하시니 44 빌립은 안드레와 베드로와 한 동네 벳새다 사람이라 45 ⑤ 빌립이 **나다나엘을 찾아** 이르되 모세가 **율법에 기록하였고 여러 선지자가 기록한** **그이를 우리가 만났으니 요셉의 아들 나사렛 예수니라** 46 나다나엘이 가로되 나사렛에서 무슨 선한 것이 날 수 있느냐 빌립이 가로되 와 보라 하니라
하나님의 아들이로소이다	47-51 47 ⑥ 예수께서 **나다나엘이** 자기에게 오는 것을 보시고 그를 가리켜 가라사대 보라 이는 **참 이스라엘 사람이라** 그 속에 간사한 것이 없도다 빌립이 너를 부르기 전에 **네가 무화과나무 아래 있을 때에 보았노라** 49 ⑦ 나다나엘이 대답하되 랍비여 당신은 **하나님의 아들이시오** 당신은 **이스라엘의 임금이로소이다** 50 ⑧ 예수께서 대답하여 가라사대 내가 너를 무화과나무 아래서 보았다 하므로 믿느냐 **이보다 더 큰 일을 보리라** 51 또 가라사대 진실로 진실로 너희에게 이르노니 하늘이 열리고 하나님의 사자들이 인자 위에 **오르락 내리락 하는 것을 보리라** 하시니라

1:35-51절

최초로 메시아를 만난 사람들

첫째 단원(35-42) **우리가 메시아를 만났다**

둘째 단원(43-46) **성경에 기록된 그 분을 만났다**

셋째 단원(47-51) **하나님의 아들이요 임금이로소이다**

1장 전체의 중심점은 "말씀이 육신이 되었다"(14)는 선언에 있는데, 본 문단의 중심점은 "말씀이 육신이 되어 우리 가운데 거하신" 메시아를 최초로 만난 사람들에게 있습니다.

도표를 보시면 안드레가 베드로를 찾아가 "우리가 메시아를 만났다"(첫째 단원) 합니다. 빌립이 나다나엘을 찾아가 "성경에 기록된 그 분을 만났다"(둘째 단원) 합니다. 의심하던 나다나엘은 "빌립이 너를 부르기 전에 네가 무화과나무 아래 있는 것을 보았노라" 하시는 주님의 말씀을 듣고, "당신은 하나님의 아들이시요 임금이로소이다"(셋째 단원) 하고 고백을 합니다.

이처럼 본 문단(35-51)의 핵심은 "우리가 메시아를 만났다"(41)는 말씀에 있습니다. 이는 아브라함과 다윗과 모든 선지자들이 꿈꾸던 복입니다. 성령께서는 시므온에게, "그리스도를 보기 전에 죽지 아니하리라"(눅 2:26) 하십니다. 진실로 메시아를 만나기 전에는 죽지 말아야 하는 것입니다.

▌첫째 단원(35-42) **우리가 메시아를 만났다**

① "또 이튿날 요한이 자기 제자 중 두 사람과 함께 섰다가 예수의 다니심을 보고 말하되 보라 하나님의 어린양이로다"(35-36) 하고 증거합니다. 두 제자 중 한 사람은 안드레였으나(40) 이름을 밝히지 아니한 다른 한 사람은 요한 자신이었을 것입니다. "두 제자가 그의 말을 듣고 예수를 좇거늘"(37),

② "예수께서 돌이켜 그 좇는 것을 보시고 물어 가라사대 무엇을 구하느냐"(38) 하십니다. 이는 요한복음에 등장하는 주님의 첫 말씀입니다. "무엇을 구하느냐?"

㉠ 요한복음에는 주님께서 물으시는 장면들이 여러 번 등장합니다. 이는 모르시기 때문이 아니라, 자신이 안고 있는 문제(問題)가 무엇인가를 일깨워주는 문제제기인 것입니다. "누구를 찾느냐" 하시지 않고, "무엇을 구하느냐" 하고 지적하신 것은 인간의 속물(俗物)근성을 아셨기 때문일 것입니다. 인류의 시조도 "누구"(하나님)라고 하는 인격자가 아닌 "무엇"(선악과)이라고 하는 물질을 탐하다가 타락했습니다.

하나님과 분리된 인간이 추구해야 할 것은 "무엇"이 아니었습니다. 그런데 주님을 찾아온 많은 사람들이 "누구"가 아닌 "무엇"을 구하고 있었던 것입니다 병 낫기를 구했습니다. 표적을 구했습니다. 먹고 마실 물질적인 축복을 구했습니다.

이스라엘이 블레셋과의 싸움에서 패하자 그들은 자신을 돌이켜 보려고는 하지 않고, "언약궤를 실로에서 우리에게로 가져다가 우리 중에 있게 하여 〈그것〉으로 우리를 우리 원수들의 손에서 구원하게 하자"(삼상 4:3) 하고 말했다가 언약궤 마저 빼앗기고 말았던 것입니다. 현대교회도 누구(구원자)보다는 "무엇과, 그것"을 구하고 있는 것은 아닙니까? 주님의 질문은 우리 자신의 신앙을 점검하게 합니다.

㉡ "가로되 랍비여 어디 계시오니이까"(38하), 두 제자는 무엇을 구하지 아니하고 랍비를 구했습니다. "예수께서 가라사대 와 보라" 하십니다. "오라, 그리하면 볼 것이다"라는 말씀입니다. 얼마나 명쾌한 초청인가?

㉢ "저희가 가서 계신 데를 보고 그 날 함께 거하니 때가 제십 시쯤 되었더라"(39) 합니다. 십 시쯤이란 환산하면 오후 4시에 해당됩니다. 그러고 보면 "그날 함께 거했다"는 뜻은 그날 밤을 주님과 같이 지냈다는 뜻이 됩니다.

③ "요한의 말을 듣고 예수를 좇는 두 사람 중에 하나는 시몬 베드로의 형제 안드레라 그가 먼저 자기의 형제 시몬을 찾아 말하되 우리가 메시아를 만났다"(41) 하고 증거합니다. 아, 얼마나 바라고 고대하던 메시아의 출현인가? 그분을 만났다는 것입니다. 구약시대 절기 중에는 "나팔절"이라는 것이 있습니다. "우리가 메시아를 만났다"는 말은 기쁨과 감격의 외침이요, 크게 불어 만 백성에게 알려야

할 나팔이었던 것입니다.

㉠ "우리"가 만났다고 말합니다. 이것은 혼자만의 증언(證言)이 아니라 증인되기에 결격이 없는 두 사람 이상임을 뜻합니다. 요한복음은 이를 증거하여 모든 사람이 메시아를 만나기를 열망하고 있습니다. 그러므로 요한복음을 상고하는 자는 반드시 메시아를 만나게 될 것입니다.

㉡ 안드레는 "우리가 메시아를 만났다" 하고 전해준 것만이 아니라, "데리고 예수께로 온" 것입니다. "예수께서 보시고 가라사대 네가 요한의 아들 시몬이니 장차 게바라 하리라 하시니라 (게바는 번역하면 베드로라)"(42), 시몬도 메시아를 만난 것입니다. 메시아를 만나자 고기잡이 시몬이, 복음 전도자 "게바", 즉 반석으로 변한 것입니다. 이는 삶의 목적이 바뀌게 된 것을 의미합니다.

▌둘째 단원(43-46) 성경에 기록된 그 분을 만났다

④ "이튿날 예수께서 갈릴리로 나가려 하시다가 빌립을 만나 이르시되 나를 좇으라 하시니 빌립은 안드레와 베드로와 한 동네 벳새다 사람이라"(43-44), 빌립도 메시아를 만난 것입니다.

⑤ 메시아를 만난, "빌립이 나다나엘을 찾아 이르되 모세가 율법에 기록하였고 여러 선지자가 기록한 그 이를 우리가 만났으니 요셉의 아들 나사렛 예수니라"(45) 하고 전합니다.

㉠ "율법에 기록하였고 여러 선지자가 기록한"이란 표현은 구약성경을 가리킵니다. 빌립의 증거는 진일보(進一步)하고 있습니다. 왜

냐하면 증거의 근거를 기록(記錄)된 성경에 두고 있기 때문입니다.

ⓛ 빌립은 성경에 기록된 메시아를 만났는데 그 분이 "요셉의 아들 나사렛 예수니라" 했습니다. 요셉이라 하는 목수의 아들, 게다가 나사렛 사람이 메시아 그리스도라니 나다나엘의 반응이 어떠했겠는가?

"나사렛에서 무슨 선한 것이 날 수 있느냐" 하고 말했던 것입니다. 이는 전도 현장에서 우리가 경험하는 문제이기도 합니다. 그런데 빌립은 나사렛 예수를 "율법에 기록하였고 여러 선지자가 기록한" 메시아로 고백을 하다니, 이는 혈육이 아니요 성령께서 알게 해주신 것입니다. "빌립이 가로되 와 보라"(46) 합니다.

▎셋째 단원(47-51) 하나님의 아들이요 임금이로소이다

⑥ "예수께서 나다나엘이 자기에게 오는 것을 보시고 그를 가리켜 가라사대 보라 이는 참 이스라엘 사람이라 그 속에 간사한 것이 없도다"(47) 하십니다. "참 이스라엘"이라고 말씀하십니다. 왜냐하면 "이스라엘에게서 난 그들이 다 이스라엘이 아니기"(롬 9:6) 때문입니다.

주님은 4장에서 "참 예배"(23)를 말씀하십니다. 15장에서 "내가 참 포도나무요"(1) 하고 말씀하십니다. "참 이스라엘, 참 예배, 참 포도나무"라 하심은 이전 것은 지나가고 새로운 시대가 도래하였음을 의미합니다.

㉠ 나다나엘은, "어떻게 나를 아시나이까" 하고 묻습니다. "빌립이 너를 부르기 전에 네가 무화과나무 아래 있을 때에 보았노라"(48) 하십니다. "무화과나무 아래와, 참 이스라엘"을 결부시킨다면 이는

무심한 말씀이 아닐 것입니다. 나다나엘은 무화과나무 아래서 묵상, 즉 기도를 하고 있었다는 것으로 볼 수가 있습니다.

⑦ 드디어 나다나엘도, "당신은 하나님의 아들이시요 당신은 이스라엘의 임금이로소이다"(49) 하고 고백하기에 이릅니다. 나다나엘도 메시아를 만난 것입니다.

㉠ 이제 고백은 그리스도는 하나님의 아들이시요, 하나님의 어린양이실 뿐만 아니라, 우리의 "왕(王)이시라"는 데까지 발전하고 있습니다.

⑧ "예수께서 대답하여 가라사대 내가 너를 무화과나무 아래서 보았다 하므로 믿느냐 이보다 더 큰 일을 보리라 또 가라사대 진실로 진실로 너희에게 이르노니 하늘이 열리고 하나님의 사자들이 인자 위에 오르락 내리락 하는 것을 보리라"(50-51) 하십니다.

요한복음에는 주님께서 "진실로 진실로 너희에게 이르노니" 하시는 말씀이 25회 등장하는데 여기가 첫 번입니다. 이를 단순한 애용어로 취급해서는 아니 되는 것은, 중요한 말씀을 하실 때마다 주의를 집중시키고 강조하기 위해서 하시는 말씀이기 때문입니다.

㉠ 그러면 "오르락 내리락 하는 것을 보리라" 하신 뜻이 무엇인가? 이 말씀은 우리를 창세기 28장으로 인도해줍니다. "꿈에 본즉 사닥다리가 땅 위에 섰는데 그 꼭대기가 하늘에 닿았고 또 본즉 하나님의 사자가 그 위에서 오르락 내리락 하고 또 본즉 여호와께서 그 위에 서서 가라사대"(창 28:12-13) 한 말씀입니다. 야곱과 하나님 사이를 "사닥다리"가 연결해주고 있다는 것은, 중보자 그리스도에 대한 명백한 예표였던 것입니다. 그러므로 주님께서 "더 큰 일을

보리라" 하심은, "내가 문이다(10:9), 내가 곧 길이다"(14:6), 즉 내가 중보자다, 내가 해답이이라는 점을 명백히 깨닫게 되리라는 뜻으로 볼 수가 있습니다.

본 문단(35-51)은 세례 요한의 증거로 시작하였으나 그의 사명은 끝이 나고, 최초로 메시아를 만난 제자들이 새로운 복음 증거자로 등장하는 전환(轉換)을 보여줍니다. 주님은 "율법과 선지자는 요한의 때까지요" 하십니다. 그렇습니다. 세례 요한은 율법에 속한 구약의 마지막 선지자였던 것입니다. "그 후부터는 하나님 나라의 복음(福音)이 전파되어 사람마다 그리로 침입하느니라"(눅 16:16) 하고, 복음 시대가 개막이 될 것을 말씀하십니다.

"안드레, 요한, 베드로, 빌립, 나다나엘", 이들은 의문의 직분이 아니라 "저가 또 우리로 새 언약의 일군 되기에 만족케 하셨으니"(고후 3:6) 한 은혜의 복음 전파를 위해 새로운 증거자들로 부름을 받고 있는 것입니다. 이들이야 말로 "참 이스라엘" 사람들인 것입니다.

형제여 나다나엘이 "어떻게 나를 아시나이까"(48) 하고 물었을 때에 주님께서는 "빌립이 너를 부르기 전에 네가 무화과나무 아래 있을 때에 보았노라" 하고 말씀하셨습니다. 형제가 주님께 "주여 어떻게 나를 아시나이까" 하고 묻는다면 주님은 무엇이라 대답하실 것 같습니까? 네가 나기 전 창세 전에 알았노라, 그 때에 너를 정했노라, 너를 택하고 부르고 너를 의롭다 하고 영화롭게 하기로 작정하였노라(롬 8:30) 하실 것입니다.

형제여, 형제도 "참 이스라엘 사람"임을 아셨습니까? 그리고 복음 시대의 증인임을 인식하고 있습니까?

묵상해 봅시다.

1. 본 문단에서 예수님은 누구로 증거되어 있습니까?
2. 안드레의 증거가 무엇입니까?
3. 빌립의 증거는 무엇입니까?
4. 나다나엘의 고백은 무엇입니까?
5. 형제는 언제 어떤 동기로 메시아를 만났습니까?

요한복음 2:1-12절 개관도표

주제:첫 표적의 구속사적 의미

혼인잔치	1-5 1 ① 사흘 되던 날에 갈릴리 가나에 **혼인이 있어** 예수의 어머니도 거기 계시고 2 **예수와 그 제자들도 혼인에 청함을 받았더니** 3 ② **포도주가 모자란 지라** 예수의 어머니가 예수에게 이르되 저희에게 **포도주가 없다** 하니 4 예수께서 가라사대 여자여 나와 무슨 상관이 있나이까 **내 때가 아직 이르지 못하였나이다** 5 그 어머니가 하인들에게 이르되 너희에게 무슨 말씀을 하시든지 그대로 하라 하니라
물로 포도주가 되게 하심	6-12 6 ③ 거기 **유대인의** **결례를 따라** 두 세 통 드는 돌 항아리 여섯이 놓였는지라 7 예수께서 저희에게 이르시되 항아리에 **물을 채우라** 하신즉 아구까지 채우니 8 이제는 떠서 **연회장에게 갖다 주라** 하시매 갖다 주었더니 9 연회장은 **물로 된 포도주를 맛보고** 어디서 났는지 알지 못하되 물 떠온 하인들은 알더라 연회장이 신랑을 불러 10 말하되 사람마다 먼저 좋은 포도주를 내고 취한 후에 낮은 것을 내거늘 그대는 지금까지 좋은 포도주를 두었도다 하니라 11 ④ 예수께서 이 **처음 표적**을 갈릴리가나에서 행하여 **그 영광을 나타내시매** 제자들이 그를 믿으니라 12 그 후에 예수께서 그 어머니와 형제들과 제자들과 함께 가버나움으로 내려가 거기 여러 날 계시지 아니 하시니라

2:1-12절

첫 표적의 구속사적 의미

첫째 단원(1-5) **때가 이르지 않았다**

둘째 단원(6-12) **물이 변하여 포도주가 되게 하심**

2장 전체는, "물이 변하여 포도주"가 되게 하신 표적과, 성전(聖殿)을 정화하신" 내용입니다. 이 두 주제는 무관한 것이 아니라, "물로 포도주"되게 하신 것이 "은혜"(恩惠)를 상징한다면, 성전 정화는 "진리"(眞理)를 타나냅니다. "은혜와 진리는 예수 그리스도로 말미암아 온 것"(1:17)입니다.

본 문단은 가나 혼인 잔칫집에서 물이 변하여 포도주가 되게 하신 첫 번 이적에 관한 것인데, 그러면 첫 표적의 구속사적(救贖史的) 의미가 무엇인가? 도표를 보시면 주님은 포도주가 떨어졌다는 말을 들으시고, "내 때가 이르지 않았다"(첫째 단원) 하시고는, 둘째 단원에서는 "결례로 쓰던 항아리의 물을 포도주"가 되게 하는 이적을 행하십니다.

요한은 이를 이적이라 말하지 않고 표적이라고 해석하고 있습니다. 표적이라는 말은 그 사건 자체에 목적이 있는 것이 아니라, 이를 통해서 말씀하시려는 진리에 대한 증표가 된다는 뜻입니다.

▌첫째 단원(1-5) 때가 이르지 않았다

① "사흘 되던 날에 갈릴리 가나에 혼인이 있어 예수의 어머니도 거기 계시고 예수와 그 제자들도 혼인에 청함을 받았더니"(1-2),

㉠ 예수님께서는 혼인잔치의 초대에 기꺼이 응하셨습니다. 이에 대해서도 의미를 구할 수가 있는데 왜냐하면 "율법과 선지자는 요한의 때까지요"(눅 16:16) 하신 세례 요한이라면 응하지 않았을 것이기 때문입니다. 이점을 주님께서는, "비유컨대 아이들이 장터에 앉아 서로 불러 가로되 우리가 너희를 향하여 피리를 불어도 너희가 춤추지 않고 우리가 애곡을 하여도 너희가 울지 아니하였도다 함과 같도다"(눅 7:32) 하고 말씀하셨습니다.

아이들의 "장례놀이와, 잔치놀이"의 비유는 세례 요한과, 그리스도의 사명을 상징합니다. 왜냐하면 세례 요한은 율법에 속한 자요, 의문은 죽이는 직분임으로 마치 "장례놀이"와 같은 것이었으나, 그리스도가 오심으로 "잔치놀이"로 바뀌었다는 점을 드러내기 때문입니다.

"요한이 와서 먹지도 않고 마시지도 아니하매 저희가 말하기를 귀신이 들렸다 하더니 인자는 와서 먹고 마시매 말하기를 보라 먹기를 탐하고 포도주를 즐기는 사람이요 세리와 죄인의 친구로다"(마 11:18-19) 하고 비난했던 것입니다.

㉡ 그러므로 "잔치"라는 주제를 구속사의 맥락에서 추적해 본다면 중요한 의미를 내포하고 있습니다. 메시아 예언이 풍부한 이사야서에는 메시아 시대가 도래하면, "만군의 여호와께서 이 산에서 만민을 위하여 기름진 것과 오래 저장하였던 포도주로 연회(宴會)를 베푸시리니"(사 25:6) 하고, 큰 잔치가 벌어질 것을 예언하고 있습니다. 그리고 그 날의 메뉴는 "골수가 가득한 기름진 것과 오래 저장하였던 포도주"라고 말씀합니다.

또한 이사야 56:1절에서도, "너희 목마른 자들아 물로 나아오라 돈 없는 자도 오라 너희는 와서 사 먹되 돈 없이 값 없이 와서 포도주와 젖을 사라" 하고 초청하는 것을 보게 됩니다. 주님께서도, "천국은 마치 자기 아들을 위하여 혼인 잔치를 베푼 어떤 임금과 같으니"(마 22:2) 하셨습니다. 이 잔치는, "내가 오찬을 준비하되 나의 소와 살진 짐승을 잡고 모든 것을 갖추었으니" 하는 표현이 암시하고 있듯이 "하나님의 어린양"의 대속을 통해서 마련이 된 잔치인 것입니다.

② "포도주가 모자란지라 예수의 어머니가 예수에게 이르되 저희에게 포도주가 없다 하니 예수께서 가라사대 여자여 나와 무슨 상관이 있나이까 내 때가 아직 이르지 못하였나이다"(3-4) 하십니다.

㉠ 혼인집의 포도주 떨어진 것이 주님과 무슨 상관이 있단 말인가? 그러나 주님께서는 거기서 멈추신 것이 아니라 "내 때가 아직 이르지 못하였나이다" 하고 더 나아가셨습니다. 이 "때"를 예수님께서 표적을 행하실 그 결정적인 시각이 아직 이르지 못했다는 뜻으로 보는 견해가 있는데 이는 피상적인 관찰입니다. 예수님께서는 지금 물로 포도주를 만드실 카운트다운을 하고 계시는 것이 아닙

니다.

이점을 요한복음이라는 넓은 문맥에서 추적해 볼 수가 있는데 왜냐하면 요한복음에는 "때"가 강조되어 있기 때문입니다. 주님은 십자가를 앞에 놓고, "아버지여 나를 구원하사 이 때를 면하게 하여 주옵소서 그러나 내가 이를 위하여 이 때에 왔나이다"(12:27) 하십니다. 13:1절에서는, "유월절 전에 예수께서 자기가 세상을 떠나 아버지께로 돌아 가실 때가 이른 줄 아시고" 합니다. 드디어 17:1절에서는, "아버지여 때가 이르렀사오니" 하십니다.

이런 문맥으로 볼 때, "내 때가 아직 이르지 못하였나이다" 한 뜻이, "또 잔을 가지사 사례하시고 저희에게 주시며 가라사대 너희가 다 이것을 마시라 이것은 죄 사함을 얻게 하려고 많은 사람을 위하여 흘리는 바 나의 피 곧 언약의 피니라"(마 26:27-28) 하실 수난의 때를 염두에 두고 하신 말씀으로 보아야 할 것입니다. "그 어머니가 하인들에게 이르되 너희에게 무슨 말씀을 하시든지 그대로 하라 하니라"(5).

둘째 단원(6-12) 물이 변하여 포도주가 되게 하심

③ "거기 유대인의 결례를 따라 두 세 통 드는 돌 항아리 여섯이 놓였는지라 예수께서 저희에게 이르시되 항아리에 물을 채우라 하신즉 아구까지 채우니 이제는 떠서 연회장에게 갖다 주라 하시매 갖다 주었더니"(6-8),

㉠ "연회장은 물로 된 포도주를 맛보고 어디서 났는지 알지 못하되 물 떠온 하인들은 알더라 연회장이 신랑을 불러 말하되 사람마

다 먼저 좋은 포도주를 내고 취한 후에 낮은 것을 내거늘 그대는 지금까지 좋은 포도주를 두었도다 하니라"(9-10).

④ "예수께서 이 처음 표적을 갈릴리 가나에서 행하여 그 영광을 나타내시매 제자들이 그를 믿으니라"(11) 합니다.

㉠ 주님이 행하신 "처음 표적"은 모세 때부터 주님 당시까지 예표적으로 지켜 내려오던 "결례"(6)를 참 것으로 바꾸셨다는 의미가 있습니다. 이점을 히브리서에서는, "이런 것은 먹고 마시는 것과 여러 가지 씻는 것과 함께 육체의 예법(禮法)만 되어 개혁(改革)할 때까지 맡겨 둔 것이라"(히 9:10) 합니다.

요한은 주님께서 행하신 모든 이적을 다 기록하고 있는 것이 아니라 많은 이적 중에서 일곱 가지 만을 선택적으로 기록하고 있는데, 어떤 의도에서 혼인 잔치 집에서 물로 포도주를 만드신 표적을 처음 표적(2:11)이라 말하면서 제일 앞에 갖다 놓고 있는가 하는 점입니다. 공관복음들은 이 표적을 기록하고 있지 않을뿐더러 다른 이적들을 먼저 행하신 듯이 여겨지기까지(참고, 마 4:23, 막 1:21-28, 눅 4:31—37) 합니다.

이런 맥락에서 요한복음이 혼인 잔치에서 물을 변하여 포도주가 되게 한 이적을 첫 표적으로 제시하고 있는 것은 의미심장하다 하겠습니다. 왜냐하면 물로 포도주를 만들어 혼인 잔치를 축복해 주신 이 표적을 통해서, "그 후부터는 하나님 나라의 복음이 전파되어 사람마다 그리로 침입하느니라"(눅 16:16) 하신 복음 시대의 개막(開幕)을 증거하려는 의도가 깔려 있기 때문입니다.

㉡ "말씀이 육신이 되어" 임마누엘 하심으로 하나님의 나라는

이 땅에 임하였는데, 이점을 공관복음서들은 일제히 "회개하라 천국(天國)이 가까웠느니라(마 3:2), 때가 찼고 하나님 나라가 가까웠으니 회개하고 복음(福音)을 믿으라"(막 1:15, 눅 4:43) 하고 선포함으로 복음 시대의 개막을 알리고 있습니다.

그런데 요한복음에는 "하나님의 나라가 임하였다, 천국이 가까웠다" 하는 선포가 없습니다. 요한은 이를 말씀으로 선포하고 있는 것이 아니라, 주님께서 가나 혼인 잔치에서 행하신 첫 표적을 맨 앞에 놓음으로 천국 잔치가 시작되었음을 가시적(可視的)으로 보여주고 있는 것입니다. 주님께서는 이런 의도가 계셨기 때문에 혼인 잔치에 응하신 것으로 여겨집니다. 만일 혼인 잔치에 오시지 아니하셨다면 흥은 깨지고 잔치는 낭패를 당하고 말았을 것입니다. 메시아가 이 땅에 오시지 아니하셨어도 그러했을 것입니다.

주님께서는 포도주를 공급해 주시되 먼저 것보다 최상의 포도주를 공급해주셨습니다. 구약시대에도 "오늘은 너희 하나님 여호와의 성일이니 슬퍼하지 말며 울지 말라, 너희는 가서 살진 것을 먹고 단 것을 마시되 예비치 못한 자에게는 너희가 나누어 주라"(느 8:9-10) 하고 잔치는 있었던 것입니다(참고, 신 14:26).

그러나 예수 그리스도께서 강림하심으로 더 좋은 것으로 잔치를 배설하게 된 것입니다. 결례를 행하는데 사용되었던 항아리의 물을 극상품 포도주로 변하게 하였다는 사실은 율법이 은혜로 바꾸어졌다는 상징성이 있습니다. 1:17절에서 "율법은 모세로 말미암아 주신 것이요 은혜와 진리는 예수 그리스도로 말미암아 온 것이라" 말씀하고 있는 것이 이를 뒷받침해줍니다. 모세는 물이 변하여 피가 되게 하므로 그의 직분이 죽이는 직분임을 암시하고 있으나(출 7:20), 예수 그리스도는 포도주 되게 하시므로 은혜를 베푸신 것입니다.

혼인 잔치의 주인공들은 신랑과 신부인데, 이것 또한 "그리스도와, 교회"를 예표하고 있는 것입니다. 즉각적으로 3장에서는, "신부(新婦)를 취하는 자는 신랑(新郎)이나"(3:29) 하고 예수 그리스도는 신랑으로, 교회는 신부로 상징을 하면서, 세례 요한은 신랑이 아니라 신랑의 친구됨을 증거해 주고 있습니다. 이 첫 표적을 통해서 일차적으로는 예수님께서 하나님의 아들 그리스도이심을 나타내셨고(11), 암시적으로는 하나님의 나라가 도래(到來)하였음을 선포하셨던 것입니다.

㉢ 성경의 첫 책인 창세기 2장에 혼인 이야기가 나오고 있는데, 성경의 마지막 책인 계시록에서도 "우리가 즐거워하고 크게 기뻐하며 그에게 영광을 돌리세 어린양의 혼인 기약이 이르렀고 그 아내가 예비하였으니"(계 19:7) 말씀하시면서, "어린양의 혼인 잔치에 청함을 입은 자들이 복이 있도다" 하십니다.

㉮ 창세기가 혼인 이야기를 통해서 하나님의 나라가 건설되었음을 증거하고 있다면,

㉯ 가나 혼인 잔치를 통해서는 그리스도께서 하나님의 나라를 회복하러 오셨음을 드러내고,

㉰ 계시록의 혼인 이야기를 통해서는 하나님의 나라가 완성됨을 증거해 주고 있는 것입니다.

형제여, 이런 맥락에서 복음시대는 잔치 집과 같습니다. 신랑되시는 예수 그리스도를 모신 신부 되는 교회가 기뻐하며 즐거워해야 함은 너무나 당연한 것입니다. 이 모습을 세상으로 보게 해주어야만(13:35, 17:21) 합니다. 그리고 우리들만이 기뻐하고 즐거워할 것이

아니라, "성령과 신부가 말씀하시기를 오라 하시는 도다 듣는 자도 오라 할 것이요 목마른 자도 올 것이요 또 원하는 자는 값없이 생명수를 받으라"(계 22:17) 하고 초청해야 할 사명이 우리에게는 있는 것입니다.

묵상해 봅시다.

1. 물이 변하여 포도주가 되게 하신 첫 표적의 구속사적 의미에 대해서,
2. 이 표적을 맨 앞에 놓은 의미에 대해서,
3. "내 때가 아직 이르지 못하였나이다"(4)에 대해서.

요한복음 2:13-22절 개관도표

주제:성전 정화의 구속사적 의미

유월절과 그리스도	13-17 13 ① 유대인의 **유월절이 가까운지라** 예수께서 예루살렘으로 올라가셨더니 14 안에서 소와 양과 비둘기 파는 사람들과 돈 바꾸는 사람들의 앉은 것을 보시고 15 노끈으로 채찍을 만드사 양이나 소를 다 성전에서 내어 쫓으시고 돈 바꾸는 사람들의 돈을 쏟으시며 상을 엎으시고 16 ② 비둘기 파는 사람들에게 이르시되 이것을 여기서 가져가라 **내 아버지의 집으로 장사하는 집을 만들지 말라** 하시니 17 제자들이 성경 말씀에 주의 전을 사모하는 열심이 나를 삼키리라 한 것을 기억하더라
사흘만에 세우리라	18-22 18 ③ 이에 유대인들이 대답하여 예수께 말하기를 네가 이런 일을 행하니 **무슨 표적을 우리에게 보이겠느뇨** 19 ④ 예수께서 대답하여 가라사대 너희가 **이 성전을 헐라 내가 사흘 동안에 일으키리라** 20 유대인들이 가로되 이 성전은 사십 육 년 동안에 지었거늘 네가 삼 일 동안에 일으키겠느뇨 하더라 21 ⑤ 그러나 예수는 **성전 된 자기 육체를** **가리켜 말씀하신 것이라** 22 **죽은 자 가운데서 살아나신 후에야** 제자들이 이 말씀하신 것을 기억하고 **성경과 및 예수의 하신 말씀을 믿었더라**

2:13-22절

성전 정화의 구속사적 의미

첫째 단원(13-17) **유월절과 그리스도**

둘째 단원(18-22) **성전을 헐라 사흘 만에 다시 세우리라**

본 문단은 주님께서 성전을 정화하신 내용입니다. 앞 문단(1-12)이 "은혜"(恩惠)를 상징하는 것이라면 성전 정화는 "진리"(眞理)를 나타냅니다. 도표를 보시면 "성전 정화"를 중심으로 "유월절이 가까운지라"(첫째 단원) 하고 유월절을 상기시키면서, "성전을 헐면 사흘 만에 다시 세우리라"(둘째 단원) 하시는 것이 대의입니다. 그러면 "유월절과 그리스도, 성전 정화의 구속사적 의미"가 무엇일까요?

공관복음에는 성전을 정화하신 기사가 공생애 말기인 마지막 부분(마 21:12, 막 11:15, 눅 19:45)에 등장하는데 요한은 이를 앞부분에 배치하고 있습니다. 그리고 문맥을 보면 물을 변하여 포도주가 되게 하신 처음 표적과 나란히 놓여 있는데, 이는 무심한 일이 아니라

"잔치와, 정화", 즉 "은혜와, 진리"가 동전의 양면과 같이 함께 가고 있음을 말씀하고 있는 것입니다.

▮ 첫째 단원(13-17) **유월절과 그리스도**

① "유대인의 유월절이 가까운지라 예수께서 예루살렘으로 올라 가셨더니"(13),

㉠ 첫째 단원은 "유대인의 유월절이 가까운지라" 하고, "유월절과, 성전 정화"를 연관을 시키고 있습니다. "유월절의 어린양"이 누구의 그림자인가를 아는 사람이라면 결코 무심한 말씀으로 보아 넘길 수는 없는 것입니다. 이 유월절이 "성전을 헐라"(19), 즉 세상 죄를 죄고 가는 하나님의 어린양이 죽임을 당하실 것과 결부되어 있는 구조입니다.

공관복음에서도 "유월절 양 잡는 날에, 내가 고난을 받기 전에 너희와 함께 이 유월절 먹기를 원하고 원하였노라" 하고 한결같이 유월절(마 26:17, 막 14:12, 눅 22:15)과 그리스도의 수난을 결부시키고 있습니다.

㉡ "성전 안에서 소와 양과 비둘기 파는 사람들과 돈 바꾸는 사람들의 앉은 것을 보시고 노끈으로 채찍을 만드사 양이나 소를 다 성전에서 내어 쫓으시고 돈 바꾸는 사람들의 돈을 쏟으시며 상을 엎으시고"(14-15),

② "비둘기 파는 사람들에게 이르시되 이것을 여기서 가져가라 내 아버지의 집으로 장사하는 집을 만들지 말라 하시니 제자들이

성경 말씀에 주의 전을 사모하는 열심이 나를 삼키리라 한 것을 기억하더라"(16-17) 합니다. 왜 이렇게 하셨는가?

㉠ 질문을 드려 보겠습니다. 주님께서 성전을 정화하신 목적이, "자 이제 성전이 정화되었으니 다시는 더럽히지 말고 하나님께 거룩한 제사를 드리라" 하시기 위해서였습니까? 그림자로 주어졌던 유월절 어린양의 실체(實體)가 오셨는데도 배척을 하면서 성전에서 하나님께 번제와 속죄제 등 예배를 드리면 하나님께서 열납하시는가 하는 점입니다.

결코 아닙니다. 주님께서는 분명히 "율법과 선지자는 요한의 때까지요 그 후부터는 하나님 나라의 복음이 전파되어 사람마다 그리로 침입하느니라"(눅 16:16) 하고 말씀하셨습니다. 이는 율법적인 제사 의식은 세례 요한의 때까지로 마감하고 그 후로는 복음시대로 전환되었음을 의미합니다.

4장에서 "당신들의 말은 예배할 곳이 예루살렘에 있다 하더이다"(20) 하고 묻는 사마리아 여인에게도, "여자여 내 말을 믿으라 이 산에서도 말고 예루살렘에서도 말고…예배하는 자가 신령과 진정으로 예배할지니라" 하고 예루살렘 성전에서 드려지던 의식적인 예배가 마감되었음을 말씀하십니다.

더욱 심각한 것은 8장에서 우리 아버지는 하나님이시로다(41) 하고 말하는 유대인들을 향해, "너희는 너희 아비 마귀에게서 났다"(44) 하고 그들이 마귀에 의해서 지배당하고 있음을 지적하고 계신다는 점입니다. 이런 맥락에서 볼 때에 주님께서 성전을 정화하신 목적이 성전 예배를 권장하기 위한 것이 아님이 분명해집니다. 그렇다면 성전 정화를 통해서 우리에게 하시고자 하는 말씀이 무엇일까요?

예수님은 유년시절(눅 2:41)에, 그리고 그 이후에도 여러 번 예루살렘에 올라가신 적이 있으셨을 것입니다. 그런데 본문에 "유대인의 유월절이 가까운지라 예수께서 예루살렘에 올라 가셨더니"(13) 한 예루살렘 방문은 공생에 중에 첫 방문이셨습니다. 이처럼 공생애의 첫 방문 시에 우선적으로 성전을 정화하셨다는 것은 단순히 성전을 청결케 하셨다는 그 이상의 의미가 내포되어 있다 하겠습니다.

그러므로 유념해야 할 점은 성경의 기사(記事)들에는 신학(神學)적인 의미와 교훈(敎訓)적인 의미가 있다는 점입니다. 그런데 현대교회는 신학적인 의미는 실종(失踪)한 채 교훈적인 의미만을 전하는 경향이 있습니다. 교훈은 필요하고 유익합니다. 그러나 교훈은 문제에 대한 해답(解答)이 아니며, 그것으로는 구원에 이르게 할 수가 없다는 점을 명심해야만 합니다.

그러면 먼저 신학적인 의미인데, "성전, 또는 성막"의 구속사적 의미가 무엇인가부터 생각해보아야만 합니다.

하나님은 바로의 노예였던 이스라엘 백성들을 애굽에서 구출하여 내신 후 시내 산에서, "내가 그들 중에 거할 성소를 그들을 시켜 나를 위하여 짓되, 네게 보이는 식양(式樣)을 따라 지을지니라"(출 25:8-9) 하고 명하셨습니다. 하나님은 무엇이 부족하신 양 사람의 손으로 지은 건물에 계시는 분이 아니십니다. 그런데 왜 성막을 지으라 하셨는가? 그 의도가 "네게 보이는 식양을 따라 지으라"는 "식양"(式樣)에 나타납니다.

성막, 또는 성전은 하나님께서 인간의 장막을 입으시고 이 땅에 오실 임마누엘의 모형이요, 그 식양"(式樣), 즉 번제단, 물두멍, 떡상, 등대, 향단 등은, "인자가 온 것은, 자기 목숨을 많은 사람의 대속물로 주려 함이니라"(마 20:28) 하신 구속사역에 대한 예표였던 것입니다.

이런 맥락에서, "말씀이 육신이 되어 우리 가운데 거하시매"(1:14) 한 임마누엘 사건은 천오백 년 동안이나 모형적으로 내려오던 성막, 또는 성전이 실체(實體)로 성취된 사건이었던 것입니다. 성전 정화는 이러한 맥락에서 이해되어야만 합니다.

이는 구속사의 성취과정에서 옛 것을 폐하시고 새 것을 세우심을 의미합니다. 성경은, "보시옵소서 내가 하나님의 뜻을 행하러 왔나이다 하셨으니 그 첫 것을 폐하심은 둘째 것을 세우려 하심이니라"(히 10:9), "이 장막(성막)은 현재까지의 비유니, 개혁할 때까지 맡겨 둔 것이니라"(히 9:9, 10) 하고 말씀합니다. 그러므로 성전 정화에는 옛 것을 폐하고 새 것을 세우시는 일대 개혁을 단행하신다는 신학적인 의미가 있는 것입니다.

좀 더 말씀을 드려야만 하겠습니다. "노끈으로 채찍을 만드사 양이나 소를 다 성전에서 내어 쫓으셨다"(15)는 말씀에는 교훈적인 의미만이 아니라, "하나님이 제사와 예물을 원치 아니하시고 오직 나를 위하여 한 몸을 예비하셨도다 전체로 번제함과 속죄제는 기뻐하지 아니 하시나니"(히 10:5-6) 한 신학적인 의미가 있다는 말씀입니다. 지금 성전을 정화하시는 그 분이 누구십니까? "한 몸을 예비하셨도다" 하신 실체이신 "하나님의 어린양"이십니다.

주님은, "이에 내가 말하기를 하나님이여 보시옵소서 두루마리 책에 나를 가리켜 기록한 것과 같이 하나님의 뜻을 행하러 왔나이다"(히 10:7) 하신, 유월절 양으로 오신 것입니다. 참 것이 오신 마당에는 그림자로 주어졌던 양이나 소는 더 이상 필요치가 않은 것입니다.

성전을 청결하게 하신 사건이 공관복음에는 모두 주님의 공생애

말기에 일어난(마 21:12, 막 11:11, 눅 19:45) 일로 기록하고 있습니다. 그런데 요한복음에서만은 초기에 일어난 사건으로 기록하고 있기 때문에 성전 정화가 두 번이냐? 한 번이냐 하는 것은 결정적으로 중요한 것은 아닙니다.

중요한 점은 요한복음이 2장 전반부에서는 혼인 잔치를 통해서 하나님의 나라가 임하였음을 상징적으로 보여주고, 후반부에서는 성전 정화를 통해서 첫 것을 폐하시고 둘째 것을 세우러 오셨다는 개혁(改革)을 단행하고 계시다는 점을 깨닫는 것이 결정적으로 중요한 요점인 것입니다

다음은 교훈(教訓)적인 의미인데, "내 아버지의 집으로 장사하는 집을 만들지 말라"(16) 하신 말씀에 나타납니다. 공관복음에서는 "너희는 강도의 굴혈을 만들었도다"(마 21:13) 하고 책망하십니다. 이는 예레미야 7:11절의 인용인데, 하나님의 성전이 강도의 굴혈이 된 것은 어제 오늘의 일이 아닙니다. 이사야 선지자는, "신실하던 성읍이 어찌하여 창기(娼妓)가 되었는고"(사 1:21) 탄식하고, 미가 선지자는, "시온을 피로, 예루살렘을 죄악으로 건축하는 도다"(미 3:10) 책망하고, 예레미야 선지자는 "너희는 이것이 여호와의 전이라 여호와의 전이라 여호와의 전이라 하는 거짓말을 믿지 말라"(렘 7:4) 하고 경고합니다.

이렇게 된 책임이 누구에게 있는가? "그 두령은 뇌물을 위하여 재판하며 그 제사장은 삯을 위하여 교훈하며 그 선지자는 돈을 위하여 점치면서 오히려 여호와를 의뢰하여 이르기를 여호와께서 우리 중에 계시지 아니하냐"(미 3:11) 하고, 하나님께 드리는 예배까지도 취리(取利)의 수단으로 삼았던 지도자들에게 있음을 말씀합니다.

"은혜와 진리는 예수 그리스도를 말미암아 주신 것이라"(1:14)는

말씀을 명심해야만 합니다. 작은 시골 마을 촌부의 혼인 집에서 물로 포도주를 만드시어 초대된 손님들에게 기쁨과 즐거움을 베풀어주신 것은 한마디로 은혜(恩惠)였습니다. 그러나 "노끈으로 채찍을 만드사 양이나 소를 다 성전에서 내어쫓으시고 상을 엎으시는"(15) 전연 다른 주님의 모습을 대하게 되는데 이는 진리를 보수(保守)하시는 엄위하신 주님의 모습인 것입니다.

둘째 단원(18-22) 성전을 헐면 사흘 만에 다시 세우리라

③ "이에 유대인들이 대답하여 예수께 말하기를 네가 이런 일을 행하니 무슨 표적을 우리에게 보이겠느뇨"(18) 하고 대적을 합니다.

㉠ 이를 달리 표현을 하면 누가 이런 권세를 너에게 주었느냐 하는 뜻이기도 합니다. 이점에서, "악하고 음란한 세대가 표적을 구하나"(마 16:4) 하신 말씀을 상기하게 됩니다. 저들은 마음에 찔림을 받으면서도 회개를 한 것이 아니라 "표적"을 구하였던 것입니다.

④ "예수께서 대답하여 가라사대 너희가 이 성전을 헐라 내가 사흘 동안에 일으키리라" 하십니다.

㉠ "이 성전을 헐라"(19) 하신 말씀 속에는 복합적인 의미가 있습니다. 1차적으로는 주님의 육체가 죽임을 당하실 것을 의미합니다. 그러나 또 하나의 암시는 참 것이 왔을 때에 모형과 그림자는 폐하여 진다는 의미입니다. 모형이란 개혁할 때까지만 필요(히 9:10)한 것이기 때문입니다.

㉡ "유대인들이 가로되 이 성전은 사십 육년 동안에 지었거늘

네가 삼일 동안에 일으키겠느뇨 하더라"(19-20). "내가 사흘 동안에 일으키리라" 하신 말씀도 1차적으로는 삼일 만에 부활하실 것을 의미합니다만, "일으키리라" 하신 말씀 속에는 신약교회를 세우실 것이 함의되어 있는 것입니다.

왜냐하면 주님은 폐하러만 오신 것이 아니라 세우시려 오셨기 때문입니다. 히브리서 10:9절에서는, "첫 것을 폐하심은 둘째 것을 세우려 하심이라" 하고 말씀하고 구약성경에서는, "그 날에 내가 다윗의 무너진 천막을 일으키고 그 틈을 막으며 그 퇴락한 것을 일으켜 옛적과 같이 세우고"(암 9:11, 행 15:16) 하십니다.

하나님께서 다윗에게 세워주신 언약에, "내가 네 몸에서 날 자식을 네 뒤에 세워 그 나라를 견고케 하리라 저는 내 이름을 위하여 집을 건축할 것이요"(삼하 7:12-13) 하셨는데 이 언약의 궁극적인 성취는 다윗의 자손으로 그리스도가 오셔서, "내가 이 반석 위에 내 교회를 세우리니"(마 16:18) 에서 성취될 말씀인 것입니다.

⑤ "그러나 예수는 성전 된 자기 육체를 가리켜 말씀하신 것이라 죽은 자 가운데서 살아나신 후에야 제자들이 이 말씀하신 것을 기억하고 성경과 및 예수의 하신 말씀을 믿었더라"(21-22) 합니다.

성전이라는 헬라어에는 "히에론과, 나오스"라는 두 단어가 사용되고 있는데 히에론이란 복합적인 성전 전체를 가리키는 말이고, 나오스는 지성소(至聖所)를 의미합니다. 주님께서 사용하신 성전은 나오스인데 교회를 가리켜, "너희가 하나님의 성전인 것과 하나님의 성령이 너희 안에 거하시는 것을 알지 못하느뇨"(고전 3:16) 한 성전도 나오스입니다. 또한 "너희 몸은 너희가 하나님께로부터 받은 바 너희 가운데 계신 성령의 전인 줄을 알지 못하느냐"(고전 6:19) 할 때에 사용된

단어도 나오스임을 명심해야만 합니다.

5장에서는 삼십팔 년 된 병자를 고쳐주시고 "성전에서 그 사람을 만나 이르시되 보라 네가 나았으니 더 심한 것이 생기지 않게 다시는 죄를 범하지 말라"(14) 말씀하십니다. 죄를 범하면 무엇이 더러워지는가? 심령입니다. 그러므로 이 말씀은 다시는 성전을 더럽히지 말라는 의미가 됩니다. 주님께서는 그 사람의 성전을 정화하여 주신 것입니다. 간음 현장에서 잡혀 온 여인에게도, "다시는 죄를 범하지 말라"(8:11) 하십니다. 그 여인의 성전도 청결케 하여 주신 것입니다.

그렇다면 본문은 우리에게, "누구든지 하나님의 성전을 더럽히면 하나님이 그 사람을 멸하시리라 하나님의 성전은 거룩하니 너희도 그러하니라"(고전 3:17) 하는 경계로 적용이 되는 것입니다. 잊지 마십시다. 형제가 하나님의 성전인 것을! 명심하십시다, 누구든지 하나님의 성전을 더럽히면 하나님이 그 사람을 멸하시리라 하신 말씀을!

묵상해 봅시다.

1. 성전 정화에 대한 구속사적 의미에 대해서,
2. 교훈적인 의미는 무엇인가에 대해서,
3. 본문에서는 예수님이 누구로 증거되어 있습니까?

요한복음 2:23-3:15절 개관도표

주제:거듭나야 들어가는 하나님 나라

인정받지 못한 믿음	23-3:1 23 ① **유월절에** 예수께서 예루살렘에 계시니 많은 사람이 그 행하시는 **표적을 보고 그 이름을 믿었으나** 24 예수는 그 몸을 저희에게 **의탁치 아니하셨으니** 이는 친히 모든 사람을 아심이요 25 또 친히 사람의 속에 있는 것을 아시므로 사람에 대하여 아무의 증거도 받으실 필요가 없음이니라 3:1 ② 바리새인 중에 **니고데모**라 하는 사람이 있으니 유대인의 관원이라 랍비여 우리가 당신은 **하나님께로 서 오신 선생인줄 아나이다** 하나님이 함께 하시지 아니하시면 당신의 행하시는 **이 표적을 아무라도 할 수 없음이니이다**
성령으로 거듭나야	3:3-8 3 ③ 예수께서 대답하여 가라사대 진실로 진실로 네게 이르노니 **사람이 거듭나지 아니하면 하나님 나라를 볼 수 없느니라** 4 니고데모가 가로되 사람이 늙으면 어떻게 날 수 있삽나이까 5 ④ 예수께서 대답하시되 진실로 진실로 네게 이르노니 사람이 **물과 성령으로 나지 아니하면** 하나님 나라에 들어갈 수 없느니라 6 **난 것은 육이요 성령으로 난 것은 영이니** 7 ⑤ 내가 네게 거듭나야 하겠다 하는 말을 기이히 여기지 말라 8 바람이 임의로 불매 네가 그 소리를 들어도 어디서 오며 어디로 가는지 알지 못하나니
인자도 들려야 하리라	9-15 9 ⑥ 니고데모가 대답하여 가로되 **어찌 이러한 일이 있을 수 있나이까** 10 예수께서 가라사대 너는 이스라엘의 **선생으로서 이러한 일을 알지 못하느냐** 11 진실로 진실로 네게 이르노니 우리 아는 것을 말하고 본 것을 증거하노라 그러나 **너희가 우리 증거를 받지 아니하는 도다** 12 내가 땅의 일을 말하여도 너희가 믿지 아니하거든 하물며 하늘 일을 말하면 어떻게 믿겠느냐 13 ⑦ **하늘에서 내려온 자** 곧 인자 외에는 하늘에 올라간 자가 없느니라 14 모세가 광야에서 뱀을 든 것 같이 **인자도 들려야 하리니** 15 **이는 저를 믿는 자마다 영생을 얻게 하려 하심이니라**

2:23-3:15절

거듭나야 들어가는 하나님 나라

첫째 단원(2:23-3:2) **인정 받지 못할 믿음**
둘째 단원(3:3-8) **성령으로 거듭나지 않으면**
셋째 단원(3:9-15) **인자도 들려야 하리라**

3장 전체의 주제는 거듭나야 하나님 나라에 들어갈 수 있다 하신 “거듭남(3)과, 아들을 믿는 자는 영생이 있다“(36) 하신 “믿음”입니다. 본 문단은 니고데모에게 “거듭나야” 할 것을 말씀하시는 내용인데 도표를 보시면 “거듭나야 들어가는 하나님 나라”를 중심으로 “인정 받지 못할 믿음”(첫째 단원)이 있고, “성령으로 거듭나지 않으면”(둘째 단원) 들어가지 못한다 하시면서, “인자도 들려야 하리라”(셋째 단원) 하십니다. 이는 들리셔야 거듭나는 것과 영생이 주어지는 것이 가능하여진다는 말씀이 되는 것입니다.

이 거듭남을 1:13절에서는, “이는 혈통으로나 육정으로나 사람의 뜻으로 나지 아니하고 오직 하나님께로 서 난 자들이니라" 하고 말씀했습니다. 그러므로 주님을 따른다고 다 거듭난 것은 아니요, 믿는다고 말한다고 다 하나님 나라에 들어갈 수 있는 것은 아니라는 점입니다. 그러므로 본 문단은 현대교회에 큰 도전이 됩니다.

▌첫째 단원(2:23-3:2) **인정 받지 못할 믿음**

① "유월절에 예수께서 예루살렘에 계시니 많은 사람이 그 행하시는 표적을 보고 그 이름을 믿었으나"(2:23) 합니다. 오늘날은 이렇게 되면 다 잘된 것이요, 구원 얻은 것으로 여기고 있지 않습니까?

㉠ 그런데 "예수는 그 몸을 저희에게 의탁(依託)치 아니하셨으니 이는 친히 모든 사람을 아심이요 또 친히 사람의 속에 있는 것을 아시므로 사람에 대하여 아무의 증거도 받으실 필요가 없음이니라"(24-25) 합니다. "의탁치 아니하셨다"는 것은 그들의 믿음을 인정하시지 않으셨다는 뜻입니다.

㉡ 왜냐하면 "이는 친히 모든 사람을 아심이요 또 친히 사람의 속에 있는 것을 아시므로", 즉 그들의 중심을 아시기 때문이라는 것입니다. 성경은 "믿음은 들음에서 나며 들음은 그리스도의 말씀으로 말미암았느니라"(롬 10:17) 합니다. 그런데 저들은 "표적을 보고" 믿고 따랐다는 것입니다. 결국 6장에 가서, "이러므로 제자 중에 많이 물러가고 다시 그와 함께 다니지 아니하더라"(6:66) 하는 말씀을 대하게 됩니다. 5병2어의 현장에는 5천명이 따랐으나, "내 살을 먹고 내 피를 마시라", 즉 복음을 말씀하시자 다 물러가고 말았던 것입니다.

② 이런 문맥에서, "바리새인 중에 니고데모라 하는 사람이 있으니 유대인의 관원이라"(3:1) 하고, 니고데모가 등장을 하고 있는 것입니다.

당시 상황으로 볼 때 니고데모와 같은 고위 관리가 예수님을 찾아온다는 자체가 쉬운 결단이 아니었을 것입니다. 그것은 비난 받을 일이고 출세 길을 가로막는 요인이 될 수도 있었을 것입니다. 그래서 밤에 왔는지도 모릅니다. 어떻든 니고데모는 주님을 찾아온 최고위(最高 位)의 인물입니다.

㉠ 그런 인물이 찾아온 것만이 아니라, "그가 밤에 예수께 와서 가로되 랍비여 우리가 당신은 하나님께로 서 오신 선생인줄 아나이다 하나님이 함께 하시지 아니하시면 당신의 행하시는 이 표적을 아무라도 할 수 없음이니이다"(2) 하고 말하는 것이 아닌가?

"나사렛 예수"를 "하나님께로 서 오신" 분이라고 고백하다니 이는 엄청난 말입니다. 이만하면 된 것이 아닌가? 오늘날 같으면 장로로 세우려 할 것입니다. 그런데 주님은 니고데모를 어떻게 보셨으며, 그에게 하신 말씀이 무엇인가?

둘째 단원(3:3-8) 성령으로 거듭나지 않으면

③ "진실로 진실로 네게 이르노니 사람이 거듭나지 아니 하면 하나님 나라를 볼 수 없느니라"(3) 하고 말씀하십니다.

니고데모의 고백적인 진술에 대한 주님의 말씀은 동문서답과 같이 들립니다. 그것은 관점과 목적이 다르기 때문입니다. 니고데모로 하여금 나사렛 예수를 찾아오게 한 동기는, "하나님이 함께 하시지 아니하시면 당신의 행하시는 이 표적을 아무라도 할 수 없음이니이다" 한 "표적"때문입니다.

이런 표적을 행하는 분이라면, "이 사람이 이스라엘을 구속할 자라"(눅 24:21)는 기대를 하고 왔음직 합니다. 주님께서는 니고데모의 그런 믿음을 인정하지 않으신 셈입니다. 주님의 관심은 그의 신분, 지위, 명성 등에 있는 것이 아니라, 오직 "하나님 나라와, 거듭남"에 있으셨기 때문입니다.

㉠ 다시 강조합니다만 요한복음에는 "진실로 진실로" 라는 말이 25번 등장하는데 이 "진실로 진실로"가 중요한 말씀을 하시는 3장(3번), 5장(3번), 6장(4번), 8장(3번), 13장(4번)에 집중이 되어 있다는 점을 유념해야만 합니다. 두 번째 등장하는 주님의 "진실로 진실로"는 "거듭남과, 하나님 나라"라는 주제와 함께 주어졌습니다. 이것이 중요한 문제라는 말씀입니다.

이점에서 "니고데모" 하면 대번에 "거듭남"을 연상하리 만치 본문의 주제를 거듭남으로 보고 있습니다. 그런데 본문을 관찰해보면 중심주제가 "하나님 나라"(3, 5)임을 알게 됩니다. 핵심은 "하나님 나라"에 있고, 거듭남은 들어가는 방편인 것입니다. 이점이 왜 중요하냐 하면 니고데모, 즉 유대인들의 관심이 "그의 나라와 그의 의"에 있는 것이 아니라 "이스라엘의 회복"이라는 민족주의적이었기 때문입니다.

"표적"을 보고 따른다는 자체에 잘못이 있는 것이 아니라, 표적을 구하는 자기중심(自己中心)에 문제가 있는 것입니다. 이점이 "그 사람들이 예수의 행하신 이 표적을 보고 말하되 이는 참으로 세상에 오실 그 선지자라" 하면서, "억지로 잡아 임금 삼으려"(6:14-15) 했다는

데서도 드러납니다.

저들이 기대했던 메시아 왕국은 로마제국을 격퇴시키고, 이스라엘을 독립시켜서 압제와 빈곤으로부터 해방시켜줄 그런 정치적인, 말하자면 다윗 왕의 전성시대와 같은 지상 왕국이었습니다. 주님은 재판 석상에서 "내 나라는 이 세상에 속한 것이 아니라"(18:36) 하고 말씀하십니다.

제자들까지도 부활하신 주님께, "이스라엘 나라를 회복하심이 이 때니이까"(행 1:6) 하고 그 범주를 탈피하지 못하고 있었다면, 니고데모의 관심사가 그런 국수주의적인 차원에 머물러 있었다는 것은 어찌 보면 당연하다 하겠습니다. 그래서 "내가 땅의 일을 말하여도 너희가 믿지 아니하거든 하물며 하늘 일을 말하면 어떻게 믿겠느냐"(12) 하시는 것입니다.

이점에 비상한 관심을 기울이는 것은 현대교의 관심도 "하나님의 나라"에 있는 것이 아니라 온통 자기(自己)교회의 성장과, 자기(自己) 축복에 함몰되어 있지 않나 하는 우려때문입니다.

㉡ 그러면 "거듭남"이 무엇인가? "너희의 허물과 죄로 죽었던 너희를 살리셨도다"(엡 2:1) 한, 새로 태어남을 의미합니다. 왜냐하면 "한 사람으로 말미암아 죄가 세상에 들어오고 죄로 말미암아 사망이 왔기"(롬 5:12) 때문입니다. 그리스도는 "사망"이라는 문제에 대한 해답(解答)으로 오신 것입니다. 그래서 "진실로 진실로 네게 이르노니 사람이 거듭나지 아니 하면 하나님 나라를 볼 수 없느니라"(3) 하시는 것입니다.

㉢ "니고데모가 가로되 사람이 늙으면 어떻게 날 수 있삽나이까 두 번째 모태에 들어갔다가 날 수 있삽나이까"(4), 니고데모의 말에는

곤혹스러워 하는 빛이 역력히 나타납니다. 왜냐하면 주님의 말씀을 이해할 수가 없었기 때문입니다. 주님은 하늘의 일을 말씀하고, 니고데모는 땅의 일로 받고 있는 것입니다.

④ 주님은 또다시 "진실로 진실로" 하시면서, "네게 이르노니 사람이 물과 성령으로 나지 아니하면 하나님 나라에 들어갈 수 없느니라 육으로 난 것은 육이요 성령으로 난 것은 영이니 내가 네게 거듭나야 하겠다 하는 말을 기이히 여기지 말라"(5-7) 하고, 더욱 강조하십니다.

㉠ 이점에서 그러면 "거듭남"은 누가 주는가 하고 묻게 됩니다. 설교자가 할 수 있는 것이 아닙니다. "성령"이라고 말씀하십니다. 이를 알았기에 사도 바울은, "내 말과 내 전도함이 지혜의 권하는 말로 하지 아니하고 다만 성령의 나타남과 능력으로 하여 너희 믿음이 사람의 지혜에 있지 아니하고 다만 하나님의 능력에 있게 하려 하였노라"(고전 2:4-5) 한 것입니다. 지금 니고데모의 믿음의 근거는 하나님의 능력, 즉 거듭남에서 울어나오는 고백이 아니라, "사람의 지혜"에 있는 셈입니다. 이런 류의 사람들은 교회 내에도 많은 것입니다.

㉡ 그러면 성령께서 언제 거듭나게 하시는가? "너희도 진리의 말씀 곧 구원의 복음(福音)을 듣고 그 안에서 또한 믿어 약속의 성령으로 인치심을 받았으니"(엡 1:13), 즉 "복음"을 들을 때에 성령께서 듣는 자들에게 믿음과 거듭남을 주신다는 것입니다.

그러므로 설교자가 거듭나게는 못해도 "구원의 복음"을 증거함으로 성령님과 동역 할 수가 있고, 복음진리를 우선적으로 더 많이 전해줌으로 성도들에게 거듭날 기회(機會)를 제공할 수가 있다는 것입니다. 이런 맥락에서 "물과 성령"이라 하신 "물"은 세례를 연상할 수가 있다 해도 궁극적으로는 "말씀"이라 할 수가 있습니다. 이 "말씀"이 6장에서는 "내 살을 먹고 내 피를 마셔라"(6:56)로 표현이 되어 있습니다.

㉢ 여기 심각하게 받아야 할 말씀이 있는데, "육으로 난 것은 육이요 성령으로 난 것은 영이니" 하신 말씀입니다. 6:63절에서도, "살리는 것은 영이니 육은 무익하니라 내가 너희에게 이른 말이 영이요 생명이라" 하십니다. "육(肉)으로 난 것은 육이요 성령으로 난 것은 영(靈)이니" 하신 것은 10년을 믿었다 해도 "육으로 난 것은 육이요", 1년을 믿었다 해도 "영으로 난 것은 영이요", 목사라 해도 육으로 난 것은 육이요, 평신도라 해도 성령으로 난 것은 영이라는 뜻입니다. 다시 말하면 인간의 수단방법으로는 육으로 난 것을 영으로 난 것으로 바뀌지게 하는 일은 불가능하다는 말씀입니다. 이 진리는 현대교회가 심각하게 받아야 할 말씀인 것입니다.

두 가지 이유에서인데 첫째는 믿노라 하는 사람들 중에는 복음을 아직 듣지 못한, 그래서 "육(肉)으로 난 것은 육이요" 한 상태에 머물러 있는 사람들이 많이 있으리라는 우려 때문이요, 둘째는 더욱 목회자를 양성하는 신학자들 중에도 "육에 속한 사람은 하나님의 성령의 일을 받지 아니하나니 저희에게는 미련하게 보임이요 또 깨닫지도 못하나니 이런 일은 영적으로라야 분변 함이니라"(고전 2:14) 한 차원에 머물러 있는, "육(肉)으로 난 것은 육이요"의 분들이 있기 때문입니다.

⑤ "바람이 임의로 불매 네가 그 소리를 들어도 어디서 오며 어디로 가는지 알지 못하나니 성령으로 난 사람은 다 이러 하니라"(8)

하십니다.

그러면 성령으로 거듭난 여부를 어떻게 알 수가 있는가? 이는 마치 "바람"과 같아서 육신의 눈으로는 볼 수가 없다는 말씀입니다. 그러나 특성은 나타난다는 것입니다. 이점이 "소리는 들어도" 라는 말씀에 나타납니다. 바람을 볼 수는 없지만 소리는 들을 수가 있고, 그 영향력은 알 수가 있는 것입니다.

㉠ 이점을 사도 바울은 로마서 8장에서, "육신을 좇는 자는 육신의 일을 영을 좇는 자는 영의 일을 생각하나니"(롬 8:5) 하고, "생각"하는 바가 다르다고 말씀합니다. "육신의 생각은 사망이요 영의 생각은 생명과 평안이라 육신의 생각은 하나님과 원수가 되나니 이는 하나님의 법에 굴복치 아니할 뿐 아니라 할 수도 없음이라"(롬 8:6-7) 합니다. 거듭난 사람은 사상(思想), 즉 인생관, 가치관, 인생의 목적이 바뀐 사람들이라는 것입니다.

⑥ "니고데모가 대답하여 가로되 어찌 이러한 일이 있을 수 있나이까 예수께서 가라사대 너는 이스라엘의 선생으로서 이러한 일을 알지 못하느냐 진실로 진실로 네게 이르노니 우리 아는 것을 말하고 본 것을 증거하노라 그러나 너희가 우리 증거를 받지 아니 하는도다"(10-11) 하십니다.

㉠ 백성들을 바른 길로 인도해야 할, "선생"이 "알지 못한다"는 것은 소경이 소경을 인도하는 격인 것입니다. 주님 당시의 지도자들이 무엇 때문에 "화 있을진저" 하는 책망을 받았는가? "지식의 열쇠를 가져 가고 너희도 들어가지 않고 또 들어가고자 하는 자도 막았기"(눅 11:52) 때문입니다. 니고데모도 그 범주를 벗어나지 못하고 있다는 것이 됩니다.

❙ 셋째 단원(3:9-15) 인자도 들려야 하리라

⑦ "하늘에서 내려온 자 곧 인자 외에는 하늘에 올라간 자가 없느니라 모세가 광야에서 뱀을 든 것 같이 인자도 들려야 하리니 이는 저를 믿는 자마다 영생을 얻게 하려 하심이니라"(13-14),

㉠ 니고데모는, "어찌 이런 일이 있을 수 있나이까"(9), 다른 말로 표현하면 어떤 방법으로 이런 일이 가능(可能)하다는 말씀입니까 하고 물었는데 이에 대한 대답으로 "인자도 들려야 하리니" 하시는 것입니다. "들려야 하리라 와, 영생"이 결부되어 있다는 점을 유념하시기 바랍니다.

이에 대한 설명이 12장에 나오는데, "내가 땅에서 들리면 모든 사람을 내게로 이끌겠노라 하시니 이렇게 말씀하심은 자기가 어떠한 죽음으로 죽을 것을 보이심이러라"(12:32-33) 합니다. 다시 말하면, "한 알의 밀이 땅에 떨어져 죽음으로 많은 열매"(12:24), 즉 씨가 퍼져서 거듭나게 되는 것이 가능하여진다는 말씀입니다.

㉡ "그러나 너희가 우리 증거를 받지 아니 하는 도다"(11하) 하십니다. "우리 증거"라 한 "우리"가 누군가? 이에 대한 설명이 5장에 나오는데 5장에는 "증거"라는 말이 12번이나 등장합니다. 세례 요한은 "그가 곧 성령으로 세례를 주는"(1:33, 5:33) 분이라 증거했습니다. 하나님 아버지께서 친히 증거(5:36)하셨습니다. 성경을 기록한 모세와 선지자들이 증거(39, 46)했습니다. 증거가 모자라서가 아닙니다. "그러나 너희가 우리 증거를 받지 아니하도다" 하십니다.

선지자들은 한결같이 메시아가 오실 것을 예언을 하면서, "또 새 영을 너희 속에 두고 새 마음을 너희에게 주리니(겔 36:26), 그 후에 내가 내 신을 만민에게 부어주리니(욜 2:28), 은총과 간구하는 심령을 부어 주리니"(슥 12:10) 하고, 성령을 보내주실 것을 예언했습니다. 그리스도께서 오셔서 백성들의 죄를 대속을 하시면, 성령이 오셔서 이를 증거하여 믿고 거듭나게 하신다는 것이 하나님의 구원계획입니다. 유대인의 관원이며 선생(지도자)인 니고데모가 이 일을 알지 못하고 있다는 것은 슬픈 일입니다.

지도자가 알지 못한다면 백성들은 더욱 알 길이 없는 것입니다. 그러면서도 유대인들은 자신들만이 하나님 나라 백성이고, 유대인의 혈통을 가진 자는 누구나 자동적으로 그 나라에 들어 갈 줄로 생각하고 있었던 것입니다. 이점에 대해서 1:13절은, "이는 혈통으로나 육정으로나 사람의 뜻으로 나지 아니하고 오직 하나님께로서 난 자들이니라" 하고 배격하고 있습니다.

그러므로 "사람이 거듭나지 아니하면(3), 사람이 물과 성령으로 나지 아니하면"(5) 하신 말씀 속에는, "거듭나지 아니하면" 유대인이라 할지라도 들어가지 못하고, "거듭나면" 이방인이라 해도 들어갈 수 있다는 뜻이 내포되어 있는 것입니다.

본 문단이 현대교회에 주는 도전은 유대인 지도자들의 왜곡된 "하나님 나라"신앙 관으로 인해서 자신도 "들어가지 않고 들어 가고자 하는 자도 들어가지 못하게 막았다"(마 23:13)는 점을 통해서, 현대교회 지도자들은 성도들로 하여금 올바른 "하나님 나라"신앙 관을 가지고 "먼저 그 나라와 그 의를 구하도록"인도해야 한다는 책임의 막중함을 깨닫게 합니다.

묵상해 봅시다.

1. 니고데모가 주님을 찾게 된 동기에 대해서,
2. 주님께서 진실로라 하시면서 하신 답변에 대해서,
3. 어떻게 거듭날 수가 있으며, 거듭난 자의 특성에 대해서.

요한복음 3:16-36절 개관도표

주제:독생자를 보내주신 하나님

세상을 구원하려 하심이라	16-21 16 ① **하나님이 세상을 이처럼 사랑하사 독생자를 주셨으니** 이는 저를 믿는 자마다 멸망치 않고 영생을 얻게 하려 하심이니라 17 하나님이 **그 아들을 세상에 보내신 것은** 세상을 심판하려 하심이 아니요 저로 말미암아 **세상이 구원을 받게 하려 하심이라** 18 ② 저를 믿는 자는 심판을 받지 아니하는 것이요 믿지 아니하는 자는 하나님의 **독생자의 이름을 믿지 아니하므로** 벌써 심판을 받은 것이니라 19 ③ 그 정죄는 이것이니 곧 **빛이 세상에 왔으되** 사람들이 자기 행위가 악하므로 **빛보다** 어두움을 더 사랑한 것이니라 20 악을 행하는 자마다 **빛을** 미워하여 빛으로 오지 아니하나니 이는 그 행위가 드러날까 함이요 21 진리를 좇는 자는 **빛으로 오나니** 이는 그 행위가 하나님 안에서 행한 것임을 나타내려 함이라 하시니라
그는 흥하여야 하리라	22-30 22 ④ 이 후에 예수께서 제자들과 유대 땅으로 가서 거기 함께 유하시며 **세례를** 주시더라 23 요한도 살렘 가까운 애논에서 **세례를 주니** 거기 물들이 많음이라 사람들이 와서 **세례를 받더라** 24 요한이 아직 옥에 갇히지 아니 하였더라 25 ⑤ 이에 요한의 제자 중에서 한 유대인으로 더불어 **결례에** 대하여 변론이 되었더니 26 저희가 요한에게 와서 가로되 랍비여 선생님과 함께 요단강 저편에 있던 자 곧 선생님이 증거하시던 자가 **세례를 주매** 사람이 다 그에게로 가더이다 27 요한이 대답하여 가로되 만일 하늘에서 주신바 아니면 사람이 아무 것도 받을 수 없느니라 28 ⑥ 나의 말한바 나는 **그리스도가 아니요** 그의 앞에 보내심을 받은 자라고 한 것을 증거할 자는 너희니라 29 신부를 취하는 자는 신랑이나 서서 신랑의 음성을 듣는 친구가 크게 기뻐하나니 나는 이러한 기쁨이 충만하였노라 30 **그는 흥하여야 하겠고 나는 쇠하여야 하리라 하니라**
믿는 자는 영생이 있고	31-32 31 ⑦ **위로부터 오시는 이는** 만물 위에 계시고 **땅에서 난 이는** 땅에 속하여 땅에 속한 것을 말하느니라 하늘로서 오시는 이는 만물 위에 계시나니 32 그가 그 보고 들은 것을 증거하되 그의 증거를 받는 이가 없도다 33 그의 증거를 받는 이는 하나님을 참되시다 하여 인쳤느니라 34 ⑧ **하나님의 보내신 이는** 하나님의 말씀을 하나니 이는 하나님이 성령을 한량없이 주심이니라 35 아버지께서 **아들을 사랑하사** 만물을 다 그 손에 주셨으니 36 **아들을 믿는 자는 영생이 있고** 아들을 순종치 아니하는 자는 영생을 보지 못하고 도리어 **하나님의 진노가** 그 위에 머물러 있느니라

3:16-36절

독생자를 보내주신 하나님

첫째 단원(16-21) **세상을 구원하려 하심이라**

둘째 단원(22-30) **세례 요한의 마지막 증거**

셋째 단원(31-36) **아들을 믿는 자는 영생이 있고**

3장 앞 문단에서는 "거듭남"이 강조되어 있고, 3장 뒤 문단에서는 "믿음"이 강조되어 있습니다. "하나님께서 독생자를 주신 것은 믿는 자마다 영생을 얻게 하려 하심이라" 합니다. 도표를 보시면 독생자를 주신 것은, "세상을 구원하려 하심"(첫째 단원)에서요, 세례 요한의 마지막 증거는 "그는 흥하여야 하리라"(둘째 단원)이고, "독생자를 믿는 자는 영생이 있다"(셋째 단원) 하십니다.

예수님과 니고데모와의 대화(對話)가 어디서 끝난 것이냐, 15절이냐 21절이냐? 또한 세례 요한의 마지막 증거도 30절까지냐? 36절까지냐 하는 양론이 있습니다만 그것은 결정적으로 중요한 문제는 아닙니다. 3장은 대화로 시작하여 질문자는 어느 틈엔가 사라지고 오직 예수 그리스도만이 영광스럽게 증거되게 하려는 것이 요한의 의도입니다.

"어찌 이러한 일이 있을 수 있나이까"(9) 하는 질문을 끝으로 니고데모는 사라지고 맙니다. 세례 요한도 "그는 흥하여야 하겠고 나는 쇠하여야 하리라"(30)는 증거를 끝으로 구속사의 무대에서 퇴장을 합니다. 그러므로 요절은 단연 "하나님이 세상을 이처럼 사랑하사 독생자를 주셨으니" 한 16절입니다.

첫째 단원(16-21) **세상을 구원하려 하심이라**

① "하나님이 세상을 이처럼 사랑하사 독생자를 주셨으니 이는 저를 믿는 자마다 멸망치 않고 영생을 얻게 하려 하심이니라"(16),

㉠ 3:16절은 성경 전체의 요절이라고들 말합니다. 루터는 이를 작은 복음이라 불렀습니다. 그렇다면 16절의 핵심은 어디에 있습니까? 믿음입니까? 영생입니까? 사랑입니까? 아닙니다."하나님"입니다. 구원계획의 주체(主體)가 하나님이시라는 점을 명심해야만 합니다. 독생자를 보내주신 분은 성부 하나님이십니다. 그래서 "하나님의 복음"(롬 1:1)이라 하는 것입니다.

감히 말씀 드립니다만 복음 증거는 하나님으로부터 시작하여야만 합니다. "예수"만 강조하다 보니까 불신자들은 어찌하여 조상 대대로 믿던 석가모니나 마호멧을 버리고 예수를 믿어야 하는지 거부감을 갖게 되는 것입니다. 말씀의 사역 자들은 하나님의 주권을 세우는데 열을 올려야만 합니다.

그들에게 "태초에 하나님이 천지를 창조하시니라" 하고, 창조주 하나님, 천지의 대 주재자이신 하나님의 위대하심과 전지전능하심을 증거해주어야만 합니다. 그리고 "하나님이 세상을 이처럼 사랑하사 독생자를 주셨으니"하고, 하나님의 사랑을 전해 주어야만 합니다. 그리하여 "예수 그리스도를 믿고 하나님과 화목하시오"하고, 회개를 촉구해야만 합니다. 복음의 주체(主體)는 하나님이요, 복음의 핵심은 예수 그리스도이십니다.

저는 "성경전서 전도 법"이란 것을 제창한바 있습니다.

㉮ "태초에 하나님이 천지를 창조하시니라"(창 1:1) 한 성경의 첫 말씀을 들어 창조주 하나님을 증거하고,

㉯ "하나님이 세상을 이처럼 사랑하사 독생자를 주셨으니"(요 3:16) 한 본문을 들어 하나님의 사랑과 중보자 예수 그리스도를 증거한 후에,

㉰ "아멘 주 예수여 오시옵소서"(계 22:20) 한 성경의 마지막 말씀을 들어 영접을 촉구하는 방법입니다.

예수께서 하나님의 독생자이심을 1:14절에서도, "말씀이 육신이 되어 우리 가운데 거하시매 우리가 그 영광을 보니 아버지의 독생자의 영광이요" 하고 증거하고, 1:34절에서도 "내가 보고 그가 하나님의 아들임을 증거하였노라" 말씀하고, 1:49절에서도 "당신은 하나님의 아들이시오" 하고 고백합니다. 예수님은 4대 성현 중의 한 분이 아니십니다. 하나님의 독생자이십니다. 하나님께서 그 독생자를 보내주셨습니다.

② "하나님이 그 아들을 세상에 보내신 것은 세상을 심판하려 하심이 아니요 저로 말미암아 세상이 구원을 받게 하려 하심이라 저를 믿는 자는 심판을 받지 아니하는 것이요 믿지 아니하는 자는 하나님의 독생자의 이름을 믿지 아니하므로 벌써 심판을 받은 것이니라"(17-18) 합니다.

㉠ 두 절 안에 "심판"이라는 말이 세 번 등장하는데, 어찌하여 "심판"을 당하게 되는가? "독생자를 믿지 아니하므로 심판을 받는다" 하고 말씀합니다. 하나님이 독생자를 보내주신 목적은 심판하려는 것이 아니라 "구원"하려 하심이지만, 만일 믿지 아니한다면 불가피하게 심판을 받게 된다는 말씀합니다. 심판 날까지 기다려 볼 것도 없이 불신 그 자체가 벌써 심판을 받은 것이라고 말씀합니다.

㉡ 당신이 거절하고 있는 그 분이 누구인지 알고 있소? 하나님께서 보내주신 독생자란 말이요. 당신은 지금, 당신을 구원하시기 위하여 보내주신 하나님의 독생자를 배척하고 있는 것이요. 하나님께서 보내주신 독생자를 거절하고도 무사할 수 있을 것 같소? 다른 죄는 사람과의 관계에서 벌어지는 죄이지만 하나님의 독생자를 믿지 아니하는 것은 하나님께 대한 최대의 모욕이요, 최대의 죄라는 뜻입니다.

불신앙의 죄는 인류의 시조 아담으로부터 시작이 되었습니다. 그들은 하나님의 말씀을 불신(不信)하고, 하나님의 사랑을 의심하는 죄를 범했던 것입니다. 그들은 무엇을 행했거나 행하지 아니한 행위 이전에, 하나님의 말씀을 믿지 아니하는 죄를 범한 것입니다. 하나님의 말씀보다는, 유혹하는 사탄의 말을 더 믿었던 것입니다.

㉢ 이런 일은 오늘날까지 계속되고 있습니다. 아담의 후예들은 독생자를 보내주시기까지 사랑하신 하나님의 사랑을 의심하고 믿지

를 않는데 그 결과는 멸망이라는 말씀입니다. 그러므로 요한복음에는 "믿음"이 강조되어 있는데, 98회나 나옵니다. "이는 저를 믿는 자마다 영생을 얻게 하려 하심이니라(3:15), 이는 저를 믿는 자마다 멸망치 않고 영생을 얻게 하려 하심이니라(3:16), 저를 믿는 자는 심판을 받지 아니하는 것이요 믿지 아니하는 자는 하나님의 독생자의 이름을 믿지 아니하므로 벌써 심판을 받은 것이니라"(18) 하고 믿음이 거듭거듭 강조되어 있습니다.

③ "그 정죄는 이것이니 곧 빛이 세상에 왔으되 사람들이 자기 행위가 악하므로 빛보다 어두움을 더 사랑한 것이니라"(19),

18절에서는 "심판"을 당한다 했는데, 19절에서는 "정죄(定罪)는 이것이니" 하고 정죄를 당하게 된다고 말씀합니다. 왜 정죄를 당하게 되는가? 세 절(19-21) 안에는 "빛"이라는 말이 5번이나 강조되어 있는데, "빛이 세상에 왔음에도", 사람들이 "어두움을 더 사랑"했다는 것은, 빛 앞으로 나아오지를 않고 어두움에 숨어 있다는 뜻입니다.

㉠ 왜냐하면, "악을 행하는 자마다 빛을 미워하여 빛으로 오지 아니하나니 이는 그 행위가 드러날까 함이요 진리를 좇는 자는 빛으로 오나니 이는 그 행위가 하나님 안에서 행한 것임을 나타내려 함이라"(20-21) 하고, "악을 행하는 자와, 진리를 좇는 자", 두 부류로 갈라지게 되리라는 말씀입니다.

창세기 1-3장과, 요한복음1-3장은 절묘한 조화를 이루고 있음을 발견하고 놀라게 됩니다.

㉮ 창세기 1:1절은 "태초에 하나님이 천지를 창조하시니라" 말씀하는데, 요한복음 1:1절은 "태초에 말씀이 계시니라" 하면서, "만

물이 그로 말미암아 지은 바 되었다"(3) 하고 말씀합니다.

㉯ 창세기 2장에서는 "사람이 독처하는 것이 좋지 못하니 내가 그를 위하여 돕는 배필을 지으리라"(18) 하시고 아담에게 하와를 짝지어 주시는 것이 나오는데, 요한복음 2장에서는 혼인 잔치 기사가 나오고, 축복해 주시는 예수 그리스도를 만나게 됩니다.

㉰ 창세기 3장에서 "여자의 후손은 네 머리를 상하게 할 것이요" 하고 "여자의 후손"인 메시아를 보내주실 것을 말씀하는데, 요한복음 3장에서는, "하나님이 세상을 이처럼 사랑하사 독생자를 주셨으니" 하고 그 약속이 성취되었음을 말씀합니다.

㉱ 창세기 3장에서는 죄로 말미암아 사망(死亡)이 오고, 하나님 존전에서 추방(追放)을 당하는데, 요한복음 3장에서는 "거듭남, 영생, 하나님 나라에 들어감"이 가능하게 되었다고 말씀합니다

둘째 단원(22-30) **세례 요한의 마지막 증거**

④ "이 후에 예수께서 제자들과 유대 땅으로 가서 거기 함께 유하시며 세례를 주시더라 요한도 살렘 가까운 애논에서 세례를 주니 거기 물들이 많음이라 사람들이 와서 세례를 받더라 요한이 아직 옥에 갇히지 아니 하였더라"(22-24) 하고, 세례 요한에 대한 마지막 기사가 나옵니다.

⑤ "이에 요한의 제자 중에서 한 유대인으로 더불어 결례에 대하여 변론이 되었더니 저희가 요한에게 와서 가로되 랍비여 선생님과 함께 요단강 저편에 있던 자 곧 선생님이 증거하시던 자가 세례를 주매

사람이 다 그에게로 가더이다"(25-26),

"사람들이 다 그에게 가더이다"(26) 한 것은 인간의 시기심이나 비교의식에서 한 말일 것입니다. 그리고 이것이 오늘 우리들의 습성이기도 합니다. "요한이 대답하여 가로되 만일 하늘에서 주신바 아니면 사람이 아무 것도 받을 수 없느니라"(27) 하면서,

⑥ "나의 말한바 나는 그리스도가 아니요 그의 앞에 보내심을 받은 자라고 한 것을 증거할 자는 너희니라 신부를 취하는 자는 신랑이나 서서 신랑의 음성을 듣는 친구가 크게 기뻐하나니 나는 이러한 기쁨이 충만하였노라 그는 흥하여야 하겠고 나는 쇠하여야 하리라 하니라"(28-30),

㉠ 그리스도를 "신랑으로, 교회를 신부"에 비하고 있는데, "신부를 취하는 자는 신랑"이지, 친구는 아니라는 것입니다. 그런데 친구가 신랑을 시기할 수가 있단 말인가? 자신은 이를 "크게 기뻐하나니" 하고 말씀하는데 세례 요한의 기쁨은, "네 문안하는 소리가 내 귀에 들릴 때에 아이가 내 복중에서 기쁨으로 뛰놀았도다"(눅 1:44) 할 때부터의 기쁨이었던 것입니다.

㉡ 이것이 요한복음에 등장하는 세례 요한의 마지막 모습이요, 그의 마지막 증거는 "그는 흥하여야 하겠고 나는 쇠하여야 하리라"는 말씀입니다. "빛이 세상에 왔다"(19) 하고 말씀하는데, 태양이라는 빛이 떠오르게 되면 밤 하늘에 빛나던 별빛은 사라지게 되는 법입니다.

이 마지막 증언은 자신의 임무를 완수하고 구속사의 무대 뒤로 사라지는 세례 요한의 고별사이며, 율법 하에 있던 옛 시대를 마감하고 대단원의 막을 내리는 말씀인 것입니다. "이제는 율법 외에 하나님

의 한 의가 나타났으니"(롬 3:21) 하고, 복음 시대가 개막이 된 것입니다. 세례 요한은 길 예비자의 사명을 칼로 목 베임을 당하는 순교로 마감했던 것입니다.

▌셋째 단원(31-36) **아들을 믿는 자는 영생이 있고**

⑦ "위로부터 오시는 이는 만물 위에 계시고 땅에서 난 이는 땅에 속하여 땅에 속한 것을 말하느니라 하늘로서 오시는 이는 만물 위에 계시나니"(31),

㉠ 세례 요한의 고별사에 이어 "위로부터 오시는 이와, 땅에서 난 이"가 대조(對照)되어 있는데 이를 예수 그리스도와 세례 요한으로 한정할 필요는 없습니다. 왜냐하면 그리스도가 오시기 이전의 구약시대의 모든 것 곧 성막 식양, 대제사장, 속죄제물 등은 다 땅에 속한 것으로 하늘에 속한 참 것의 그림자에 불과했기 때문입니다. 이점을 히브리서에서는 "저희가 섬기는 것은 하늘에 있는 것의 모형과 그림자라"(히 8:5) 합니다.

묻습니다. 형제는 위로부터 난 자입니까? 아니면 땅에서 난 자입니까? 땅에서 난 자이나 "하나님께로 서 난자"(1:13), 즉 거듭난 자요, 시민권이 하늘에 있는 자요, 그 이름이 생명 책에 녹명된 자임을 인하여 기뻐하고 감사하십시다.

㉡ "그가 그 보고 들은 것을 증거하되 그의 증거를 받는 이가 없도다 그의 증거를 받는 이는 하나님을 참되시다 하여 인쳤느니라"(32-33), 여기서는 독생자의 증거를 받는 이와, 받지 아니하는 자"가 대조되어 있는데, "증거를 받는 이는 하나님을 참되시다 하여 인쳤느니

라" 라는 말은, 하나님, 그리고 하나님의 말씀이 진실하시다 하는 자요, 믿지 아니하는 자는 하나님을 거짓말하는 자로 여긴다는 뜻입니다.

⑧ "하나님의 보내신 이는 하나님의 말씀을 하나니 이는 하나님이 성령을 한량없이 주심이니라"(34), 3장에는 "하나님, 독생자, 성령", 삼위 하나님이 다 계시되어 있습니다.

㉠ 35-36절은 이 문단의 결론적인 말씀인데, "아버지께서 아들을 사랑하사 만물을 다 그 손에 주셨으니(35), 아들을 믿는 자는 영생이 있고 아들을 순종치 아니하는 자는 영생을 보지 못하고 도리어 하나님의 진노가 그 위에 머물러 있느니라"(36),

㉡ 또다시 "믿는 자와, 믿지 아니하는 자"를 대조해서 말씀하는데, "아들을 믿는 자는 영생이 있고(3:36), 믿지 아니하는 자는 영생을 보지 못하는 것만이 아니라, "도리어 하나님의 진노가 그 위에 머물러 있다" 하고 말씀합니다. "머물러 있다" 함은 우박처럼 쏟아질 진노의 날이 다가오고 있다는 점을 암시하는 표현입니다.

본 문단은 "하나님이 세상을 이처럼 사랑하사" (16) 한 "사랑"으로 시작하여, "하나님의 진노"(36)로 끝마치고 있습니다. 복음 전도자는 "하나님의 사랑과, 하나님의 진노", 이 둘을 함께 전해 주어야만 합니다.

묵상해 봅시다.

1. 요한복음 1-3장과, 창세기 1-3장의 대조에 대해서,
2. 그는 흥하여야 하겠고 나는 쇠하여야 하리라에 대해서,
3. "하나님의 사랑과, 하나님의 진노"에 대해서.

요한복음 4:1-26절 개관도표

주제 : 네게 말하는 내가 그로라

물 좀 달라	1-8 1 ① 예수의 제자를 삼고 **세례를 주는 것이** 요한보다 많다 하는 말을 바리새인들이 들은 줄을 주께서 아신 지라 2 (예수께서 친히 세례를 주신 것이 아니요 제자들이 준 것이라) 3 유대를 떠나사 다시 갈릴리로 가실 새 4 사마리아로 통행하여야 하게는 지라 5 사마리아에 있는 수가라 하는 동네에 이르시니 야곱이 그 아들 요셉에게 준 땅이 가깝고 6 거기 또 야곱의 우물이 있더라 예수께서 행로에 곤하여 우물 곁에 그대로 앉으시니 때가 제 육시쯤 되었더라 7 ② 사마리아 여자 하나가 물을 길러 왔으매 예수께서 **물을 좀 달라** 하시니 8 이는 제자들이 먹을 것을 사러 동네에 들어갔음일러라 **물을 달라 하나이까** 하니 이는 유대인이·사마리아인과 상종치 아니 함이러라
누구인줄 알았더면	10-18 10 ③ 예수께서 대답하여 가라사대 네가 만일 **하나님의 선물과** 또 네게 물 좀 달라 하는 이가 **누구 인줄 알았더면** 네가 그에게 구하였을 것이요 **그가 생수를 네게 주었으리라** 11 여자가 가로되 주여 물 길을 그릇도 없고 이 우물은 깊은데 어디서 이 생수를 얻겠삽나이까 짐승이 다 먹었으니 **당신이 야곱보다 더 크니이까** 13 ④ 예수께서 대답하여 가라사대 **이 물을 먹는 자마다 다시 목마르려니와** 14 **내가 주는 물을 먹는 자는** 영원히 목마르지 아니하리니 나의 주는 물은 그 속에서 영생하도록 솟아나는 샘물이 되리라 15 여자가 가로되 주여 이런 물을 내게 주사 목마르지도 않고 또 여기 물 길러 오지도 않게 하옵소서 16 ⑤ 가라사대 가서 **네 남편을 불러 오라** 17 여자가 대답하여 가로되 나는 남편이 없나이다 예수께서 가라사대 네가 남편이 없다 하는 말이 옳도다 18 네가 남편 다섯이 있었으나 지금 있는 자는 네 남편이 아니니 네 말이 참되도다
그리스도가 오실줄 아노니	19-26 19 ⑥ 여자가 가로되 주여 **내가 보니 선지자로소이다** 20 우리 조상들은 이 산에서 예배하였는데 당신들의 말은 예배할 곳이 예루살렘에 있다 하더이다 21 예수께서 가라사대 **여자여 내 말을 믿으라** 이 산에서도 말고 예루살렘에서도 말고 너희가 아버지께 예배할 때가 이르리라 **이는 구원이 유대인에게서 남이니라** 23 아버지께 참으로 예배하는 자들은 **신령과 진정으로 예배할 때가 오나니** 곧 이때라 아버지께서는 이렇게 자기에게 예배하는 자들을 찾으시느니라 24 하나님은 영이시니 **예배하는 자가 신령과 진정으로 예배할지니라** 25 여자가 가로되 **메시아 곧 그리스도라** 하는 이가 오실 줄을 내가 아노니 그가 오시면 모든 것을 우리에게 고하시리이다 26 예수께서 이르시되 **네게 말하는 내가 그로라** 하시니라

4:1-26

네게 말하는 내가 그로라

첫째 단원(1-9) **사마리아 여인에게 물을 달라하심**

둘째 단원(10-18) **누구인 줄 알았더면**

셋째 단원(19-26) **그리스도가 오실 줄 아노니**

4장 전체는 사마리아 연인에게 "물 좀 달라"(7) 하는 대화로 시작하여, 왕의 신하에게 "네 아들이 살았다"(50)는 내용으로 되어 있습니다. 본 문단의 내용은 예수님과 사마리아 여인과의 대화인데 주목해야 할 점은 이를 통해서 "예수"가 어떻게 증거되어 가고 있는가 하는 점입니다. 중심점은 "네게 말하는 내가 그로라", 즉 그리스도라는 말씀에 있습니다.

도표를 보시면 이를 중심으로 "사마리아 여인에게 물을 좀 달라"(첫째 단원) 하시니, 유대인이 어찌하여 사마리아 여인에게 물을 달라 하느냐 하자 주님은 "물 달라 하는 이가 누구인 줄 알았더면"(둘째 단원) 하시고, 여인은 "그리스도가 오실 줄 아노니"(셋째 단원) 하고, 대화의 초점이 "그리스도"에게로 모아지는 것이 본 문단의 구조입니다.

요한복음은 각 장의 서두에서 중요한 표적이나 사건들을 제시하고 있는데, 3장에는 예수님께서 개인적으로 만나신 사람 중에서는 최고의 인물인 니고데모와의 대화가 기록되어 있고, 4장에서는 가장 비천한 여인들 중의 하나인 사마리아 여인과의 대화를 기록하고 있습니다. 이제 본문을 통해서 예수님이 누구로 증거되어 있는가를 주목해 보시기를 바랍니다.

▌첫째 단원(1-9) 사마리아 여인에게 물을 달라하심

① "예수의 제자를 삼고 세례를 주는 것이 요한보다 많다 하는 말을 바리새인들이 들은 줄을 주께서 아신지라 (예수께서 친히 세례를 주신 것이 아니요 제자들이 준 것이라) 유대를 떠나사 다시 갈릴리로 가실 새 사마리아로 통행하여야 하겠는지라 사마리아에 있는 수가라 하는 동네에 이르시니 야곱이 그 아들 요셉에게 준 땅이 가깝고 거기 또 야곱의 우물이 있더라 예수께서 행로에 곤하여 우물 곁에 그대로 앉으시니 때가 제 육시쯤 되었더라"(1-6).

② "사마리아 여자 하나가 물을 길러 왔으매 예수께서 물을 좀 달라 하시니 이는 제자들이 먹을 것을 사러 동네에 들어갔음이러라"(7-8),

물을 긷는 일은 통상적으로는 아침 저녁 서늘할 때에 하는 법인데

"때가 육시", 즉 낮 12시에 물을 길으러 왔다는 것은 이 여인이 소외당하고 있다는 점을 암시해주고 있습니다. 이렇게 해서 사마리아 여인과 주님은 만나게 되었고, 대화는 시작이 되었습니다.

㉠ "사마리아 여자가 가로되 당신은 유대인으로서 어찌하여 사마리아 여자 나에게 물을 달라 하나이까 하니 이는 유대인이 사마리아인과 상종치 아니 함이러라"(9) 합니다. 어찌하여 유대인들이 사마리아 사람들과 상종치 아니하였는가? 이에 대한 역사적인 배경을 알기 위해서는 열왕기하 17장으로 가보아야만 합니다.

주전 722년에 앗수르에 의해서 정복을 당한 북 왕국은 앗수르의 이주 정책에 의해서 혼혈(混血) 족이 되었던 것입니다. 그리하여 바벨론 포로에서 귀환하여 성전을 재건할 당시, "우리로 너희와 함께 건축하게 하라"(스 4:2) 하는 저들의 제의를 단호하게 거부합니다. 그 이후로 주님 당시까지도 상종을 하지 않았던 것입니다.

그러므로 사마리아 여자가 의아해한 것도 무리는 아닙니다. "당신은 유대인으로서 어찌하여", 즉 당신은 어찌하여 다른 유대인들과 같지 아니합니까? 당신은 도대체 누구십니까?

그리스도와 사마리아 여인과의 만남은 7백 여 년 동안이나 분열되어 있던 유대인과 사마리아인을 하나가 되게 하시는 전조(前兆)라 할 수가 있습니다. 왜냐하면 승천하시기 전 주님의 분부는 성령이 임하시면, "예루살렘과 온 유대와 사마리아와 땅 끝까지 이르러 내 증인이 되리라"(행 1:8) 하고, "사마리아"를 언급하셨기 때문입니다.

▌둘째 단원(10-18) **누구인 줄 알았더면**

③ "예수께서 대답하여 가라사대 네가 만일 하나님의 선물과 또 네게 물 좀 달라 하는 이가 누구인 줄 알았더면 네가 그에게 구하였을 것이요"(10사) 하십니다.

㉠ 주님의 말씀에는 두가지 요점이 있는데 첫째는 "누구인 줄 알았더면" 하는 말씀이고, 두 번째는 "그에게 구하였을 것이요" 하는 말씀입니다. 이는 사마리아 여인에 국한된 것이 아니라 그를 믿는 자는 예수님을, "누구라 고백하느냐, 무엇을 구할 것인가"에 사활이 걸려 있는 문제인 것입니다.

㉡ 답변은 "그가 생수(生水)를 네게 주었으리라"(10하) 하십니다. "여자가 가로되 주여 물 길을 그릇도 없고 이 우물은 깊은데 어디서 이 생수를 얻겠삽나이까 우리 조상 야곱이 이 우물을 우리에게 주었고 또 여기서 자기와 자기 아들들과 짐승이 다 먹었는데 당신이 야곱보다 더 크니이까"(11-12) 합니다.

여자는 이렇게 물은 셈입니다. ㉮ 당신은 야곱보다 큰 분입니까? ㉯ 우리 조상 야곱은 이 우물을 주었는데 당신은 무엇을 주실 수가 있다는 말씀입니까?

④ "예수께서 대답하여 가라사대 이 물을 먹는 자마다 다시 목마르려니와 내가 주는 물을 먹는 자는 영원히 목마르지 아니하리니 나의 주는 물은 그 속에서 영생하도록 솟아나는 샘물이 되리라"(13-14), 주님의 말씀에는 일관성이 있습니다.

㉠ "이 물을 먹는 자마다 다시 목마르려니와 내가 주는 물을 먹는 자는 영원히 목마르지 아니하리니"(13-14),

㉡ “너희 조상들은 광야에서 만나를 먹었어도 죽었거니와, 이 떡을 먹으면 영생하리라”(6:49, 51) 하십니다.

7장에서 주님은 초막절에 모인 많은 대중 앞에서 큰 소리로, “누구든지 목마르거든 내게로 와서 마시라 나를 믿는 자는 성경에 이름과 같이 그 배에서 생수의 강이 흘러나리라”(7:37-38) 하고 외치십니다. 구약성경에는 그리스도가 오시어서 베풀어주실 은혜를 “샘물”로 상징한 표현이 풍부합니다. 그 근거는 “내가 거기서 호렙산 반석 위에 너를 대하여 서리니 너는 반석을 치라 그것에서 물이 나리니 백성이 마시리라”(출 17:6) 한, “반석이 침을 당함”부터입니다.

이사야 선지자는, “그러므로 너희가 기쁨으로 구원의 우물들에서 물을 길으리로다 그 날에 너희가 또 말하기를 여호와께 감사하라 그 이름을 부르며 그 행하심을 만국 중에 선포하며 그 이름을 높다 하라 여호와를 찬송할 것은 극히 아름다운 일을 하셨음이니 온 세계에 알게 할지어다”(사12:3-5) 합니다. 이 우물의 이름은 “구원의 우물”이라고 말씀합니다. 구원의 우물들에서 물을 길을 수 있도록 행하여 주신 이 보다 더 아름다운 일이 달리 무엇이 있겠습니까?

“그 때에 저는 자는 사슴같이 뛸 것이요 벙어리의 혀는 노래하리니 이는 광야에서 물이 솟겠고 사막에 시내가 흐를 것임이라”(사 35:6), “그 날에 죄와 더러움을 씻는 샘이 다윗의 족속과 예루살렘 거민을 위하여 열리리라”(슥 13:1) 하십니다.

㉢ “여자가 가로되 주여 이런 물을 내게 주사 목마르지도 않고 또 여기 물 길러 오지도 않게 하옵소서”(15), 대화는 주님 편에서 “물을 좀 달라” 하신 것으로 시작되었으나 이제는 여인 편에서 “이런 물을 내게 주사” 하고 요구하기에 이른 것입니다.

그러나 니고데모와의 대화에서 느꼈던 영육의 답답함은 여기서도 재연이 되고 있습니다. 이스라엘의 선생이 알지 못했던 것을 사마리아 여인이 알 수가 있었단 말인가? 이런 답답함은 복음이 밝히 드러난 현대교회 내에서도 되풀이 되고 있다는데 더욱 답답함이 있는 것입니다.

⑤ "가라사대 가서 네 남편을 불러 오라"(16) 하십니다. 여자의 아킬레스건을 찌르신 것입니다. 주님께서는 사마리아 여인이 심히 목이 마른 사람임을 아셨던 것입니다. 다섯 남편을 갈아 보았으나 그 갈증은 가시지가 않았던 것입니다. 다섯 남편은 여인에게 각각 무엇을 약속했겠습니까? 어떤 이는 돈을, 어떤 이는 명예를, 어떤 이는 권세를, 어떤 이는 쾌락적인 사랑을 약속했을지도 모릅니다. 그러나 그런 것들은 마실수록 더욱 목이 마를 뿐 그의 갈증을 해소시켜줄 자는 아무도 없었습니다.

㉠ "여자가 대답하여 가로되 나는 남편이 없나이다 예수께서 가라사대 네가 남편이 없다 하는 말이 옳도다 네가 남편 다섯이 있었으나 지금 있는 자는 네 남편이 아니니 네 말이 참되도다"(17-18) 하십니다.

㉡ 남편을 다섯 번이나 바꾼 사마리아 여인에게는 상징성이 있습니다. 왜냐하면 사마리아인들은 먼저는 "다윗의 집을 배반하여"(왕상 12:19) 음녀같이 되었고, 사마리아가 앗수르에 패망한 후에는 앗수르인과 통혼하여 혼혈 족이 되므로(왕하 17:24-41) 음란한 자식같이 되고 말았기 때문입니다. "남편이 없다 하는 말이 옳도다", 사실 사마리아인들에게는 참 남편 되시는 하나님(사 54:5)이 없었던 것입니다.

⑥ "여자가 가로되 주여 내가 보니 선지자로소이다"(19), 당신은 다 아시는군요, 그렇다면 말씀해 주십시오.

㉠ "우리 조상들은 이 산에서 예배하였는데 당신들의 말은 예배할 곳이 예루살렘에 있다 하더이다"(20) 하는 것이 아닌가? 화제는 하나님께 드리는 "예배" 문제로 비약이 됩니다. 이는 독자들로 하여금 창세기 4장으로 돌아가게 합니다.

가인과 아벨이 하나님께 예배를 드렸습니다. 그런데 "받으심과, 받지 아니하심"으로 갈라집니다. 드림은 우리에게 있으나 받으심은 하나님께 있다는 점을 명심해야만 합니다. 인간이 안고 있는 모든 문제는 근원적으로 하나님과의 관계가 어떠하냐에 달려 있는 것입니다. 그러므로 이런 질문은 제사장이나 니고데모가 제기했어야 마땅합니다. 그런데 사마리아 여인에게서 듣게 된다는 것은 놀라운 일이 아닐 수가 없습니다.

㉡ "예수께서 가라사대 여자여 내 말을 믿으라 이 산에서도 말고 예루살렘에서도 말고 너희가 아버지께 예배할 때가 이르리라 너희는 알지 못하는 것을 예배하고 우리는 아는 것을 예배하노니 이는 구원이 유대인에게서 남이니라"(21-22) 하십니다. 중요한 점은 "구원이 유대인에게서 남이라"는 말씀인데 이는 그리스도가 유다 지파를 통해서 오시게 됨을 나타내는 말씀입니다.

"예배할 때가 이르리라"는 말씀은 그리스도가 오시게 되면 예배가 더 이상 장소나 건물에 구애되지 않는다는 말씀입니다. 왜냐하면 모형(模型)으로 주어졌던 성전이 실체(實體)로 오셨기 때문입니다. 대화는 더욱 진지하고 중심부로 접근해가고 있는 것입니다.

모세는 분명 “유월절 제사(예배)를 각 성에서 드리지 말고 오직 네 하나님 여호와께서 그 이름을 두시려고 택하신 곳(예루살렘)에 가서”(신 16:5-6) 드리라고 명했습니다. 이는 구원의 근거가 여기 저기에 있는 것이 아니라 “오직 하나”라는 메시아언약을 보수(保守)하게 하기 위해서였던 것입니다.

그런데 아브라함과 다윗에게 언약하신 대로, 그리고 선지자로 예언케 하신 대로 구원이 유대 땅 베들레헴에서 나신 이제는 예루살렘 성전이냐? 그리심산에 세워진 성전이냐 하는 것이 문제가 아니라, 참 성전으로 오신 그리스도와, 그가 이루어주신 “구속”에 근거하여 드려지느냐 여부가 문제라는 말씀입니다.

㉢ 그래서 “아버지께 참으로 예배하는 자들은 신령과 진정으로 예배할 때가 오나니 곧 이때라 아버지께서는 이렇게 자기에게 예배하는 자들을 찾으시느니라 하나님은 영이시니 예배하는 자가 신령과 진정으로 예배할지니라”(23-24) 하고 말씀하십니다.

“신령과 진정(진리)으로 예배할 때”라 하신 것은, 이제까지의 예배, 즉 짐승을 잡아 제사하는 예배는 참 예배의 그림자였다는 말씀입니다. 그래서 “참으로 예배하는” 때가 온다는 것입니다. 그런데 주님은 여기서 끝이신 것이 아니라, “곧 이 때라” 하시는 것이 아닌가! 이는 메시아가 오셨다는 선언입니다. 그 때가 바로 이 때다 너는 참 예배를 여기 이 자리에서 지금 드릴 수가 있다는 말씀입니다.

㉣ 주님께서는, “너희는 알지 못하는 것을 예배하고 우리는 아는 것을 예배하노니”(22) 하시는데, “너희와, 우리”가 누구를 가리키는가? “너희는” 사마리아인들을 가리키는 것이 분명합니다. 그들은 “우리가 다윗과 무슨 관계가 있느뇨 이새의 아들에게 업이 없도다”(왕상 12:16) 하고, 다윗 언약을 배신하고 나가 금송아지 우상을 섬긴

자들이기 때문입니다. 그렇다면 "우리"는 누를 가리키는가? 요한복음의 문맥으로는 "참 이스라엘 사람"(1:47)을 가리키는 것이 되고, "이 사람이 의롭고 경건하여 이스라엘의 위로를 기다리는 자라 성령이 그 위에 계시더라"(눅 2:25) 한 시므온과, 안나와 같은 사람들을 가리키는 것이 됩니다.

중요한 점은 초대교회 내에도 "알지 못하는 것을 예배하는" 자들이 있었고 현대교회에도 있다는 점입니다. "그러나 저희 마음이 완고하여 오늘까지라도 구약을 읽을 때에 그 수건이 오히려 벗어지지 아니하고 있으니 그 수건은 그리스도 안에서 없어질 것이라" 하면서, "주는 영이시니 주의 영이 계신 곳에는 자유 함이 있느니라"(고후 3:14, 17) 말씀하는데 이것이 "신령과 진리로 예배하는" 것입니다.

⑦ "여자가 가로되 메시아 곧 그리스도라 하는 이가 오실 줄을 내가 아노니 그가 오시면 모든 것을 우리에게 고하시리이다"(25) 하고, 드디어 사마리아 여인의 입에서 "메시아"라는 말이 나온 것입니다.

남편을 다섯이나 두었던, 더욱이나 사마리아 여인의 입에서 "메시아"를 듣게 되고, "그가 오시면 모든 것을 우리에게 고하시리이다" 하는 소망과 이처럼 고귀한 기다림이 있었다는 것은 놀라운 일이 아닐 수가 없습니다. 이 대화를 들으면서 어떤 마음이 드십니까? 요한복음, 나아가 복음서 전체에서 이처럼 진지한 대화를 나누신 또 다른 예가 있었던가? 오늘날 강담에서, 그리고 그리스도인들의 모임에서 이런 신령한 대화들이 있는가 하고 자문하게 합니다.

㉠ 어찌 더 참으실 수가 있으시단 말인가? 가려졌던 베일을 벗기듯, "예수께서 이르시되 네게 말하는 내가 그로라"(26) 하십니

다. 이는 4장에 있어서 결정적이고도 핵심적인 선언입니다. "네게 물 좀 달라 하는 이가 누구인 줄 알았더면" 하시던 그 분이 누구이신가를 알게 된 것입니다. 당신은 누구입니까? 당신이 야곱보다 더 크니이까? 하고 묻던 여인은 메시아 곧 그리스도를 만난 것입니다. "네가 그에게 구하였을 것이요 그가 생수를 네게 주었으리라" 하신, 그 분을 만나자 여인의 갈증은 비로서 해소되었던 것입니다. 이점을 다음 문단에서 보게 될 것입니다.

묵상해 봅시다.

1. "누구인 줄 알았더면"에 대해서,
2. "예배할 때가 오나니 곧 이 때라"에 대해서,
3. "신령과 진리"로 드리는 예배에 대해서.

요한복음 4:27-42절 개관도표

주제 : 세상의 구주신줄 앎이니라

와 보라	27-30 27 ① 이 때에 제자들이 돌아와서 예수께서 여자와 말씀하시는 것을 이상히 여겼으나 무엇을 구하시나이까 어찌하여 저와 말씀하시나이까 묻는 이가 없더라 28 ② **여자가** 물동이를 버려두고 동네에 들어가서 **사람들에게 이르되** 29 나의 행한 모든 일을 내게 말한 사람을 **와 보라 이는 그리스도가 아니냐** 하니 30 저희가 동네에서 나와 예수께로 오더라
나의 먹을 양식	31-38 31 ③ 그 사이에 제자들이 청하여 가로되 랍비여 **잡수소서** 32 가라사대 내게는 **너희가 알지 못하는 먹을 양식이 있느니라** 33 제자들이 서로 말하되 누가 잡수실 것을 갖다 드렸는가 한대 34 ④ 예수께서 이르시되 **나의 양식은 나를 보내신 이의 뜻을 행하며** **그의 일을 온전히 이루는 이것이니라** 35 너희가 넉 달이 지나야 추수할 때가 이르겠다 하지 아니하느냐 내가 너희에게 이르노니 눈을 들어 밭을 보라 희어져 추수하게 되었도다 36 거두는 자가 이미 삯도 받고 영생에 이르는 열매를 모으나니 이는 뿌리는 자와 거두는 자가 함께 즐거워하게 하려 함이니라 37 그런즉 **한 사람이 심고 다른 사람이 거둔다** 하는 말이 옳도다 38 내가 너희로 노력 지 아니한 것을 거두러 보내었노니 다른 사람들은 노력하였고 너희는 그들의 노력한 것에 참예하였느니라
예수를 믿는지라	39-42 39 ⑤ 여자의 말이 그가 나의 행한 모든 것을 내게 말하였다 증거하므로 그 동네 중에 많은 사마리아인이 **예수를 믿는지라** 40 사마리아인들이 예수께 와서 자기들과 **함께 유하기를 청하니** 거기서 이틀을 유하시 매 41 예수의 말씀을 인하여 **믿는 자가 더욱 많아** 42 ⑥ 그 여자에게 말하되 이제 우리가 믿는 것은 네 말을 인함이 아니니 이는 우리가 친히 듣고 그가 참으로 세상의 구주신줄 앎이니라 하였더라

4:27-42절

세상의 구주신줄 앎이니라

첫째 단원(27-30) **와 보라 그리스도가 아니냐**
둘째 단원(31-38) **내게는 먹을 양식이 있다**
셋째 단원(39- 42) **예수를 믿는지라**

본 문단의 중심점은 사마리아 사람들이 "우리가 친히 듣고 그가 참으로 세상의 구주신줄 앎이니라" 하고 고백하는데 있습니다. 도표를 보시면 그리스도를 만난 사마리아 여인이 동리에 들어가서, "와 보라 이는 그리스도가 아니냐"(첫째 단원) 하고 전파합니다. 그 사이 제자들이 주님께 잡수소서 하니 "나의 먹을 양식은 나를 보내신 이의 뜻을 행하는 것이라"(둘째 단원) 하십니다. 주님의 말씀을 들은 많은 사마리아 사람들이 세상의 구주신줄 알고 "예수를 믿는지라"(셋째 단원) 합니다.

❙ 첫째 단원(27-30) **와 보라 그리스도가 아니냐**

① "이 때에 제자들이 돌아와서 예수께서 여자와 말씀하시는 것을 이상히 여겼으나 무엇을 구하시나이까 어찌하여 저와 말씀하시나이까 묻는 이가 없더라"(27),

② "여자가 물동이를 버려두고 동네에 들어가서 사람들에게 이르되 나의 행한 모든 일을 내게 말한 사람을 와 보라 이는 그리스도가 아니냐 하니"(28-29),

㉠ 물을 길러 갔던 사람이 물동이를 버려두고 달려와 부끄러운 줄도 잊은 채 사람들을 향하여 "나의 행한 모든 일을 내게 말한 사람을 와 보라" 하고 외쳤다는 것은 예사로운 일이 아니었던 것입니다. 그래서 동네 사람들은 그 여인의 변화된 모습에 놀라워했을 것입니다. 그렇다면 그녀에게 이런 변화를 일으키게 한 그 분이 누구란 말이냐 가서 보자, "저희가 동네에서 나와서 예수께로 오더라"(30) 합니다.

❙ 둘째 단원(31-38) **내게는 먹을 먹을 양식이 있다**

③ "그 사이에 제자들이 청하여 가로되 랍비여 잡수소서 가라사대 내게는 너희가 알지 못하는 먹을 양식이 있느니라 제자들이 서로 말하되 누가 잡수실 것을 갖다 드렸는가 한대"(31-33),

④ "예수께서 이르시되 나의 양식은 나를 보내신 이의 뜻을 행하

며 그의 일을 온전히 이루는 이것이니라"(34) 하십니다. 주님은 둘째 단원(31-38)을 통해서 복음 전도자들이 명심해야 할 귀중한 교훈들을 말씀하십니다. 그러므로 이점을 숙고해보아야 합니다.

㉠ 첫째는, "나를 보내신 이의 뜻을 행한다"는 말씀입니다. 주님께서는 "보내신 이의 뜻"에 절대적으로 복종하셨습니다.

㉮ "아들이 아버지의 하시는 일을 보지 않고는 아무 것도 스스로 할 수 없나니"(5:19),

㉯ "내가 아무 것도 스스로 할 수 없노라, 나의 원대로 하려 하지 않고 나를 보내신 이의 원대로 하려는 고로"(5:30),

㉰ "내가 하늘로서 내려온 것은 내 뜻을 행하려 함이 아니요 나를 보내신 이의 뜻을 행하여 함이라"(6:38-39),

㉱ "이 때를 면하게 하여 주옵소서 그러나 내가 이를 위하여 이 때에 왔나이다"(12:27) 하십니다. 그리스도시라도 보내신 이의 뜻을 죽기까지 복종하셨다면 하물며 보냄을 받은 우리는 어떠해야 마땅하겠습니까?

㉡ 둘째는, "그의 일을 온전히 이루는 것이니라" 한 말씀입니다. 이 말씀이 문맥적으로는 비천한 사마리아 여인의 영혼 구원을 가리킵니다. 주님은 한 영혼을 구원하시는 일을 "나의 먹을 양식"이라고 말씀하십니다. 그리하여 행로에 곤하신 상태임에도 불구하시고 잡수실 것도 잊으신 채 복음진리를 증거하셨던 것입니다.

㉢ 셋째는, "너희가 넉 달이 지나야 추수할 때가 이르겠다 하지 아니하느냐 내가 너희에게 이르노니 눈을 들어 밭을 보라

희어져 추수하게 되었도다"(35) 하십니다. "넉 달이 지나야 추수할 때가 이르겠다" 하신 표현은, "게으른 자는 말하기를 사자가 밖에 있은즉 내가 나가면 거리에서 찢기겠다 하느니라"(잠 22:13) 한 잠언의 말씀을 연상하게 하는데 게으른 자는 핑계 댈 구실만 찾으나 주님은 당장, "눈을 들어 밭을 보라 희어져 추수하게 되었도다" 하십니다.

㉣ 넷째는, "거두는 자가 이미 삯도 받고 영생에 이르는 열매를 모으나니 이는 뿌리는 자와 거두는 자가 함께 즐거워하게 하려 함이니라"(36) 하십니다. 36-38절 안에는 "뿌리는 자와 거두는 자, 노력한 자와 노력하지 아니한 자" 등이 대조되어 있습니다. 이를 요약을 하면,

㉮ "좋은 씨를 뿌리는 자는 인자요"(마 13:37) 하신 주님이시라면, 거두는 자는 "추수 때는 세상 끝이요"(마 13:39) 하신 제자들이라 할 수가 있습니다. 그래서 "그런즉 한 사람이 심고 다른 사람이 거둔다 하는 말이 옳도다"(37) 하시는 것입니다.

㉯ "내가 너희로 노력 지 아니한 것을 거두러 보내었노니 다른 사람들은 노력하였고 너희는 그들의 노력한 것에 참예하였느니라"(38) 하시는데 이는 구속사라는 큰 맥락으로 이해해야 할 말씀입니다. 그리스도께서 오시기까지 에 쓰임 받은 모든 종들은 "노력한 자들"이요, 주님은 씨를 뿌리신 분이요, 그 이후의 종들은 노력하지 아니한 것을 거두는 자들이라 할 수가 있습니다. 왜 노력하지 않은 자들이라 하시는가? "거저 받은 것을 거저 주는" 자들이기 때문입니다.

㉰ 중요한 점은, "거두는 것은, 영생(永生)에 이르는 열매"(36)

라는 점과, "뿌리는 자와 거두는 자가 함께 즐거워하게 하려 함이니라"(36)에 있는 것입니다. 이는 신 구약 시대의 모든 종들이 동일한 목적을 가지고 있음을 나타냅니다. 전도자들은 주님께서 지적하신 말씀들을 명심해야만 할 것입니다.

▌셋째 단원(39- 42) 세상의 구주신줄 앎이니라

⑤ "여자의 말이 그가 나의 행한 모든 것을 내게 말하였다 증거하므로 그 동네 중에 많은 사마리아 인이 예수를 믿는지라 사마리아 인들이 예수께 와서 자기들과 함께 유하기를 청하니 거기서 이틀을 유하시매 예수의 말씀을 인하여 믿는 자가 더욱 많아"(39-41) 합니다.

주님은 사마리아 인들의 요청에 응하셔서 "이틀을 유하셨다" 합니다. 이를 유대인들이 보았다면 얼마나 비난을 했을 것인가? 그러므로 의미상으로는 세리 장 삭개오에게 "속히 내려오라 내가 오늘 네 집에 유하여야 하겠다"(죽 19:5) 하신 점과 상통하는 것입니다. 왜냐하면 사마리아 인이나 삭 개오는 다같이 유대인들에게 소외를 당하고 있다는 공통점이 있기 때문입니다. 이처럼 "세상의 천한 것들과 멸시받는"(고전 1:28) 자들과 함께 성자 하나님께서 "이틀이나 유하셨다"는 이보다 더 경이로운 일은 달리 없습니다.

㉠ "오늘 구원이 이 집에 이르렀으니"(눅 19:10) 하심과 같이, 주님께서 사마리아를 떠나실 때에 그들은 말했습니다. "이제 우리가 믿는 것은 네 말을 인함이 아니요, 이는 우리가 친히 듣고 그가 참으로 세상의 구주신 줄을 앎이니라"(42) 하고 말했습니다.

여기 진보(進步)가 나타나는데 사마리아 여인은 처음에는 예수님을 유대인(9)인줄 알았다가, 선지자(19)라 부르고, 이는 그리스도가 아니냐(29) 하고 증거했습니다. 사마리아 인들도 처음에는 여인의 말을 인하여 "예수를 믿는지라"(39) 했고, 다음은 "예수의 말씀을 인하여 믿는 자가 더욱 많아"(41) 하고, 최종적으로는 "우리가 친히 듣고 그가 참으로 세상의 구주신줄 앎이라"(42), 즉 "구주"로 고백하는 단계에 이르게 됩니다. 사마리아 인들은 예수님을 세상의 구주라고 불렀습니다. 예수 그리스도는 유대인의 구주만이 아니라 "세상의 구주"로 오셨습니다.

결론은 "인자의 온 것은 잃어버린 자를 찾아 구원하려 함이니라"(눅 19:9-10) 한 말씀으로 귀결이 되는데, 사마리아 여인도, 삭개오도 잃어버린 자였으나 찾으신 바 된 것입니다. 이런 맥락에서 4절의 "사마리아로 통행하여야 하겠는지라"는 표현은 강한 의지(意志)를 나타내는 말이라는 점입니다. 유대인들은 사마리아 인들과 상종하지를 않았습니다. 그래서 갈릴리로 가려면 요단 동편으로 빙 돌아서 다녔습니다. 나는 유대인들이 하던 그런 방식으로 하지 않겠다. 나는 사마리아로 들어가겠다는 결의를 나타내신 것입니다. 왜 그렇게 하셨습니까? "잃어버린 자를 찾아 구원하시기 위해서"!

ⓛ 우리는 사도행전에서 또 한 분의 강한 의지를 봅니다. 그 분은 성령님이십니다. 빌립 집사가 사마리아에 내려가 복음을 전했습니다. 귀신이 소리를 지르며 나가고 또 많은 중풍병자와 앉은뱅이가 나았습니다. 이는 분명 성령의 역사였습니다. 그런데 왠 일입니까? 저들에게 "아직 한 사람에게도 성령 내리신 일이 없었다"(행 8:16) 하고 말씀합니다.

그래서 예루살렘에 있는 베드로와 요한이 사마리아에 내려와서 "성령 받기를 기도"했습니다. "이에 두 사도가 저희에게 안수하매 성령을 받는지라"(행 8:17) 합니다. 성령께서는 초대교회 기둥과 같은 두 사도를 사마리아로 내려 보내셨습니다. 저희에게 안수하게 하셨습니다. 안수에 담겨있는 의미를 아시겠습니까? 그것은 하나됨을 의미합니다. 연합되었음을 뜻합니다. 그들은 일체(一體)가 되었습니다. 그 때에야 성령님은 임하셨습니다. 유대인과 사마리아 인을 하나되게 하시려는 성령님의 강한 의지를 봅니다. 그들은 같은 성령으로 세례를 받았습니다. 그들은 이제 하나가 되었습니다.

유대인들과 사마리아 인들만을 하나로 만드신 것이 아니라, 유대인과 이방인들도 "둘로 하나를 만드사 중간에 막힌 담을 허시고, 둘로 자기의 안에서 한 새 사람을 지어, 둘이 한 성령 안에서 아버지께 나아감을 얻게"(엡 2:14, 15, 18) 하신 것입니다.

믿는 마음으로 말씀합니다만 하나님의 독생자 예수 그리스도께서는 유대인들이 상종하지 않던 사마리아인들, "거기서 이틀을 유하시매" 한 사마리아에 머무신 "이틀" 동안이 가장 마음 편안하신 기간이었으리라고 여겨집니다. 그곳에서 표적을 행하셨다는 기사를 찾아볼 수가 없습니다만 그들은, "우리가 친히 듣고 그가 참으로 세상의 구주신줄 앎이니라"(42), "듣고, 믿게 된 믿음"이었던 것입니다.

형제여, 나사렛 예수가 누구신가를 분명히 알게 되셨습니까? 그리고 사마리아 사람들처럼 주님을 만나 함께 "유하시기를" 청하셨습니까? 그리하여 "그가 참으로 세상의 구주신 줄 앎이니라"(42) 하고 고백하기에 이르렀습니까? 아멘.

묵상해 봅시다.

1. 사마리아 여인의 상징성에 대해서 말씀해 보십시오
2. 주님이 하신 전도방법과 명심해야 할 점에 대해서,
3. 본문에서 예수님이 어떻게 증거되고 있는가에 대해서.

요한복음 4:43-54절 개관도표

주제:보고 믿는 믿음, 말씀을 믿는 믿음

<table>
<tr><td>보고
믿고</td><td>43-45
43 ① 이틀이 지나매 예수께서 거기를 떠나 갈릴리로 가시며
44 친히 증거하시기를 선지자가 고향에서는 높임을 받지 못한다 하시고
45 갈릴리에 이르시매 갈릴리 인들이 그를 영접하니 이는 자기들도 명절에 갔다가
예수께서 명절 중 예루살렘에서 하신 모든 일을 보았음이더라</td></tr>
<tr><td>말씀
믿고</td><td>46-54
46 ② 예수께서 다시 갈릴리 가나에 이르시니 전에 물로 포도주를 만드신 곳이라
왕의 신하가 있어 그 아들이 가버나움에서 병들었더니
47 그가 예수께서 유대로부터 갈릴리에 오심을 듣고 가서 청하되 내려오셔서
내 아들의 병을 고쳐주소서 하니 저가 거의 죽게 되었음이라
48 ③ 예수께서 가라사대 너희는 표적과 기사를 보지 못하면 도무지 믿지 아니하리라
49 신하가 가로되 주여 내 아이가 죽기 전에 내려오소서
50 ④ 예수께서 가라사대 가라 네 아들이 살았다 하신대
사람이 예수의 하신 말씀을 믿고 가더니
51 길에서 그 종들이 오다가 만나서 아이가 살았다 하거늘
52 낫기 시작한 때를 물은즉 어제 제 칠 시에 열기가 떨어졌나이다 하는지라
53 아비가 예수께서 네 아들이 살았다 말씀하신 그 때인 줄 알고
자기와 그 온 집이 다 믿으니라
54 이것은 예수께서 유대에서 갈릴리로 오신 후 행하신 두 번째 표적이니라</td></tr>
</table>

4:43-54절

보고 믿는 믿음, 말씀 믿는 믿음

첫째 단원(43-45) **보고 믿는 믿음**

둘째 단원(46-54) **말씀을 믿는 믿음**

본 문단은 병에 걸려 죽게 된 왕의 신하의 아들을 고쳐주신 표적입니다. 성경은 이 표적을 통해서 예수 그리스도께서 우리에게 요구하시는 믿음은 어떤 믿음인가를 보여주고 있습니다.

도표를 보시면 "보고 믿는 믿음, 말씀 믿는 믿음"을 중심으로, "보고 믿는 믿음"(첫째 단원)에서, "말씀을 믿는 믿음"(둘째 단원)으로 나아가고 있는 것을 보여줍니다.

요한은 복음서를 기록한 목적 중 하나를 "너희로 믿고 그 이름을 힘입어 영생을 얻게 하려 함이니라"(20:31) 말씀하고 있는데, 본 문단은 영생에 이르는 믿음은 어떤 믿음인가를 보여주고 있는 셈입니다.

▎첫째 단원(43-45) **보고 믿는 믿음**

① "이틀이 지나매 예수께서 거기를 떠나 갈릴리로 가시며 친히 증거하시기를 선지자가 고향에서는 높임을 받지 못한다 하시고"(43-44), 이는 앞으로 고향에서 당하시게 될 배척을 암시해 주는 말씀입니다.

㉠ 그런데 "갈릴리에 이르시매 갈릴리 인들이 그를 영접하니", 즉 환영을 한 것입니다. 왜 그랬습니까? "이는 자기들도 명절에 갔다가 예수께서 명절 중 예루살렘에서 하신 모든 일을 보았음이더라"(45), 즉 "표적"을 보았기 때문에 영접했다는 것입니다. 그들의 환영은 예수님을 그리스도로 영접하는 믿음이 아니라, 갈릴리에서도 무슨 표적을 행하실까 하는 기대와 호기심에서였던 것입니다. 그런 믿음은 주님께서 원하시는 믿음은 아니었습니다.

요한복음은 예수 그리스도를 증거하여, 그를 믿음으로 영생에 이르게 하려는 목적을 가지고 기록이 되었습니다. 그러면 영생에 이르는 "믿음"은 어떤 믿음인가? 그러므로 요한복음은 따르는 사람들의 믿음을 철저하게 검증(檢證)을 하고 있다는 점을 유념해야만 합니다.

㉮ 2:23절에서, "많은 사람이 그 행하시는 표적을 보고 그 이름을 믿었으나", 그러나 예수님께서는 그 몸을 저희에게 의탁치 아니하셨다, 즉 인정하시지 않으셨다는 것입니다.

㉯ 3장에서 니고데모가 예수님을 찾아와 "당신이 행하시는 표적을 보고 당신은 하나님께로 서 오신 선생인줄 아나이다" 하고 말했을 때에도, 그 믿음을 인정하시지를 않으시고, "진실로 진실로 네게 이르노니 사람이 거듭나지 아니하면 하나님 나라를 볼 수 없느니라" 하고 말씀하셨던 것입니다.

㉰ 6장에서도, "너희가 나를 찾는 것은 표적을 본 까닭이 아니요, 떡을 먹고 배부른 까닭이로다"(26) 하고 책망하시면서 "썩지 아니할 양식을 위하여 일하라" 말씀하십니다. 이는 표적을 통해서 증거코자 한 그리스도는 믿지를 않고 표적 자체만을 구하는 것을 책망하신 것입니다.

㉱ 도마에게도 "너는 나를 본고로 믿느냐 보지 못하고 믿는 자들은 복되도다"(20:29) 하고 말씀하셨습니다. 요한복음이 이렇게 하고 있는 이유는 예수가 그리스도이심을 증거함과 동시에, 그를 믿어 영생에 이르는 믿음이 어떤 믿음인가를 말씀하기 위해서입니다.

▌둘째 단원(46-54) **말씀을 믿는 믿음**

② "예수께서 다시 갈릴리 가나에 이르시니 전에 물로 포도주를 만드신 곳이라 왕의 신하가 있어 그 아들이 가버나움에서 병들었더니"(46) 하고, "장소와, 상황"을 말씀합니다.

㉠ "그가 예수께서 유대로부터 갈릴리에 오심을 듣고 가서 청하되 내려오셔서 내 아들의 병을 고쳐주소서 하니 저가 거의 죽게 되었음이라"(47), 주님은 지금 전에 물로 포도주를 만드셨던 가나에 오셨습니다. 왕의 신하는 소문을 듣고 가버나움에서 약 90리쯤 되는 가나까지 찾아온 것입니다. 왕의 신하가 찾아온 동기가 무엇인가?

③ "예수께서 가라사대 너희는 표적과 기사를 보지 못하면 도무지 믿지 아니하리라" 하십니다.

㉠ 오늘날도 그러한 사람들이 있습니다. 많습니다. 그래서 주

님은 "네가 표적과 기사를 보지 못하면" 하고 왕의 신하 한 사람만을 가리켜 말씀하시는 것이 아니라 "너희가" 하고, 복수로 말씀하시는 것입니다.

이 "너희" 속에는 예루살렘 사람들도, 유대인의 관원 니고데모도, 갈릴리 사람들도, 그리고 오늘의 우리까지도 포함되어 있는 것입니다. 예수님은 이렇게 묻고 계신 셈입니다. "너희는 내가 누구인 줄 알고 따르고 있느냐? 너희는 왜 나를 찾아 왔느냐? 너희의 요구하는 바가 무엇이냐?"

그에 대한 형제의 대답이 무엇입니까? "우리가 당신을 찾아온 것은 병을 고쳐주신다는 소문을 들었기 때문입니다. 우리가 당신을 따르는 것은 떡을 먹기 위해서입니다. 표적과 기사를 행하신다는 말을 들었기 때문입니다", 이것이 형제의 답변입니까? 오늘날도 어디 가면 "방언을 말할 수 있기 때문에, 귀신을 쫓는다 하기에, 축복을 받는다" 하기 때문에 왔다 갔다 하는 사람들이 있습니다.

㉡ 왕의 신하는 주님의 심정을 아는지 모르는지, "주여 내 아이가 죽기 전에 내려오소서"(48-49) 하고 간청을 합니다.

④ "예수께서 가라사대 가라 네 아들이 살았다 하신대", 자, 왕의 신하는 어떻게 반응할 것인가? 예수님께서는 표적과 이적을 보여주시지도 않으셨습니다. 예수님께서는 그에게 "말씀"만을 주셨던 것입니다. 왜 이렇게 하셨는가? 이를 문맥적으로 보면 표적을 보지 않고도 믿을 수 있는 "믿음"을 주시기 위해서인 것입니다.

이에 관한 좋은 예가 마태복음 8:5-13절에 있습니다. "한 백부장이 나아와 간구하여 가로되 주여 내 하인이 중풍병으로 집에 누워 몹시 괴로워하나이다. 가라사대 내가 가서 고쳐 주리라 백부장이 대답하여 가로되 주여 내 집에 들어오심을 나는 감당치 못하겠사오니 다만 말씀으로만 하옵소서 그러면 내 하인이 낫겠삽나이다. 나도 남의 수하에 있는 사람이요 내 아래도 군사가 있으니 이더러 가라 하면 가고 저더러 오라 하면 오고 내 종더러 이것을 하라 하면 하나이다". 이 말을 들으시고 주님은 무엇이라 말씀하셨습니까?

"이스라엘 중 아무에게도 이만한 믿음을 만나보지 못하였노라", 이는 이방인은 병 고침 받고 이스라엘은 고침 받지 못했다는 병에 관한 이야기가 아닙니다. 구원에 관한 문제입니다. 이방인들은 천국에 들어가는데, "나라의 본 자손(이스라엘)은 바깥 어두운데 쫓겨나 거기서 울며 이를 갊이 있게"(마 8:12) 되리라는 신학적인 문제입니다. 주님께서 요구하시는 믿음은 이런 믿음입니다. "가라 네 아들이 살았다"!

㉠ 주님께서는 신하를 따라 내려가시겠다고 말씀하시지도 않았고, 그렇다고 눈에 보이는 아무런 증거도 없습니다. 신하가 기대한 것은 이것이 아니었습니다. 원망스런 마음이 들 수도 있었습니다. 그의 이성은 갈등을 겪을 만했습니다.

㉡ 그런데 성경은 "그 사람이 예수의 하신 말씀을 믿고 가더니"(50) 하고 말씀합니다. "말씀을 믿고 가더니", 그는 표적을 보고 간 것이 아니었습니다. 그는 다만 말씀을 믿고 갔습니다. "내려가는 길에서 그 종들이 오다가 만나서 아이가 살았다 하거늘"(51), 내려가는 길에서 마주 오는 종들을 통해서 듣게 된, "살았다"(51) 하는 이 말은 바로 주님께서 신하에게 하신 말씀이었습니다. 종의 입을 통해 다시 듣고 있는 것입니다. 이것이 믿는 자에게 따르는 증거입니다.

㉢ 왕의 신하는 아들이 살았다는 결과만을 기뻐하고 예수님을 잊어버린 것이 아니었습니다. "그 낫기 시작한 때를 물은즉 어제

제 칠 시에 열기가 떨어졌나이다 하는지라 아비가 예수께서 네 아들이 살았다 말씀하신 그 때인 줄 알고 자기와 그 온 집이 다 믿으니라"(52-53) 합니다. "이것은 예수께서 유대에서 갈릴리로 오신 후 행하신 두 번째 표적이니라"(54) 합니다.

동일한 장소 가나에서 두 번 표적을 행하심은 단순한 반복만이 아니었습니다. 발전하고 진전된 면을 대하게 됩니다. 첫 번째는 표적을 믿음의 근거로 삼았으나, 두 번째는 말씀을 믿음의 근거로 삼게 하신 것입니다. 두 번째 표적을 통해서는 "예수가 그리스도이심과, 구원에 이르는 믿음은 어떤 믿음인가"를 동시에 계시해 주고 있습니다.

형제여, 이 시대는 말씀의 권위보다 기사와 이적을 더욱 선호하는 시대입니다. 표적을 보지 않고는 믿지 못하겠다는 세대를 가리켜 주님은, "악하고 음란한 세대"(마 16:4)라고 말씀하십니다. 형제의 믿음의 근거는 기사와 이적에 두고 있습니까? 영원 불변하는 하나님의 약속의 말씀에 두고 있습니까?

묵상해 봅시다.

1. 두 번째 표적을 통해 계시하고자 하는 바가 무엇입니까?
2. 믿음은 어떻게 발생하고(롬 10:17), 믿음의 근거는 어디에 두어야 합니까?
3. 형제의 믿음은 표적과, 약속 중 어디에 근거하고 있습니까?

요한복음 5:1-18절 개관도표

주제:내 아버지께서 이제까지 일하시니 나도 일한다

<table>
<tr>
<td>자리를 들고 걸어가라</td>
<td>1-9
① 그 후에 유대인의 명절이 있어 예수께서 예루살렘에 올라가시니라
2 예루살렘에 있는 양문 곁에 히브리 말로 베데스다라 하는 못이 있는데 거기 행각
다섯이 있고
3 그 안에 많은 병자, 소경, 절뚝발이, 혈기 마른 자들이 누워 [물의 동함을 기다리니
4 이는 천사가 가끔 못에 내려와 물을 동하게 하는데 동한 후에 먼저 들어가는 자는
어떤 병에 걸렸든지 낫게 됨이러라]

5 ② 거기 삼십 팔 년 된 병자가 있더라
6 예수께서 그 누운 것을 보시고 병이 벌써 오랜 줄 아시고 이르시되 네가 낫고자 하느냐
7 병자가 대답하되 주여 물이 동할 때에 나를 못에 넣어 줄 사람이 없어
내가 가는 동안에 다른 사람이 먼저 내려가나이다
8 예수께서 가라사대 일어나 네 자리를 들고 걸어가라 하시니
9 그 사람이 곧 나아서 자리를 들고 걸어 가니라 이 날은 안식일이니</td>
</tr>
<tr>
<td>걸어가라한 사람이 누구냐</td>
<td>10-18
10 ③ 유대인들이 병 나은 사람에게 이르되 안식일인데 네가 자리를 들고 가는 것이
옳지 아니 하니라
11 대답하되 나를 낫게 한 그가 자리를 들고 걸어가라 하더라 한대
12 저희가 묻되 너더러 자리를 들고 걸어가라 한 사람이 누구냐 하되
13 고침을 받은 사람이 그가 누구신지 알지 못하니
이는 거기 사람이 많으므로 예수께서 이미 피하셨음이라

14 ④ 그 후에 예수께서 성전에서 그 사람을 만나 이르시되 보라 네가 나았으니
더 심한 것이 생기지 않게 다시는 죄를 범치 말라 하시니
15 그 사람이 유대인들에게 가서 자기를 고친 이는 예수라 하니라
16 그러므로 안식일에 이러한 일을 행하신다 하여 유대인들이 예수를 핍박하게 된지라

17 ⑤ 예수께서 저희에게 이르시되 내 아버지께서 이제까지 일하시니 나도 일한다 하시매
18 유대인들이 이를 인하여 더욱 예수를 죽이고자 하니 이는 안식일만 범할 뿐 아니라
하나님을 자기의 친 아버지라 하여 자기를 하나님과 동등으로 삼으심이러라</td>
</tr>
</table>

5:1-18절

내 아버지께서 이제까지 일하시니 나도 일한다

첫째 단원(1-9) **자리를 들고 걸어가라**
둘째 단원(10-18) **걸어가라 한 사람이 누구냐**

5장 전체의 내용은 38년 된 병자를 고쳐주신 표적과, 이에 따른 논쟁(論爭)으로 되어 있습니다. 중심점은 "내 아버지께서 이제까지 일하시니 나도 일한다" 하신 말씀에 있는데, 이는 구속사(救贖史)를 이해하는데 중요한 길잡이가 되는 말씀이기 때문에 단단히 붙잡고 있어야 할 요점입니다.

도표를 보시면 "내 아버지께서 일하시니"를 중심으로, "자리를 들고 걸어가라"(첫째 단원) 명하십니다. 그런데 유대인들은 안식일에 자리를 들고 "걸어가라 한 사람이 누구냐"(둘째 단원) 하고 비난을 합니다. 이들을 향해서 "내 아버지께서 이제까지 일하시니 "나도 일한다" 하는 폭탄적인 선언을 하신 것입니다.

① "그 후에 유대인의 명절이 있어 예수께서 예루살렘에 올라가시니라 예루살렘에 있는 양문 곁에 히브리 말로 베데스다라 하는 못이 있는데 거기 행각 다섯이 있고 그 안에 많은 병자, 소경, 절뚝발이, 혈기 마른 자들이 누워 [물의 동함을 기다리니"(1-3),

㉠ "이는 천사가 가끔 못에 내려와 물을 동하게 하는데 동한 후에 먼저 들어가는 자는 어떤 병에 걸렸든지 낫게 됨이러라]"(4) 합니다. 이는 당시 사람들의 구전을 그대로 전한 것으로 볼 수가 있습니다.

② 문제는 "거기 삼십팔 년 된 병자가 있더라"(5), 38년이나 병마에 사로잡혀 있다는 이것이 문제(問題)입니다.

㉠ "예수께서 그 누운 것을 보시고 병이 벌써 오랜 줄 아시고 이르시되 네가 낫고자 하느냐"(6) 하십니다. 주님의 질문은 모르시기 때문이 아니라 무엇이 문제인가를 알게 하시려는 문제제기인 것입니다. "주여 물이 동할 때에 넣어줄 사람이 없나이다", 병이라는 문제에서 "넣어줄 사람"이 없다는 이것이 문제라는 것입니다.

이 말은, "오호라 나는 곤고한 사람이로다 이 사망의 몸에서 누가 나를 건져내랴"(롬 7:24) 하고, "누구"를 찾는 절규와 의미상 상통하는 것입니다. 사망의 몸에서 건져 줄 자를 찾고 있는 사람이나, 물에 넣어 줄 자를 찾고 있는 이 사람이나 자력(自力)으로는 어찌할 수 없는 절망적인 상태를 나타냅니다.

이것이 전적 타락, 전적 무능한 죄인들의 비참한 영적 상태입니다. 로마서 5:6절은, "우리가 아직 연약할 때에 기약대로 그리스도께서 경건치 않은 자들을 위하여 죽으셨도다" 하고 말씀하고 있는데, 여기서 말씀하는 "연약함"은 우리가 통상적으로 말하는 연약함이 아닙니다. 예를 들어 애굽 바로의 노예로 전락한 이스라엘 백성들이 자력으로 해방될 수가 있단 말인가? 죽은지 나흘이나 되어 냄새가 나는 나사로가 자력으로 무덤에서 나올 수가 있단 말입니까? 이것이 성경이 말씀하는 연약함입니다. 이런 맥락에서 베데스다 연못가에 누워있는 38년 된 병자에게서 구원받기 이전의 자신의 상태를 볼 수 있어야만 하는 것입니다.

ⓛ "예수께서 가라사대 일어나 네 자리를 들고 걸어가라 하시니 그 사람이 곧 나아서 자리를 들고 걸어 가니라"(8-9) 합니다. 문제는 선하게 해결이 된 것입니다. 그런데 본문은," 이날은 안식일이니"(9하) 하고 새로운 문제(問題)가 제기되었음을 말씀합니다. 이 표적을 통해서 새롭게 제기된 문제는, "안식일에 병을 고쳐주고, 자리를 들고 걸어가라 한 사람이 누구냐" 하는 문제입니다.

그렇습니다. 이는 예수가 그리스도이심을 드러내기 위한 표적이었던 것입니다. 36절을 보십시오. "아버지께서 내게 주사 이루게 하시는 역사 곧 나의 하는 그 역사가 아버지께서 나를 보내신 것을 나를 위하여 증거하는 것이요" 하십니다. 이는 이사야 선지자가, "그 때에 소경의 눈이 밝을 것이며 귀머거리의 귀가 열릴 것이며 그 때에 저는 자는 사슴같이 뛸 것이며 벙어리의 혀는 노래하리니 이는 광야에서 물이 솟겠고 사막에서 시내가 흐를 것임이라"(사 35:5-6) 한 예언의 성취였던 것입니다

③ "유대인들이 병 나은 사람에게 이르되 안식일인데 네가 자리를 들고 가는 것이 옳지 아니 하니라"(10) 합니다. 이것이 의문(儀文)에 속한 자의 말입니다.

여기 화석(化石)처럼 굳어져 생명력을 상실한 교조주의적인 종교인들을 대하게 됩니다. 그들은 38년이나 병마에 사로잡혔다가 자유함을 얻게 된 자를 축복해주거나 함께 기뻐하지를 못하고, "안식일인데 네가 자리를 들고 가는 것이 옳지 않다" 하고 의문(儀文)의 줄로 다시 옭아매려 하고 있는 것입니다. 그러나 "은혜"(恩惠)는, "일어나네 자리를 들고 걸어가라" 합니다.

㉠ "대답하되 나를 낫게 한 그가 자리를 들고 걸어가라 하더라"(11), "저희가 묻되 너더러 자리를 들고 걸어가라 한 사람이 누구냐?"(12), 요한복음은 계속적으로 예수님이 누구신가를 증거하기를 원하고 있습니다. 우리는 그 분이 누구신가를 분명히 알아야 하고, 그 분을 만나야만 하는 것입니다.

율법주의자들의 질문을 주목해 보십시오. 병 나은 사람은 "나를 낫게 한 그 분"이라고 말하고 있는 반면, 유대인들은 "낫게" 한 점에 초점을 맞추고 있는 것이 아니라, "너더러 자리를 들고 걸어가라 한 그 사람이 누구냐", 즉 너로 하여금 안식일을 범하게 한 그 범인이 누구냐 하고 추궁하고 있는 것입니다. 의문에 속하는 자는 조문(條文)만을 드려다 보면서 누가 여기에 걸려들지 않나 망을 보듯 정죄하려는데 혈안이 되어 있는 자들입니다.

로마서 7:11절은, "죄가 기회(機會)를 타서 계명으로 말미암아 나를 속이고 그것으로 나를 죽였는지라", 즉 기회를 엿보는 자라고 말씀합니다. 그런 자들을 향해 주님께서는, "너희는 가서 내가 긍휼을 원하고 제사를 원치 아니하노라 하신 뜻이 무엇인지 배우라"(마 9:13) 하십니다.

ⓛ "고침을 받은 사람이 그가 누구신지 알지 못하니 이는 거기 사람이 많으므로 예수께서 이미 피하셨음이라 그 후에 예수께서 성전에서 그 사람을 만나 이르시되 보라 네가 나았으니 더 심한 것이 생기지 않게 다시는 죄를 범치 말라 하시니 그 사람이 유대인들에게 가서 자기를 고친 이는 예수라 하니라"(13-15),

"다시는 죄를 범치 말라" 하십니다. 8:11절에서도 "나도 너를 정죄하지 아니 하노니 가서 다시는 죄를 범치 말라" 하시는데, 이는 의미상 2장에 나오는 성전 정화와 연관이 되는 것입니다. 왜냐하면 하나님께서 거하시기를 원하시는 것은 건물이 아니라 인간의 심령이기 때문입니다. 본문의 배경도 어느 명절(5:1)에 예루살렘에 올라가셔서 온갖 병마를 쫓아내시어 성전 된 몸을 청결케 하심을 보고 있는 것입니다.

"자기를 고친 이는 예수라" 한 것은, 그들도 예수님을 환영하게 될 것을 기대했기 때문일 것입니다. 그러나 순수한 기대와는 달리, "그러므로 안식일에 이러한 일을 행하신다 하여 유대인들이 예수를 핍박하게 된지라"(16) 하고 "결과는 반대로 나타났던 것입니다. 이점에서 구속사의 맥락에서, "안식일"이 어떤 의미가 있는가 하는 점을 인식해야만 합니다.

주님께서 안식일에 병자를 고치신 것은 우연의 일치가 아니라 아주 의도적인 행사로 여겨집니다. 누가복음 13:16절에서, "그러면 18년 동안 사단에게 매인바 된 이 아브라함의 딸을 안식일에 이 매임에서 푸는 것이 합당치 아니하냐" 하십니다. 이런 뜻입니다. 18년 동안 병마에 매여 시달리는 자에게 안식일에 "안식"(安息)을 주는 것이 합당치 아니하단 말이냐 하시는 것입니다.

그렇습니다. 38년 동안이나 병마에 매임을 당한 여인에게 그 동안 안식이 있었단 말인가? 그러므로 주님은, "인자는 안식일에도 주인(主人)이니라"(막 2:28) 하십니다. 이는 주인 마음대로 할 수 있다는 그런 뜻이 아니라, 하나님께서 안식일 성수를 명하신 의도도 참 안식을 주실 그리스도를 대망(待望)케 하시기 위해서라는 뜻입니다.

④ 주님은 안식일에 일을 한다고 비난하는 자들을 향해서, "내 아버지께서 이제까지 일하시니 나도 일한다"(17) 하고, 응수를 하십니다. 이 선언은 하나님의 구원계획을 인식하는데 중요한 길잡이가 되는 말씀입니다.

창세기 2장에서 "그 지으시던 일이 다 하므로 일곱째 날에 안식하시니라"(2) 하고 "안식"(安息)을 취하셨다고 말씀합니다. 그러나 3장에서 죄가 들어옴으로 하나님의 안식은 깨어지고 이를 회복하시기 위하여, "내가…하리니"(창 3:15) 하고, 하나님은 다시 일을 시작하신 것입니다. 하나님의 일하심은 한마디로, "여자의 후손은 네 머리를 상하게 하리니", 즉 그리스도를 보내셔서 사탄을 정복케 하시고 인류를 구원하시려는 구속사역이었던 것입니다. 그리하여 "일을 행하는 여호와 그것을 지어(계획) 성취하는 여호와"(렘 33:2)라고 말씀합니다.

"나도 일한다" 하신 주님의 일은, "내가 이를 위하여 이 때에 왔나이다(12:27) 하신 대속제물이 되시는 일이요, 십자가 상에서, 다 이루었다"(19:30) 하고 선언하신 구속사역이었던 것입니다.

㉠ "유대인들이 이를 인하여 더욱 예수를 죽이고자 하니 이는 안식일만 범할 뿐 아니라 하나님을 자기의 친 아버지라 하여 자기를

하나님과 동등으로 삼으심이러라"(18) 합니다.

"내 아버지께서 이제까지 일하시니 나도 일한다"는 주님의 말씀은 당시 유대인의 입장에서 생각할 때는 기절초풍할 말씀임이 분명합니다. 그래서 신성모독 죄로 더욱 죽이려고 했다는 것입니다. 이제 쟁점은 "안식일"이라는 주제에서 "예수가 누구냐" 하는 정체성으로 확대가 된 것입니다.

묵상해 봅시다.

1. 안식일에 38년 된 병자를 치유하신 의미에 대해서,
2. "너더러 자리를 들고 걸어가라 한 사람이 누구냐"에 대해서,
3. "내 아버지께서 이제까지 일하신다"에 대해서.

요한복음 5:19-30절 개관도표

주제:성부 성자 간의 동역

아버지와 동역하고 있다	19-23 19 ① 그러므로 예수께서 저희에게 이르시되 내가 **진실로 진실로 너희에게 이르노니** 아들이 아버지의 하시는 일을 보지 않고는 **아무 것도 스스로 할 수 없나니** **아버지께서 행하시는 그것을 아들도 그와 같이 행하느니라** 20 ② 아버지께서 아들을 사랑하사 **자기의 행하시는 것을 다 아들에게 보이시고** 또 그보다 더 큰 일을 보이사 너희로 기이히 여기게 하시리라 21 아버지께서 죽은 자들을 일으켜 살리심 같이 **아들도 자기의 원하는 자들을 살리느니라** 22 ③ 아버지께서 아무도 **심판**하지 아니하시고 **심판을 다 아들에게 맡기셨으니** 23 이는 모든 사람으로 아버지를 공경하는 것 같이 **아들을 공경하게 하려 하심이라** 아들을 공경치 아니하는 자는 그를 보내신 아버지를 공경치 아니하느니라
무엇을 동역하시는가	24-30 24 ④ **내가 진실로 진실로 너희에게 이르노니** 내 말을 듣고 또 나 보내신 이를 **믿는 자는** **영생을 얻었고 심판에 이르지 아니하나니 사망에서 생명으로 옮겼느니라** 25 ⑤ **진실로 진실로 너희에게 이르노니** 죽은 자들이 하나님의 아들의 음성을 들을 때가 오나니 곧 이 때라 **듣는 자는 살아나리라** 26 아버지께서 자기 속에 생명이 있음 같이 아들에게도 생명을 주어 그 속에 있게 하셨 고 27 또 인자됨을 인하여 **심판하는 권세를 주셨느니라** 28 ⑥ 이를 기이히 여기지 말라 무덤 속에 있는 자가 다 **그의 음성을 들을 때가 오나니** 29 선한 일을 행한 자는 **생명의 부활로, 악한 일을 행한 자는 심판의 부활로 나오리라** 30 **내가 아무 것도 스스로 할 수 없노라** 듣는 대로 심판하노니 나는 나의 원대로 하려 하지 않고 나를 보내신 이의 원대로 하려는 고로 내 심판은 의로우니라

5:19-30절
성부 성자 간의 동역

첫째 단원(19-21) **아들은 아버지와 동역을 하고 있다**
둘째 단원(22-30) **아들이 아버지와 무엇을 동역하시는가**

본 문단은 38년 된 병자를 고쳐주신 표적에 따른 논쟁(論爭)인데 핵심적인 쟁점은, "하나님을 자기의 친아버지라 하여 자기를 하나님과 동등"(18)으로 여긴다는데 있습니다. 본문은 이에 대한 답변이라 할 수가 있는데 중심점은 8번 등장하는 "아버지"와, 10번 등장하는 "아들"에 있습니다. 도표를 보시면, "성부(聖父) 성자(聖子) 간의 동역"을 중심으로 "아들은 아버지와 동역을 하고 있다"(첫째 단원) 하시면서, "무슨 일을 동역하시는가"(둘째 단원)를 말씀하십니다.

❙ 첫째 단원(19-23) 아들은 아버지와 동역을 하고 있다

① "그러므로 예수께서 저희에게 이르시되 내가 진실로 진실로 너희에게 이르노니 아들이 아버지의 하시는 일을 보지 않고는 아무 것도 스스로 할 수 없나니 아버지께서 행하시는 그것을 아들도 그와 같이 행하느니라"(19) 하십니다.

㉠ 본 문단에는 "진실로 진실로" 하시는 말씀이 3번(19, 24, 25)이나 등장하는데 그만큼 중요하고도 깊은 내용이기 때문입니다. "아들이 아버지의 하시는 일을 보지 않고는 아무 것도 스스로 할 수 없다"는 말씀은 주님의 5번째 "진실로 진실로"와 함께 주어진 말씀인데 이는 아버지와 아들이 동등(同等)됨을 나타내는 말씀이요, "아버지께서 행하시는 그것을 아들도 그와 같이 행하느니라" 하심은 동등 될 뿐만이 아니라 동역(同役)하고 계심을 드러내는 말씀입니다.

유대인들은 주님께서, "하나님을 자기의 친 아버지라 하여 자기를 하나님과 동등으로"(18) 여기기 때문에 죽이려고 했는데, 주님께서는 "아버지와, 아들"이 동등(同等)되다는 점을 19절, 20절, 21절, 22절, 23절, 24절, 26절에서 거듭 거듭 증거를 하시는 것입니다.

요한복음은 서두에서, "태초에 말씀이 계시니라 이 말씀이 하나님과 함께 계셨으니 이 말씀은 곧 하나님이시니라(1:1), 말씀이 육신이 되어 우리 가운데 거하시매"(1:14) 하고 말씀했습니다. 예수 그리스도는 이러한 분이신 것입니다. 그러므로 예수 그리스도를 모르면 위로는 하나님을 알 수가 없고, 아래로는 자기 자신, 즉 전적 타락, 전적 무능, 전적 부패한 자력구원의 불가능성을 알 수가 없는 것입니다. 그래서 주님은 종교 지도자들을 가리켜 "우맹이요 소경들이여"(마

23:17) 하신 것입니다.

② "아버지께서 아들을 사랑하사 자기의 행하시는 것을 다 아들에게 보이시고 또 그보다 더 큰 일을 보이사 너희로 기이히 여기게 하시리라"(20), 20-23절은 "아들이 아버지의 하시는 일을 보지 않고는 아무 것도 스스로 할 수 없다" 하신 19절에 대한 상론(詳論)입니다. "아버지와, 아들"이 몇 번이나 함께 등장하고, 얼마나 강조되어 있는가를 주목해보시기를 바랍니다.

㉠ "아버지께서 죽은 자들을 일으켜 살리심 같이 아들도 자기의 원하는 자들을 살리느니라"(21),

㉡ "아버지께서 아무도 심판하지 아니하시고 심판을 다 아들에게 맡기셨으니"(22),

㉢ "이는 모든 사람으로 아버지를 공경하는 것 같이 아들을 공경하게 하려 하심이라 아들을 공경치 아니하는 자는 그를 보내신 아버지를 공경치 아니하느니라"(23) 하십니다.

"본 문단에는 "심판"이라는 말이 7번(22, 22, 24, 27, 29, 30, 30)이나 등장하는데, "심판"이란 "모든 민족을 그 앞에 모으고 각각 분별하기를 목자가 양과 염소를 분별하는 것같이 하리니"(마 25:32) 하신 두 편으로 "가르는" 것을 의미합니다. 그러므로 복음에는 영접하는 자와 배척하는 자, 구원을 얻는 자와 멸망을 당할 자로 가르는 기능이 있는 것입니다.

"너더러 자리를 들고 걸어가라 한 사람이 누구냐?"(12), 요약을 하면 그 분은 "아버지께서 일하시니 나도 일한다"(17) 하시는 분이요, "아버지께서 죽은 자들을 일으켜 살리심 같이, 원하는 자들을 살리시는"(21) 분이요, 아버지 하나님으로부터 심판하는 권세를 받으신 분이시다, 그러므로 "아들을 공경치 아니하는 자는 그를 보내신 아버지를 공경치 아니하는"(23) 것이라 말씀하는 것입니다.

▌둘째 단원(24-30) 아들은 아버지와 무슨 일을 동역하시는가

④ "내가 진실로 진실로 너희에게 이르노니 내 말을 듣고 또 나 보내신 이를 믿는 자는 영생을 얻었고 심판에 이르지 아니하나니 사망에서 생명으로 옮겼느니라"(24),

㉠ "사망에서 생명으로 옮겨졌느니라"는 말씀은 요한복음에 등장하는 6번째 "진실로 진실로"와 함께 주어진 말씀입니다. 이는 아버지와 아들이 동역(同役)하고 계시는 것이 무엇인가 하는 핵심적인 내용입니다. 그것은 "영생(永生)을 얻게 하고, 사망에서 생명으로 옮기는" 일이라는 것입니다. "너더러 자리를 들고 걸어가라 한 사람이 누구냐?" 그 분은 우리를 사망에서 생명으로 옮기게 하여 영생을 주시러 오신 분이시다.

⑤ "진실로 진실로 너희에게 이르노니 죽은 자들이 하나님의 아들의 음성을 들을 때가 오나니 곧 이 때라 듣는 자는 살아나리라"(25),

주님께서 7번째로 하신 "진실로 진실로"는, "죽은 자들이 아들의 음성을 들을 때가 오나니 곧 이 때라, 듣는 자는 살아나리라"(25, 28)는 놀라운 말씀과 함께 주어졌습니다. 이는 영적으로 죽은 자들이 복음을 듣고 거듭나게 될 것을 말씀함입니다.

㉠ 그래서 "아버지께서 자기 속에 생명이 있음 같이 아들에게도 생명을 주어 그 속에 있게 하셨고"(26) 하시는 것입니다.

“또 인자됨을 인하여 심판하는 권세를 주셨느니라 이를 기이히 여기지 말라 무덤 속에 있는 자가 다 그의 음성을 들을 때가 오나니 선한 일을 행한 자는 생명의 부활로, 악한 일을 행한 자는 심판의 부활로 나오리라”(26-29) 하시는데, 이는 최후심판 날에 죽은 자들이 영생의 부활과, 영원한 멸망의 부활로 갈라지게 될 것을 가리킵니다. 이점을 다니엘서에서는, “땅의 티끌 가운데서 자는 자 중에 많이 깨어 영생을 얻는 자도 있겠고 수욕을 받아서 무궁히 부끄러움을 입을 자도 있을 것이며”(단 12:2) 하고 말씀합니다.

ⓛ 30절은 본 문단의 결론이라 할 수가 있는데, “내가 아무것도 스스로 할 수 없노라 듣는 대로 심판하노니 나는 나의 원대로 하려 하지 않고 나를 보내신 이의 원대로 하려는 고로 내 심판은 의로우니라”(30) 하십니다. 이는 19절에 대한 재강조 인데 다른 점은 “보는 대로(19)에서, 듣는 대로”(30)로 되어 있습니다. 그러니까 안식일에 38년 된 병자에게, “일어나 네 자리를 들고 걸어가라”(7) 하신 것이 임의로 하신 것이 아니라 “아버지와 동역”하신 일이라는 말씀이 되는 것입니다.

형제는 “너더러 자리를 들고 걸어가라 한 사람이 누구냐” 하고 묻는 자에게 확신을 가지고 대답할 수가 있습니까? “허물과 죄로 죽었던” 형제를 “나사로야 나오라” 하심 같이 살려주신 분이 누구신지 확신을 가지게 되었습니까?

“죽기를 무서워하므로 일생에 매여 종 노릇하는 모든 자들”(히 2:15)이란 38년 된 병자와는 비교도 할 수 없을 만큼 절망적인 상태입니다. 그런 형제를 “사망에서 생명으로 옮겨 주시고, 영생을 주신 분”(24)은 하나님과 동등(同等) 되시고 동역(同役)하시는 우리 구주 예수 그리스도이십니다.

묵상해 봅시다.

1. 아버지와 아들의 동등 됨에 대해서,
2. 아들이 아버지와 무엇을 동역하시는 가에 대해서,
3. 아들의 음성을 들을 때가 온다는 점에 대해서.

요한복음 5:31-47절 개관도표

주제:5중, 6중, 7중의 증거

사중적 증거	31-39 31 ① 내가 만일 나를 위하여 증거하면 내 증거는 참되지 아니하되 32 **나를 위하여 증거하시는 이가 따로 있으니** **나를 위하여 증거하시는 그 증거가 참인 줄 아노라** 33 ② 너희가 요한에게 사람을 보내매 **요한이 진리에 대하여 증거하였느니라** 34 그러나 나는 사람에게서 증거를 취하지 아니하노라 다만 이 말을 하는 것은 너희로 구원을 얻게 하려 함이니라 35 요한은 켜서 비취는 등불이라 너희가 일시 그 빛에 즐거이 있기를 원하였거니와 36 ③ 내게는 요한의 증거보다 더 큰 증거가 있으니 **아버지께서 내게 주사 이루게 하시는 역사** 곧 나의 하는 그 역사가 아버지께서 나를 보내신 것을 **나를 위하여 증거하는 것이요** 37 ④ 또한 나를 보내신 **아버지께서 친히 나를 위하여 증거하셨느니라** 너희는 아무 때에도 그 음성을 듣지 못하였고 그 형용을 보지 못하였으며 38 그 말씀이 너희 속에 거하지 아니하니 이는 그의 보내신 자를 믿지 아니함이니라 39 ⑤ 너희가 성경에서 영생을 얻는 줄 생각하고 성경을 상고하거니와 **이 성경이 곧 내게 대하여 증거하는 것이로다**
모세의 증거	40-47 40 ⑥ 그러나 **너희가 영생을 얻기 위하여 내게 오기를 원하지 아니하는 도다** 41 나는 사람에게 영광을 취하지 아니하노라 42 다만 하나님을 사랑하는 것이 너희 속에 없음을 알았노라 43 ⑦ **나는 내 아버지의 이름으로 왔으매** 너희가 영접지 아니하나 만일 **다른 사람이 자기 이름으로 오면 영접하리라** 44 너희가 서로 영광을 취하고 유일하신 하나님께로부터 오는 영광은 구하지 아니하니 어찌 나를 믿을 수 있느냐 45 ⑧ 내가 너희를 아버지께 고소할까 생각지 말라 너희를 고소하는 이가 있으니 **곧 너희의 바라는 자 모세니라** 46 모세를 믿었더면 또 나를 믿었으리니 이는 그가 내게 대하여 기록하였음이라 47 그러나 그의 글도 믿지 아니하거든 어찌 내 말을 믿겠느냐 하시니라

5:31-47절

5중 6중 7중의 증거

첫째 단원(31-39), **4중적 증거**
둘째 단원(40-47), **모세의 증거**

본 문단은 "안식일을 범했다, 하나님과 동등으로 여긴다" 하고 비난하는 자들에게 하신 주님의 논증(論證)인데, 핵심은 "증거"(證據)에 있습니다. 증거라는 말이 12번이나 나옵니다. 즉 예수님이 그리스도요, 하나님의 아들이요, 하나님과 동역한다는 "증거"를 제시하시는 것입니다. 여기에는 4중, 5중적인 증거가 있다는 것입니다.

주님 당시의 유대인들이나, 오늘의 현대인들이 믿지 않는 것은 증거가 불충분하기 때문에 믿지 못하는 것이 아니라는 말씀입니다. 도표를 보시면 "증거"를 중심으로 "4중적 증거"(첫째 단원), "모세의 증거"(둘째 단원)가 있습니다. 그러면 4중적 증거, 모세의 증거가 무엇인가?

▌첫째 단원(31-39), 4중적 증거

① "내가 만일 나를 위하여 증거(證據)하면 내 증거는 참되지 아니하되 나를 위하여 증거하시는 이가 따로 있으니 나를 위하여 증거하시는 그 증거가 참인 줄 아노라"(31-32) 하십니다. 33절 이하는 "나를 증거하시는 이가 따로 있다" 하심에 대한 상론(詳論)입니다.

요한복음의 기록목적은, "예수께서 하나님의 아들 그리스도이심을 믿게 하려 함이요 또 너희로 믿고 그 이름을 힘입어 생명을 얻게 하려 함이니라" 하고 말씀했는데, 그러면 "예수"가 하나님의 아들 그리스도이심을 믿게 하는 증거가 무엇인가? 본문은 4중적, 5중적 증거를 제시하고 있는 것입니다.

② 첫째 증거로, "너희가 요한에게 사람을 보내매 요한이 진리에 대하여 증거하였느니라"(33) 하고 세례 요한의 증거를 듭니다. 1장에서 세례 요한이 예수님을 "하나님의 아들(1:34)로, 세상 죄를 지고 가는 하나님의 어린양(1:29, 36)으로 증거했습니다.

㉠ 요한은 "나도 그를 알지 못하였으나 나를 보내어 물로 세례를 주라 하신 그이가 나에게 말씀하시되 성령이 내려서 누구 위에든지 머무는 것을 보거든 그가 곧 성령으로 세례를 주는 이인줄 알라 하셨기에 내가 보고 그가 하나님의 아들이심을 증거하였노라"(1:33-44) 하고 말씀합니다.

㉡ "그러나 나는 사람에게서 증거를 취하지 아니하노라"(34상), 즉 하나님의 아들 그리스도는 사람의 증거에 의존(依存)하실 그런 분이 아니라는 말씀입니다. 요한의 증거는 그리스도를 위해서가 아니라, "다만 이 말을 하는 것은 너희로 구원을 얻게 하려 함이니라"(34하)

하신 "너희", 즉 우리를 위한 것이라 하십니다.

③ 둘째 증거로, "내게는 요한의 증거보다 더 큰 증거가 있으니 아버지께서 내게 주사 이루게 하시는 역사 곧 나의 하는 그 역사가 아버지께서 나를 보내신 것을 나를 위하여 증거하는 것이요"(36) 하십니다. 이는 물로 포도주가 되게 하신 일, 왕의 신하의 아들을 말씀만으로 고쳐주신 일, 38년 된 병자에게 "네 자리를 들고 걸어가라" 명하신 표적들이 예수님이 하나님께로부터 보냄을 받은 자라는 증거가 된다는 말씀입니다.

주님은 나사로의 무덤 앞에서 기도하시기를 "이 말씀하옵는 것은 둘러선 무리를 위함이니 곧 아버지께서 나를 보내신 것을 저희로 믿게 하려 함이니이다"(11:42), 이 말씀을 하시고 큰 소리로 "나사로야 나오라" 부르셨습니다. 이처럼 전무후무한 일을 행하신 표적들이 예수님께서 하나님의 아들 되심을 증거해 주고 있다는 것입니다. 이점을 히브리서에서는, "하나님도 표적들과 기사들과 여러 가지 능력과 및 자기 뜻을 따라 성령의 나눠주신 것으로써 저희와 함께 증거하셨느니라"(히 2:4) 합니다.

니고데모도 "당신은 하나님께로 서 오신 선생인줄 아나이다 하나님이 함께 하시지 아니하시면 당신의 행하시는 이 표적을 아무라도 할 수 없음이니이다"(3:2) 고백을 했고, 무리들도 "이 말은 귀신들린 자의 말이 아니라 귀신이 소경의 눈을 뜨게 할 수 있느냐"(10:21) 말하지 않았던가?

④ 셋째 증거로, "또한 나를 보내신 아버지께서 친히 나를 위하여 증거하셨느니라"(37) 하십니다.

㉠ "너희는 아무 때에도 그 음성을 듣지 못하였고 그 형용을 보지 못하였으나"(37), 주님께서 세례를 받고 올라오시자 "하늘로서 소리가 있어 말씀하시되 이는 내 사랑하는 아들이요 내 기뻐하는 자라"(마 3:17) 하고 친히 증거하셨습니다. 이보다 더한 증거란 달리는 없습니다. 그렇다고 사람들이 아무 때나 그의 음성을 들을 수 있는 것은 아닙니다. 그래서 네 번째 증거가 필요한 것입니다.

⑤ 넷째 증거로, "너희가 성경(聖經)에서 영생을 얻는 줄 생각하고 성경을 상고하거니와 이 성경이 곧 내게 대하여 증거하는 것이로다"(39) 하십니다.

㉠ 주님은 성경의 증거를 최종적(最終的)인 증거로 제시하십니다. 그리고 성경의 증거는 하나님께서 친히 증거하신 세 번째 증거와 불가분의 관계에 있습니다. 왜냐하면 성경은 기록(記錄)된 하나님의 말씀이기 때문입니다. 그러므로 "기록하였으되"(예 마 4:4)하고 증거하면 누구도(심지어 마귀까지도) 그 권위를 거부할 수가 없는 것입니다.

하나님께서는 모든 세대들에게 천지는 변하고 없어질지언정 변치 아니할 충족된 성경을 주셨습니다. 그러므로 성경 말씀을 듣는 것이 하나님의 말씀을 듣는 것이요, 성경 말씀을 믿는 것이 곧 하나님을 믿는 것이 되는 것입니다.

㉡ 주님께서 말씀하신 성경은 구약성경을 가리킵니다. 이점에서 조심해야 할 점은 구약성경에 메시아예언이 섞여 있다는 식으로 인식해서는 아니 된다는 점입니다. 구약성경을 기록한 목적(目的), 즉 구약성경의 중심주제(中心主題)가 그리스도를 증거하기 위해서 기록이 되었다는 점에 확고해야만 합니다.

가지가 원줄기에 붙어 있음으로 열매를 맺음 같이 성경의 모든 말씀이 그리스도를 통하여 인류를 구원하시려는 중심주제에 직접적으로든, 간접적으로든, 암시적으로든 결부가 되어 있기 때문에 성경이 될 수가 있는 것입니다.

그러하건만 유대인들은 성경을 열심히 상고하면서도 성경을 곡해했던 것입니다. 왜냐하면 성경을 구속사(救贖史)라는 관점으로 보지 않고 메시아가 이스라엘을 회복하러 오신다는 유대주의적인 정치적인 관점으로 보았기 때문입니다. 오늘날도 성경을 교훈, 축복, 기사이적의 관점에서 보기 때문에 성경을 부지런히 상고하고 "아멘 아멘"을 연발하면서도 구주 되시는 그리스도는 만나지를 못하는 사람들이 많은 것입니다.

주님은 부활을 믿지 못하는 제자들에게, "미련하고 선지자들의 말한 모든 것을 더디 믿는 자들이여 그리스도가 이런 고난을 받고 자기 영광에 들어가야 할 것이 아니냐 하시고 이에 모세와 및 모든 선지자의 글로 시작하여 모든 성경에 쓴바 자기에 관한 것을 자세히 설명하시니라"(눅 24:25-27) 합니다. 그렇게 하자 "저희 눈이 밝아져 그인 줄 알고, 우리에게 성경을 풀어주실 때에 우리 속에서 마음이 뜨겁지 아니하더냐"(눅 24:31, 32) 하고 그 밤으로 예루살렘으로 되돌아가는 역사가 일어났던 것입니다.

이것이 4중적인 증거입니다. 그래도 증거가 부족하단 말인가? 저들이 믿지 아니하는 것은 증거가 부족하기 때문이 아니라는 것입니다. 그러면 본질적인 원인이 어디에 있다 하시는가?

둘째 단원(40-47), 모세의 증거

⑥ "그러나 너희가 영생을 얻기 위하여 내게 오기를 원하지 아니하는 도다 나는 사람에게 영광을 취하지 아니하노라 다만 하나님을 사랑하는 것이 너희 속에 없음을 알았노라"(40-42) 하십니다.

저들은 영생(永生)을 얻기 위하여 성경을 상고하면서도, "영생을 얻기 위하여 내게 오기를 원치 아니하는 도다" 하십니다. 예루살렘에 가보면 지금도 성경을 부지런히 상고하고 있는 랍비들을 만나게 됩니다. 그런데 어찌하여 성경이 증거하고 있는 그리스도를 알지를 못한단 말인가? 그 원인이 "하나님 사랑하는 것이 저희 속에 없기" 때문이라는 것입니다.

㉠ 이점에서 유념해야 할 점은 주인이 없는 진공상태와 같은 비어 있는 마음은 존재하지 않는다는 점입니다. 그러니까 저들 속에는 "하나님 사랑"만 없는 것이 아니라 하나님을 대적하는 사탄이 도사리고 있다는 점을 잊어서는 아니 됩니다. 이점이 주님께서 "뱀들아 독사의 새끼들아"(마 23:33) 하고 격렬하게 책망하시면서, "너희 아비는 마귀라"(8:44) 하신데 나타납니다.

⑦ "나는 내 아버지의 이름으로 왔으매 너희가 영접지 아니하나 만일 다른 사람이 자기 이름으로 오면 영접하리라 너희가 서로 영광을 취하고 유일하신 하나님께로부터 오는 영광은 구하지 아니 하니 어찌 나를 믿을 수 있느냐"(43-44) 하십니다.

생각해보십시오, 어떤 한 인물(人物)에 대해서 성경처럼 증거하는 예언서(豫言書)가 있다면 사람들은 경이(驚異)로운 마음으로 그를 믿고 따를 것입니다. 그런데 "나는 내 아버지의 이름으로 왔으매 너희가 영접지 아니한다"는 것입니다. 그 책임은 성경을 기록한 목적대로 사용하고 있지 아니하는 전도자에게도 있다 하겠습니다.

⑧ 이제 다섯 번째 증거 자를 볼 수가 있는데 그는 모세입니다. "내가 너희를 아버지께 고소할까 생각지 말라 너희를 고소하는 이가 있으니 곧 너희의 바라는 자 모세니라"(45) 하십니다. 이는 모세 5경이 저들을 고소하고 정죄하게 되리라는 그런 뜻입니다.

㉠ 물론 모세 5경은 네 번째 증거인 성경에 포함되어 있습니다. 그럼에도 불구하고 "모세를 믿었더면 또 나를 믿었으리니 그가 내게 대하여 기록하였음이니라"(46) 하고, 모세의 증거를 별도로 말씀하고 있는 이유가 무엇일까요? 그것은 유대인들이 그토록 내세우는 율법이 모세로 말미암아 주어졌기 때문입니다.

모세 오경의 중심주제도 그리스도를 증거하는 것이라는 말씀입니다. 창세기에서는 그리스도를 "여인의 후손 또는 아브라함의 자손"으로 계시하고, 출애굽기에서는 "유월절 양, 성막, 대제사장" 등으로 나타내시고, 레위기에서는 "5대 제사, 속죄일, 3대 절기" 등으로 보여주시며, 민수기에서는 "생수를 솟아내는 반석, 만나, 또는 높이 달린 놋뱀" 등으로 나타내시고, 신명기에서는 이스라엘 백성을 애굽에서 인도하여 낸 모세, "나와 같은 선지자 하나를 너를 위하여 일으키시리니"(신 8:15) 하고 증거하고 있습니다.

저들은, "하나님이 모세에게는 말씀하신 줄 우리가 알거니와"(9:29) 하고, 모세 5경이 하나님의 말씀임을 인정하고 있었던 것입니다. 문제는 "그러나 그의 글도 믿지 아니하거든 어찌 내 말을 믿겠느냐"(47) 하십니다. 이 말씀은 모세의 글을 읽지 않거나, 설교하지 않는다는 뜻이 아닙니다. 부지런히 읽으면서도 "믿지는 않는다"는 말씀입니다. 오늘날 우리가 그러하지 않은가 깊이 반성해야 할 점입니다.

우리는 뒤에 가서 또 한 분의 증거 자를 만나게 될 것입니다. 그분은 성령(聖靈)님입니다. "아버지께로 서 나오시는 진리의 성령이 오실 때에 그가 나를 증거하실 것이요"(15:26) 하고 말씀하고 있기 때문입니다. 이는 6중적인 증거요, 그리고 요한복음은 이렇게 끝나고 있는데, "이 일을 증거하고 이 일을 기록한 제자가 이 사람이라 우리는 그의 증거가 참 인줄 아노라"(21:24), 이는 7중적인 증거(證據)입니다. 이토록 6 중, 7중의 증거가 누구를 증거하고 있습니까? "오직--예수께서 하나님의 아들 그리스도이심을 증거" 하고 있습니다. 그리고 증거의 목적은 "너희로 믿고 그 이름을 힘입어 생명을 어게 하려 함이니라" 하고 말씀합니다.

예수님이 하나님의 아들 그리스도시라는 점을 이 이상 무슨 증거가 더 필요하단 말인가? 그래도 당신은 예수를 믿기에 증거가 불충분하다고 말할 것입니까? 그래도 예수님이 영생을 주시는 구주 되심을 믿지 못한다면 당신에게 보여줄 것이란 심판 밖에 없음을 성경은 경고하고 있습니다. "심판"도 하나님의 자기 계시입니다. 불신자들의 완악한 마음은 최후심판 때에 가서야, "때에 사람의 말이 진실로 의인에게 갚음이 있고 진실로 땅에서 판단하시는 하나님이 계시다 하리로다"(시 58:11) 하십니다.

형제여, 형제만 믿고 구원 얻는데 멈추지 말고, 이제는 형제가 또 한 사람의 증거자 곧 8중적인 증거자가 될 차례임을 명심하십시오.

묵상해 봅시다.

1. 4중적인 증거가 무엇입니까?
2. 5중 6중 7중의 증거가 무엇입니까?
3. "내 증인이 되리라" 하신 8중적인 증거에 대해서.

요한복음 6:1-27절 개관도표

주제:5병2어의 표적을 행하심

표적을 보고 임금삼으려함	1-15 1 ① 그 후에 예수께서 갈릴리 바다 곧 디베랴 바다 건너편으로 가시매 2 큰 무리가 따르니 이는 병인들에게 행하시는 **표적을 봄이러라** 3 예수께서 산에 오르사 제자들과 함께 거기 앉으시니 4 마침 유대인의 명절인 유월절이 가까운지라 5 ② 예수께서 눈을 들어 큰 무리가 자기에게로 오는 것을 보시고 빌립에게 이르시되 우리가 어디서 떡을 사서 이 사람들로 먹게 하겠느냐 하시니 6 이렇게 말씀하심은 친히 어떻게 하실 것을 아시고 빌립을 시험코자 하심이라 7 빌립이 대답하되 각 사람으로 조금씩 받게 할지라도 이백 데나리온의 떡이 부족하리이다 8 제자 중 하나 곧 시몬 베드로의 형제 안드레가 예수께 여짜오되 9 여기 한 아이가 있어 **보리떡 다섯 개와 물고기 두 마리를** 가졌나이다 그러나 그것이 이 많은 사람에게 얼마나 되겠삽나이까 10 예수께서 가라사대 이 사람들로 앉게 하라 하신대 그 곳에 잔디가 많은지라 사람들이 앉으니 수효가 오천쯤 되더라 11 ③ 예수께서 떡을 가져 축사하신 후에 앉은 자들에게 나눠 주시고 고기도 그렇게 저희의 원대로 주시다 12 저희가 배부른 후에 예수께서 제자들에게 이르시되 남은 조각을 거두고 버리는 것이 없게 하라 하시므로 13 이에 거두니 보리떡 다섯 개로 먹고 남은 조각이 열 두 바구니에 찼더라 14 그 사람들이 예수의 행하신 이 **표적을 보고 말하되** 이는 참으로 세상에 오실 그 선지자 라 하더라 15 그러므로 예수께서 저희가 와서 자기를 억지로 잡아 **임금 삼으려는 줄을 아시고** 다시 혼자 산으로 떠나 가시니라
제자들을 위한 표적	16-21 16 ④ 저물매 제자들이 바다에 내려가서 17 배를 타고 바다를 건너 가버나움으로 가는데 이미 어두웠고 예수는 아직 저희에게 오시지 아니하셨더니 18 큰 바람이 불어 파도가 일어나더라 19 제자들이 노를 저어 십여 리쯤 가다가 **예수께서 바다 위로 걸어** 배에 가까이 오심을 보고 두려워하거늘 20 가라사대 **내니 두려워 말라 하신대** 21 이에 기뻐서 배로 영접하니 배는 곧 저희의 가려던 땅에 이르렀더라
표적을 보고 찾아옴	22-27 22 ⑤ 이튿날 바다 건너편에 섰는 무리가 배 한 척 밖에 다른 배가 거기 없는 것과 또 어제 예수께서 제자들과 함께 그 배에 오르지 아니하시고 제자들만 가는 것을 보았더니 23 (그러나 디베랴에서 배들이 주의 축사하신 후 여럿이 떡 먹던 그 곳에 가까이 왔더라) 곧 배들을 타고 예수를 찾으러 가버나움으로 가서 25 바다 건너편에서 만나 랍비여 어느 때에 여기 오셨나이까 하니 26 ⑥ 예수께서 대답하여 가라사대 내가 진실로 진실로 너희에게 이르노니 너희가 나를 찾는 것은 **표적을 본 까닭이** 아니요 **떡을 먹고 배부른 까닭이로다** 27 썩는 양식을 위하여 일하지 말고 **영생하도록 있는 양식을 위하여 하라** **이 양식은 인자가 너희에게 주리니** 인자는 아버지 하나님의 인치신 자니라

6:1-27절

5병 2어의 표적을 행하심

첫째 단원(1-15) **표적을 보고 임금 삼으려함**

둘째 단원(16-21) **제자들을 위한 표적**

셋째 단원(22-27) **표적을 보고 찾아온 무리**

6장 전체의 내용은 5병 2어의 표적과 그에 따른 강론(講論)으로 되어 있습니다. 본 문단은 5병 2어의 표적인데 도표를 보시면, “표적을 행하심”을 중심으로, “표적을 보고 임금 삼으려 하자”(첫째 단원) 피하여 산으로 가신 주님은, “제자들을 위한 표적”(둘째 단원)을 보여 주시고, “표적을 본 무리들”(셋째 단원)은 또다시 주님을 찾아옵니다. 그러면 5병 2어의 표적을 통해서 드러내시려는 진리는 무엇인가?

▌첫째 단원(1-15) **표적을 보고 임금 삼으려함**

① "그 후에 예수께서 갈릴리 바다 곧 디베랴 바다 건너편으로 가시매 큰 무리가 따르니 이는 병인들에게 행하시는 표적을 봄이러라 예수께서 산에 오르사 제자들과 함께 거기 앉으시니 마침 유대인의 명절인 유월절이 가까운지라"(1-4),

무대는 예루살렘(5:1)에서 북쪽 갈릴리 바다(6:1)로 옮겨졌습니다.

② "예수께서 눈을 들어 큰 무리가 자기에게로 오는 것을 보시고 빌립에게 이르시되 우리가 어디서 떡을 사서 이 사람들로 먹게 하겠느냐 하시니 이렇게 말씀하심은 친히 어떻게 하실 것을 아시고 빌립을 시험코자 하심이라"(5-6),

㉠ 이 말씀의 핵심은 "어떻게 하실 것을 아시고"에 있습니다. "어떻게 하실 것"이란, 5병 2어의 표적을 통해서 주님 자신이 "하늘에서 내려온 생명의 떡"이라는 점을 선언(宣言)하시려는 것이고, "시험코자 하심이라" 한 것은 이를 통해서 제자들을 훈련하시려는 의도가 있으셨음을 나타냅니다.

어찌하여 주님은 빌립에게, "우리가 어디서 떡을 사서 이 사람들로 먹게 하겠느냐" 하고 물으셨을까요? 제자들 중에서 빌립이 산술적(算術的)인 인물이었기 때문으로 여겨지는데 이점이, "각 사람으로 조금씩 받게 할지라도 이백 데나리온의 떡이 부족하리이다"(7) 한 그의 답변에 나타납니다.

그런데 안드레가, "여기 한 아이가 있어 보리떡 다섯 개와 물고기 두 마리를 가졌나이다 그러나 그것이 이 많은 사람에게 얼마나 되겠삽나이까"(8-9) 하고, 말하는 것이 아닌가? 이는 5병 2어의 근거를 제시해주고 있습니다. 만일 "떡 세 개, 물고기 한 마리"를 말했다면 3병 1어가 되었을 것입니다.

㉡ "친히 어떻게 하실 것을 아시고 빌립을 시험코자 하심이라" 한 말씀은 우리를 창세기 22장으로 인도해줍니다. 하나님께서도 아브라함을 시험하신 때가 있으셨기 때문입니다. 아브라함을 시험하신 의도도 이를 예표로 하여 하나님께서 "친히 어떻게 하실 것"(6:6), 즉 "하나님이 세상을 이처럼 사랑하사 독생자를 주셨으니" 한 구속사역을 계시하시기 위한 시험이었던 것입니다.

㉢ 주님의 시험은 시기적으로는, "명절(名節)인 유월절이 가까운지라"(4) 한 유월절이라는 배경에서 이루어진 시험입니다. 유월절이 무엇에 대한 예표인가를 생각해보시기를 바랍니다. 목회적으로는, "큰 무리가 자기에게 오는 것을 보시고"(5) 행하시게 된 것입니다. 명절은 가까워 오는데 목자 없는 양같이 유리 방황하는 이 큰 무리들을, "만일 내가 저희를 굶겨 집으로 보내면 길에서 기진하리라"(막 8:3), 이것이 목회적인 의도입니다. 이처럼 5병 2어의 표적에는 신학적인 의미와, 교훈적인 의미가 있는 것입니다. 말할 것도 없이 우선하고 중요한 것은 영적인 문제입니다.

"예수께서 가라사대 이 사람들로 앉게 하라 하신대 그 곳에 잔디가 많은지라 사람들이 앉으니 수효가 오천쯤 되더라"(10).

③ "예수께서 떡을 가져 축사하신 후에 앉은 자들에게 나눠 주시고 고기도 그렇게 저희의 원대로 주시다 저희가 배부른 후에 예수께서

제자들에게 이르시되 남은 조각을 거두고 버리는 것이 없게 하라 하시므로 이에 거두니 보리떡 다섯 개로 먹고 남은 조각이 열 두 바구니에 찼더라"(11-13) 합니다.

"저희의 원대로 주셨다, 남은 조각이 열 두 바구니에 찼다"는 말은 풍성하고도 넘치도록 주셨음을 나타내는데, 하나님께서는 출애굽 당시 "만나"도 이와 같이 원대로 주시고도 남음이 있게 하셨습니다.

㉠ "그 사람들이 예수의 행하신 이 표적을 보고 말하되 이는 참으로 세상에 오실 그 선지자라 하더라"(14), "그 선지자"란 모세가 "나와 같은 선지자 하나를 일으키리니"(신 18:15) 한 "그 선지자"라는 말입니다.

㉡ "그러므로 예수께서 저희가 와서 자기를 억지로 잡아 임금 삼으려는 줄을 아시고 다시 혼자 산으로 떠나 가시니라"(14-15) 합니다. 무리들은 예수님이 자신들이 고대하던 "그 선지자"임은 알았으나, "그 선지자"의 사명에 대해서는 곡해하고 있었던 것입니다. 왜냐하면 소경이 소경을 인도하였기 때문입니다. 저들은 잘 먹고 잘 살게 할 정치적인 메시아를 원했던 것입니다.

그리하여 "억지로 잡아 임금 삼으려" 했습니다. 그러자 주님은 "산으로" 피하여 가셨습니다. 이는 주님의 목적과, 저들의 기대가 다르다는 점을 나타냅니다. 5병 2어의 자리에는 5천명이 모여들었으나, "나의 줄 떡은 곧 세상의 생명을 위한 내 살이로라"(51) 하시자 저들은 "물러가고 다시 그와 함께 다니지 아니하더라"(66) 합니다.

▌둘째 단원(16-21) **제자들을 위한 표적**

④ "저물매 제자들이 바다에 내려가서 배를 타고 바다를 건너 가버나움으로 가는데 이미 어두웠고 예수는 아직 저희에게 오시지 아니하셨더니 큰 바람이 불어 파도가 일어나더라"(16-18),

병행구절인 마태복음 14:22절에서는, "예수께서 즉시 제자들을 재촉하사 자기가 무리를 보내는 동안에 배를 타고 앞서 건너편으로 가게 하셨다" 말씀합니다. 함께 가시지 않고 제자들만을 먼저 보내신 대도 "어떻게 하실 것을 아시고"(6) 라는 주님의 의도(意圖)가 있으셨기 때문입니다.

㉠ "제자들이 노를 저어 십여 리쯤 가다가 예수께서 바다 위로 걸어 배에 가까이 오심을 보고 두려워하거늘 가라사대 내니 두려워 말라 하신대 이에 기뻐서 배로 영접하니 배는 곧 저희의 가려던 땅에 이르렀더라"(19-21) 합니다. 이는 제자들만을 위한 표적인데 문맥상으로 이 표적의 의미가 무엇인가?

무리들이 예수님을 임금 삼으려 했을 때에 제자들은 드디어 때가 왔다고 흥분과 기대감에 부풀어 올랐을 것이 분명합니다. 제자들이 바라는 것은 예수님께서 이스라엘의 임금이 되시는 것이었습니다. 그런데 주님께서 혼자 산으로 피하여 가셨을 때에 제자들은 이해가 되지 않았을 것이요, 실망을 금치 못했을 것입니다.

그런 처지에 있는 제자들이 이제는 예수님도 함께 계시지 않은 채 마치 버려진 자식들처럼 바람과 파도에 시달리고 있는 것입니다. 때는 칠흑 같은 밤이었습니다. 그 때에 주님께서 물위로 걸어서 제자들이 있는 배로 가까이 오셨습니다.

㉡ "내니 두려워 말라 하신대"(20), 성난 파도 위를 걸어오셔서

"내니 두려워 말라" 하시는 이 "나"는 누구란 말인가? 마태복음에 나타난 병행구절을 보면, "배에 있는 사람들이 예수께 절하며 가로되 진실로 하나님의 아들이로소이다"(마 14:33) 하고 고백하는 것을 보게 됩니다. "이에 기뻐서 배로 영접하니 배는 곧 저희의 가려던 땅에 이르렀더라"(20-21) 합니다.

주님께서는 제자들의 실망과, 잘못 된 메시아 관을 바로잡아 주신 것입니다. 이 표적은 제자들의 영적 성숙을 위하여 제자들만을 위하여 마련된 표적이었습니다 "너희는 나를 누구라 하느냐? 주는 그리스도시요 살아계신 하나님의 아들이로소이다", 이런 고백은 하루 아침에 이루어진 일이 아니었습니다.

▌셋째 단원(22-27) **표적을 보고 찾아온 무리**

⑤ "이튿날 바다 건너편에 섰는 무리가 배 한 척 밖에 다른 배가 거기 없는 것과 또 어제 예수께서 제자들과 함께 그 배에 오르지 아니하시고 제자들만 가는 것을 보았더니"(22),

"(그러나 디베랴에서 배들이 주의 축사하신 후 여럿이 떡 먹던 그 곳에 가까이 왔더라) 무리가 거기 예수도 없으시고 제자들도 없음을 보고 곧 배들을 타고 예수를 찾으러 가버나움으로 가서 바다 건너편에서 만나 랍비여 어느 때에 여기 오셨나이까 하니"(23-25), 어제 "원대로 배불리" 먹은 무리들이 이토록 열성적으로 주님을 찾아온 동기가 어디에 있겠는가?

⑥ "예수께서 대답하여 가라사대 내가 진실로 진실로 너희에게

이르노니 너희가 나를 찾는 것은 표적을 본 까닭이 아니요 떡을 먹고 배부른 까닭이로다"(26) 하십니다. 6장에는 "진실로 진실로" 라는 강조구가 4번(26, 32, 47, 53) 등장하는데, 이 "진실로"가 무슨 말씀과 결부되어 있는가를 유념하시기를 바랍니다.

㉠ "표적을 본 까닭이 아니라" 하신 뜻이 무엇인가? "표적"이란 참 것을 드러내기 위한 표지(標識)입니다. 그런데 저들은 그림자만 보고 실체는 깨닫지 못했다는 뜻입니다. 그러니까 저들은 표적을 본 것이 아니라 "이적"(異蹟)을 보고 찾아온 셈입니다. 이점이, "썩는 양식을 위하여 일하지 말고 영생하도록 있는 양식을 위하여 하라 이 양식은 인자가 너희에게 주리니 인자는 아버지 하나님의 인치신 자니라"(27) 한 말씀에 나타납니다.

"썩는 양식과, 영생하도록 있는 양식"이 대조(對照)되어 있는데 영생하도록 있는, "이 양식은 인자가 너희에게 주리니" 하십니다. 그리고 "인자는 아버지 하나님의 인치신 자니라"(27하) 하신 뜻은, 하나님께서 "이는 내 사랑하는 아들이요 내 기뻐하는 자니 너희는 저의 말을 들으라"(마 17:5) 하고, 친히 증거하시고 인정하신 자라는 뜻입니다.

이 무리들도 믿는 "신자"(信者)들이라고 말할 수가 있겠습니까? 이는 2천년 전 이야기가 아니라 오늘의 문제이기 때문입니다. 만일 5병 2어의 본문을, "형제의 손에 있는 것이 무엇이냐? 그것은 한 어린이의 도시락에 불과하다, 그것을 주님께 맡겨드리라, 그리하면 5천명이 먹고도 12광주리가 남게 되다" 하는 식으로 증거한다면 바로 "썩는 양식을 위하여 일하는 것"이 되고 마는 것입니다. 이들은 자신들의 요구가 충족되지 않게 되자 미련 없이 주님을 떠나는 것(6:66)을 보게 됩니다.

묵상해 봅시다.

1. 어떻게 하실 것을 아시고 빌립을 시험하셨다는 점에 대해서,
2. "세상에 오실 그 선지자"에 대한 무리들의 곡해에 대해서,
3. 제자들만을 위한 표적의 의미에 대해서.

요한복음 6:28-51절 개관도표

주제:내가 곧 생명의 떡이로라

보내신 자를 믿는것이 하나님의 일	28-40 28 ① 저희가 묻되 우리가 어떻게 하여야 **하나님의 일을 하오리이까** 29 예수께서 대답하여 가라사대 **하나님의 보내신 자를 믿는 것이 하나님의 일이니라** 하시니 30 저희가 묻되 그러면 우리로 보고 당신을 믿게 행하시는 **표적이 무엇이니이까,** 하시는 일이 무엇이니이까 우리 조상들은 **광야에서 만나를 먹었나이다** 32 ② 예수께서 이르시되 내가 **진실로 진실로 너희에게 이르노니 하늘에서 내린 떡은** 모세가 준 것이 아니라 오직 내 아버지가 **하늘에서 내린 참 떡을** 너희에게 주시나니 33 하나님의 떡은 **하늘에서 내려** 세상에게 생명을 주는 것이니라 34 저희가 가로되 주여 이 떡을 항상 우리에게 주소서 35 ③ 예수께서 가라사대 **내가 곧 생명의 떡이니** 내게 오는 자는 결코 주리지 아니할 터이요 나를 믿는 자는 영원히 목마르지 아니하리라 36 그러나 내가 너희더러 이르기를 너희는 나를 보고도 믿지 아니 하는 도다 하였느니라 37 **아버지께서 내게 주시는 자는 다 내게로 올 것이요** 내게 오는 자는 내가 결코 내어 쫓지 아니하리라 38 내가 하늘로서 내려 온 것은 내 뜻을 행하려 함이 아니요 39 나를 보내신 이의 뜻을 행하려 함이니라 나를 보내신 이의 뜻은 내게 주신 자 중에 내가 하나도 잃어버리지 아니하고 **마지막 날에** 다시 살리는 이것이니라 40 내 아버지의 뜻은 아들을 보고 **믿는 자마다 영생을 얻는 이것이니** **마지막 날에** 내가 이를 다시 살리리라 하시니라
신령한 만나	41-51 41 ④ 자기가 하늘로서 내려온 떡이라 하시므로 유대인들이 예수께 대하여 수군거려 42 가로되 이는 요셉의 아들 예수가 아니냐 그 부모를 우리가 아는데 제가 지금 **어찌하여 하늘로서 내려왔다 하느냐** 43 예수께서 대답하여 가라사대 너희는 서로 수군거리지 말라 44 ⑤ 나를 보내신 **아버지께서 이끌지 아니하면** 아무라도 내게 올 수 없으니 오는 그를 내가 **마지막 날에** 다시 살리리라 45 선지자의 글에 저희가 다 하나님의 가르치심을 받으리라 기록되었은즉 아버지께 듣고 배운 사람마다 내게로 오느니라 46 이는 아버지를 본 자가 있다는 것이 아니라 오직 하나님에게서 온 자만 아버지를 보았느니라 47 ⑥ **진실로 진실로 너희에게 이르노니** 믿는 자는 영생을 가졌나니 48 **내가 곧 생명의 떡이로라** 49 너희 조상들은 광야에서 만나를 먹었어도 죽었거니와 50 이는 **하늘로서 내려오는 떡이니** 사람으로 하여금 먹고 죽지 아니하게 하는 것이니라 51 나는 **하늘로서 내려온 산 떡이니** 사람이 이 떡을 먹으면 영생하리라 나의 줄 떡은 곧 세상의 생명을 위한 내 살이로라 하시니라

6:28-51절

내가 곧 생명의 떡이로라

첫째 단원(28-40) **보내신 자를 믿는 것이 하나님의 일**

둘째 단원(41-51) **먹으면 영생하는 신령한 만나**

본 문단은 5병 2어의 표적을 행하신 후에 말씀하신 강론(講論)인데 본 문단(28-51)은 3번의 강론 중 첫째와 둘째 강론입니다. 중심점은, "내가 곧 생명의 떡이로라" 하시는데 있습니다. 이는 저들이 "우리 조상들은 광야에서 만나를 먹었나이다" 한 말에 대한 답변으로 하신 말씀입니다. 도표를 보시면 "내가 곧 생명의 떡이로라"를 중심으로 "하나님이 보내신 자를 믿는 것이 하나님의 일"(첫째 단원)이라 하시는데 이는 생명의 떡은 믿음으로 받을 수 있다는 뜻이고, 생명의 떡은 "먹으면 영생하는 신령한 만나"(둘째 단원)라 하십니다.

▌첫째 단원(28-40) 보내신 자를 믿는 것이 하나님의 일

① "저희가 묻되 우리가 어떻게 하여야 하나님의 일을 하오리이까"(28) 합니다. 이는 "썩는 양식을 위하여 일하지 말고 영생하도록 있는 양식을 위하여 하라"(27) 하신 주님의 말씀에 대한 질문입니다.

부자 청년도 "선한 선생님이여 내가 무엇을 하여야 영생을 얻으리이까"(눅 18:18) 하고 물었습니다. 탕자의 형은 "내가 여러 해 아버지를 섬겨 명을 어김이 없거늘 내게는 염소새끼라도 주어 나와 내 벗으로 즐기게 하신 일이 없더니"(눅 15:29) 하고 항변합니다. 이것이 율법적인 구원 관이요, 보상(報償)관입니다.

그런데 저들의 말을 문맥적으로 보면, "우리가 무슨 일을 하여야 "영생하도록 있는 양식"을 얻어먹을 수가 있느냐? 좀 더 직접적으로 무슨 일을 해야 오늘도 5병 2어를 얻어먹을 수가 있습니까? 하는 뜻인 것입니다.

㉠ "예수께서 대답하여 가라사대 하나님의 보내신 자를 믿는 것이 하나님의 일이니라"(29) 하십니다. 저들은 "무엇을 행해야" 하고 물었는데, 주님께서는 하나님의 보내신 자를 믿는 "믿음"을 말씀하십니다.

주님이 하신 이 말씀을, "내가 하늘로서 내려 온 것은 내 뜻을 행하려 함이 아니요 나를 보내신 이의 뜻을 행하려 함이니라 나를 보내신 이의 뜻은 내게 주신 자 중에 내가 하나도 잃어버리지 아니하고 마지막 날에 다시 살리는 이것이니라" 하신 38-39절과 결부시키면 해답이 분명해집니다. 즉 "하나님의 일"은 그리스도께서 행하시려 오셨고, 너희가 해야 할 일은 "하나님의 보내신 자를 믿는 것이 하나님의 일이라"는 말씀이 되는 것입니다.

이점이 참으로 중요합니다. 행함보다는 "믿음"이 우선합니다. 그런데 오늘날도 "무엇을 행해야" 하는 "일"에 몰두하고 있는 실정입니다. 왜냐하면 성장(成長)에 올인하고 있기 때문입니다. "내 아버지께서 이제까지 일하시니 나도 일한다"(5:17) 하신 말씀을 기억하시기 바랍니다. 구원계획은 하나님께서 자기 아들을 통해서 이루시는 일입니다.

그리고 구약성경은 이를 추진해온 구속(救贖)의 역사입니다. 그리고 "때가 찬 경륜"(엡 1:9) 가운데 독생자를 보내주셨다면, "하나님이 보내신 자를 믿는 것"이 죄인들이 해야 할 최우선의 "하나님의 일"인 것입니다. 그래서 "내 아버지의 뜻은 아들을 보고 믿는 자마다 영생을 얻는 이것이니"(40) 하시는 것입니다.

이점에서 부언할 점은 요한복음은 예수님이 "하나님의 보내신 자"라는 점을 40회 이상 증거하고 있다는 점입니다. "하나님이 그 아들을 세상에 보내신 것은 세상을 심판하려 하심이 아니요 저로 말미암아 세상이 구원을 받게 하려 하심이라"(3:17)로 시작하여, "아버지께서 나를 보내신 것 같이 나도 너희를 보내노라"(20:21) 하고 반복적으로 증거하고 있습니다. 이는 스가랴 선지자가, "만군의 여호와께서 나를 보내신 줄 알리라"(슥 2:8, 9, 11, 4:9, 6:15) 한 예언의 성취였던 것입니다.

ㄴ "저희가 묻되 그러면 우리로 보고 당신을 믿게 행하시는 표적이 무엇이니이까 하시는 일이 무엇이니이까"(30) 합니다. 주님께서 "믿음"을 요구하시자, 저들은 믿을 수 있는 "표적"을 요구하면서, "기록된바 하늘에서 저희에게 떡을 주어먹게 하였다 함과 같이 우리

조상들은 광야에서 만나를 먹었나이다"(31) 합니다.

이 말은, "이는 참으로 세상에 오실 그 선지자라"(14) 한 말과 결부가 되는 것으로 모세는 만나를 내려주었는데, 선생이 모세가 예언한 그 선지자라면 오늘도 우리에게 떡을 먹여주십시오 하는 뜻입니다.

② "예수께서 이르시되 내가 진실로 진실로 너희에게 이르노니 하늘에서 내린 떡은 모세가 준 것이 아니라 오직 내 아버지가 하늘에서 내린 참 떡을 너희에게 주시나니 하나님의 떡은 하늘에서 내려 세상에게 생명을 주는 것이니라"(32-33) 하십니다. 주님께서 말씀하신 9번째 "진실로 진실로"는, "하나님이 주시는 생명의 떡이라"는 말씀과 함께 주어졌습니다.

㉠ 출애굽 당시 내린 만나는 모세가 준 것이 아니라 하나님이 내려주신 것인데 이는, "참 떡"에 대한 예표로 주어진 것이라는 말씀입니다.

주님의 첫 번 강론의 중심점은, "생명의 떡"에 있습니다. "떡"이라는 말이 5번 나오는데, "하늘에서 내린 떡, 참 떡(32), 하나님의 떡(33), 생명의 떡(35, 48)이라 하십니다.

③ "저희가 가로되 주여 이 떡을 항상 우리에게 주소서"(34) 합니다. "예수께서 가라사대 내가 곧 생명의 떡이니 내게 오는 자는 결코 주리지 아니할 터이요 나를 믿는 자는 영원히 목마르지 아니하리라"(35) 하십니다.

요한복음에는 "나는…이다" 하시는 자기 선언이 일곱 번 등장하는데 그 중에서, "내가 생명의 떡이다" 하시는 것이 첫 번 선언입니다.

여기에 6장의 핵심이 있습니다. 주님께서 하신 긴 강론은 "나는 하늘에서 내려온 생명의 떡이다 이 떡을 먹으면 영생한다"는 한 말씀을 하기 위한 것인데 저들이 깨닫지를 못함으로 반복적으로 하시게 된 것입니다.

㉠ 35절 안에는 두 가지 요점이 있는데 첫째는, "내가 곧 생명의 떡이라"는 선언이고, 둘째는 "내게 오는 자 곧 나를 믿는 자"라는 말씀입니다. "생명의 떡은, 믿음"으로 받는다는 말씀입니다. 믿음은 마치 주시는 선물을 받는 손과 같은 것입니다. 나를 믿는 자는 "결코 주리지 아니하고, 영원히 목마르지 아니하리라" 하십니다. 그럼에도 불구하고 "너희는 나를 보고도 믿지 아니 하는 도다"(36) 하고, 저들의 불신앙을 탄식하십니다.

㉡ 그러나 주님은 이내 "아버지께서 내게 주시는 자는 다 내게로 올 것이요 내게 오는 자는 내가 결코 내어 쫓지 아니하리라"(37) 하십니다. 여기 하나님의 주권과 인간의 책임이 함께 나타나고 있는데, "내게 주시는 자"(37, 39, 17:6, 9)라 함은 하나님의 주권(主權)을 나타내고, "내게 오는 자"(35, 37, 44, 45)라 함은 인간의 책임(責任)을 의미합니다.

이처럼 요한복음에는 하나님의 주권을 내세우는 말씀이 빈번히 나타납니다. 어떤 경우에 나타나는지 주목해보시기 바랍니다. 인간이 강퍅할 때입니다. 선을 행하다가 강퍅한 인간의 책임만을 생각한다면 실망(失望)하게 됩니다. 그러나 구원계획은 하나님의 주권적인 행사이기에 소망(所望)이 있는 것입니다. 이런 뜻입니다. 너희가 믿지 않는다고 하나님의 미쁘심을 폐할 수 있다고 생각하느냐? "사람은 다 거짓되되 하나님은 참되시다 할지어다"(롬 3:4), 즉 기어코 이루시고야 만다는 말씀입니다. 그래서 "내게 주시는 자는 다 내게로 올 것이요 내게 오는 자는 내가 결코 내어쫓지 아니하리라(37), 하나도 잃어버리지 아니하리라"(39) 하고 보장을 하시는 것입니다.

㉢ "내가 하늘로서 내려 온 것은 내 뜻을 행하려 함이 아니요 나를 보내신 이의 뜻을 행하려 함이니라 나를 보내신 이의 뜻은 내게 주신 자 중에 내가 하나도 잃어버리지 아니하고 마지막 날에 다시 살리는 이것이니라"(38-39) 하십니다.

이점에서 또 주목해야 할 점은 "마지막 날"이라는 말씀입니다. 이점이 4번(39, 40, 44, 54)이나 강조되어 있는데, "내 아버지의 뜻은 아들을 보고 믿는 자마다 영생을 얻는 이것이니 마지막 날에 내가 이를 다시 살리리라"(40) 하고 "마지막이 다르다"(롬 6:6:22, 23) 하고 말씀하십니다. 그러나 미련한 인간은 마지막은 생각하려 하지 않고 지금의 썩을 양식에만 관심을 기울이는 것입니다.

▮ 둘째 단원(41-51) **먹으면 영생하는 신령한 만나**

④ "자기가 하늘로서 내려온 떡이라 하시므로 유대인들이 예수께 대하여 수군거려 가로되 이는 요셉의 아들 예수가 아니냐 그 부모를 우리가 아는데 제가 지금 어찌하여 하늘로서 내려왔다 하느냐" (41-42) 합니다.

둘째 단원(41-51)은 주님의 두 번째 강론인데 말씀하시게 된 동기는 저들이, "그 부모를 우리가 아는데 어찌하여 하늘로서 내려왔다 하느냐" 하고 수군거렸기 때문입니다. 이는 예수 그리스도가 누구신가 하는 정체성에 대한 의혹입니다.

㉠ 주님의 강론에서 강조되어 있는 핵심적인 단어가 몇 개 있는데, 첫째가 "하늘에서 내려 왔다"는 말씀인데 8번이나 강조되어 있습니다.

㉮ "하늘에서 내린 떡은 모세가 준 것이 아니라 오직 내 아버지가 하늘에서 내린 참 떡을 주는 것이니라(32),

㉯ "하나님의 떡은 하늘에서 내려 세상에게 생명을 주는 것이니라"(33),

㉰ "내가 하늘로서 내려 온 것은 내 뜻을 행하려 함이 아니요"(38),

㉱ "이는 하늘로서 내려오는 떡이니 사람으로 하여금 먹고 죽지 아니하게 하는 것이니라"(50),

㉲ "나는 하늘로서 내려온 산 떡이니 사람이 이 떡을 먹으면 영생하리라"(51),

㉳ "이것은 하늘로서 내려온 떡이니 조상들이 먹고도 죽은 그것과 같지 아니하여 이 떡을 먹는 자는 영원히 살리라"(58) 하십니다.

㉴ 3:13절에서도 "하늘에서 내려온 자 곧 인자 외에는 하늘에 올라간 자가 없느니라" 하시고,

㉵ 13:3절에서도 "자기가 하나님께로부터 오셨다가 하나님께로 돌아가실 것을 아시고" 하십니다.

그래도 예수님께서 하늘로서 내려오신 분이라는 점을 믿을 수 없다는 것입니까? 예수 그리스도는 석가모니, 마호멧, 소크라테스, 공자처럼 땅에서 난 분이 아니십니다. "그 사람의 말하는 것처럼 말한 사람은 이 때까지 없었습니다"(7:46). 제가 이처럼 "하늘로서

내려 왔다"는 점을 강조하는 이유는 이를 부인하는 자들이 현대교회 내에도 늘어나고 있기 때문입니다.

그러므로 예수님은 진실로 하늘로서 오신 하나님의 독생자이시든가, 아니면 유대인들이 말한 미친 사람이거나 둘 중의 하나이지 일반적인 개념으로 말하는 성현 중의 한 분이 결코 아니십니다. 예수 그리스도는 진실로 진실로 하늘에서 내려온 생명의 떡이십니다.

㉡ 둘째가 "떡"이라는 말인데 무려 13 번(32, 32, 33, 34, 35, 41, 48, 50, 51, 51, 51, 58, 58) 이나 강조되어 있습니다. 어찌하여 자신을 "떡"이라 하시는가? 첫째는 모세 때 내린 만나와 대비하기 위해서요, 둘째는 저들이 물질적인 떡만을 요구하고 있기 때문입니다.

㉢ 그러므로 셋째가 "영생, 또는 생명"을 얻는다는 말씀인데 12번(27, 33, 35, 40, 47, 48, 51, 51, 53, 54, 63, 68) 이상 등장합니다. "이는 하늘로서 내려오는 떡이니 사람으로 하여금 먹고 죽지 아니하게 하는 것이니라(50), 사람이 이 떡을 먹으면 영생하리라"(51) 하십니다. 이처럼 여러 번 강조하는 것은 중요하기 때문이요, 듣는 것이 둔하기 때문이요, 믿지 않기 때문이요, 무엇보다 진실한 말씀이기 때문입니다. 그래서 주님은 수고로움도 아랑곳 하지 않으시고 반복적으로 강조하시는 것입니다.

⑤ "예수께서 대답하여 가라사대 너희는 서로 수군거리지 말라 나를 보내신 아버지께서 이끌지 아니하면 아무라도 내게 올 수 없으니 오는 그를 내가 마지막 날에 다시 살리리라"(43-44),

㉠ 주님은 어떤 경우, 어떤 처지에서, "아버지께서 이끌지 아니

하면 아무라도 내게 올 수 없다" 하고 하나님의 주권을 내세우시는가? 하나님의 아들은, "내가 곧 생명의 떡이라" 하고 진실을 말씀하시는데 거짓된 인간은 "수군거려"(41), 즉 비웃고 조롱하는 투로 말했기 때문입니다. 이럴 경우 선을 행하다가 낙심할 것인가? 아닙니다. "아버지께서 이끌지 아니 하면", 하는 하나님의 주권(主權)은 이런 경우, 이런 처지에서 내세우고 힘있게 붙들어야 할 말씀인 것입니다.

바울과 바나바가 비시디아 안디옥 선교 당시, "영생을 주시기로 작정된 자는 다 믿더라"(행 13:48) 하고 하나님의 주권을 내세운 이유도, 이방인들은 기뻐하여 하나님의 말씀을 찬송하는데 유대인들이 성내 유력한 자들을 선동하여 쫓아내었기 때문입니다. 하나님의 나라 건설은 인간의 "판단, 선택, 결정" 등에 의존하는 것이 아니라 하나님께서 주권적으로 이루어나가시는 역사임을 드러내기 위해서인 것입니다.

㉡ "선지자의 글에 저희가 다 하나님의 가르치심을 받으리라 기록되었은즉 아버지께 듣고 배운 사람마다 내게로 오느니라"(45) 하십니다. 여기 균형과 조화가 있습니다.

㉮ "나를 보내신 아버지께서 이끌지 아니하면 아무라도 내게 올 수 없으니"(44) 하신 것은 하나님의 주권을 내세우는 말씀인데, 그러면 인간은 수수방관해도 된단 말인가?

㉯ "아버지께 듣고 배운 사람마다 내게로 오느니라"(45) 하십니다. 이는 하나님이 이끄시는 방도를 말씀함인데 곧 인간의 역할을 가리킵니다. "듣고 배우기" 위해서는 "말씀하고 가르치는" 자가 있어야 하는 것입니다. 그래서 "이는 아버지를 본 자가 있다는 것이 아니라 오직 하나님에게서 온 자만 아버지를 보았느니라"(46), 즉 하나님을 보았기 때문이 아니라 "듣고 배움"으로 주님께로 오게 된다는 말씀입

니다.

⑥ "진실로 진실로 너희에게 이르노니 믿는 자는 영생을 가졌나니 내가 곧 생명의 떡이로라"(47-48), 요한복음을 통한 주님의 10번째 "진실로 진실로"는 "믿는 자는 영생을 가졌다"는 말씀과 함께 주어졌습니다.

㉠ "너희 조상들은 광야에서 만나를 먹었어도 죽었거니와 이는 하늘로서 내려오는 떡이니 사람으로 하여금 먹고 죽지 아니하게 하는 것이니라 나는 하늘로서 내려온 산 떡이니 사람이 이 떡을 먹으면 영생하리라 나의 줄 떡은 곧 세상의 생명을 위한 내 살이로라 하시니라"(49-51),

이 말씀 속에는, "육적 출애굽과 영적 출애굽, 육적인 만나와 신령한 만나, 먹었어도 죽은 자와 먹으면 영생하는" 것이 대조되어 있습니다.

성부 하나님께서도 백성들에게 먹을 것을, "원대로 주시고, 남게" 하신 때가 있으셨습니다. 보행자만 60만 명이나 되는 큰 무리들에게 광야 40년 동안 매일같이 만나를 내려 주셨던 것입니다. 이점에서 상기해야 할 점은 내 아버지께서 이제까지 일하시니 나도 일한다"(5:17) 하신 말씀입니다. 하나님은 이스라엘이라는 한 민족을 출애굽 시키시는 일을 하고 계시는 것이 아닙니다. 그러므로 출애굽이 영적 출애굽에 대한 예표였듯이, "만나"를 내려주심도 참 만나에 대한 예표라는 말씀입니다. 육적 출애굽 때 내린 만나는 육적 필요를 채워주었을 뿐이라는 것입니다.

어찌하여 "나의 줄 떡은, 내 살이로라" 하시는가? 말씀=화육(化肉)

이 되셨기 때문입니다. 그래서 "이것은 하늘로서 내려온 떡이니 조상들이 먹고도 죽은 그것과 같지 아니하여 이 떡을 먹는 자는 영원히 살리라"(58) 하시는 것입니다.

주님의 하시는 일에는 진전(進展)이 있습니다.

㉮ 먼저는 5병 2어로 표적을 보여주셨고,

㉯ 다음은 영생하도록 있는 양식을 위해서 일하라 하시고,

㉰ 하나님의 보내신 자를 믿는 것이 하나님의 일이라 하시더니,

㉱ 내가 곧 생명의 떡이라 하십니다.

㉲ 그리고 드디어 두 번째 강론의 결론에서는 "나의 줄 떡은 곧 세상의 생명을 위한 내 살이라"(51) 하시는 것이 아닌가!

주님은 나누어줄 떡을 가지고 오신 것이 아니라 주님 자신이 "생명의 떡"이라는 말씀입니다. 가버나움에서 행하신 이 설교야말로 주님께서 행하신 가장 핵심적인 설교였는데 결과는, "제자 중에 많이 물러가고 다시 그와 함께 다니지 아니하더라"(66)에 이르게 됩니다. 얼마나 답답하고 안타까운 일인가!

묵상해 봅시다.

1. 죄인 된 인간이 해야 할 우선적인 하나님의 일에 대해서,
2. 하늘에서 내려온 떡에 대해서,
3. 모세의 만나와 신령한 만나에 대해서,
4. 하나님의 주권을 앞세우는 경우에 대해서.

요한복음 6:52-71절 개관도표

주제 : 내 안에 거하고 나도 그 안에 거하리라

살과 피를 먹고 마셔라	52-59 52 ① 이러므로 유대인들이 서로 다투어 가로되 이 사람이 어찌 능히 제 살을 우리에게 주어먹게 하겠느냐 53 ② 예수께서 이르시되 내가 **진실로 진실로 너희에게 이르노니** 인자의 살을 먹지 아니하고 인자의 피를 마시지 아니하면 너희 속에 생명이 없느니라 54 **내 살을 먹고 내 피를 마시는 자는 영생을 가졌고** **마지막 날에** 내가 그를 다시 살리리니 55 내 살은 참된 양식이요 내 피는 참된 음료로다 56 ③ 내 살을 먹고 내 피를 마시는 자는 **내 안에 거하고 나도 그 안에 거하나니** 57 살아계신 아버지께서 나를 보내시매 내가 아버지로 인하여 사는 것같이 나를 먹는 그 사람도 나로 인하여 살리라 58 이것은 **하늘로서 내려온 떡이니** 조상들이 먹고도 죽은 그것과 같지 아니하여 이 떡을 먹는 자는 영원히 살리라 59 말씀은 예수께서 가버나움 회당에서 가르치실 때에 하셨느니라
내 말이 영이요 생명이라	60-65 60 ④ 제자 중 여럿이 듣고 말하되 이 말씀은 어렵도다 누가 들을 수 있느냐 한대 61 예수께서 스스로 제자들이 이 말씀에 대하여 수군거리는 줄 아시고 가라사대 이 말이 너희에게 걸림이 되느냐 62 그러면 너희가 인자의 이전 있던 곳으로 **올라가는 것을 볼 것 같으면** 어찌 하려느냐 63 ⑤ 살리는 것은 영이니 육은 무익하니라 **내가 너희에게 이른 말이 영이요 생명이라** 64 그러나 너희 중에 믿지 아니하는 자들이 있느니라 하시니 이는 예수께서 믿지 아니하는 자들이 누구며 자기를 팔 자가 누군지 처음부터 아심이러라 65 또 가라사대 이러하므로 전에 너희에게 말하기를 내 아버지께서 오게 하여 주지 아니하시면 누구든지 내게 올 수 없다 하였노라 하시니라
제자중 많이 물러감	66-71 66 ⑥ 이러므로 **제자 중에 많이 물러가고** 다시 그와 함께 다니지 아니하더라 67 예수께서 열 두 제자에게 이르시되 **너희도 가려느냐** 68 ⑦ 시몬 베드로가 대답하되 주여 **영생의 말씀이 계시매 우리가 뉘 게로 가오리이까** 69 우리가 주는 하나님의 거룩하신 자신 줄 믿고 알았삽나이다 70 예수께서 대답하시되 내가 너희 열둘을 택하지 아니하였느냐 그러나 너희 중에 한 사람은 마귀니라 하시니 71 이 말씀은 가룟 시몬의 아들 유다를 가리키심이라 저는 열 둘 중의 하나로 예수를 팔 자러라

6:52-71절

내 안에 거하고 나도 그 안에 거하리라

첫째 단원(52-59) **내 살과 피를 먹고 마셔라**
둘째 단원(60-65) **내 말이 영이요 생명이라**
셋째 단원(66-71) **제자 중 많이 물러감**

본 문단의 내용은 5병 2어의 표적 후에 행하신 마지막 강론과 그 반응입니다. 주님은 앞의 강론에서 "내가 곧 생명의 떡이라"(48) 말씀하셨는데 마지막 강론에서는, "내 살을 먹고 내 피를 마셔라" 하고 원색적으로 말씀하십니다. 주님의 최고 최대의 강론은 구속교리에 있어서 가장 큰 비밀에 속하는 "그는 내 안에 거하고 나도 그 안에 거하나니"(56) 하는, 연합교리에 도달하게 됩니다.

도표를 보시면 "나도 그 안에 거하나니"를 중심으로 "내 살과 피를 먹고 마셔라"(첫째 단원) 하시면서 이것이 육적인 뜻이 아니라, "내 말이 영이요 생명이라"(둘째 단원) 하십니다. 그런데 반응은, "제자 중에 많이 물러 가고 다시 그와 함께 다니지 아니하더라"(셋째 단원) 합니다.

첫째 단원(52-59) 내 살과 피를 먹고 마셔라

① 주님께서 "나의 줄 떡은 곧 세상의 생명을 위한 내 살이로라"(51) 하시자, "이러므로 유대인들이 서로 다투어 가로되 이 사람이 어찌 능히 제 살을 우리에게 주어먹게 하겠느냐"(52) 하고, "서로 다투었다"는 것입니다.

㉠ 주님의 강론은 유대인들에게 몇 가지 의혹을 불러일으켰는데 첫째는, "요셉의 아들 예수가 아니냐 그 부모를 우리가 아는데 제가 지금 어찌하여 하늘로서 내려왔다 하느냐"(42) 하는 것이고,

㉡ 둘째는 "이 사람이 어찌 능히 제 살을 우리에게 주어 먹게 하겠느냐"(52) 하는 것이었습니다. 이 의혹은 다름이 아니라,

㉮ 예수님이 누구신가 하는 정체성(正體性)에 대한 의혹이요,

㉯ 하나님의 아들이 육신을 입고 오신 목적(目的)에 대한 의문이라는 점입니다.

② 수군거리는 그들을 향해, "예수께서 이르시되 내가 진실로 진실로 너희에게 이르노니 인자의 살을 먹지 아니하고 인자의 피를 마시지 아니하면 너희 속에 생명이 없느니라"(53) 하십니다. 주님께서 말씀하신 11번째 "진실로 진실로"는 "내 살과 피를 먹고 마시라"는 말씀과 함께 주어졌습니다.

㉠ 이제까지는 "내가 곧 생명의 떡이라, 하늘에서 내려온 산

떡이라" 하고 우회적으로 말씀하셨는데 본문에서는, "인자의 살을 먹고, 인자의 피를 마시지 아니하면 너희 속에 생명이 없다" 하고 직설(直說)적으로 말씀하십니다.

㉡ 이렇게 말씀하시는 주님은 분명, "그 밤에 〈그 고기〉를 불에 구워 무교병과 쓴 나물과 아울러 먹되, 너희는 그것을 이렇게 먹을지니 허리에 띠를 띠고 발에 신을 신고 손에 지팡이를 잡고 급히 먹으라 이것이 여호와의 유월절이니라"(출 12:8, 11) 하신, 유월절의 규례를 염두에 두고 말씀하셨을 것입니다. 이 유월절이라는 그림자를 실체(實體)로 성취하시기 위해서 오셨기 때문입니다. 그러므로 최후의 만찬 석상에서는 "이것이 내 살이다 먹으라, 이것이 내 피다 마시라" 하신 것입니다.

주님은 "인자"(人子)라는 말을 반복적으로 강조하시는데, 예수 그리스도는 "하나님의 아들"이시면서 동시에 "인자"(人子), 즉 "말씀이 육신(肉身)이 되어"(1:14) 이 땅에 오신 사람의 아들이셨던 것입니다. 왜 인자가 되셔야만 했는가? "살과 피를 먹고 마시게", 즉 우리의 대속제물이 되시기 위해서였던 것입니다.

하나님께서는 "어떤 피든지 먹는 자가 있으면 내가 그 피 먹는 사람에게 진노하여 그를 백성 중에서 끊으리라" 하고 엄금하셨습니다. 그런데 금하신 데서 끝이신 것이 아니라, "내가 이 피를 너희에게 주어 단에 뿌려 너희의 생명을 위하여 속(贖)하게 하였나니 생명이 피에 있으므로 피가 죄를 속하느니라"(레 17:10, 11) 하고, 금하신 의도까지 말씀하셨습니다.

"이 피를 너희에게 주어, 속하게 하였나니" 하신 피는 구약시대는 생축의 피로 주어졌으나 궁극적으로는 자기 아들의 피를 주실 것을 가리킵니다. 왜냐하면 "이는 황소와 염소의 피가 능히 죄를 없이 하지 못하기"(히 10:4) 때문입니다. 이런 맥락에서 "내가 이 피를 너희에게 주어" 라는 말씀이 본문에서는 "내 살을 먹고 내 피를 마시라"는 말씀으로 표현이 되고 있는 것입니다.

주님께서 "내 살을 먹어라, 내 피를 마셔라" 하신 것은 문자적인 의미가 아니라 구약적인 표현임을 유념할 필요가 있습니다. 신약성경은 구약시대에 "예표, 모형, 그림자"로 주셨던 것이 실체(實體)로 성취되었음을 입증(立證)하는데 주력하고 있습니다. 그래서 구약성경과의 일관성(一貫性)과 통일성(統一性)을 드러내기 위해서 구약적인 용어(用語)를 그대로 사용하고 있는 경우가 많이 있습니다. 그 한 예로 베드로 사도는 그리스도인들을 가리켜, "예수 그리스도의 피 뿌림을 얻기 위하여 택하심을 입은 자들"(벧전 1:2)이라고 말씀합니다.

"내 살을 먹어라, 내 피를 마셔라" 하시는 말씀을 표면(문자)만을 본다면 그것은 불가해한 말씀임이 분명합니다. 이점에서 말씀의 대언자들이 사모해야할 점은, "누가 주의 마음을 알아서 주를 가르치겠느냐 그러나 우리가 그리스도의 마음을 가졌느니라"(고전 2:16) 한, "주의 마음"을 아는 일이요, 품는 일입니다.

그런데 형제는 이렇게 말씀하시는 주님의 마음을 생각해 보았습니까? 영광의 보좌를 비우시고 이 땅에 오신 하나님의 아들 그리스도께서 무엇이 부족하시고 아쉬우셔서, 또는 무슨 대가(代價)를 바라시고, "내 살을 먹어라, 내 피를 마셔라" 하시겠습니까? 어머니가 자식에게 젖을 먹이는 행위는 살을 먹게 하고 피를 마시게 하는 것과 같은 생명을 주는 일입니다. 주님의 "살은, 말씀이 육신"이 되어 오신 살입니다. 짐승의 피를 아끼시던 하나님께서는 우리에게 자기 아들의 피를 마시라고 말씀하시는 것입니다. 왜냐하면 그래야만 생명이 있기 때문이라는 것입니다.

이제 형제는 주님께서, "내가 진실로 진실로 너희에게 이르노니 인자의 살을 먹지 아니하고 인자의 피를 마시지 아니하면 너희 속에 생명이 없느니라"(53) 하신 말씀 속에 실려 있는 망극하신 사랑을 아시겠습니까? 이는 하나님의 아들께서 마치 에스겔 골짜기의 해골과 같은 죄인들에게 주실 수 있는 최대 최고의 선물이요, 죄인들이 들을 수 있는 지고지선의 말씀인 것입니다.

ⓛ 그래서 "내 살을 먹고 내 피를 마시는 자는 영생을 가졌고 마지막 날에 내가 그를 다시 살리리니 내 살은 참된 양식이요 내 피는 참된 음료로다"(54-55) 하고 더욱 강화하십니다. 이 말씀 안에는 "생명이 없다"와, 영생을 가졌다"는 말이 대조되어 있습니다. 여기에 사활이 걸려 있다는 말씀입니다.

그러므로 "살을 먹으라" 하심은 복음 진리의 말씀을 받아 먹으라는 뜻입니다. 예레미야 선지자는 "내가 주의 말씀을 얻어 먹었다"(렘 15:16) 말씀하고, 하나님께서는 에스겔 선지자에게, "너는 이 두루마리를 먹고 가서 이스라엘 족속에게 고하라"(겔 3:1) 하십니다.

히브리서에서는, "피 흘림이 없은즉 사함이 없느니라"(히 9:22) 하고 말씀하고 있는데, 어찌하여 "피 흘림"이라고 말씀하고 있는가? 피는 생명을 의미하지만, "피 흘림"은 죽음을 의미하기 때문입니다. 나아가 흘린 피가 우리에게 효험(效驗)이 되려면 "뿌림"을 얻어야만(벧 1:2) 되는데 이를 본문에서는, "내 피를 마셔라" 하고 말씀하시는 것입니다.

그러므로 "내 살을 먹고 내 피를 마시라"는 말씀은 그리스도의 구속을 믿는 것을 가리킵니다. 그래서 "우리가 어떻게 하여야 하나님의 일을 하오리까"하고 물었을 때에 주님께서는 "하나님의 보내신 자를 믿는 것이 하나님의 일이니라"(28-29) 하고, 믿는 것이 최우선임을 말씀하셨던 것입니다.

③ "내 살을 먹고 내 피를 마시는 자는 내 안에 거하고 나도 그 안에 거하나니"(56) 하십니다.

㉠ 이는 그리스도와의 연합(聯合)됨을 의미하는데 이를 가리켜 사도 바울은, "이 비밀이 크도다"(엡 5:32) 하고 말씀합니다. 왜냐하면 두 몸 합하여 한 몸을 이루듯 "주와 합하는 자는 한 영이니라"(고전 6:17) 하고 말씀하시기 때문입니다.

질문을 드려 보겠습니다. 부자지간(父子之間)은 몇 촌(寸)입니까? 형제지간은요? 그러면 부부지간(夫婦之間)은 몇 촌입니까? 부자지간이 일촌(一 寸)이라면 부부지간은 두 몸 합하여 한 몸을 이룬 무촌(無寸)입니다. 성경은 "연합교리"를 "남편과 아내, 포도나무와 가지(15:5), 머리와 몸"의 관계에 비유하여 말씀합니다. 부부란 "이제 둘이 아니요 한 몸이니 그러므로 하나님이 짝지어 주신 것을 사람이 나누지 못할지니라"(마 19:6) 하십니다.

그리고 "머리와 몸"은 떨어질 수도 없고 떼어놓을 수도 없는 그런 관계라는 것입니다. 머리가 가는 곳에 몸도 가고, 머리에게 되여진 일은 몸에도 되여진 일이라는 것이 연합교리의 진수입니다. 이것이 "내 살을 먹고 내 피를 마시는 자는 내 안에 거하고 나도 그 안에 거하나니"(56) 하신 그리스도와 우리와의 관계인 것입니다. 그러므로 연합교리는 믿음의 최고 경지를 가리킵니다.

이점에서 명심해야 할 점이 있습니다. 형제도 주님의 "살과 피"를 먹고 마시고, 나도 주님의 "살과 피"를 먹고 마셨다면, 형제와 나는 어떤 관계인가 하는 점입니다. 그것은 한 몸에 붙어 있는 지체(肢體)의 관계라는 것입니다. 이점을 사도 바울은, "떡이 하나요 많은 우리가 한 몸이니 이는 우리가 다 한 떡에 참여함이라(고전 10:17), 만일 한 지체가 고통을 받으면 모든 지체도 함께 고통을 받고 한 지체가 영광을 얻으면 모든 지체도 함께 즐거워하나니 너희는 그리스도의 몸이요 지체의 각 부분이라"(고전 12:26-27), 이것이 주님께서, "이 반석 위에 내 교회(教會)를 세우리니" 하신 교회 공동체입니다.

이점에서 연합하는 순서(順序)도 유념해야만 합니다. 죄인이 "주 안에 거하는" 것이 먼저입니다. 그러면 우리가 어떻게 해서 "주 안에" 거하게 되었는가? "너희는 하나님께로부터 나서 그리스도 예수 안에 있고"(고전 1:30), 즉 하나님이 택하셔서 그리스도 안에 있게 해주셨다는 것입니다. 그래서 "저희는 아버지의 것이었는데 내게 주셨으며"(17:6) 하시는 것입니다.

이처럼 그리스도 안에 있게 된 자는, "내가 그리스도와 함께 십자가에 못 박혔나니 그런즉 이제는 내가 산 것이 아니요 오직 내 안에 그리스도께서 사신 것이라"(갈 2:20), 즉 주님께서 내 안에 거하시는 연합이 가능하여 진다는 것입니다. 그리하여 "나도 내 속에서 능력으로 역사하시는 이의 역사를 따라 힘을 다하여 수고하노라"(골 1:29) 하는 헌신이 가능해지는 것입니다.

주와 연합한 자에게는 이런 헌신만이 있는 것이 아니라, "또 함께 일으키사 그리스도 예수 안에서 함께 하늘에 앉히시니"(엡 2:6) 하고, 영광(榮光)도 함께 받게 된다고 말씀합니다. 누군가 나에게 기독교가 무엇이요 하고 묻는다면 나는 서슴 없이, "나는 주님

안에, 주님은 내 안에" 라고 대답할 것입니다. 나의 옛 사람은 그리스도 안에서 죽었고, 이제는 주님께서 내 안에 계셔서 나를 통하여 역사하신다는 말씀입니다. 이보다 영광스럽고, 확신을 주는 말씀이란 달리는 없습니다. 이는 믿는 자들이 도달할 수 있는 최고의 경지인 것입니다.

㉡ "살아계신 아버지께서 나를 보내시매 내가 아버지로 인하여 사는 것같이 나를 먹는 그 사람도 나로 인하여 살리라 이것은 하늘로서 내려온 떡이니 조상들이 먹고도 죽은 그것과 같지 아니하여 이 떡을 먹는 자는 영원히 살리라(57-58), 이 말씀은 예수께서 가버나움 회당에서 가르치실 때에 하셨느니라"(59) 합니다.

가버나움 회당에서 행하신 이 설교야 말로 복음서 어디서도 찾아볼 수 없는 최고 최대의 설교요, 인간의 귀로 들을 수 있는 지고(至高) 지선(至善)의 설교인 것입니다. 이점에서 요한복음이 언제 누구를 위해서 기록이 되었는가를 생각할 필요가 있습니다. 주님 당시를 위해서가 아닙니다. 후대를 위한, 즉 우리들을 위해서 기록이 되었다는 점을 명심해야만 합니다.

심각한 마음으로 생각해 봅니다. 주님께서 친히 하신 핵심적인 이 말씀을 한국교회 강단에서 선포한다면 성도들이 어떠한 반응을 보일 것 같습니까? 주님 당시의 유대인들처럼 "수군거리며, 서로 다투고, 이 말씀은 어렵도다" 하면서 떠나가고 큰 예배당은 텅텅 비게 되지 아니할까 두렵습니다.

그렇습니다. 주님 당시나 초대교회만이 아니라 이제도, "유대인은 표적을 구하고 헬라인은 지혜를 찾으나 우리는 십자가에 못 박히신 그리스도를 전하니, 유대인에게는 거리끼는 것이요 이방인에게는 미련한 것"(고전 1:22-23)이 되고 있는 것입니다. 이 말씀이 성경에 기록이 되었건만 오늘날 이 생명의 말씀을 어디 가서 들을 수가 있단 말인가?

▌둘째 단원(60-65) 내 말이 영이요 생명이라

④ "제자 중 여럿이 듣고 말하되 이 말씀은 어렵도다 누가 들을 수 있느냐 한대 예수께서 스스로 제자들이 이 말씀에 대하여 수군거리는 줄 아시고 가라사대 이 말이 너희에게 걸림이 되느냐"(60-61),

㉠ "그러면 너희가 인자의 이전 있던 곳으로 올라가는 것을 볼 것 같으면 어찌 하려느냐"(62), 그러면 깨닫겠느냐? 그러면 믿겠느냐 하십니다. "올라가는 것", 즉 주님의 죽으심, 다시 사심, 올라가심은 무엇에 대한 증거인가? 첫째는, "성결의 영으로는 죽은 가운데서 부활하여 능력으로 하나님의 아들로 인정되셨으니"(롬 1:4), 즉 다시 사심을 통해서 하나님의 아들이심이 입증이 되는 것입니다. 그러면 믿겠느냐는 뜻입니다.

둘째는 요한복음의 넓은 문맥으로 보면 주님의 올라가심은, "가면 내가 그를 너희에게로 보내리니"(16:7) 한 성령강림을 의미하는 것이 됩니다. "보혜사 곧 아버지께서 내 이름으로 보내실 성령 그가 너희에게 모든 것을 가르치시고 내가 너희에게 말한 모든 것을 생각나게 하시리라"(15:26), 즉 성령으로라야 믿게 되리라는 것이 함의되어 있는 것입니다.

⑤ 그래서 "살리는 것은 영이니 육은 무익하니라 내가 너희에게

이른 말이 영이요 생명이라"(63) 하십니다. 이는 무리의 오해를 시정해주는 말씀으로, "내 살과 피를 먹고 마시라"는 것이 문자적인 의미가 아니라 "영적"인 말씀이라는 것입니다.

니고데모의 의문에 대해서도, "육으로 난 것은 육이요 성령으로 난 것은 영이니 내가 네게 거듭나야 하겠다 하는 말을 기이히 여기지 말라"(3:6-7) 하셨습니다. 부언한다면 모태에 들어갔다 나온다는 것이 설사 가능하다 해도 그것은 거듭남이 아니라, "육으로 난 것은 육일 뿐"이라는 말씀입니다.

㉠ "그러나 너희 중에 믿지 아니하는 자들이 있느니라 하시니 이는 예수께서 믿지 아니하는 자들이 누구며 자기를 팔 자가 누군지 처음부터 아심이러라"(64) 하고, 믿지 아니하는 자가 밖에만 있는 것이 아니라 내부(內部)에도 있다는 점을 시사하십니다.

그러므로 필연적으로 도달하게 되는 귀결(歸結)은, "또 가라사대 이러하므로 전에 너희에게 말하기를 내 아버지께서 오게 하여 주지 아니하시면 누구든지 내게 올 수 없다 하였노라" 하고, 44절에 이어 또다시 하나님의 주권(主權)을 내세우십니다. 이 시점에서 하나님의 주권을 내세우시는 의도가 무엇인가? 하나님의 구원계획은 인간의 판단, 선택에 의존함이 없이 이루어지고야 만다는 점을 드러내기 위해서인 것입니다. 이점을 바울 사도는, "어떤 자들이 믿지 아니하였으면 어찌하리요 그 믿지 아니함이 하나님의 미쁘심을 폐하겠느뇨 그럴 수 없느니라 사람은 다 거짓되되 오직 하나님은 참되시다 할지어다"(롬 3:3-4) 하고 선언합니다.

▌셋째 단원(66-71) **제자 중 많이 물러감**

⑥ 셋째 단원은 가버나움 회당 강론의 결과에 해당이 되는데, "이러므로 제자 중에 많이 물러가고 다시 그와 함께 다니지 아니하더라"(66) 합니다.

요한복음에는 표적을 보고 따르던 많은 사람들이 등장합니다.

㉮ 2장에는 예루살렘의 "많은 사람이 그 행하시는 표적을 보고 그 이름을 믿었다"(23) 했습니다.

㉯ 3장에서는 니고데모도 "우리가 당신은 하나님께로 서 오신 선생인 줄 아나이다 하나님이 함께 하시지 아니하시면 당신의 행하시는 표적을 아무라도 할 수 없음이니이다"(2) 하고 표적을 보고 주님을 찾아 왔던 것입니다.

㉰ 4장에서 왕의 신하가 그 아들의 병을 고쳐주소서 하고 간청하였을 때에도 "너희는 표적과 기사를 보지 못하면 도무지 믿지 아니하리라"(98) 하고 책망하신 것이 나옵니다.

㉱ 6장에서도 "큰 무리가 따르니 이는 병인들에게 행하시는 표적을 봄이러라"(2) 하고 말씀합니다.

㉲ "그 사람들이 예수의 행하신 이 표적을 보고 말하되 이는 참으로 세상에 오실 그 선지자라"(6:14) 하면서 임금을 삼으려 했습니다.

그런데 표적을 보고 따르던 이들이 결국 물러가고 마는 것을 봅니다. 이점에서 한가지 집고 넘어가야 할 점은 물러간 자들을, "제자 중에 많이 물러가고" 하고 "제자"(弟子)라고 부르고 있다는 점입니다. 그러니까 이들은 단순한 청중이 아니라 상당 기간 주님을 좇은 자들임을 알 수가 있습니다. 왜 이점을 언급하느냐 하면 이것이 주님 당시의 경우로만 여겨지지 않기 때문입니다.

제가 믿기로는 가버나움 회당에서 행하신 주님의 설교야말로 가장 핵심적인 설교였다고 생각됩니다. 주님은 생명이신 자신을 주시려 오셨기 때문입니다. 예수 그리스도는 가지고 오신 어떤 선물을 전달하러 오신 분이 아니었습니다. 그 분은 이쪽 주머니에서 꺼내주시고 저쪽 주머니에서 꺼내주시고 속 주머니 것도 마저 주시고 이제 다 주었다 하신 것이 아니었습니다. 당신 자신을 주시려 오신 것입니다. 주님 자신이 생명의 떡이신 것입니다. 그러나 그들은 "이 말은 어렵도다" 하고 물러갔습니다. 누구들이 그러했습니까? 표적을 보고 따르던 제자들이었습니다.

㉠ "예수께서 열 두 제자에게 이르시되 너희도 가려느냐"(67) 하십니다. "너희도 가려느냐"(67) 하시는 주님의 심정은 어떠하셨을까요? 이에 대한 형제의 대답은 무엇입니까? "시몬 베드로가 대답하되 주여 영생의 말씀이 계시매 우리가 뉘게로 가오리이까 우리가 주는 하나님의 거룩하신 자신 줄 믿고 알았삽나이다"(68-69), 이것이 공관복음과 대응하는 베드로의 신앙고백입니다.

"내 살을 먹고, 내 피를 마셔라", 이를 육적으로 생각한다면 마치 인육(人肉)을 먹으라는 것과 같아서 끔찍한 이야기로 들릴 것이 분명합니다. 그러나 이 말씀은 사랑의 결정(結晶)인 것입니다. 사실 하나님의 아들 그리스도께서 육신을 입으시고 이 땅에 오시어 하나님의 진노를 한 몸에 받으시어 십자가에 죽으셔야 했다는 것은 상상을 초월한 비극적인 사건이었던 것입니다. 반면 하나님의 독생자께서 "죄인을 위하여, 원수를 위하여" 대신 죽어주셨다는 것은 사랑의 극치였던 것입니다. 그런데 "제자 중에 많이 물러가고 다시 그와 함께 다니지 아니하는 것"을 바라보셔야 할 주님의 심정이 어떠하셨을 것인가? 이를 아셨기에 주님은 그들의 믿음을 인정치 않으셨던(2:24) 것입니다.

6장에는 두 종류의 식탁이 있습니다. 육신의 식탁에는 오천 명이 모여 먹고 마시며 신바람들이 났으나, 영의 식탁에는 썰물처럼 물러가고 쓸쓸하게 사도들만이 남았던 것입니다. 표적만을 보고 따르는 무리들의 두드러진 특성이 몇 가지 있습니다.

㉮ 첫째는 "주십시오, 주십시오" 하고 요구만 한다는 점입니다. 어제 주심과 같이 오늘도 주시고, 내일도 주시고 "이 떡을 항상 우리에게 주소서"(34) 합니다.

㉯ 두 번째 특성은 "우리에게, 나에게" 하고 자기중심적입니다. 결코 하나님 중심이 아닙니다. 하나님의 거룩하신 이름과 영예와 그 나라를 최우선으로 생각하지 않습니다. 또한 이웃에 대한 관심도 없습니다. 자기 유익과 자기 축복만을 생각합니다. 그들은 이 떡을 "우리"에게 주소서 합니다. 이런 물을 "내게" 주사 합니다.

㉰ 세 번째 특성은 영적으로 무지하다는 것입니다. 그들은 감정과 체험에 의존합니다. 교리에 관하여 무지할 뿐만 아니라 흥미가 없습니다. 그리하여 간증을 말하고 축복을 말할 때에는 그토록 생기가 돌던 회중들이 복음의 진수를 말하면, "이 말씀은 어렵도다 누가 들을 수 있느냐" 하는 반응을 보입니다.

㉱ 네 번째 특성은 필연적인 귀결입니다만 헌신의 삶을 살지를 못합니다. 교회 안에서는 그토록 뜨겁고 열렬하던 그들이 사회에 나가서는 빛과 소금의 역할을 감당하지 못하므로 맛 잃은 소금처럼 사회로부터 밟히고 있다는 데 문제의 심각성은 있습니다. 이들은

어떤 여건 하에서는 떠나갈 준비가 되어 있는 무리들입니다. “이러므로 제자 중에 많이 물러가고 다시 그와 함께 다니지 아니하더라” 하는 것입니다.

ⓛ “예수께서 대답하시되 내가 너희 열둘을 택하지 아니하였느냐 그러나 너희 중에 한 사람은 마귀니라 하시니 이 말씀은 가룟 시몬의 아들 유다를 가리키심이라 저는 열 둘 중의 하나로 예수를 팔 자러라”(70-71) 합니다. 이 지적은 “제자 중에 많이 물러가고” 한 말씀과 함께 우리의 마음을 우울하게 합니다. 각성하게 합니다. 그리고 위로와 격려가 되기도 합니다. 왜냐하면 이런 실망스러운 면을 목회 현장에서 경험하게 되기 때문인데, 이를 체휼하신 주님의 위로와 격려가 함께 하실 것이기 때문입니다.

이제 6장을 마치기 전에 전체를 바라보아야만 하겠습니다. 서두에서 “이렇게 말씀하심은 친히 어떻게 하실 것을 아시고”(6) 한 말씀은, 결국 자신을 주시겠다는 것이 됩니다. “우리가 어디서 떡을 사서 이 사람들로 먹게 하겠느냐” 하신 질문에 대한 대답은, “내가 곧 생명의 떡이니, 나를 먹고 마셔라”는 말씀과 결부가 됩니다.

그런데 6장은 “큰 무리가 자기에게로 오는 것을 보시고”(5)로 시작하였다가, “이러므로 제자 중에 많이 물러가고 다시 그와 함께 다니지 아니하더라”(66) 하고 끝나고 있습니다. 현대교회가 이렇게 되지 않기를 근심과 고통 하는 마음으로(롬 9:1) 기도합니다. 우리도 이렇게 신앙을 고백하십시다. “주여 영생의 말씀이 계시매 우리가 뉘게로 가오리이까 우리가 주는 하나님의 거룩하신 자신 줄 믿고 알았삽나이다”. 아멘.

묵상해 봅시다.

1. 내 살과 피를 먹고 마셔라 에 대해서,
2. 이 말씀은 어렵도다 하는 수군거림에 대해서,
3. 제자 중 많이 물러감에 대해서.

요한복음 7:1-24절 개관도표

주제 : 사람이 하나님의 뜻을 행하려 하면

내 때는 아직 이르지 않았다	1-13 1 ① 이 후에 예수께서 갈릴리에서 다니시고 유대에서 다니려 아니하심은 유대인들이 **죽이려 함이러라** 2 유대인의 명절인 **초막절이 가까운지라** 3 그 형제들이 예수께 이르되 당신의 행하는 일을 제자들도 보게 여기를 떠나 유대로 가소서 4 스스로 나타나기를 구하면서 묻혀서 일하는 사람이 없나니 이 일을 행하려 하거든 자신을 세상에 나타내소서 하니 5 이는 **그 형제들이라도 예수를 믿지 아니 함이러라** 6 ② 예수께서 가라사대 **내 때는 아직 이르지 아니하였거니와** 너희 때는 늘 준비되어 있느니 라 7 세상이 너희를 미워하지 못하되 나를 미워하나니 이는 내가 세상의 행사를 악하다 증거함이라 8 너희는 명절에 올라가라 나는 **내 때가 아직 차지 못하였으니** 이 명절에 아직 올라가지 아니하노라 9 이 말씀을 하시고 갈릴리에 머물러 계시니라 10 그 형제들이 명절에 올라간 후 자기도 올라가시되 나타내지 않고 비밀히 하시니라 11 명절 중에 유대인들이 예수를 찾으면서 그가 어디 있느냐 하고 12 예수께 대하여 무리 중에서 수군거림이 많아 **혹은 좋은 사람이라 하며** 혹은 아니라 무리를 **미혹하게 한다 하나** 13 그러나 유대인들을 두려워하므로 드러나게 그를 말하는 자가 없더라
공의의 판단으로 판단하라	14-24 14 ③ 이미 명절의 중간이 되어 예수께서 성전에 올라가사 가르치시니 15 유대인들이 기이히 여겨 가로되 이 사람은 배우지 아니하였거늘 어떻게 글을 아느냐 하니 16 예수께서 대답하여 가라사대 내 교훈은 내 것이 아니요 나를 보내신 이의 것이니라 17 **사람이 하나님의 뜻을 행하려 하면** 이 교훈이 하나님께로 서 왔는지 내가 스스로 말함인지 알리라 18 스스로 말하는 자는 자기 영광만 구하되 보내신 이의 영광을 구하는 자는 참되니 그 속에 불의가 없느니라 19 모세가 너희에게 율법을 주지 아니하였느냐 너희 중에 율법을 지키는 자가 없도다 너희가 어찌하여 **나를 죽이려 하느냐** 20 무리가 대답하되 **당신은 귀신이 들렸도다** 누가 당신을 죽이려 하나이까 21 ④ 예수께서 대답하여 가라사대 내가 한 가지 일을 행하매 너희가 다 이를 인하여 괴이히 여기는 도다 22 모세가 너희에게 할례를 주었으니 (그러나 할례는 모세에게서 난 것이 아니요 조상들에게서 난 것이라) 그러므로 너희가 안식일에도 사람에게 할례를 주느니라 23 모세의 율법을 폐하지 아니하려고 사람이 안식일에도 할례를 받는 일이 있거든 내가 **안식일에 사람의 전신을 건전케 한 것으로** 너희가 나를 노여워하느냐 24 **외모로 판단하지 말고 공의의 판단으로 판단하라 하시니라**

7:1-24절

사람이 하나님의 뜻을 행하려 하면

첫째 단원(1-13) **내 때는 아직 이르지 아니하였다**

둘째 단원(14-24) **공의의 판단으로 판단하라**

7장은 "초막절"(2)을 배경(背景)으로 전개되는데 전체적인 핵심은, "누구든지 목마르거든 내게로 와서 마시라"(37)는 주님의 초청에 있습니다. 분량상 두 부분(1-24, 25-53)으로 나누어 상고합니다만 첫 문단의 중심점은 "사람이 하나님의 뜻을 행하려 하면"(17)에 있다 하겠습니다. 도표를 보시면 "하나님의 뜻을 행하려 하면"을 중심으로, 육적 형제들은 명절에 예루살렘에 올라가 자신을 나타내소서 하고 말하나 주님께서는 "내 때는 아직 이르지 않았다"(첫째 단원) 하시고, 후에 조용히 올라가시었는데 38년 된 병자를 안식일에 건전하게 하신 일에 대해, "공의의 판단으로 판단하라"(둘째 단원) 하십니다.

▌첫째 단원(1-13) 내 때는 아직 이르지 아니하였다

① "이 후에 예수께서 갈릴리에서 다니시고 유대에서 다니려 아니 하심은 유대인들이 죽이려 함이러라"(1), 이는 "안식일만 범할 뿐 아니라 하나님을 친아버지라"(5:18) 하셨기 때문입니다.

㉠ "유대인의 명절인 초막절이 가까운지라 그 형제들이 예수께 이르되 당신의 행하는 일을 제자들도 보게 여기를 떠나 유대로 가소서 스스로 나타나기를 구하면서 묻혀서 일하는 사람이 없나니 이 일을 행하려 하거든 자신을 세상에 나타내소서 하니 이는 그 형제들이라도 예수를 믿지 아니 함이러라"(2-5) 합니다.

불신 형제들은 "스스로 나타나기를 구하면서 묻혀서 일하는 사람이 없나니" 하고 말합니다. 주님이 스스로 나타내기를 구하는 분이십니까? "아들이 아버지의 하시는 일을 보지 않고는 아무것도 스스로 할 수 없나니(5:19, 30) 하십니다. 그러므로 불신 형제들의 말은 "네가 만일 하나님의 아들이어든 명하여 이 돌들이 떡 덩이가 되게 하라"(마 4:3) 한 사탄의 말과 맥을 같이 하는 유혹이라 할 수가 있습니다.

② "예수께서 가라사대 내 때는 아직 이르지 아니하였거니와 너희 때는 늘 준비되어 있느니라 세상이 너희를 미워하지 못하되 나를 미워하나니 이는 내가 세상의 행사를 악하다 증거함이라 너희는 명절에 올라가라 나는 내 때가 아직 차지 못하였으니 이 명절에 아직 올라가지 아니하노라"(6-8) 하고 물리쳐 버리셨던 것입니다. 앞에서 언급한 대로 요한복음에는 주님의 "때", 즉 수난의 때가 강조되어 있습니다.

㉠ "그 형제들이 명절에 올라간 후 자기도 올라가시되 나타내지

않고 비밀히 하시니라"(10) 합니다. "스스로 나타나기를 구하면서" 라고 말한 불신 형제들의 말과, "올라가시되 나타내지 않고" 한 말씀이 날카롭게 대조되어 있습니다. 이것이 "스스로 나타내지 않고, 아버지의 뜻을 행하시는" 주님의 겸비한 태도입니다.

"명절 중에 유대인들이 예수를 찾으면서 그가 어디 있느냐 하고 예수께 대하여 무리 중에서 수군거림이 많아 혹은 좋은 사람이라 하며 혹은 아니라 무리를 미혹하게 한다 하나 그러나 유대인들을 두려워하므로 드러나게 그를 말하는 자가 없더라"(11-13) 합니다.

요한복음에는 예수님으로 인하여 무리들이 쟁론하는 기사가 종종 나옵니다. 43절에서도 "예수를 인하여 무리 중에서 쟁론(爭論)이 되니" 하고, 9:16절에서도 "혹은 말하되 죄인으로서 어떻게 이러한 표적을 행하겠느냐 하여 피차 쟁론이 되었더니" 하고, 10:19절에서도 "이 말씀을 인하여 유대인 중에 다시 분쟁이 일어나니" 합니다. 그러나 정의 편에 선 소수의 주장은 다수의 불의 앞에 묻히고 말았던 것입니다.

둘째 단원(14-24) 공의로 판단하라

③ "이미 명절의 중간이 되어 예수께서 성전에 올라가사 가르치시니 유대인들이 기이히 여겨 가로되 이 사람은 배우지 아니하였거늘 어떻게 글을 아느냐 하니 예수께서 대답하여 가라사대 내 교훈은 내 것이 아니요 나를 보내신 이의 것이니라 사람이 하나님의 뜻을 행하려 하면 이 교훈이 하나님께로 서 왔는지 내가 스스로 말함인지 알리라"(14-17) 하십니다.

여기 중요한 요점을 지적하시는데, "사람이 하나님의 뜻을 행하려 하면", 이라는 말씀입니다. 그의 중심에 하나님의 뜻을 알고자 하는 순수한 열망만 있다면 주님의 교훈이 하나님께로 서 왔는지 아니면 스스로 말함인지 분별할 수 있으리라는 것입니다. 이점을 5:42절에서는, "다만 하나님을 사랑하는 것이 너희 속에 없음을 알았노라" 하십니다.

사도 바울은 로마서에서, "이는 하나님을 알 만한 것이 저희 속에 보임이라 하나님께서 이를 저희에게 보이셨느니라"(롬 1:19) 하고 말씀합니다. 하나님께서 인간을 지으시되 하나님의 형상대로 지으셨는데, "하나님의 뜻을 행하고자" 하는 자에게 무슨 연고로 숨기시겠습니까? 그러면 문제가 어디에 있는가?

㉠ "스스로 말하는 자는 자기 영광만 구하되 보내신 이의 영광을 구하는 자는 참되니 그 속에 불의가 없느니라"(18) 하십니다. 무엇이 문제인가? "자기 영광과, 하나님의 영광"이 상치(相馳)될 때에 "저희는 사람의 영광을 하나님의 영광보다 더 사랑하였더라"(12:43) 하는데 있는 것입니다.

"모세가 너희에게 율법을 주지 아니하였느냐 너희 중에 율법을 지키는 자가 없도다 너희가 어찌하여 나를 죽이려 하느냐 무리가 대답하되 당신은 귀신이 들렸도다 누가 당신을 죽이려 하나이까"(19-20) 하고, 변명을 합니다. 저들이 율법을 지키지 않고 있다는 증거가 무엇인가?

④ "예수께서 대답하여 가라사대 내가 한 가지 일을 행하매 너희가 다 이를 인하여 괴이히 여기는 도다 모세가 너희에게 할례를 주었으니 (그러나 할례는 모세에게서 난 것이 아니요 조상들에게서 난 것이라)

그러므로 너희가 안식일에도 사람에게 할례를 주느니라 모세의 율법을 폐하지 아니하려고 사람이 안식일에도 할례를 받는 일이 있거든 내가 안식일에 사람의 전신을 건전케 한 것으로 너희가 나를 노여워하느냐"(21-23) 하고 지적을 하십니다.

난지 8일만에 할례를 행하라 하신 그 법을 어기지 않기 위해서 안식일에도 할례를 행하지 않느냐? 그렇다면 38년 동안이나 병마에 사로잡혀 괴로움을 당하는 아브라함의 자손을 안식일에 전신을 건전케 한 것으로 너희가 나를 노여워하느냐, 즉 죽이려 하느냐? 이것이 율법의 정신이란 말이냐? "외모로 판단하지 말고 공의의 판단으로 판단하라"(24) 하십니다.

하나님은 에스겔 선지자에게, "인자야 이스라엘 족속이 내게 찌끼가 되었나니 곧 풀무 가운데 있는 놋이나 상납이나 철이나 납이며 은의 찌끼로다"(겔 22:18) 하십니다. 바닥에 눌어붙어 떨어지지 않는 찌끼를 보신 적이 있으십니까? 오늘날도 진리를 말하면서 사랑은 잃어버리고, 문자는 보면서 정신은 알지 못하는 생명력을 상실한 "찌끼" 같은 종교인들은 있기 마련입니다.

묵상해 봅시다.

1. 불신 형제들이 말한 "스스로 나타나기를 구하면서" 에 대해서,
2. 내 때는 아직 이르지 아니하였다 에 대해서,
3. "하나님의 뜻을 행하려 하면" 에 대해서.

요한복음 7:25-53절 개관도표

주제:누구든지 목마르거든 내게로 와서 마셔라

<table>
<tr><td>나를 보내신 이에게로 돌아가겠노라</td><td>25-36
25 ① 예루살렘 사람 중에서 혹이 말하되 이는 저희가 죽이고자 하는 그 사람이 아니냐
26 보라 드러나게 말하되 저희가 아무 말도 아니하는 도다
당국자들은 이 사람을 참으로 그리스도인줄 알았는가
27 그러나 우리는 이 사람이 어디서 왔는지 아노라
그리스도께서 오실 때에는 어디서 오시는지 아는 자가 없으리라 하는지라

28 ② 예수께서 성전에서 가르치시며 외쳐 가라사대 너희가 나를 알고 내가 어디서 온 것도 알거니와
내가 스스로 온 것이 아니로라 나를 보내신 이는 참이시니 너희는 그를 알지 못하나
29 나는 아노니 이는 내가 그에게서 났고 그가 나를 보내셨음이니라 하신대
30 저희가 예수를 잡고자 하나 손을 대는 자가 없으니
이는 그의 때가 아직 이르지 아니하였음이러라
31 무리 중에 많은 사람이 예수를 믿고 말하되 그리스도께서 오실지라도
그 행하실 표적이 이 사람의 행한 것보다 더 많으랴 하니

32 ③ 예수께 대하여 무리의 수군거리는 것이 바리새인들에게 들린 지라
대제사장들과 바리새인들이 그를 잡으려고 하속들을 보내니
33 예수께서 이르시되 내가 너희와 함께 조금 더 있다가 나를 보내신 이에게로 돌아가겠노라
34 너희가 나를 찾아도 만나지 못할 터이요 나 있는 곳에 오지도 못하리라 하신대
헬라인 중에 흩어져 사는 자들에게로 가서 헬라 인을 가르칠 터인가
36 나를 찾아도 만나지 못할 터이요 나 있는 곳에 오지도 못하리라 한
이 말이 무슨 말이냐 하니라</td></tr>
<tr><td>명절끝날 큰날</td><td>37-44
37 ④ 명절 끝날 곧 큰 날에 예수께서 서서 외쳐 가라사대 누구든지 목마르거든 내게로 와서 마시라
38 나를 믿는 자는 성경에 이름과 같이 그 배에서 생수의 강이 흘러나리라 하시니
39 이는 그를 믿는 자의 받을 성령을 가리켜 말씀하신 것이라
(예수께서 아직 영광을 받지 못하신 고로 성령이 아직 저희에게 계시지 아니하시더라)

40 ⑤ 이 말씀을 들은 무리 중에서 혹은 이가 참으로 그 선지자라 하며
41 혹은 그리스도라 하며 어떤 이들은 그리스도가 어찌 갈릴리에서 나오겠느냐
베들레헴에서 나오리라 하지 아니하였느냐 하며
43 예수를 인하여 무리 중에서 쟁론이 되니
44 그 중에는 그를 잡고자 하는 자들도 있으나 손을 대는 자가 없었더라</td></tr>
<tr><td>왜 잡아오지 않았느냐</td><td>45-53
45 ⑥ 하속들이 대제사장들과 바리새인들에게로 오니 저희가 묻되 어찌하여 잡아오지 아니하였느냐
46 하속들이 대답하되 그 사람의 말하는 것처럼 말한 사람은 이때까지 없었나이다 하니
47 바리새인들이 대답하되 너희도 미혹되었느냐
48 당국자들이나 바리새인 중에 그를 믿는 이가 있느냐
49 율법을 알지 못하는 이 무리는 저주를 받은 자로다

50 그 중에 한 사람 곧 전에 예수께 왔던 니고데모가 저희에게 말하되
51 우리 율법은 사람의 말을 듣고 그 행한 것을 알기 전에 판결하느냐
갈릴리에서는 선지자가 나지 못하느니라 하였더라
53 다 각각 집으로 돌아가고</td></tr>
</table>

7:25-53절

누구든지 목마르거든 내게로 와서 마셔라

첫째 단원(25-36) **나를 보내신 이에게로 돌아가겠노라**

둘째 단원(37-44) **명절 끝날 곧 큰 날에**

셋째 단원(45-53) **왜 잡아오지 않았느냐**

7장은, "유대인의 명절인 초막절이 가까운지라"(2) 하고, 초막절을 배경으로 전개되고 있습니다. 초막절은 출애굽 당시 그들의 조상들이 광야생활을 하며 고생하던 것을 잊지 않기 위하여 일주일 동안 초막에 거하던 행사로써 시기적으로는 농산물의 추수를 끝마친 때인지라 그래서 수장절(收藏節)이라고도 합니다. 7장의 핵심은, "명절 끝날 곧 큰 날에, 누구든지 목마르거든 내게로 와서 마시라"(37) 하신 주님의 초청에 있습니다.

도표를 보시면 "내게로 와서 마셔라"를 중심으로 "조금 있다가 나를 보내신 이에게로 돌아가겠노라"(첫째 단원) 하시면서, "명절 끝날 곧 큰 날에, 나를 믿는 자는 생수의 강이 흘러나리라"(둘째 단원) 하시니, 대제사장은 하속들에게 "왜 잡아오지 않았느냐"(셋째 단원) 합니다. 그러면 3대 절기의 하나인 초막절이 그리스도와는 어떤 관계가 있는가?

❙ 첫째 단원(25-36) **나를 보내신 이에게로 돌아가겠노라**

① "예루살렘 사람 중에서 혹이 말하되 이는 저희가 죽이고자 하는 그 사람이 아니냐 보라 드러나게 말하되 저희가 아무 말도 아니하는도다"(25-26상) 합니다.

이는 주님께서 예루살렘에 나타나 공공연하게, "외모로 판단하지 말고 공의로 판단하라"(24) 하고 가르치시는데도 잡는 자가 없었기 때문에 하는 말입니다. 20절에서는 "당신은 귀신이 들렸도다 누가 죽이려 하나이까" 하고 말하던 저들이 이제는 "이는 저희가 죽이고자 하는 그 사람이 아니냐" 말하고 있는 것입니다.

㉠ "당국자들은 이 사람을 참으로 그리스도인줄 알았는가"(26하) 합니다. 본 문단에는 "그리스도"라는 말이 6번(26, 27, 31, 41, 41, 42)이나 등장합니다. 그는 과연 그리스도인가? 주님 당시도 "혹은 선지자라 하며, 혹은 그리스도라 하며, 어떤 이들은 그리스도가 어찌 갈릴리에서 나오겠느냐"(40-41) 하고 쟁론을 했던 것입니다. 그래서 저들은 "그리스도 여든 밝히 말하시오"(10:24) 하고 말했던 것입니다.

㉡ 그런데 예수님을 그리스도로 인정하는데 가장 큰 걸림은, 나사렛 목수의 아들이라는 점입니다. "이는 요셉의 아들 예수가 아니냐 그 부모를 우리가 아는데 제가 지금 어찌하여 하늘로서 내려왔다

하느냐"(6:42) 하고 수군거렸고, 본문 27절에서도 "그러나 우리는 이 사람이 어디서 왔는지 아노라 그리스도께서 오실 때에는 어디서 오시는지 아는 자가 없으리라" 하고 말하고 있는 것입니다.

동서고금(古今)을 막론하고 예수님에 대한 가장 큰 쟁점은 "예수가 누군가" 하는 기독론(基督論)입니다. 영지주의자들은 예수님의 신성(神性)만을 인정하고 인성(人性)을 부정했고, 현대주의자들은 반대로 신성(神性)을 부정하고 인성만을 인정하고 있는 것입니다. 이처럼 기독론에 대한 불확실성은 그리스도의 사명(使命), 즉 구원론(救援論)의 오류에서 비롯됩니다. 예수 그리스도는 하나님과 죄인들 사이의 중보자 곧 대속제물이 되시기 위해서 오셨습니다. 이 사명(使命)을 감당하기 위해서는 하나님이시면서 동시에 사람이셔야만 했던 것입니다. 만일 영으로만 오셨다면 대신 죽으실 수가 없으셨을 것이고, 사람만이라면 중보자의 자격이 없는 것이 됩니다.

② "예수께서 성전에서 가르치시며 외쳐 가라사대 너희가 나를 알고 내가 어디서 온 것도 알거니와 내가 스스로 온 것이 아니로라 나를 보내신 이는 참이시니 너희는 그를 알지 못하나 나는 아노니 이는 내가 그에게서 났고 그가 나를 보내셨음이니라 하신대"(28-29),

㉠ 본문에는 "알거니와, 알지 못하나" 하는 상반된 말씀이 있습니다. 저들이 예수님에 대하여 아는 것은 육적인 것이요, 알지 못하는 것은 영적인 면입니다. 주님은 "주는 그리스도시요 살아계신 하나님의 아들이시니이다" 하고 고백하는 베드로에게, "이를 네게 알게 한 이는 혈육이 아니요 하늘에 계신 내 아버지시니라"(마 16:16, 17) 하셨습니다. 성령으로 하지 않고는 예수가 하나님의 아들이요 그리스도이심을 알 수가 없는 것입니다.

㉡ "저희가 예수를 잡고자 하나 손을 대는 자가 없으니 이는 그의 때가 아직 이르지 아니 하였음이러라 무리 중에 많은 사람이 예수를 믿고 말하되 그리스도께서 오실지라도 그 행하실 표적이 이 사람의 행한 것보다 더 많으랴 하니"(30-31),

두 가지 요점이 있는데 하나는, "그의 때가 아직 이르지 아니하였다"는 것이고, 둘째는 많은 사람이 "예수를 믿고 말하되" 한 믿음의 근거를 "표적"에 두고 있다는 점입니다.

③ "예수께 대하여 무리의 수군거리는 것이 바리새인들에게 들린지라 대제사장들과 바리새인들이 그를 잡으려고 하속들을 보내니"(32), "무리의 수군거리는 것"이 들렸다는 말은 예수님의 영향력이 점점 커져갔음을 나타내는데 그래서 "잡으려고" 하속들을 보냈다는 것입니다.

㉠ 그들을 향해서 "예수께서 이르시되 내가 너희와 함께 조금 더 있다가 나를 보내신 이에게로 돌아가겠노라 너희가 나를 찾아도 만나지 못할 터이요 나 있는 곳에 오지도 못하리라"(33-34) 하십니다. 즉 힘이 모자라서 잡히시고 죽으시는 것이 아니라 능동적으로 "조금 더 있다가 나를 보내신 이에게로 돌아가겠노라" 하시는 것입니다.

요한복음에는 주님의 수난 예고가,

㉮ "인자도 들려야 하리니"(3:14),

㉯ "때가 아직 이르지 못했다"(7:6, 8:20),

㉰ "이전 있던 곳으로 올라가는 것을 볼 것 같으면"(6:62),

㉱ "조금 더 있다가 나를 보내신 이에게로 돌아가겠노라"(7:33),

㉲ "내가 땅에서 들리면"(12:32) 등 우회적으로 표현이 되어

있습니다.

㉡ "이에 유대인들이 서로 묻되 이 사람이 어디로 가기에 우리가 저를 만나지 못하리요 헬라인 중에 흩어져 사는 자들에게로 가서 헬라 인을 가르칠 터인가 나를 찾아도 만나지 못할 터이요 나 있는 곳에 오지도 못하리라 한 이 말이 무슨 말이냐 하니라"(35-36).

둘째 단원(37-44) 명절 끝날 곧 큰 날에

④ "명절 끝날 곧 큰 날에 예수께서 서서 외쳐 가라사대 누구든지 목마르거든 내게로 와서 마시라 나를 믿는 자는 성경에 이름과 같이 그 배에서 생수의 강이 흘러나리라 하시니"(37-38),

출애굽하여 광야를 통과하는 40년 동안 없어서는 아니 될 두 가지 필수 요건이 무엇인가? 그것은 "만나와, 생수"였습니다. 하나님은 자기 백성들에게 매일 같이, "그 이름을 만나라 하였으며, 맛은 꿀 섞은 과자 같았더라"(출 16:31) 한 일용할 양식을 공급해주셨습니다. 또한 "우리를 목말라 죽게 하느냐" 하는 그들에게 "반석을 치라 그것에서 물이 나리니 백성이 마시리라"(출 17:3, 6) 하셨습니다.

초막절 절기 중에는 이를 기념하기 위해서 제사장들이 실로암 우물에 가서 금 그릇에 물을 담아 가지고 와서는 성전 제단 앞에 부었다고 합니다. 이것은 광야에서 물을 공급하여 주셔서 육신의 갈증을 해소시켜 주신 하나님께 대한 감사하는 뜻에서였습니다.

㉠ "만나"라는 예표는 6장에서, "너희 조상들은 광야에서 만나를 먹었어도 죽었거니와(49), 나는 하늘로써 내려온 생명의 떡이니 이 떡을 먹는 자는 영원히 살리라"(58) 하고 실체(實體)로 오셨음을

설파하셨고, "생수"는 7장에서 "누구든지 목마르거든 내게로 와서 마시라" 하고, 실체로 성취되고 있음을 선언하시는 것입니다.

사도 바울은 고린도전서 10장에서 그의 조상들이 광야에서 "다 같은 신령한 식물(食物)을 먹으며 다 같은 신령한 음료(飮料)를 마셨으니 이는 저희를 따르는 신령한 반석으로부터 마셨으매 그 반석은 곧 그리스도시라"(고전 10:3-4) 하고, 증거하고 있습니다.

저희가 광야 사막 길에서 방황하며
거할 성을 찾지 못하고
주리고 목마름으로
그 영혼이 속에서 피곤하였도다 (시 107:4-5), 이것이 광야 같은 세상을 살아가는 자들의 목마름입니다

㉮ 이들을 향해서 이사야 55:1절에는, "너희 목마른 자들아 물로 나아오라 돈 없는 자도 오라 너희는 와서 사먹되 돈 없이 값없이 와서 포도주와 젖을 사라" 하는 성부의 초청이 있습니다.

㉯ 본문에는 "누구든지 목마르거든 내게로 와서 마시라" 하고 성자 그리스도께서 초청을 하시고,

㉰ 계시록 22:17절에는, "성령과 신부가 말씀하시기를 오라 하시는도다. 듣는 자도 오라 할 것이요 목마른 자도 올 것이요 또 원하는 자는 값없이 생명수를 받으라" 하고, 성령님의 초청이 있습니다. 성부, 성자, 성령, 삼위 하나님께서 한결같이 누구든지 "목마르거든, 목마른 자들은 오라" 하고 말씀하십니다.

형제는 무엇에 목말라 있습니까? 물질입니까? 명예입니까? 쾌락입니까? 형제는 "사슴이 시냇물을 찾기에 갈급함 같은" 영적 갈급함을 경험해 보신 적이 있으십니까? 주님께서는 "이 물을 먹는 자마다

다시 목마르려니와 내가 주는 물을 먹는 자는 영원히 목마르지 아니하리라" 말씀하십니다.

㉡ 어찌하여 명절 끝 날을 "큰 날"이라 하는가? 초막(草幕)들을 거두고 집으로 돌아가는 축제의 절정을 이루는 날이기 때문입니다. 그러나 이것은 예표일 뿐입니다.

유월절, 오순절, 초막절은 유대인의 3대 명절입니다. 유월절이 유월절 어린양 되시는 예수 그리스도의 죽으심으로, 오순절이 성령 강림으로 성취되었다면, 초막절, 즉 광야와 같은 나그네의 삶은 그리스도의 재림(再臨)으로 끝나게 되는 것입니다.

이런 의미가 있기에 다른 절기는 7일 동안만 지키는데 초막적은 "제 8일에도 너희에게 성회가 될 것이며"(레 23:36) 하시는 것입니다. 제8일은 그리스도의 재림의 날을 상징합니다. 그래서 "명절 끝날 곧 큰 날이라" 하는 것입니다. 지금 우리들은 초막절의 기간을 살아가고 있는 것이며, 이 세상을 나그네 정신으로 살아가는 자세가 초막절의 정신입니다.

스가랴 선지자는 그의 예언을 메시아 왕국이 도래하면 열국이 "그 왕 만군의 여호와께 숭배하며 초막절을 지킬 것이라"(14:16) 하고 "초막절"로 끝을 맺고 있습니다. 영적 가나안 땅에 들어가게 되는 날, 즉 예수 그리스도께서 재림하시는 날이야말로 전무후무한 "큰 날"이 될 것입니다.

㉢ "누구든지 목마르거든 내게로 와서 마시라 나를 믿는 자는 성경에 이름과 같이 배에서 생수의 강이 흘러나리라"(37-38) 하십니다. 주님은 초막절 행사를 마치고 돌아가려는 무리들에게 이렇게

말씀하고 있는 셈입니다. "너희 조상들은 광야에서 생수를 마셨어도 영혼의 갈증을 면하지를 못했다 그것은 참 것의 그림자에 불과했다. 누구든지 영혼의 갈증을 해갈하기를 원한다면 내게로 와서 마시라".

광야에서 생수가 어떻게 해서 솟아나게 되었는가를 생각해 보시기를 바랍니다. "내가 거기서 호렙산 반석 위에 너를 대하여 서리니 너는 반석을 치라 그것에서 물이 나리니 백성이 마시리라"(출 17:16) 하고, "반석이 침을 당함으로" 비로소 생수는 솟아나게 되었던 것입니다. 이점을 스가랴 선지자는, "그 날에 죄와 더러움을 씻는 샘이 다윗의 족속과 예루살렘 거민을 위하여 열리리라"(13:1) 예언하면서, "내 목자 내 짝 된 자를 치라"(슥 13:7) 합니다. 그렇습니다. 모세가 반석을 치매 생수가 터져 나왔듯이 예수 그리스도께서 치심을 당하심으로 생수는 솟아나게 되는 것입니다.

메시아 시대가 도래하면 광야에서 생수가 흐르게 될 것은 이사야 선지자도, "그 때에 소경의 눈이 밝을 것이며 귀머거리의 귀가 열릴 것이며 그 때에 저는 자는 사슴같이 뛸 것이며 벙어리의 혀는 노래하리니 이는 광야에서 물이 솟겠고 사막에서 시내가 흐를 것 임이라"(사 35:6-6) 하고 예언하고 있습니다.

㉣ 그러므로 주님께서 치심을 받으시기까지는 생수는 솟아나지 않을 것입니다. 그래서 "이는 그를 믿는 자의 받을 성령을 가리켜 말씀하신 것이라 예수께서 아직 영광을 받지 못하신 고로 성령이 아직 저희에게 계시지 아니하시더라"(39) 하고 설명을 부언하고 있는 것입니다.

⑤ "이 말씀을 들은 무리 중에서 혹은 이가 참으로 그 선지자라 하며 혹은 그리스도라 하며 어떤 이들은 그리스도가 어찌 갈릴리에서

나오겠느냐 성경에 이르기를 그리스도는 다윗의 씨로 또 다윗의 살던 촌 베들레헴에서 나오리라 하지 아니하였느냐 하며 예수를 인하여 무리 중에서 쟁론이 되니"(40-43),

㉠ 이는 주님의 초청에 대한 무리들의 반응입니다.

㉮ 선지자라 하는 자들이 있었습니다.

㉯ 그리스도라 하는 자들이 있었습니다.

㉰ 그런가 하면, "그리스도가 어찌 갈릴리에서 나오겠느냐" 하고 배척하는 자들이 있었습니다. 그리하여 "예수를 인하여 무리 중에 쟁론(爭論)이 일어났다" 하고 말씀합니다.

여기 중요한 요점이 있는데 그것은 "쟁론"입니다. 요한복음은 계속적으로 쟁론하는 모습을 보여주고 있습니다. 예수 그리스도의 십자가 복음은 쟁론을 일으킵니다. 영접하는 자와 배척하는 자로 갈라지게 합니다. 즉 구원 얻는 자와 멸망을 당할 자로 심판하는 기능이 있다는 말씀입니다. 그러므로 모든 사람을 좋게 하고, 환영 받고, 인기가 있는 설교는 교양강좌는 될지언정 복음 증거는 아닌 것입니다.

"그 중에는 그를 잡고자 하는 자들도 있으나 손을 대는 자가 없었더라"(44), 이는 아직 때가 이르지 않았기 때문입니다.

▌셋째 단원(45-53) **왜 잡아오지 않았느냐**

⑥ "하속들이 대제사장들과 바리새인들에게로 오니 저희가 묻되 어찌하여 잡아오지 아니하였느냐"(45), 이는 "대제사장들과 바리새인들이 그를 잡으려고 하속들을 보내니" 한 32절과 결부가 됩니다.

㉠ "하속들이 대답하되 그 사람의 말하는 것처럼 말한 사람은 이때까지 없었나이다 하니"(46), 하속들의 말을 귀담아 들으시기 바랍니다. 예수님께서 "말씀하는 것처럼 말한 사람은 이때까지 없었습니다",

그렇습니다. "내가 하늘에서 내려온 생명의 떡이니 나를 먹으면 영원히 살리라" 하고 말한 사람이 전에도 있었습니까? "내 살을 먹고 내 피를 마시는 자는 영생을 가졌고 마지막 날에 내가 그를 다시 살리리니(6:54), 누구든지 목마르거든 내게로 와서 마시라 나를 믿는 자는 성경에 이름과 같이 그 배에서 생수의 강이 흘러나리라"(37-38) 하고 말한 사람이 전에도 있었습니까? "너희 조상 아브라함은 나의 때 볼 것을 즐거워하다가 보고 기뻐하였느니라(8:56), 나는 부활이요 생명이니 나를 믿는 자는 죽어도 살겠고 무릇 살아서 나를 믿는 자는 영원히 죽지 아니하리니 이것을 네가 믿느냐(11:25-26), 내가 너희를 위하여 처소를 예비하러 가노니 가서 처소를 예비하면 내가 다시 와서 너희를 내게로 영접하여 나 있는 곳에 너희도 있게 하리라"(14:3) 하고 말씀하신 분이 예수 그리스도 말고 또 있었느냐 말입니다.

㉡ 하속들의 말은 일종의 양심선언(良心宣言)이었던 것입니다. 그래서 "바리새인들이 대답하되 너희도 미혹되었느냐 당국자들이나 바리새인 중에 그를 믿는 이가 있느냐 율법을 알지 못하는 이 무리는 저주를 받은 자로다"(47-49) 하고 협박을 했던 것입니다.

㉢ "그 중에 한 사람 곧 전에 예수께 왔던 니고데모가 저희에게 말하되 우리 율법은 사람의 말을 듣고 그 행한 것을 알기 전에 판결하느냐(50-51), 저희가 대답하여 가로되 너도 갈릴리에서 왔느냐 상고

하여 보라 갈릴리에서는 선지자가 나지 못하느니라 하였더라"(52),

7장은 이렇게 끝맺고 있습니다. "다 각각 집으로 돌아가고 ……"(53), 그러나 "예수는 감람산으로 가시다"(8:1). 그들에게는 돌아갈 집이 있었으나 메시아 그리스도에게는 이 세상에서 머리 둘 곳이 없으셨습니다. 진정으로 초막절을 지키신 분은, 예수 그리스도 뿐이셨습니다.

"다 각각 집으로 돌아가고"(53), 형제는 어디로 돌아가실 겁니까?

묵상해 봅시다.

1. 조금 있다가 돌아가리라 하신 말씀에 대해서,
2. 어찌 하여 명절 끝 날이 곧 큰 날인가에 대해서,
3. 기독론에 대한 쟁점과 그 원인에 대해서.

요한복음 8:1-11절 개관도표

주제: 나도 너를 정죄하지 않는다

고소	1-5 1 ① 예수는 감람산으로 가시다 2 아침에 다시 성전으로 들어오시니 백성이 다 나아오는지라 앉으사 저희를 가르치시더니 3 서기관들과 바리새인들이 **간음 중에 잡힌 여자를 끌고** 와서 가운데 세우고 4 예수께 말하되 선생이여 이 여자가 간음하다가 현장에서 잡혔나이다 5 모세는 율법에 이러한 여자를 **돌로 치라 명하였거니와** **선생은 어떻게 말하겠나이까** 6상 저희가 이렇게 말함은 고소할 조건을 얻고자 하여 **예수를 시험함일러라**
죄 없는 자가	6-9 6하 ② 예수께서 몸을 굽히사 **손가락으로 땅에 쓰시니** 7 저희가 묻기를 마지아니하는지라 이에 일어나 가라사대 ③ 너희 중에 **죄 없는 자가 먼저 돌로 치라** **하시고** 8 다시 몸을 굽히사 **손가락으로 땅에 쓰시니** 9 저희가 이 말씀을 듣고 양심의 가책을 받아 어른으로 시작하여 젊은이까지 하나 씩 하나 씩 나가고 오직 예수와 그 가운데 섰는 여자만 남았더라
죄를 범치 말라	10-11 10 ④ 예수께서 일어나사 여자 외에 아무도 없는 것을 보시고 이르시되 여자여 너를 고소하던 그들이 어디 있느냐 너를 정죄한 자가 없느냐 11 대답하되 주여 없나이다 예수께서 가라사대 **나도 너를 정죄하지 아니하노니** **가서 다시는 죄를 범치 말라 하시니라]**

8:1-11절

나도 너를 정죄하지 않는다

첫째 단원(1-5) **선생은 어떻게 말하겠나이까**

둘째 단원(6-9) **죄 없는 자가 돌로 치라**

셋째 단원(10-11) **다시는 죄를 범치 말라**

8장 전체의 핵심적인 말씀은, "진리가 너희를 자유케 하리라"(32)는 말씀입니다. 본 문단은 간음 현장에서 잡혀온 여인에 대한 송사(訟事)인데 이 문제(問題)에 대한 중심점은 율법을 전해준 모세와 복음을 주신 그리스도의 해답이 다르다는데 있습니다. 모세는 "돌로 치라"(5) 명하는 반면, 주님은 "나도 너를 정죄하지 않는다" 하고 선언하십니다. 이것이 어떻게 가능하여진단 말인가?

도표를 보시면, "정죄하지 않는다"를 중심으로, "선생은 어떻게 말하겠나이까"(첫째 단원) 하는 고소에, "죄 없는 자가 돌로 치라"(둘째 단원) 하시고, 고소자들이 물러가자 "나도 너를 정죄하지 않노니

다시는 죄를 범치 말라"(셋째 단원) 하십니다.

요한복음의 구조를 주의해 보면 각 장마다 앞부분에 먼저 구체적인 사건, 즉 문제(問題)를 제시해 놓은 후에 (2장은 가나 혼인 잔치, 3장은 니고데모의 내방, 4장은 사마리아 여인과의 대화, 5장은 38년 된 병자, 6장은 5병 2어의 표적, 7장은 초막절 행사, 9장은 나면서 소경 된 자 등) 뒤 부분에서 이에 대한 해설, 즉 해답(解答)이 주어지는 구조로 되어 있습니다.

8장도 앞부분에 간음하다 현장에서 끌려 온 여인의 사건, 즉 문제가 제기되고 있는 것입니다. 그러면 이에 대한 해답이 무엇인가?

▌첫째 단원(1-5) 선생은 어떻게 말하겠나이까

① "예수는 감람산으로 가시다 아침에 다시 성전으로 들어오시니 백성이 다 나아오는지라 앉으사 저희를 가르치시더니 서기관들과 바리새인들이 간음 중에 잡힌 여자를 끌고 와서 가운데 세우고"(1-3), 문제(問題)가 발생한 것입니다. 그러면 이에 대한 해답(解答)이 무엇인가?

㉠ "예수께 말하되 선생이여 이 여자가 간음하다가 현장에서 잡혔나이다 모세는 율법에 이러한 여자를 돌로 치라 명하였거니와 선생은 어떻게 말하겠나이까"(4-5), "저희가 이렇게 말함은 고소할 조건을 얻고자 하여 예수를 시험함이러라"(6상), 즉 간음한 여인을 정죄하고자 해서가 아니라 예수님을 죽이려는 궤계라는 것입니다.

이 장면은 마치 재판(裁判) 석상과 같습니다. 죄인 여자를 가운데 놓고 한 쪽에는 모세가 율법을 들고 서 있는 검사와 같고, 다른 한 쪽에는 예수님이 복음을 들고 서 있는 변호사와 같은 구도(構圖)입니다. 모세는 율법의 조문에 근거하여 이러한 여자는 돌로 치라 하고 정죄합니다. 그렇다면 예수님께서는 무엇이라 말씀하실 것인가? 8장은 이를 보여주기를 원하고 있습니다.

만일 돌로 치라고 말한다면 복음도 모세 율법보다 나을 것이 없는 것이 되고, 돌로 치지 말라 하고 말한다면 모세의 율법을 폐하는 것이 될 뿐만 아니라, 명백한 죄를 옹호하는 결과가 되고 말 것입니다.

성경은 문제에 대한 해답으로 주어진 것입니다. 그러면 "이러한 여자를 돌로 치라 명하는" 율법(律法)은 해답인가 아닌가? 이에 대해 "의문은 죽이는 것이요 영은 살리는 것임이니라"(고전 3:6), 즉 해답이 되지 못한다고 말씀합니다.

▌둘째 단원(6하-9) **죄 없는 자가 돌로 치라**

② "예수께서 몸을 굽히사 손가락으로 땅에 쓰시니"(6하), 8절에서도 "다시 몸을 굽히사 손가락으로 땅에 쓰시니" 합니다.

㉠ 이 상황에서 주님께서 "쓰셨다" 말씀하는데 무엇을 쓰셨으며 어떤 의미가 있는가? 이에 대해, "여호와께서 두 돌 판을 내게 주셨나니 그 판의 글은 하나님이 친수(親手)로 기록하신 것이요"(신 9:10, 출 32:16) 하신 말씀에서 빛을 받을 수가 있습니다. 하나님께서 율법을 친수로 쓰셔서 인간들에게 하사하신 목적이 무엇입니까? 궁극적으로는 죄를 깨닫고 그리스도에게로 인도하시기 위해서입니다.

이런 맥락으로 보면 주님께서 친수로 땅에 쓰셨다는 것은 대답할 말이 궁색해서가 아니라, ㉮ 하나님 앞에서는 모든 사람이 죄인이라는 것과, ㉯ 예수 그리스도는 이에 대한 해답을 주기 위해서 오셨다는 점을 드러내시기 위함이라 할 수가 있습니다.

요한복음은, "만물이 그로 말미암아 지은 바 되었으니 지은 것이 하나도 그가 없이는 된 것이 없느니라"(1:3) 하고 그리스도께서 창조자이심을 말씀합니다. 그렇다면 십계명의 두 돌 판도, "몸을 굽히사 손가락으로 땅에 쓰시니" 한 그 손이 친히 쓰신 것이라는 논리가 성립이 되는 것입니다. "몸을 굽히사 손가락으로 땅에 쓰시는" 의중이 무엇인가 하는 점이 주님의 말씀에 나타납니다.

③ "저희가 묻기를 마지아니하는지라, 이에 일어나 가라사대 너희 중에 죄 없는 자가 먼저 돌로 치라 하시고 다시 몸을 굽히사 손가락으로 땅에 쓰시니"(7-8),

그러면 저들 중에, 그리고 우리 중에 "죄 없는 자"가 있단 말인가? 24절을 보십시오. "너희 죄 가운데서 죽으리라, 너희가 만일 내가 그 인줄 믿지 아니하면 너희 죄 가운데서 죽으리라" 하고 다 죄 아래 있어서 죽어야 할 자들이라는 점을 거듭 강조하십니다. 여인만이 죽을 죄인이 아니라 "너희" 모두가 죽어야 마땅한 죄인이라는 말씀입니다.

㉠ "저희가 이 말씀을 듣고 양심의 가책을 받아 어른으로 시작하여 젊은이까지 하나씩 하나 씩 나가고 오직 예수와 그 가운데 섰는 여자만 남았더라"(9) 합니다. 어떻게 이런 일이 일어날 수가 있단 말인가? 이에 대한 해답이 12절의 "나는 세상의 빛이니" 하신 말씀입니다. 빛 앞에서 어두움이 드러나자 물러가고 만 것입니다.

▌셋째 단원(10-11)　다시는 죄를 범치 말라

④ "예수께서 일어나사 여자 외에 아무도 없는 것을 보시고 이르시되 여자여 너를 고소하던 그들이 어디 있느냐 너를 정죄한 자가 없느냐"(10),

㉠ "대답하되 주여 없나이다 예수께서 가라사대 나도 너를 정죄하지 아니 하노니 가서 다시는 죄를 범치 말라 하시니라"(11).

이로써 문제는 일단락이 되고 완결(完決)이 되었단 말인가? 여자의 입장에서는 그렇다고 말할 수도 있을 것입니다. 그러나 하나님의 입장에서는 아직도 미결상태인 것입니다. 왜냐하면 하나님의 공의(公義)가 이 여인을 용납할 수가 없기 때문입니다. 그렇습니다. 여인은 누명을 쓴 자가 아니라 현장에서 끌려온 현행범입니다. 그런 자를 "눈이 정결하시므로 악을 참아 보지 못하시는"(합 1:13) 하나님의 입장에서 어떻게, "나도 너를 정죄하지 아니하노니" 하시는 것으로 완결(完決)이 될 수가 있단 말인가?

그러므로 이에 대한 해답은 하나님의 아들 그리스도께서 여인의 죄와, 우리들의 죄를 위하여 대신 정죄를 받으심으로 만이 가능해진다는 것입니다. 이점을 로마서에서는 율법이 할 수 없는 그것을, "하나님은 하시나니 곧 죄를 인하여 자기 아들을 죄 있는 육신의 모양으로 보내어 육신의 죄를 정하사"(롬 8:3) 하고 말씀합니다.

그래서 주님은 "너희가 만일 내가 그인 줄 믿지 아니하면 너희 죄 가운데서 죽으리라"(24) 하시는 것입니다. 만일 하나님의 아들 그리스도께서 대속제물이 되시기 위해서 말씀이 육신이 되어 오시지 않았다면, 그리고 여인이 주님을 만나지 못하였다면 그녀는 분명히, "자기 죄 가운데서" 죽임을 당하고 말았을 것입니다.

주님은 그녀를 정죄를 하러 오신 분이 아니라, 대신 정죄를 받으심으로 살리러 오신 분이셨습니다. 주님은 죽이는 의문을 가지고 오신 분이 아니라, 살리는 은혜를 가지고 오신 분이셨습니다. "인자의 온 것은 섬김을 받으려 함이 아니라, 자기 목숨을 대속물로 주려 함이니라"(마 20:28) 하십니다. 이러한 대속이 없이 그냥 정죄하지 아니하셨다면 하나님의 거룩하심이, 하나님의 공의가 용납하지를 못하였을 것입니다.

저희는 주님을 향하여 "네가 누구냐"(25) 했습니다. 성경은 주님이 누구이신가만 증거하고 있는 것이 아니라, 그렇게 묻는 너희들은 "누구인 줄 아느냐" 하고 묻고 있는 것입니다. 이런 뜻이 "너희 중에 죄 없는 자가 먼저 돌로 치라"(7) 하시는 말씀 속에 함의되어 있는 것입니다.

이 사건을 통해서 "예수는 누구신가? 그리고 나는 누구인가", 예수는 왜 오셨는가? 내가 살 수 있는 길이 무엇인가를 보여주기를 원하고 있습니다. 부언할 점은 여인의 입장에서도 종결(終決)이 된 것은 아니라는 점입니다. 왜냐하면 망극하신 은혜를 생각하면서 "다시는 죄를 범치 아니하는" 헌신의 삶을 살아가야 하기 때문입니다.

묵상해 봅시다.

1. 저들이 고소한 의도에 대해서,
2. 본문에 나타난 재판 구도에 대해서,
3. 정죄하지 않는다는 것이 어떻게 가능하여지는가에 대해서.

요한복음 8:12-30절 개관도표

주제:나를 믿지 아니하면 죄 가운데서 죽으리라

나를 알아야 아버지를 안다	12-20 12 ① 예수께서 또 일러 가라사대 **나는 세상의 빛이니** 나를 따르는 자는 어두움에 다니지 아니하고 생명의 빛을 얻으리라 13 바리새인들이 가로되 네가 너를 위하여 증거하니 **네 증거는 참되지 아니하도다** 14 ② 예수께서 대답하여 가라사대 내가 나를 위하여 증거하여도 내 증거가 참되니 나는 내가 **어디서 오며** **어디로 가는 것을 앎이 어니와** 너희는 내가 어디서 오며 어디로 가는 것을 알지 못하느니라 15 너희는 육체를 따라 판단하나 나는 아무도 판단치 아니하노라 16 ③ 만일 내가 판단하여도 내 판단이 참되니 이는 내가 혼자 있는 것이 아니요 **나를 보내신 이가 나와 함께 계심이라** 17 너희 율법에도 두 사람의 증거가 참되다 기록하였으니 18 내가 나를 위하여 증거하는 자가 되고 나를 보내신 아버지도 나를 위하여 증거하시느니라 19 ④ 이에 저희가 묻되 네 아버지가 어디 있느냐 예수께서 대답하시되 너희는 나를 알지 못하고 내 아버지도 알지 못하는 도다 **나를 알았더면 내 아버지도 알았으리라** 20 이 말씀은 성전에서 가르치실 때에 연보 궤 앞에서 하셨으나 잡는 사람이 없으니 이는 **그의 때가 아직 이르지 아니하였음이러라**
인자를 든 후에 알리라	21-30 21 ⑤ 다시 이르시되 **내가 가리니** 너희가 나를 찾다가 너희 죄 가운데서 죽겠고 나의 가는 곳에는 너희가 오지 못하리라 22 유대인들이 가로되 저가 나의 가는 곳에는 너희가 오지 못하리라 하니 저가 **자결하려는가** 23 ⑥ 예수께서 가라사대 **너희는 아래서 났고 나는 위에서 났으며** 너희는 이 세상에 속하였고 나는 이 세상에 속하지 아니 하였느니라 24 이러므로 내가 너희에게 말하기를 너희가 너희 죄 가운데서 죽으리라 하였노라 너희가 만일 **내가 그 인줄 믿지 아니하면 너희 죄 가운데서 죽으리라** 25 ⑦ 저희가 말하되 **네가 누구냐** 예수께서 가라사대 나는 처음부터 너희에게 말하여 온 자니라 26 내가 너희를 대하여 말하고 판단할 것이 많으나 나를 보내신 이가 참되시매 내가 그에게 들은 그것을 세상에게 말하노라 하시되 27 저희는 아버지를 가리켜 말씀하신 줄을 깨닫지 못하더라 28 ⑧ 이에 예수께서 가라사대 **너희는** **인자를 든 후에 내가 그인 줄을 알고** 또 내가 스스로 아무 것도 하지 아니하고 오직 아버지께서 가르치신 대로 이런 것을 말하는 줄도 알리라 29 나를 보내신 이가 나와 함께 하시도다 내가 항상 그의 기뻐하시는 일을 행하므로 나를 혼자 두지 아니하셨느니라 30 이 말씀을 하시매 많은 사람이 믿더라

8:12-30절

나를 믿지 아니하면 죄 가운데서 죽으리라

첫째 단원(12-20) **나를 알아야 아버지를 안다**
둘째 단원(21-30) **나를 든 후에 알리라**

8장 전체의 중심주제는 "진리가 너희를 자유케 하리라"(32)에 있습니다. 간음 현장에서 잡혀온 여인까지도 진리로 말미암아 자유함을 얻은 것입니다. 그러므로 본 문단의 중심점은 "너희가 나를 믿지 아니하면 너희 죄 가운데서 죽으리라"(24), 즉 자유 함을 얻지 못한다는 말씀에 있습니다. 도표를 보시면 "너희 죄 가운데 죽으리라"를 중심으로, "나를 알아야 아버지를 안다"(첫째 단원) 하시고, "인자를 든 후에야 그 인줄 알리라"(둘째 단원) 하십니다. 8장에는 그 누구도 항거하거나 거부할 수 없는 엄청난 말씀들이 들어 있습니다.

첫째 단원(12-20) 나를 알아야 아버지를 안다

① "예수께서 또 일러 가라사대 나는 세상의 빛이니 나를 따르는 자는 어두움에 다니지 아니하고 생명의 빛을 얻으리라"(12) 하십니다. "나는 세상의 빛이다" 하신 말씀은, "나는 생명의 떡이다"(6:35, 48) 하신 선언에 이은, "나는---이다"의 두 번째 선언입니다.

하나님께서 명하신 성막 식양(式樣)에는 등대(燈臺)가 있고, "끊이지 말고 등불을 켜라"(출 27:20) 하고 명하셨습니다. 언제까지인가? "참 빛 곧 세상에 와서 각 사람에게 비취는 빛이 있었나니"(1:9) 한, "참 빛"이 오실 때까지입니다. 이점에서 유념할 점은 "등잔 일곱을 만들어 그 위에 두어 앞을 비취게 하라(출 25:37) 하신 말씀입니다. 우리는 앞을 비추고 있는 그 빛 앞에서 행하고 있다는 점을 명심해야만 합니다.

"저희가 말씀을 듣고 양심의 가책을 받아 어른으로부터 젊은이까지"(9) 하나씩 물러갔다는 것은 아무나 "너희 중에 죄 없는 자가 먼저 돌로 치라" 하고 말한다고 그런 일이 일어나는 것은 아닙니다. 그들은 빛 앞에서 어둠이 물러가듯 한 것입니다. 이점을 사도 바울은, "그러므로 이르시기를 잠자는 자여 깨어서 죽은 자들 가운데서 일어나라 그리스도께서 네게 비취시리라 하셨느니라"(엡 5:14) 합니다.

㉠ 주님께서 "나는 세상의 빛이라" 선언하시자, "바리새인들이 가로되 네가 너를 위하여 증거하니 네 증거는 참되지 아니하도다"(13) 합니다. 우리는 5장에서 4중, 5중의 증거를 상고했습니다. 그런데도 그 증거가 참되지 않단 말인가?

② "예수께서 대답하여 가라사대 내가 나를 위하여 증거하여도

내 증거가 참되니 나는 내가 어디서 오며 어디로 가는 것을 앎이어니와 너희는 내가 어디서 오며 어디로 가는 것을 알지 못하느니라"(13-14) 하십니다.

㉠ 여기 중요한 요점이 있는데, "나는 내가 어디서 오며 어디로 가는 것을 앎이어니와" 하신 말씀입니다. 이 말씀은, "또 자기가 하나님께로부터 오셨다가 하나님께로 돌아가실 것을 아시고"(13:3) 하신 말씀과 결부되는 것입니다.

모든 학문이 추구(追求)하는 궁극적인 화두(話頭)는 "내가 어디서 왔다가 어디로 가는 것인가"를 알고자 하는 탐구(探究)입니다. 공자는 "조문도, 석사가의"(朝聞道, 夕死可矣), 아침에 도를 들으면 저녁에 죽어도 좋다 했습니다. 형제는 어디서 왔다가 어디로 가고 있는지에 대한 확답을 가지고 살아가고 있습니까? 이에 대한 해답은 예수님이 "누구시며, 왜 오셨는가", 즉 어디로부터 오셨으며 어디로 가셨는가, 즉 우리에게 무엇을 행해주셨는가를 깨달을 때에 만이 주어지는 해답인 것입니다.

주님은 "나는 내가 어디서 오며 어디로 가는 것을 앎이어니와" 하신 것만이 아니라, "내가 길이다, 나로 말미암지 않고는 아버지께로 올 자가 없다"(14:6) 하십니다. 주님께서 길이 되어주셨기에 그를 믿는 그리스도인들도 자신이 "어디서 왔다가 어디로 가는지" 확신할 수가 있게 된 것입니다.

③ "너희는 육체를 따라 판단하나 나는 아무도 판단치 아니하노라 만일 내가 판단하여도 내 판단이 참되니 이는 내가 혼자 있는 것이 아니요 나를 보내신 이가 나와 함께 계심이라"(15-16),

두 절 안에 "판단"이라는 말이 4번이나 강조되어 있는데, 율법주의 자들은 자신들이 심판주인 것처럼 사사건건 판단하려 했습니다. 주님은, “나는 아무도 판단치 아니하노라” 하십니다. 무슨 뜻인가? 심판하러 오신 것이 아니라 대속제물이 되어 구원하려 오셨다는 말씀입니다. 만일 판단하여도 참된 것은 “아버지와, 아들”, 두 분의 판단이기 때문이라 하십니다.

㉠ 너희 율법에도 두 사람의 증거가 참되다 기록하였으니 내가 나를 위하여 증거하는 자가 되고 나를 보내신 아버지도 나를 위하여 증거하시느니라”(17-18).

④ “이에 저희가 묻되 네 아버지가 어디 있느냐 예수께서 대답하시되 너희는 나를 알지 못하고 내 아버지도 알지 못하는 도다 나를 알았더면 내 아버지도 알았으리라”(19) 하십니다.

㉠ 이는 “나를 알아야 하나님도 알 수 있다”는 실로 엄청난 말씀입니다. 예수 그리스도 “그는 보이지 아니하시는 하나님의 형상”(골 1:15) 곧 하나님의 계시(啓示)입니다. 그래서 “나를 본 자는 아버지를 보았거늘 어찌하여 아버지를 보이라 하느냐”(14:9) 하신 것입니다.

“모른다”는 말이 강조되어 있는데, 예수 그리스도를 모르면 하나님도 모르게 된다는 것입니다. 왜냐하면 “본래 하나님을 본 사람이 없으되 아버지 품속에 있는 독생하신 하나님이 나타내셨기”(1:18) 때문입니다.

그래서 그리스도를 배척하면서 하나님을 자신들의 “아버지”라 말하는 저들을 향해서, “너희 아비는 마귀”(44)라 하시는 것입니다. 유념하시기 바랍니다. 저들은 분명 “여호와 하나님”이라고 부르고 있었다는 점입니다. 그런데 이는 동명이인(同名異人)과 같은 자신들이 만든 하나님이지 성경을 통해서 계시하신 하나님은 아니라는 것입니다.

얼마나 가공할만한 착각인가?

현대교회가 직면한 신학적인 혼돈도, "예수가 누군지를 알지 못하니 하나님도 알지를 못하고(19), 예수가 어디서 오며 어디로 가는 것을 알지 못하니"(14) 자신도 어디로 와서 어디로 가는지를 모르는 데서 기인하는 것입니다.

"이 말씀은 성전에서 가르치실 때에 연보 궤 앞에서 하셨으나 잡는 사람이 없으니 이는 그의 때가 아직 이르지 아니 하였음이러라"(20).

둘째 단원(21-30) **인자를 든 후에 알리라**

⑤ "다시 이르시되 내가 가리니 너희가 나를 찾다가 너희 죄 가운데서 죽겠고 나의 가는 곳에는 너희가 오지 못하리라"(21),

㉠ "내가 가리니" 하십니다. 7:33절에서도 "조금 더 있다가 나를 보내신 이에게로 돌아가겠노라" 하셨습니다". "가리니" 라는 표현은 "죽으시고, 다시 사시고, 승천"하실 구속의 전 과정을 가리키는 말씀입니다.

그래서 "너희가 나를 찾다가 너희 죄 가운데서 죽겠고", 즉 이 때를 놓친다면 "너희 죄 가운데서 죽겠고 나의 가는 곳에는 너희가 오지 못하리라" 하시는 것입니다. 이점을 이사야서에서는, "너희는 여호와를 만날 만한 때에 찾으라 가까이 계실 때에 그를 부르라"(사 55:6) 촉구하고, 사도 바울은 "보라 지금은 은혜 받을 만한 때요 보라 지금은 구원의 날이로다"(고후 6:2) 말씀합니다.

"유대인들이 가로되 저가 나의 가는 곳에는 너희가 오지 못하리라 하니 저가 자결하려는가"(22) 합니다. 영적인 것을 말씀하시나 육적인 것으로 받는 대화의 답답함은 최고조에 이릅니다.

⑥ "예수께서 가라사대 너희는 아래서 났고 나는 위에서 났으며 너희는 이 세상에 속하였고 나는 이 세상에 속하지 아니하였느니라"(23) 하고, 주님의 말씀은 그 높이와 깊이를 더욱 더해가고 있습니다.

㉠ "이러므로 내가 너희에게 말하기를 너희가 너희 죄 가운데서 죽으리라 하였노라 너희가 만일 내가 그 인줄 믿지 아니하면 너희 죄 가운데서 죽으리라"(24) 하십니다. 이는 실로 엄청난 말씀입니다.

㉮ 첫째로, "너희 죄 가운데서 죽겠고(21), 너희 죄 가운데서 죽으리라(24상), 너희 죄 가운데서 죽으리라"(24하) 하는 경고가 3번이나 강조되어 있습니다. 이 죽음은 영원한 멸망을 가리킵니다. 모든 인간은 "이 사망의 몸에서 누가 나를 건져내랴" 하는, "죄 가운데 빠진 자"입니다.

㉯ 둘째로 어떻게 되면 "죄 가운데 죽는다"고 말씀하시는가? 주목하시기 바랍니다. "너희가 만일 내가 그 인줄 믿지 아니하면", 죄 가운데서 죽게 된다고 말씀하십니다.

여기 혁명적인 논리가 등장하는데, 죄가 무엇인가? "죄에 대하여라 함은 저희가 나를 믿지 아니함이요"(16:9), 즉 예수가 구주이심을 믿지 않는 것이 "죄"라 하십니다. 왜냐하면 주님께서 우리의 죄를 대속, 즉 해결해 주시려 오셨기 때문에 이런 논리가 성립이 되는 것입니다. 실로 엄청난 말씀입니다.

㉰ 셋째로 그러면 "그 인줄 믿으면" 어떻게 된다는 말씀인가? 32절에서는, "진리가 너희를 자유케 하리라"(32) 하십니다. 즉 "그리

스도 예수 안에 있는 생명의 성령의 법이 죄와 사망의 법에서 너를 해방하리라"(롬 8:2) 하십니다. 달리 말하면 "믿는 자는 영생을 얻었고 심판에 이르지 아니하나니 사망에서 생명으로 옮겼느니라"(5:24) 하십니다.

간음 중에 잡힌 여인은 죄 가운데 빠졌다가 구출되었는데, 그러나 유대인들은 자신이 죄 가운데 빠진 자인 줄을 깨닫지 못하므로 "죄 가운데서" 구원을 받지 못하고 죽게 된다는 말씀입니다.

이렇게 말하는 분은 이때까지 없었습니다. 그러면 이렇게 말씀하는 "그"가 누구란 말인가?

⑦ 그래서 저들은 이렇게 말하는, "네가 누구냐"(25상) 하고 물은 것입니다. 요한복음은 이에 대한 답변을 하기 위해서 기록한 것입니다. 사도 요한은, "예수가 누구신가? 그가 왜 오셨는가", 이 두 가지를 증거하기 위해서 복음서를 기록하였습니다.

그러므로 다른 것은 모른다 해도 이 두 주제에 대해서는 확신을 가지고 "대답할 것을 항상 예비하고"(벧전 3:15) 있어야만 합니다. 여기에 사활(死活)이 걸려 있는 신앙고백이기 때문입니다.

㉠ "네가 누구냐? 예수께서 가라사대 나는 처음부터 너희에게 말하여 온 자니라"(25하) 하십니다. 주님께서는 이제까지 공개적(公開的)인 강론에서 크게 네 가지를 말씀하셨습니다.

㉮ 첫째로, "하늘로서 내려왔다"(6:38, 50, 58, 62, 7:33)는 점을 첨명하셨습니다.

㉯ 둘째로, 십자가에 달리게 될 것(2:19, 3:14, 8:28)을 말씀하셨습니다.

㉰ 셋째로, "나는 하늘로서 내려온 생명의 떡이다(6:51), 나는

세상의 빛이라"(8:12) 하고 선언하셨습니다.

㉣ 넷째로 그러므로 "나를 믿는 자는 영생이 있고(3:36), 영생을 얻었고(5:24), 영생을 가졌나니"(6:47) 하고 말씀하셨습니다.

그래도 예수님이 누구신지를 모른단 말인가? 그래도 부족하단 말인가? 저희가 예수님이 누군지를 모르는 것은 결국 자신들이 "너희 죄 가운데서 죽으리라" 하신, 죄인(罪人)임을 몰랐기 때문이라고 말할 수밖에 없는 것입니다. 하속들은 "어찌하여 잡아오지 아니하였느냐" 하는 말에 "그 사람의 말하는 것처럼 말한 사람은 이때까지 없었나이다"(7:46) 하고 대답했는데, 인류 역사상 이렇게 말한 또 다른 사람이 있었습니까?

㉡ "내가 너희를 대하여 말하고 판단할 것이 많으나 나를 보내신 이가 참되시매 내가 그에게 들은 그것을 세상에게 말하노라 하시되 저희는 아버지를 가리켜 말씀하신 줄을 깨닫지 못하더라"(26-27).

⑧ "이에 예수께서 가라사대 너희는 인자를 든 후에 내가 그인 줄을 알고 또 내가 스스로 아무 것도 하지 아니하고 오직 아버지께서 가르치신 대로 이런 것을 말하는 줄도 알리라"(28) 하십니다.

㉠ 여기 또다시 "인자를 든 후에" 하고 십자가에 달리실 것을 말씀하시는데, 그 후에 알리라는 것은, 첫째로 죽으실 뿐만이 아니라 다시 살아나심을 통해서 하나님의 아들이심이 입증(立證)이 될 것과, 둘째는 승천하신 후에 보내주실 성령에 의해서 알게 되리라는 말씀입니다.

㉡ "나를 보내신 이가 나와 함께 하시도다 내가 항상 그의 기뻐하시는 일을 행하므로 나를 혼자 두지 아니하셨느니라 이 말씀을 하시매 많은 사람이 믿더라"(29-30).

㉮ "나를 보내신 이가 나와 함께 하시도다",

㉯ "내가 항상 그의 기뻐하시는 일을 행하므로",

㉰ "나를 혼자 두지 아니하셨느니라", 이 말씀이 이제는 주의 제자 된 우리의 증거가 되어야 하겠습니다.

묵상해 봅시다.

1. 주님을 믿지 아니하면 죄 가운데서 죽으리라 에 대해서,
2. 그리스도를 알아야 아버지를 안다 에 대해서,
3. 인자를 든 후에 알리라 하심에 대해서.

요한복음 8:31-47절 개관도표

주제: 진리가 너희를 자유케 하리라

죄를 범하는 자는 죄의 종	31-38 31 ① 그러므로 예수께서 자기를 믿은 유대인들에게 **이르시되 너희가 내 말에 거하면** **참 내 제자가 되고** 32 **진리를 알지니 진리가 너희를 자유케 하리라** 33 저희가 대답하되 우리가 아브라함의 자손이라 **남의 종이 된 적이 없거늘** 어찌하여 우리가 **자유케 되리라 하느냐** 34 ② 예수께서 대답하시되 진실로 진실로 너희에게 이르노니 **죄를 범하는 자마다 죄의 종이라** 35 종은 영원히 집에 거하지 못하되 아들은 영원히 거하나니 36 그러므로 **아들이 너희를 자유케 하면 너희가 참으로 자유 하리라** 37 나도 너희가 아브라함의 자손인줄 아노라 그러나 내 말이 너희 속에 있을 곳이 없으므로 나를 죽이려 하는 도다 38 나는 내 아버지에게서 본 것을 말하고 너희는 너희 아비에게서 들은 것을 행하느니라
너희 아비는 마귀다	39-47 39 ③ 대답하여 가로되 우리 아버지는 아브라함이라 하니 예수께서 가라사대 너희가 아브라함의 자손이면 아브라함의 행사를 할것이어늘 40 지금 하나님께 들은 진리를 너희에게 말한 사람인 나를 죽이려 하는도다 아브라함은 이렇게 하지 아니하였느니라 41 너희는 **너희 아비의 행사를 하는 도다** 대답하되 우리가 음란 한데서 나지 아니하였고 **아버지는 한 분뿐이시니 곧 하나님이시로다** 42 ④ 예수께서 가라사대 하나님이 너희 아버지였으면 너희가 나를 사랑하였으리니 이는 내가 하나님께로 나서 왔음이라 나는 스스로 온 것이 아니요 **아버지께서 나를 보내신 것이니라** 43 어찌하여 내 말을 깨닫지 못하느냐 이는 내 말을 들을 줄 알지 못함이로다 44 ⑤ 너희는 너희 **아비 마귀에게서 났으니** 너희 아비의 욕심을 너희도 행하고자 하느니라 저는 처음부터 살인한 자요 진리가 그 속에 없으므로 진리에 서지 못하고 거짓을 말할 때마다 제 것으로 말하나니 이는 **저가 거짓말 장이요** **거짓의 아비가 되었음이니라** 45 내가 진리를 말하므로 너희가 나를 믿지 아니 하는도다 46 너희 중에 누가 나를 죄로 책잡겠느냐 내가 진리를 말하매 어찌하여 나를 믿지 아니하느냐 47 하나님께 속한 자는 하나님의 말씀을 듣나니 너희가 듣지 아니함은 하나님께 속하지 아니하였음이로다

8:31-47절

진리가 너희를 자유케 하리라

첫째 단원(31-38) **죄를 범하는 자는 죄의 종이다**

둘째 단원(39-47) **너희 아비는 마귀니라**

본 문단의 중심점은 "진리가 너희를 자유케 하리라"에 있습니다. 무엇으로부터의 자유인가? 본문 안에는 "마귀, 죄의 종"이라는 말이 있습니다. 사탄의 권세로부터의 해방이요, 죄의 종으로부터의 자유입니다.

도표를 보시면 "자유케 하리라"를 중심으로 "죄를 범하는 자는 죄의 종"(첫째 단원)이라 하시면서 "너희 아비는 마귀라"(둘째 단원) 하십니다. 이런 처지에 있는 자들에게 그리스도만이 자유를 줄 수가 있다는 것입니다. 38년 된 병자도, 남편을 다섯이나 바꾼 사마리아 여인도, 돌에 맞아 죽을 처지에 놓인 여인도, 그리고 영원히 지옥에 떨어져야할 우리도 자유 함을 얻은 것입니다.

▌첫째 단원(31-38) 죄를 범하는 자마다 죄의 종

① "그러므로 예수께서 자기를 믿은 유대인들에게 이르시되 너희가 내 말에 거하면 참 내 제자가 되고 진리를 알지니 진리가 너희를 자유케 하리라"(32) 하십니다.

참으로 엄청난 뜻을 품고 있는 원리적인 선언입니다. 종교, 철학, 사상, 학문 등은 모두가 오직 "진리"(眞理)를 알고자 하는 탐구입니다. 그래서 이것이 진리다, 저것이 진리다 하고 설파합니다. 석가모니는 견월망지(見月忘指), 즉 가리키는 달을 처다 보고 손가락은 잊으라는 말을 했습니다.

그런데 주님은 "내가 진리요"(14:6) 하십니다. 그리고 성령을 "진리의 성령"이라 하시면서, "진리의 성령이 오실 때에 그가 나(진리)를 증거하실 것이요"(15:26) 하십니다. 그래서 복음을 "진리의 말씀 곧 너희의 구원의 복음"(엡 1:13)이라 하는 것입니다.

하나님께서는 "진리가 자유케 하리라" 하심을 예표를 통해서 보여주셨는데 첫째가 애굽 바로의 노예에서 자유케 하신 "출애굽" 사건이요, 둘째는 바벨론 포로로부터 자유케 하신 "출 바벨론" 사건입니다. 이는 "또 죽기를 무서워하므로 일생에 매여 종 노릇 하는 모든 자를 놓아주려 하심"(히 2:15)에 대한 예표였던 것입니다.

주님은 "주의 성령이 내게 임하셨으니 이는 가난한 자에게 복음을 전하게 하시려고 내게 기름을 부으시고 나를 보내사 포로 된 자에게 자유를, 눈먼 자에게 다시 보게 함을 전파하며 눌린 자를 자유케 하고 주의 은혜의 해를 전파하게 하려하심이라"(눅 4:18-19) 하신 이사야서의 예언을 읽으시고 "이 글이 오늘날 너희 귀에 응하였느니라" 하셨습니다.

㉠ "내 말에 거하면"(31)이라 하십니다. 유월절 어린양의 피가 뿌려진 대문 안에 "거하라" 하십니다. 밖으로 나가면 보장이 없습니다. "너희는 처음부터 들은 것을 너희 안에 거하게 하라 처음부터 들은 것이 너희 안에 거하면 너희가 아들의 안과 아버지의 안에 거하리라"(요일 2:24) 하십니다.

이 말씀을 "자기를 믿은 유대인들에게"(31) 하셨다는 점을 유념해야만 합니다. 왜냐하면 오늘날도 교회 안에 있으면서도 "내 말" 곧 진리 안에 거하지 못하고, 진리를 모르기 때문에 "자유"함을 모르는 사람들이 너무 많은 것으로 여겨지기 때문입니다. 이점을 이어지는 대화를 통해서 확인할 수가 있습니다.

㉡ "저희가 대답하되 우리가 아브라함의 자손이라 남의 종이 된 적이 없거늘 어찌하여 우리가 자유케 되리라 하느냐"(33), "종이 된" 줄을 모르니 어찌 "자유"를 구할 수가 있으며 해방에 대한 감격을 어찌 알 수가 있단 말인가?

② "예수께서 대답하시되 진실로 진실로 너희에게 이르노니 죄를 범하는 자마다 죄의 종이라"(34), 주님이 말씀하신 12번째 "진실로 진실로"는 "죄의 종"이라는 말씀과 함께 주어졌습니다.

저들은 자신들이, 죄값에 팔린 "죄의 종"임을 모르고 있었던 것입니다. 이점은 현대교회의 문제이기도 합니다. 건강한 줄 여기는 자는 의원을 찾지 않고, 죄의 종 됨을 모르는 자는 자유케 하리라 하신 "진리"를 필요로 하지 않는 것입니다.

그러면 어떻게 해서 "죄의 종"이 되었으며 이에 대한 해답(解答)은 무엇인가? "한 사람으로 말미암아 세상에 죄가 들어오고 죄로 말미암아 사망"(롬 5:12)이 왔습니다. 그래서 온 인류는 죄가 왕노릇 하는 죄의 종(롬 5:14)이 된 것입니다. 하나님은 "죄"가 침입을 하자 이에 대한 해답으로, "여자의 후손"(창 3:15)으로 지칭된 원복음을 주셨던 것입니다. 이 여자의 후손이 "아브라함과 다윗의 자손 예수 그리스도의 세계라"(마 1:1) 하고, 예수님으로 오신 것입니다.

㉠ "종은 영원히 집에 거하지 못하되 아들은 영원히 거하나니 그러므로 아들이 너희를 자유케 하면 너희가 참으로 자유 하리라"(34-35) 하십니다.

이 진전(進展)을 보십시오. 32절에서는 "진리(眞理)가 너희를 자유케 하리라" 하셨는데, 36절에서는 "아들이 너희를 자유(自由)케 하면 너희가 참으로 자유 하리라" 하고, "진리=그리스도"임을 드러내십니다. "아들이 너희를 자유케 하면 너희가 참으로 자유 하리라"(36), 자유 함을 받지 못할 죄란 아무것도 없습니다. 얼마나 기쁜 소식이요, 간절한 초청입니까?

그러면 아들이 어떤 방도로 죄의 종이 된 우리를 자유 하게 해주는지 형제는 말해줄 수가 있습니까?

"그도 또한 한 모양으로 혈육에 함께 속하심은 사망(死亡)으로 말미암아 사망(死亡)의 세력을 잡은 자 곧 마귀를 없이 하시며 또 죽기를 무서워하므로 일생에 매여 종 노릇 하는 모든 자들을 놓아주려 하심이니"(히 2:14), 즉 죽으셨다가 사망의 세력을 이기시고 부활하심으로 사망이라는 감옥에 갇혀있던 자들을 자유케 하신다는 것입니다. 이점을 시편에서는,

흑암과 사망의 그늘에서 인도하여 내시고
그 얽은 줄을 끊으셨도다,

저가 놋 문을 깨뜨리시며

쇠 빗장을 꺾으셨음이로다"(시 107:14, 16) 하고 말씀합니다.

㉡ "나도 너희가 아브라함의 자손인줄 아노라", 육적으로는 그렇다는 것입니다. "그러나 내 말이 너희 속에 있을 곳이 없으므로 나를 죽이려 하는 도다"(37), 영적으로는 아니라는 것입니다. 이점이 "나를 죽이려 하는 도다" 한 말씀에 나타나는데, 이는 그리스도를 대적하는 "마귀의 자손"이라는 뜻이 되는 것입니다.

이점이 "나는 내 아버지에게서 본 것을 말하고 너희는 너희 아비에게서 들은 것을 행하느니라"(38) 하고, "내 아버지와, 너희 아비"를 대조적으로 말씀하시는 데서 드러납니다. 그러면 저들의 "아비"는 누구란 말인가?

둘째 단원(39-47) 너희 아비는 마귀니라

③ "대답하여 가로되 우리 아버지는 아브라함이라 하니 예수께서 가라사대 너희가 아브라함의 자손이면 아브라함의 행사를 할 것이어늘 지금 하나님께 들은 진리를 너희에게 말한 사람인 나를 죽이려 하는 도다 아브라함은 이렇게 하지 아니하였느니라"(39-40).

38-44절 안에는 "아버지"라는 말이 9번이나 등장하는데 논쟁의 초점이 저들의 아비가 누구냐로 옮겨지고 있는 것입니다. 하나님께서 보내신 독생자를 배척하면서 죽이려고 대적하는 저들은 누구의 조정을 받고 있는 누구의 자손이냐 하는 본질적인 문제를 말씀하시는 대목입니다.

㉠ "너희는 너희 아비의 행사를 하는 도다" 하고 말씀하시자, "대답하되 우리가 음란한 데서 나지 아니하였고 아버지는 한 분뿐이시니 곧 하나님이시로다"(41) 하고 응수합니다.

39절에서는 "우리 아버지는 아브라함이라" 했는데, 41절에서는 "하나님"이 자신들의 아버지라고 말합니다. 주님 당시만 그렇게 말한 것이 아니라 구약시대 내내 그렇게 말했고 그렇게 믿었고 그런 줄로 여겼고, 이제도 그렇게 말하고 있습니다. 어떻습니까? 맞는 말입니까? 틀린 것입니까?

④ "예수께서 가라사대 하나님이 너희 아버지였으면 너희가 나를 사랑하였으리니 이는 내가 하나님께로 나서 왔음이라 나는 스스로 온 것이 아니요 아버지께서 나를 보내신 것이니라"(42) 하십니다.

39절에서는 "너희가 아브라함의 자손이면 아브라함의 행사를 할 것이요" 하셨는데, 42절에서는 "하나님이 너희 아버지였다면 너희가 나를 사랑하였으리니", 왜냐하면 "나는 스스로 온 것이 아니요 아버지께서 나를 보내셔서" 오셨기 때문이라 하십니다.

㉠ 그런데 "어찌하여 내 말을 깨닫지 못하느냐 이는 내 말을 들을 줄 알지 못함이로다"(43), 하나님을 아버지라 부르면서 하나님께서 보내신 독생자를 죽이려 한다는 것은 어디서부터인가 치명적인 오류(誤謬)가 발생했기 때문이라는 것입니다.

이 비극적인 사실이 주님 당시에 국한된 문제가 아니라 오늘의 문제이기도 하다는데 문제의 심각성이 있는 것입니다. 형제는 그 원인이 어디에 있는지 아시겠습니까? 다음 절을 보십시오.

⑤ "너희는 너희 아비 마귀에게서 났으니 너희 아비의 욕심을

너희도 행하고자 하느니라 저는 처음부터 살인한 자요 진리가 그 속에 없으므로 진리에 서지 못하고 거짓을 말할 때마다 제 것으로 말하나니 이는 저가 거짓말 장이요 거짓의 아비가 되었음이니라"(44),

㉠ "너희 아비는 마귀"라고 선언하십니다. 왜냐하면 하나님의 보내신 자를 대적하고 있기 때문입니다. 마귀를 가리켜 "처음부터 살인한 자, 거짓말 장이라" 하시는데 이는 우리를 창세기 3장으로 인도해주는 말씀입니다.

마귀는 인류의 시조를 "거짓말"로 유혹을 해서 넘어뜨렸습니다. 하나님께서는 즉각적으로, "내가 너로 여자와 원수가 되게 하고 너의 후손도 여자의 후손과 원수가 되게 하리니"(창 3:15) 하고 선고하셨습니다. 그러자 사탄은, "가인은 아벨을 죽이고, 이스마엘은 이삭을 핍박하고, 에서는 야곱을 죽이려는" 것으로 지속적으로 "여자의 후손"이 태어날 줄기를 대적했던 것입니다.

하나님께서는 이스라엘을 선민으로 택하셔서 여자의 후손을 아브라함과 다윗의 자손으로 보내신 것입니다. 그런데 놀라운 것은 "아브라함과 다윗의 자손"인 선민 유대인들이 그리스도를 대적하고 죽이려 하는 사탄의 하수인 노릇을 하고 있다는 사실입니다. 주님께서 "너희는 너희 아비 마귀에게서 났으니"(44) 하고 말씀하셨다는 것은 선민 이스라엘이 뱀의 줄기로 전락하고 말았다는 뜻인 것입니다. 얼마나 가공스러운 일인가?

이점에서 죄의 권세자 사탄의 권세와 사악 성을 깨닫게 되는 것입니다. 보십시오, "물로 말미암아 구원을 얻은 자가 몇 명뿐이니 겨우 여덟 명이라"(벧전 3:20) 하신 말씀도 놀라운데, 더욱 우리를 긴장케 하는 것은 구원을 얻은 노아의 세 아들이 또다시 "가나안은 저주를 받아" 뱀의 줄기가 되고, "셈의 하나님 여호와를 찬송하리로다"(창

9:25, 26) 하고 두 줄기로 갈라지고 있다는 점입니다.

주님의 말씀에 의하면 대제사장, 장로, 서기관, 바리새인들의 아비는 마귀요, 저들은 마귀의 자식들이라는 것이 됩니다. 그래서 "뱀들아 독사의 새끼들아 너희가 어떻게 지옥의 판결을 피하겠느냐"(마 23:33) 하신 것입니다. 부활하신 후에도 유대인들을 "사단의 회"(계 3:9)라 하셨습니다.

그렇다면 예루살렘 성전은 마귀의 소굴인 셈입니다. 하나님의 백성들이라 자부하던 저들이 마귀의 자식이 되었다니 이는 가공스러운 말씀이요, 비극이 아닐 수가 없습니다.

주님은 마귀의 자식 됨의 특성(特性)으로, ㉮ 욕심, ㉯ 살인, ㉰ 비 진리, ㉱ 거짓(44)을 꼽으십니다. 이런 특성들은 현대교회 내에 더욱 많습니다. 그렇다면 우리가 하나님을, "아바 아버지"라 부른다고 안심할 수가 있겠습니까?

그러면 저들 제사장, 장로, 바리새인들이 언제부터 "마귀의 자식"이 되었단 말인가? 이점은 도식적(圖式的)으로 말할 수 있는 것은 아닙니다. 그러나 이러한 징후는 벌써 오래 전 선지자들의 경고에 빈번히 나타나고 있다는 점입니다.

㉮ "너희가 내 앞에 보이러 오니 그것을 누가 너희에게 요구하였느냐 내 마당만 밟을 뿐이니라"(사 1:12),

㉯ "신실하던 성읍(예루살렘)이 어찌하여 창기(娼妓)가 되었는고"(사 1:21),

㉰ "너희는 이것이 여호와의 전이라 여호와의 전이라 여호와의 전이라 하는 거짓말을 믿지 말라"(렘 7:4),

㉣ "너희 중에 성전 문을 닫을 자가 있었으면 좋겠도다"(말 1:10) 하십니다. 이는 저들이 벌써부터 사탄의 지배를 당하고 있다는 경고였던 것입니다. 이런 말씀은 현대교회 지도자들의 정수리를 치는 경고가 됩니다.

ⓛ "내가 진리를 말하므로 너희가 나를 믿지 아니 하는 도다 너희 중에 누가 나를 죄로 책잡겠느냐 내가 진리를 말하매 어찌하여 나를 믿지 아니하느냐 하나님께 속한 자는 하나님의 말씀을 듣나니 너희가 듣지 아니함은 하나님께 속하지 아니 하였음이로다"(45-47) 하십니다.

이제 주님은, "하나님께 속한 자와, 하나님께 속하지 아니한 자", 즉 사탄에 속한 자를 대조적으로 말씀하십니다. 슬픈 일입니다만 영적 논리로 하면 온 인류는 "하나님께 속한 자와, 사탄에 속한 자" 두 부류로 갈라져 있는 것입니다. 동시에 두 진영에 속할 수도 없지만 그렇다고 아무 진영에도 속하지 아니한 "경계인"(境界人)이란 없습니다. 그러면 두 부류의 두 종말은 어떻게 갈라지게 되는가?

묵상해 봅시다.

1. 진리가 너희를 자유케 하리라에 대해서,
2. 구약성경에 나타난 두 줄기에 대해서,
3. 저들이 언제부터 마귀의 자식이 되었는가에 대해서.

요한복음 8:48-59절 개관도표

주제:나를 믿으면 영원히 죽음을 보지 아니하리라

너를 누구라 하느냐	48-53 48 ① 유대인들이 대답하여 가로되 우리가 너를 사마리아 사람이라 또는 **귀신이 들렸다** 하는 말이 옳지 아니하냐 49 예수께서 대답하시되 나는 귀신 들린 것이 아니라 오직 내 아버지를 공경함이어늘 너희가 나를 무시하는 도다 50 나는 내 영광을 구치 아니하나 구하고 판단하시는 이가 계시니라 51 ② **진실로 진실로** 너희에게 이르노니 사람이 **내 말을 지키면 죽음을 영원히 보지 아니하리라** 52 유대인들이 가로되 지금 네가 귀신 들린 줄을 아노라 아브라함과 선지자들도 죽었거늘 네 말은 사람이 내 말을 지키면 죽음을 영원히 맛보지 아니하리라 하니 53 너는 이미 죽은 우리 조상 아브라함보다 크냐 또 선지자들도 죽었거늘 **너는 너를 누구라 하느냐**
아브라함이 나기 전부터 있었다	54-59 54 ③ 예수께서 대답하시되 내가 내게 영광을 돌리면 내 영광이 아무 것도 아니 어니와 **내게 영광을 돌리시는 이는 내 아버지시니** 곧 너희가 너희 하나님이라 칭하는 그이시라 55 너희는 그를 알지 못하되 나는 아노니 만일 내가 알지 못한다 하면 나도 너희 같이 거짓말 장이가 되리라 나는 그를 알고 또 그의 말씀을 지키노라 56 ④ 너희 조상 **아브라함은 나의 때 볼 것을 즐거워하다가 보고 기뻐하였느니라** 57 유대인들이 가로되 네가 **아직 오십도 못되었는데 아브라함을 보았느냐** 58 ⑤ 예수께서 가라사대 **진실로 진실로** 너희에게 이르노니 **아브라함이 나기 전부터 내가 있느니라** 하시니 59 저희가 돌을 들어 치려 하거늘 예수께서 숨어 성전에서 나가시니라

8:48-59절

죽음을 영원히 보지 아니하리라

첫째 단원(48-53) **너는 너를 누구라 하느냐**

둘째 단원(54-59) **아브라함이 나기 전부터 있었다**

8장 전체의 핵심주제는 "진리를 알지니 진리가 너희를 자유케 하리라"(32)는 말씀에 있습니다. 그리고 본 문단의 중심주제는 진리로 자유 함을 얻은 자는, "죽음을 영원히 보지 아니하리라", 즉 사망권세로부터 자유 함을 얻게 된다는 말씀이 됩니다. 도표를 보시면 "죽음을 영원히 보지 아니하리라" 하신 말씀을 중심으로 유대인들은 "너는 너를 누구라 하느냐"(첫째 단원) 힐문하고, 주님은 "아브라함이 나기 전부터 있었다"(둘째 단원) 하고 대답하십니다. "죽음" 문제는 모든 인간이 풀어야 할 숙제인 것입니다. 이에 대한 해답이 무엇인가?

▌첫째 단원(48-53) **너는 너를 누구라 하느냐**

① "유대인들이 대답하여 가로되 우리가 너를 사마리아 사람이라 또는 귀신이 들렸다 하는 말이 옳지 아니하냐"(48) 합니다. 7:20절에서도 "귀신이 들렸도다" 했고, 10:20절에서는 "귀신들려 미쳤거늘 어찌하여 그 말을 듣느냐" 합니다.

우리들이 당시 유대인이라 해도, "너희는 너희 아비 마귀에게서 났다" 하는 말을 듣게 되면 미친 사람의 말이라 했을 것입니다. 오늘날도 종교 다원주의자들을 향해서, "당신들은 마귀의 조정을 받고 있소" 하면 미친 사람이라, 극단주의자라 하지 않겠는가?

㉠ "예수께서 대답하시되 나는 귀신 들린 것이 아니라 오직 내 아버지를 공경함이어늘 너희가 나를 무시하는 도다 나는 내 영광을 구치 아니하나 구하고 판단하시는 이가 계시니라"(49-50),

성자 하나님께서 영광을 비우시고 "말씀이 육신이 되어" 이 땅에 오신 목적은 자기 영광을 구하기 위한, 즉 섬김을 받으시기 위해서가 아니라 "섬기려 하고 자기 목숨을 많은 사람의 대속물로 주려"(마 20:28) 오셨건만 "귀신이 들렸다" 하고 무시를 당하고 계시는 것입니다. 참으로 답답하고 안타까운 일입니다. 그래서 "판단하시는 이가 계시니라" 하고 하나님 아버지께 의탁을 합니다. "판단하시는 이"라는 말씀에는, 마지막에 알리라는 종말적인 의미도 내포되어 있는 것입니다.

② 이점이 "진실로 진실로 너희에게 이르노니 사람이 내 말을 지키면 죽음을 영원히 보지 아니하리라"(51) 하시는 말씀에 나타납니다. 주님의 13번째 "진실로 진실로"는 믿는 자는 "죽음을 영원히 보지

아니하리라"는 말씀과 함께 주어졌습니다. 11:26절에서도 "나를 믿는 자는 영원히 죽지 아니하리니" 하십니다.

"영원히 죽지 아니하리라"는 말씀은 말할 것도 없이 육신이 영원히 죽지 아니한다는 뜻이 아닙니다. 3:3절에서 말씀하신 "거듭난" 생명은 영원히 죽지 아니할 영원한 생명이라는 말씀입니다. 이처럼 말하는 사람은 "이 때까지 없었나이다"(7:46).

㉠ "유대인들이 가로되 지금 네가 귀신 들린 줄을 아노라 아브라함과 선지자들도 죽었거늘 네 말은 사람이 내 말을 지키면 죽음을 영원히 맛보지 아니하리라 하니 너는 이미 죽은 우리 조상 아브라함보다 크냐 또 선지자들도 죽었거늘 너는 너를 누구라 하느냐"(52-53) 합니다.

요한복음의 기록목적 중 하나가 "너는 너를 누구라 하느냐"에 대한 증거를 하기 위한 것입니다. 예수님은 저들의 말대로 귀신이 들린 자이거나 아니면 주님의 말씀대로 하나님의 아들이시거나 둘 중의 하나인 것입니다.

그런데 니고데모는 "당신은 하나님께로서 오신 선생인줄 아나이다 하나님이 함께 하시지 아니하시면 당신의 행하시는 이 표적을 아무라도 할 수 없음이니이다"(3:2) 말하고 있지 않는가? 그렇습니다. 물이 변하여 포도주가 되게 하시고, 38년 된 병자를 말씀 한마디로 일으키시는 분, 9장에서는 나면서 소경 된 자를 보게 하시고, 11장에서는 죽은 지 나흘이나 되는 나사로를 살시는 분을 정신 착란 증에 걸린 사람이라고 말할 수가 있단 말인가?

그런 분이 "너희는 너희 아비 마귀에게서 났다"(44), 즉 너희는 지금 사탄의 조정을 받고 있다고 경고하시면서, "사람이 내 말을 지키면 죽음을 영원히 보지 아니하리라"(51) 하신다면 그 말씀을 심각하게 받아야 마땅하지 않겠는가?

저들만이 아닙니다. 저는 현대교회 설교자들이 두 가지를 잊고 있거나, 믿지 않고 있는 것이란 생각이 듭니다. 첫째는 "예수가 누군가" 하는 점이고, 둘째는 그런 분이 "우리에게 무엇을 행해주셨는가" 하는 점입니다. 이를 진정으로 알고 믿고 고백하는 설교자라면 사도 바울처럼, "예수 그리스도와 그의 십자가에 못 박히신 것 외에는 아무것도 알지 아니하기로 작정"(고전 2:2)하게 될 것이 아니겠는가? 왜냐하면 이것이 복음이요, 여기에 성도들의 사활(死活)이 걸려 있기 때문입니다.

둘째 단원(54-59) **아브라함이 나기 전부터 있었다**

③ "예수께서 대답하시되 내가 내게 영광을 돌리면 내 영광이 아무 것도 아니어니와 내게 영광을 돌리시는 이는 내 아버지시니 곧 너희가 너희 하나님이라 칭하는 그이시라"(54),

여기 현대교회가 비상(非常)하게 고민해야 할 점이 있는데, "곧 너희가 너희 하나님이라 칭하는 그이시라"는 말씀입니다. 지금 주님이 "내 아버지"라 부르시는 하나님과, 저들이 "우리 하나님"이라 부르는 분이 칭호(稱號)는 같은 하나님이면서 실상은 다른 하나님이라는 말씀이기 때문입니다. 저들은 "아버지는 한 분뿐이시니 곧 하나님이시로다"(41) 하고 말하고 있는데 주님은 "너희 아비는 (하나님이 아니라) 마귀라"(44) 하시는 것입니다. 어찌 이렇게 될 수가 있단 말인가? 그 원인이 다음 절에 나타납니다.

㉠ "너희는 그를 알지 못하되 나는 아노니 만일 내가 알지 못한

다 하면 나도 너희 같이 거짓말쟁이가 되리라"(55) 하십니다. 이는 두 마디로 되어 있는데, 첫째는, "아는 자와, 알지 못하는 자"가 대조(對照)되어 있습니다. 알지 못하면서 "하나님 아버지" 한다면 동명이인(同名異人)과 같은 자신들이 만든 하나님이 될 수가 있다는 것입니다.

그런데 하나님을 알 수 있는 것은 "계시" 곧 성경을 통해서뿐인데 저희가, "성경에서 영생을 얻는 줄 생각하고 성경을 상고"하면서도, "성경이 내게 대하여 증거하는 것이로다"(5:39) 하신 그리스도를 배척하고 있다는 것은 "알지 못하는 것을 예배하고"(4:22) 있다는 증거라는 말씀입니다.

둘째로 주님은 저들을 가리켜 "거짓말쟁이"라고 말씀하시는데 이는 일반적인 거짓말을 가리키는 것이 아니라, "거짓 선지자, 거짓 선생"을 염두에 두고 하신 말씀입니다. "거짓말쟁이"라는 말을 구속사라는 맥락에서 보면 특별히 예루살렘의 멸망과 연관이 있습니다. 몇 가지 예를 들면,

㉮ "이는 그들이 가장 작은 자로부터 큰 자까지 다 탐람하며 선지자로부터 제사장까지 다 거짓을 행함이라 그들이 내 백성의 상처를 심상히 고쳐주며 말하기를 평강하다 평강하다 하나 평강이 없도다"(렘 6:13-14),

㉯ "이 땅에 기괴하고 놀라운 일이 있도다 선지자들은 거짓을 예언하며 제사장들은 자기 권력으로 다스리며 내 백성은 그것을 좋게 여기니 그 결국에는 너희가 어찌 하려느냐"(렘 5:30-31), "어찌하려느냐", 그러다가 멸망을 당한 것입니다.

㉰ "너희가 두어 움큼 보리와 두어 조각 떡을 위하여 나를 내 백성 가운데서 욕되게 하여 거짓말을 곧이 듣는 내 백성에게 너희가 거짓말을 지어서 죽지 아니할 영혼을 죽이고 살지 못하는 영혼을

살리는도다"(겔 13:19) 하십니다.

㉱ 이 악순환이, "화 있을진저 너희 율법사여 너희가 지식의 열쇠를 가져가고 너희도 들어가지 않고 또 들어가고자 하는 자도 막았느니라"(눅 11:52), "그 결국에는 너희가 어찌 하려느냐", 그러다가 또다시 로마에 의해서 멸망을 당한 것입니다.

㉲ 이 경계가 현대교회와는 무관하다 할 수가 있단 말인가? 주님께서는, "거짓 그리스도들과 거짓 선지자가 일어나 큰 표적과 기사를 보이어 할 수만 있다면 택하신 자들도 미혹하리라 보라 내가 너희에게 미리 말하였노라"(마 24:24-25) 하고 경고하셨습니다.

"거짓 선지자와, 참 선지자"에 대한 시금석이 무엇인가? "진리의 말씀"을 바르게 선포하느냐 여부(與否)에 있다는 점을 명심해야만 하겠습니다. 이점을 사도 바울은 디모데에게, "네가 진리(眞理)의 말씀을 옳게 분변하며 부끄러울 것이 없는 일군으로 인정된 자로 자신을 하나님 앞에 드리기를 힘쓰라"(딤후 2:15) 하고 경계합니다.

④ "너희 조상 아브라함은 나의 때 볼 것을 즐거워하다가 보고 기뻐하였느니라"(56) 하십니다.

이 말을 듣는 유대인들이 얼마나 황당한 말로 여겼을 것인가?

㉠ 그래서 "유대인들이 가로되 네가 아직 오십도 못되었는데 아브라함을 보았느냐"(57) 했던 것입니다.

⑤ "예수께서 가라사대 진실로 진실로 너희에게 이르노니 아브라함이 나기 전부터 내가 있느니라 하시니"(58), 주님의 14번째 "진실로 진실로는, 아브라함이 나기 전부터 내가 있느니라"는 말씀과 함께 주어졌습니다. 참으로 "그 사람의 말하는 것처럼 말한 사람은 이때까

지 없었나이다"(7:46). 예수 그리스도는 이러한 분이십니다.

"본래 하나님을 본 사람이 없으되 아버지 품 속에 있는 독생하신 하나님이 나타내셨느니라"(1:18), 예수 그리스도께서는 아브라함이 나기 전부터 계신 분이십니다. 이것이 진실이라면, 아브라함이 "나의 때 볼 것을 즐거워하다가 보고 기뻐하였다"는 말씀도 진실인 것입니다.

창세기 15:6절에서, "아브람이 여호와를 믿으니 여호와께서 이를 그의 의로 여기시고" 합니다. 이점을 사도 바울은 "하나님이 이방을 믿음으로 말미암아 의로 정하실 것을 성경이 미리 알고 먼저 아브라함에게 복음을 전했다"(갈 3:8) 하고 말씀합니다. 아브라함이 하나님께 들은 말씀은 복음이었던 것입니다. 그러므로 문자적으로는 나타나 있지 않으나 "복음"이라는 표현 속에 "기뻐하고 즐거워했다"는 의미가 내포되어 있는 것입니다.

또한 이삭이 "번제할 어린양은 어디 있나이까" 하고 물었을 때에도 아브라함은, "아들아 번제할 어린양은 하나님이 자기를 위하여 친히 준비하시리라"(창 22:7, 8) 하고 대답을 했습니다. 이를 신약성경에서는, "하나님이 제사와 예물을 원치 아니하시고 오직 나를 위하여 한 몸을 예비하셨도다"(히 10:5) 하고 말씀합니다. 이를 구속사라는 지평으로 바라본다면, 아브라함은 사랑하는 독자 이삭을 번제로 드리려던 모리아 산에서 저 멀리 "하나님의 독생자"가 대속제물로 드려지는 갈보리 십자가를 바라보았다는 것이 되는 것입니다.

예수님은 4대 성현 중의 한 분이 아니십니다. "사람이 내 말을 지키면 죽음을 영원히 보지 아니하리라, 아브라함이 나기 전부터 내가 있느니라", 이 말씀이 성현의 말입니까? 성현들은 이런 말을 하지 않았습니다. 그분은 유대인들의 말처럼 귀신 들린 과대망상증에 사로잡힌 사람이거나, 아니면 주님의 말씀대로 하나님의 아들 그리스도이시든지 둘 중의 하나이십니다. 영광스러움으로 가득한 8장은, 이렇게 끝나고 있습니다.

㉠ "저희가 돌을 들어 치려하거늘 예수께서 숨어 성전에서 나가시니라"(59), 간음 중에 잡힌 여인을 치려던 돌은 결국 하나님의 아들 그리스도를 치는데 사용되게 되었습니다. 여인이 받아야 할 정죄를 주님께서 대신 받으시고, 여인이 죽어야 할 죽음을 주님께서 대신 죽으시는 것입니다.

또한 8장은 간음 중에 잡혀 온 여인은 용서받고, 자유 함을 얻었으나, 돌로 치려던 유대인들이 "죄의 종이요, 마귀의 자식"이라는 점이 드러난 장입니다.

유대인들은 주님을 향해, "네가 누구냐(25), 너는 너를 누구라 하느냐"(53) 하고 묻고 있습니다.

형제는 그 분이 누구인지 확신하게 되었습니까? 그리고 그 분 앞에 자신이 누구인지 아셨습니까?

묵상해 봅시다.

1. 내 말을 지키면 죽음을 영원히 보지 아니하리라에 대해서,
2. 아브라함이 나기 전부터 있었느니라에 대해서,
3. 구속사의 맥락으로 본 "거짓말쟁이"에 대해서.

요한복음 9:1-23절 개관도표

주제:세상의 빛이 되시는 그리스도

소경에게 빛을 주신 그리스도	1-12 1 ① 예수께서 길 가실 때에 **날 때부터 소경 된 사람을** 보신지라 2 제자들이 물어 가로되 랍비여 이 사람이 소경으로 난 것이 뉘 죄로 인함이오니이까 자기오니이까 그 부모오니이까 3 예수께서 대답하시되 이 사람이나 그 부모가 죄를 범한 것이 아니라 **그에게서 하나님의 하시는 일을 나타내고자 하심이니라** 4 때가 아직 낮이매 **나를 보내신 이의 일을 우리가 하여야 하리라** 밤이 오리니 그때는 아무도 일할 수 없느니라 5 ② **내가 세상에 있는 동안에는 세상의 빛이로라** 6 이 말씀을 하시고 땅에 침을 뱉아 진흙을 이겨 그의 눈에 바르시고 7 이르시되 실로암 못에 가서 씻으라 하시니 (실로암은 번역하면 보냄을 받았다는 뜻이라) **이에 가서 씻고 밝은 눈으로 왔더라** 8 이웃 사람들과 및 전에 저가 걸인인 것을 보았던 사람들이 가로되 이는 앉아서 구걸하던 자가 아니냐 9 혹은 그 사람이라 하며 혹은 아니라 그와 비슷하다 하거늘 제 말은 **내가 그로라 하니** 10 ③ 저희가 묻되 그러면 **네 눈이 어떻게 떠졌느냐** 11 대답하되 **예수라 하는 그 사람이** 진흙을 이겨 내 눈에 바르고 나더러 실로암에 가서 씻으라 하기에 가서 씻었더니 보게 되었노라 12 저희가 가로되 그가 어디 있느냐 가로되 알지 못하노라 하니라
너는 그를 누구라 하느냐	13-23 13 ④ 저희가 전에 소경 되었던 사람을 데리고 바리새인들에게 갔더라 14 예수께서 진흙을 이겨 **눈을 뜨게 하신 날은 안식일이라** 15 그러므로 바리새인들도 그 어떻게 보게 된 것을 물으니 가로되 그 사람이 진흙을 내 눈에 바르매 내가 씻고 보나이다 하니 16 ⑤ 바리새인 중에 혹은 말하되 이 사람이 **안식일을 지키지 아니하니** 하나님께로서 온 자가 아니라 하며 혹은 말하되 죄인으로서 어떻게 이러한 표적을 행하겠느냐 하여 **피차 쟁론이 되었더니** 17 ⑥ 이에 소경 되었던 자에게 다시 묻되 그 사람이 네 눈을 뜨게 하였으니 **너는 그를 어떠한 사람이라 하느냐** 대답하되 선지자니이다 한대 18 유대인들이 저가 소경으로 있다가 보게 된 것을 믿지 아니하고 그 부모를 불러 묻되 19 이는 너희 말에 소경으로 났다 하는 너희 아들이냐 그러면 지금은 어떻게 되어 보느냐 20 ⑦ 그 부모가 대답하여 가로되 이가 우리 아들인 것과 소경으로 난 것을 아나이다 21 그러나 지금 어떻게 되어 보는지 또는 누가 그 눈을 뜨게 하였는지 우리는 알지 못하나이다 저에게 물어 보시오 저가 장성하였으니 자기 일을 말하리이다 22 그 부모가 이렇게 말한 것은 이미 유대인들이 누구든지 **예수를 그리스도로 시인하는 자는** 출교하기로 결의하였으므로 저희를 무서워함이러라 23 이러므로 그 부모가 말하기를 저가 장성하였으니 저에게 물어 보시오 하였더라

9:1-23절
세상의 빛이 되시는 그리스도

첫째 단원(1-12) **소경에게 빛을 주신 그리스도**
둘째 단원(13-23) **너는 그를 누구라 하느냐**

9장은 나면서 소경 된 자를 보게 하신 표적과, 이에 따른 논쟁(論爭)으로 되어 있습니다. 9장 전체적인 핵심은, "보지 못하는 자들은 보게 하고 보는 자들은 소경 되게 하려 함이라"(39)는 말씀에 있습니다. "보지 못하는 자"란 자신이 죄인임을 깨달은 자요, "본다고 하는 자"는 죄인임을 모르는 자를 가리킵니다.

본 문단의 중심은, "내가 세상에 있는 동안에는 세상의 빛이로라"(5) 하신 말씀입니다. 도표를 보시면 "세상의 빛이로라"를 중심으로, "소경에게 빛을 주신 그리스도"(첫째 단원), 그러자 저들은 소경되었던 자에게 "너는 그를 누구라 하느냐"(둘째 문단) 하고 묻습니다. 소경의 눈을 뜨게 한 그 분이 누구신가?

▌첫째 단원(1-12) 소경에게 빛을 주신 그리스도

9장의 구조(構造)는 나면서 소경 된 자를 고쳐주신 표적을 앞에다 놓고 이 표적을 통하여 예수는 누구신가? 그리고 진정한 소경은 누구인가를 보여주고 있습니다. 바리새인들은 소경 되었던 자에게 이렇게 묻습니다. "그 사람이 네 눈을 뜨게 하였으니 너는 그를 어떠한 사람이라 하느냐"(17), 9장은 이 물음에 대한 답변이라 해도 과언이 아닙니다. 또한 소경 되었던 사람을 통해서, 나 자신도 전에 소경 되었다가 이제는 보게 된 자임을 깨닫기를 원하고 있습니다.

① "예수께서 길 가실 때에 날 때부터 소경 된 사람을 보신지라 제자들이 물어 가로되 랍비여 이 사람이 소경으로 난 것이 뉘 죄로 인함이오니이까 자기오니이까 그 부모오니이까"(1-2).

㉠ "예수께서 대답하시되 이 사람이나 그 부모가 죄를 범한 것이 아니라 그에게서 하나님의 하시는 일을 나타내고자 하심이니라"(3) 하십니다. 주님은 나사로의 죽음 앞에서도, "이 병은 죽을 병이 아니라 하나님의 영광을 위함이요 하나님의 아들로 이를 인하여 영광을 얻게 하려 함이라"(11:4) 말씀하셨습니다.

제자들은 유대인의 전통적인 인습(因習)에서 정죄하는 태도로 물었으나, 주님은 구주(救主)되시는 입장에서 "그에게서 하나님의 하시는 일을 나타내고자 하심이라" 하십니다. 주님은 5:17절에서도, "내 아버지께서 이제까지 일하시니 나도 일한다" 하고 말씀하셨는데, "하나님의 하시고자 하는 일"이란 궁극적으로 인류를 구원하시려는 구속 사역입니다.

이런 맥락에서 "하나님의 하시고자 하는 일을 나타내고자" 라는 표현은 대단히 중요한 의미가 있습니다. 나면서 소경된 자를 통해서도 "하나님의 하시는 일을 나타내고자 하신다"면 형제를 통해서도 "하나님의 하시는 일을 내타내고자 하심"을 믿으시기 바랍니다. 그리고 "형제 속에 "착한 일을 시작하신 이가 그리스도 예수의 날까지 이루실 줄도"(빌 1:6) 확신하시기 바랍니다.

원리적으로 말하면 모든 질병의 근원은 "죄"로 말미암은 것이라 할 수가 있습니다. 왜냐하면 "죄로 말미암아 사망이 왔기" 때문입니다. 그런데 하나님께서는 "죄"가 들어오자, "내가… 하리니"(창 3:15) 하고 다시 일을 시작하신 것입니다. 그러면 나면서 소경 되었던 자를 통해서 나타내시고자 하는 "하나님이 하시는 일"은 무엇인가? 육적인 소경의 눈을 뜨게 하신 표적을 통해서 영적으로, "보지 못하는 자들은 보게 하고 보는 자들은 소경 되게"(39) 하시기 위하여 오셨다는 점을 증거하려는 것입니다.

㉡ "때가 아직 낮이매 나를 보내신 이의 일을 우리가 하여야 하리라 밤이 오리니 그때는 아무도 일할 수 없느니라"(4), 주님은 헤롯이 당신을 죽이고자 하나이다 하는 말을 들으시고도, "그러나 오늘과 내일과 모레는 내가 갈 길을 가야 하리니"(눅 13:33) 하셨습니다. 이것이 "때가 아직 낮이매" 하신 뜻입니다.

② 그렇습니다. "내가 세상에 있는 동안에는 세상의 빛이로라"(5), 주님이 계신 동안은 낮 시간이나 죽임을 당하시는 때는 "이제는 너희 때요 어두움의 권세로다"(눅 22:53) 하신 밤인 것입니다.

"밤이 오리니" 하신 것은 주님에게만 국한된 것은 아닙니다. 우리들도 "오늘"은 일할 수 있는 낮 시간이나, "내일"은 일할 수 없는 밤 시간이 되리라는 각성으로 살아가야만 하는 것입니다. 또한 역사적으로도 일할 수 없는 종말(終末)은 다가오고 있는 것입니다. 이점이 "아무도 일할 수 없느니라" 하신 말씀에 나타납니다.

㉠ "이 말씀을 하시고 땅에 침을 뱉아 진흙을 이겨 그의 눈에 바르시고 이르시되 실로암 못에 가서 씻으라 하시니 (실로암은 번역하면 보냄을 받았다는 뜻이라) 이에 가서 씻고 밝은 눈으로 왔더라"(6-7) 합니다.

이처럼 특이한 방법으로 고쳐주신 의도가 무엇일까요? 마가복음 8장에도 소경을 고쳐주신 기사가 있습니다만 그 곳에서는 진흙을 바르시지 않으셨습니다. 주님께서는 진흙을 눈에 바르시지 않고도 보게 하실 수가 있으십니다. 그렇다면 왜 이렇게 하셨을까요?

㉮ 이는 첫째로, 그 사람이 분명한 소경임을 확인시키기 위해서라고 말할 수가 있습니다. 왜냐하면 18절에 보면 유대인들은 그가 나면서 소경 되었던 자임을 의심하고 믿지 아니했던 것입니다. 그는 분명 소경이었으며, 지금은 분명히 보게 된 것입니다.

㉯ 둘째로, "실로암 못에 가서 씻으라"하시기 위해서 눈에 진흙을 바르신 것이라 할 수가 있습니다. 이점이 "실로암은 번역하면 보냄을 받았다는 뜻이라"(7) 하고 설명까지 해주고 있는 점이 뒤받침해줍니다. 그리고 본문을 관찰해 보면 "진흙, 실로암, 씻고 보나이다"(11, 14, 15) 등이 강조되어 있습니다.

예수 그리스도는 보냄을 받은 분, 곧 "실로암"이셨던 것입니다. "보냄을 받은 자"라는 점이 5장(23, 24, 30, 33, 36, 37, 38)과, 6장(29, 39, 44, 57)과, 7장(7:16, 18, 28, 29, 33)과, 8장(16, 18, 26, 29, 42)에서 얼마나 강조되고 있는가를 살펴보십시오. 요한복음 전체로는 예수 그리스도께서 하나님의 보내심을 받아 왔다는 점이 40회 이상 강조되

어 있습니다

㉰ 셋째로, 이 말씀을 대하는 모든 자들로 하여금 "나 자신"이 소경이라는 점을 깨닫기를 원하셨기 때문이라고 할 수가 있습니다. 왜냐하면 많은 사람들이 자신이 소경임을 깨닫지를 못하기 때문에 고침 받을 기회를 놓치고 있기 때문입니다. 바리새인들이 그러했습니다. 주님을 만나기 전 우리들은 모두 다 영적인 소경들이었습니다.

내 어둔 눈 밝히시니 참 기쁘고 고마우나
그보다도 원하오니 정결한 맘 주옵소서
물 가지고 날 씻든지 불 가지고 태우든지
내 안과 밖 다 딱으사 내 모든 죄 멸하소서

이처럼 주님께서 하시는 모든 일에는 의미가 있다는 것입니다. 이점이 마가복음에 등장하는 소경 치유에서도 나타납니다. 마기복음의 소경은 본문의 소경처럼 단번에 밝아지지 않았습니다. 그는 첫 번 안수를 받고는 무엇이 보이느냐 물으시니 "보이나이다. 나무 같은 것들의 걸어가는 것을 보나이다"(막 8:24) 하고 희미함을 말하고 있습니다.

그것은 주님께서 실수(失手)하셨기 때문이 아니라, 이를 통해서 말씀하시고자 하는 메시지가 있었기 때문입니다. 이를 문맥적으로 보면, "아직도 알지 못하며 깨닫지 못하느냐 너희 마음이 둔하냐"(막 8:17, 21) 하고 제자들을 책망하심과 결부가 되는 것입니다. 이는 제자들의 영적 통찰력이 이처럼 희미함을 깨닫게 하시기 위해서였던 것입니다.

그런가 하면 9장의 소경을 통해서는 첫째는, 참으로 비참한 소경은 누구인가 하는 점과, 둘째는 예수 그리스도가 어둔 눈을 밝혀주실 수 있는 실로암임을 증거하기를 원하셨기 때문에 그의 눈에 진흙을 바르시는 특이한 방법을 사용하셨다고 말할 수가 있습니다. 영적으로 소경 된 자들이 영적인 실로암에 가서 씻어야만 그 눈이 밝아지게 됨을 깨닫게 하시기 위해서 눈에 진흙을 바르셨을 것입니다.

㉡ "이웃 사람들과 및 전에 저가 걸인인 것을 보았던 사람들이 가로되 이는 앉아서 구걸하던 자가 아니냐 혹은 그 사람이라 하며 혹은 아니라 그와 비슷하다 하거늘 제 말은 내가 그로라 하니"(8-9),

③ "저희가 묻되 그러면 네 눈이 어떻게 떠졌느냐 대답하되 예수라 하는 그 사람이 진흙을 이겨 내 눈에 바르고 나더러 실로암에 가서 씻으라 하기에 가서 씻었더니 보게 되었노라 저희가 가로되 그가 어디 있느냐 가로되 알지 못하노라 하니라"(10-12).

둘째 단원(13-23) **이 사람이 누구냐**

④ "저희가 전에 소경 되었던 사람을 데리고 바리새인들에게 갔더라 예수께서 진흙을 이겨 눈을 뜨게 하신 날은 안식일이라"(13-14).

5장에서도 언급을 했습니다만, "안식일"에 병자를 고치신 것은 우연의 일치가 아니라 의도적인 것으로 여겨집니다. 그렇게 하신 의도는 2장에서 "결례"로 사용되는 항아리의 물을 포도주로 변하게 하심과 같이 의문(儀文)으로 지켜오던 "안식일"이, "수고하고 무거운 짐 진 자들아 다 내게로 오라 내가 너희를 쉬게 하리라"(마 11:28) 하는 참 안식으로 성취하신다는 그런 의도로 여겨집니다.

㉠ "그러므로 바리새인들도 그 어떻게 보게 된 것을 물으니 가로되 그 사람이 진흙을 내 눈에 바르매 내가 씻고 보나이다 하니 바리새인 중에 혹은 말하되 이 사람이 안식일을 지키지 아니하니 하나님께로서 온 자가 아니라 하며 혹은 말하되 죄인으로서 어떻게 이러한 표적을 행하겠느냐 하여 피차 쟁론(爭論)이 되었더니"(15-16) 합니다.

여기서도 나면서 소경 된 자가 보게 되었다는 엄청난 표적을 보면서도 함께 기뻐하지 못하고, 안식일을 범했다고 정죄하는 화석(化石) 같이 굳어진 율법주의자들을 대하게 됩니다. 하나님의 역사(役事)가 일어나는 현장에는 쟁론이 벌어지고 갈라짐이 있게 된다는 것은 필연적인 일입니다. 쟁론의 요점은 "이 사람이 도대체 누구냐" 하는 정체성임을 유념하시기를 바랍니다. 소경 되었던 자, 그의 부모, 바리새인들은 "예수를 누구라" 할 것인가?

⑤ "이에 소경 되었던 자에게 다시 묻되 그 사람이 네 눈을 뜨게 하였으니 너는 그를 어떠한 사람이라 하느냐", 주저하거나 거침이 없이 "대답하되 선지자니이다"(17) 합니다.

소경 되었던 자의 답변을 보면 놀랍게도 영적 눈이 밝아지고 있음을 발견하게 됩니다. 처음에는 "예수라 하는 그 사람"(11)이라고 말했습니다. 두 번째 대답에서는, "선지자니이다"(17) 하고 진전을 합니다. 그런데 세 번째 대답에서는, "이 사람이 하나님께로부터 오지 아니하였으면 아무 일도 할 수 없으리이다"(33) 하고 대답합니다. 그리고 그는 결국, "주여 내가 믿나이다"(38) 하고, 그리스도를 만나게 되어 주님 앞에 절을 합니다. 참으로 신기한 것은 그의 눈만 뜬 것이 아니라 그의 영안이 점점 열어지고 있다는 사실입니다.

㉠ "유대인들이 저가 소경으로 있다가 보게 된 것을 믿지 아니하고 그 부모를 불러 묻되 이는 너희 말에 소경으로 났다 하는 너희 아들이냐 그러면 지금은 어떻게 되어 보느냐"(18-19),

㉮ 네 아들이 맞느냐?

㉯ 소경으로 난 것도 사실이냐?

㉰ 그렇다면 지금은 어떻게 해서 보게 되었느냐 하고, 취조하듯이 묻습니다.

㉡ "그 부모가 대답하여 가로되 이가 우리 아들인 것과 소경으로 난 것을 아나이다 그러나 지금 어떻게 되어 보는지 또는 누가 그 눈을 뜨게 하였는지 우리는 알지 못하나이다 저에게 물어 보시오 저가 장성하였으니 자기 일을 말하리이다 그 부모가 이렇게 말한 것은 이미 유대인들이 누구든지 〈예수를 그리스도〉로 시인하는 자는 출교하기로 결의하였으므로 저희를 무서워함일러라 이러므로 그 부모가 말하기를 저가 장성하였으니 저에게 물어 보시오 하였더라"(20-23),

"출교하기로 결의하였다"는 것은 영적인 죽음을 가리킵니다. 출교당한 자와는 모든 교제를 끊고 이방인, 즉 개같이 취급했던 것입니다. 어떤 자들을 출교하기로 결의했는가? "예수를 그리스도로 시인하는 자"입니다. "혹 비방과 환난으로써 사람에게 구경거리가 되고, 너희 산업을 빼앗기는 것도 기쁘게 당했다"(히 10:33, 34) 하고 말씀합니다.

초대 성도들은 "예수가 그리스도시다" 하는 것을 증거하는데 목숨을 내어놓았던 것입니다. 그런데 참으로 괴이한 것은 오늘의 그리스도인들은 어찌하여 "예수와, 그리스도"를 떼어놓고 "예수의 이름으로 기도합니다" 하는지 모르겠습니다. "예수 그리스도", 더 좋은 이름은

"우리 주 예수 그리스도"입니다.

묵상해 봅시다.

1. "그에게서 하나님의 하시는 일을 나타내고자 하심이라"에 대해서,
2. 소경의 눈에 진흙을 바르신 의도에 대해서,
3. 소경 되었던 자의 영안의 밝아짐에 대해서.

요한복음 9:24-41절 개관도표

주제 : 너와 말하는 내가 그리스도다

제자가 되려 하나이까	24-34 24 ① 이에 저희가 소경 되었던 사람을 두 번째 불러 이르되 너는 영광을 하나님께 돌리라 **우리는 저 사람이 죄인인줄 아노라** 25 대답하되 그가 죄인인지 내가 알지 못하나 한 가지 아는 것은 내가 소경으로 있다가 **지금 보는 그것이니이다** 26 저희가 가로되 그 사람이 **네게 무엇을 하였느냐** 어떻게 네 눈을 뜨게 하였느냐 27 대답하되 내가 이미 일렀어도 듣지 아니하고 어찌하여 다시 듣고자 하나이까 **당신들도 그 제자가 되려 하나이까** 28 저희가 욕하여 가로되 너는 그의 제자나 우리는 모세의 제자라 29 하나님이 모세에게는 말씀하신 줄을 우리가 알거니와 이 사람은 어디서 왔는지 알지 못하노라 30 ② 그 사람이 대답하여 가로되 이상하다 이 사람이 내 눈을 뜨게 하였으되 **당신들이 그가 어디서 왔는지 알지 못하는 도다** 31 하나님이 죄인을 듣지 아니하시고 경건하여 그의 뜻대로 행하는 자는 들으시는 줄을 우리가 아나이다 32 창세 이후로 소경으로 난 자의 눈을 뜨게 하였다 함을 듣지 못하였으니 33 이 사람이 하나님께로부터 오지 아니하였으면 아무 일도 할 수 없으리이다 34 저희가 대답하여 가로되 네가 온전히 죄 가운데서 나서 우리를 가르치느냐 하고 이에 쫓아내어 보내니라
보지 못하는 자는 보게 함	35-41 35 ③ 예수께서 저희가 그 사람을 쫓아냈다 하는 말을 들으셨더니 그를 만나사 가라사대 **네가 인자를 믿느냐** 36 대답하여 가로되 주여 **그가 누구시오니이까 내가 믿고자 하나이다** 37 ④ 예수께서 가라사대 네가 그를 보았거니와 **지금 너와 말하는 자가 그이니라** 38 가로되 **주여 내가 믿나이다 하고 절하는지라** 39 ⑤ 예수께서 가라사대 내가 심판하러 이 세상에 왔으니 **보지 못하는 자들은 보게 하고** **보는 자들은 소경 되게 하려 함이라 하시니** 40 바리새인 중에 예수와 함께 있던 자들이 이 말씀을 듣고 가로되 **우리도 소경인가** 41 예수께서 가라사대 너희가 소경 되었더면 죄가 없으려니와 **본다고 하니 너희 죄가 그저 있느니라**

9:24-41절

너와 말하는 내가 그리스도다

첫째 단원(24-34) **제자가 되려 하나이까**

둘째 단원(35-41) **보지 못하는 자는 보게 하려 함**

본 문단의 중심점은 주님께서 소경 되었던 자에게, "너와 말하는 내가 그이니라"(37), 즉 그리스도시라고 밝히시는데 있습니다. 그는 육신의 눈만이 보게 된 것이 아니라 영안이 밝아져 그리스도를 보게 된 것입니다. 도표를 보시면, "내가 그이니라"를 중심으로 소경 되었던 자는 바리새인들에게, "당신들도 그 제자가 되려 하나이까"(첫째 단원) 말하고, 주님은 오신 목적이, "보지 못하는 자들은 보게 하고 보는 자들은 소경 되게 하려 함이라"(둘째 단원) 하고 말씀하십니다.

① "이에 저희가 소경 되었던 사람을 두 번째 불러 이르되 너는 영광을 하나님께 돌리라 우리는 저 사람이 죄인인줄 아노라"(24)

합니다.

㉠ "대답하되 그가 죄인인지 내가 알지 못하나 한 가지 아는 것은 내가 소경으로 있다가 지금 보는 그것이니이다"(25),

㉡ "저희가 가로되 그 사람이 네게 무엇을 하였느냐 어떻게 네 눈을 뜨게 하였느냐 대답하되 내가 이미 일렀어도 듣지 아니하고 어찌하여 다시 듣고자 하나이까 당신들도 그 제자가 되려 하나이까"(26-27) 합니다.

여기 두 가지 요점이 있는데 첫째는 바리새인들이, "어떻게 네 눈을 뜨게 하였느냐" 하는 질문입니다. 이는 방법(方法)을 묻는 말로, "진흙을 이겨 눈에 발랐다"(6)는 사실, 즉 안식일에 일을 함으로 안식일을 범한 죄인이라는 증거를 확보하려는 저의에서 한 질문입니다. 그래서 처음에는 "네게 무엇을 하였느냐" 했다가 이내, "어떻게" 하고 고쳐 물었던 것입니다.

둘째는 이런 불순한 질문에 소경 되었던 자가, "당신들도 그 제자가 되려 하나이까"(27) 한 말입니다. 부모는 저들을 "무서워하여" 대답을 회피하고 있는데 이 담대함을 보십시오. 이 말 속에는 자신은 이미 그의 제자가 되기로 굳게 결심했다는 뜻이 아니겠습니까?

㉢ "저희가 욕하여 가로되 너는 그의 제자나 우리는 모세의 제자라 하나님이 모세에게는 말씀하신 줄을 우리가 알거니와 이 사람은 어디서 왔는지 알지 못하노라"(28-29), 주님은 반복적으로 "하나님께로부터 오셨음"을 말씀하셨고, 이제 그 증거로 나면서 소경 된 자의 눈을 뜨게 하셨는데 이 표적을 보면서도 "어디서 왔는지 알지 못한다" 하고 말하는 완악함을 보십시오.

② 소경 되었던 자의 증거는 논리 정연합니다. "그 사람이 대답하

여 가로되 이상하다 이 사람이 내 눈을 뜨게 하였으되 당신들이 그가 어디서 왔는지 알지 못하는 도다"(30),

㉠ "하나님이 죄인을 듣지 아니하시고 경건하여 그의 뜻대로 행하는 자는 들으시는 줄을 우리가 아나이다 창세 이후로 소경으로 난 자의 눈을 뜨게 하였다 함을 듣지 못하였으니 이 사람이 하나님께로부터 오지 아니하였으면 아무 일도 할 수 없으리이다"(31-33) 합니다.

하나님은 소경 되었던 미련한 자를 들어서 지혜 있다 하는 바리새인들을 부끄럽게 하신 것입니다. 소경 되었던 자가 성경을 인용하지는 못했지만 이사야 선지자는 메시아가 오시게 되면, "그 때에 소경의 눈이 밝을 것이며 귀머거리의 귀가 열릴 것이며"(사 35:5) 하고 예언하였던 있습니다.

㉡ "저희가 대답하여 가로되 네가 온전히 죄 가운데서 나서 우리를 가르치느냐 하고 이에 쫓아내어 보내니라"(34), 율법으로는 흠이 없노라고 자처하던 바리새인들이 나면서 소경 되었던 자 앞에서 부끄러움을 당하고 있는 것입니다. 문자만을 붙들고 있는 의문(儀文)의 직분이 영의 직분 앞에서 얼마나 무기력한가를 보십시오.

둘째 단원(35-41) **보지 못하는 자는 보게 하려함**

③ "예수께서 저희가 그 사람을 쫓아냈다 하는 말을 들으셨더니 그를 만나사 가라사대 네가 인자를 믿느냐"(35) 하십니다.

주님은 자신을 "인자"(人子)라 하셨습니다. 다니엘서는 예언하기를, "인자 같은 이가 하늘 구름을 타고 와서"(단 7:13) 하고, 그리스도를 인자라 표현하고 있습니다. 이런 맥락에서 "인자"란 하나님의 아들이 인간의 몸을 입고 오셨음을 나타내는 것으로 우리를 구원하시기 위한 "대속제물"과 관련이 있는 표현입니다. 성자께서 인자가 되어주시지 않으셨다면 우리를 대신하여 죽어주실 수는 없기 때문입니다. 그러므로 "네가 인자를 믿느냐" 하신 것은 네가 그리스도를 믿느냐 하는 뜻이었던 것입니다.

㉠ "대답하여 가로되 주여 그가 누구시오니이까 내가 믿고자 하나이다"(36),

④ "예수께서 가라사대 네가 그를 보았거니와 지금 너와 말하는 자가 그이니라"(37), 여기가 9장의 절정입니다.

4장에서도 사마리아 여인에게 "네게 말하는 내가 그로라"(4:26) 하고 말씀하셨습니다. 주님께서는, "내가 진실로 너희에게 이르노니 많은 선지자와 의인이 너희 보는 것들을 보고자 하여도 보지 못하였고 너희 듣는 것들을 듣고자 하여도 듣지 못하였느니라"(마 13:17) 하십니다. 그런데 나면서 소경되었던 자는 "보고, 듣고" 있는 것입니다. 요한복음을 상고하고 있는 형제에게도 주님은 동일하게, "지금 너와 말하는 자가 그이니라" 말씀하시는 것입니다.

㉠ "가로되 주여 내가 믿나이다 하고 절하는지라"(37-38), 우리는 소경이 눈을 떴다는 표적 자체에만 마음을 빼앗겨서는 아니 됩니다. 이 표적을 근거로 하여 병 고침만을 추구해서는 아니 됩니다. 주님께서는 이 표적을 통해서 하시고자 하는 말씀이 있으셨습니다.

⑤ 39절은 9장의 표적을 통하여 도달하게 된 결론(結論)인데, "예수께서 가라사대 내가 심판하러 이 세상에 왔으니 보지 못하는 자들은

보게 하고 보는 자들은 소경 되게 하려 함이라"(39) 하십니다.

주님은 "심판하러 온 것이 아니라 구원하려 오셨다"(3:17, 12:47) 말씀하시기도 하고, 반대로 "심판하러 오신 것"(5:22, 30, 9:39)으로 말씀하시기도 하는데 왜 그런가? "내가 심판하러 이 세상에 왔으니" 하신 것은 주님이 심판을 수행하신다는 뜻이 아니라, 그리스도가 오시게 되면 두 편으로 갈라지는 심판의 역사가 불가피하게 일어날 것을 의미합니다.

초림(初臨)의 주님은 분명 구원하려 오신 것입니다. 그런데 구원의 복음에는 "영접하는 자와 배척하는 자, 구원 얻는 자와 멸망 당할 자"로 가르는 심판의 기능이 있다는 뜻입니다. 이점이 본문에서도, "보지 못하는 자들은 보게 하고, 보는 자들은 소경 되게 하려 함이라"는 말씀에 분명히 나타납니다.

16절에서 동일한 표적을 보고서도 두 편으로 갈라져 "피차 쟁론" 하는 것을 봅니다. 10:19절에서도 "이 말씀을 인하여 유대인 중에 다시 분쟁이 일어났다" 하고 말씀합니다. 구속사(救贖史)는 "여자의 후손과, 뱀의 후손" 간의 분쟁의 역사입니다. 그러므로 설교에는 심판하는 기능이 있는 것입니다. 모든 회중에게 듣기 좋게 해주고 온 회중을 만족케 하는 설교는 엄밀한 의미에서 진리가 아닙니다. 동일한 주님의 말씀을 듣고서도, "보지 못하는 자", 즉 자신이 죄인임을 깨달은 자는 보게 되고, 본다고 하는 자들, 즉 죄인임을 모르는 자들은 소경이 되는 것으로 갈라지게 되는 것입니다.

㉠ "바리새인 중에 예수와 함께 있던 자들이 이 말씀을 듣고 가로되 우리도 소경인가"(40) 하고 말하자, "예수께서 가라사대 너희가 소경 되었더면 죄가 없으려니와 본다고 하니 너희 죄가 그저 있느

니라"(41) 하십니다.

9장은, 8장과 같은 구조로 되어 있습니다. 8장은 "이 여자가 간음하다가 현장에서 잡혔나이다"(4) 하고 죄를 고발하는 것으로 시작이 되었는데, 9장은 "이 사람이 소경으로 난 것이 뉘 죄로 인함이오니까?"(2) 하고 역시 죄 문제를 제기하므로 시작이 됩니다.

그리고 8장에서 간음 중에 잡혀온 여인은 용서받았으나, 돌로 치려던 그들이 도리어 죄의 종이요 사탄의 자식임이 드러남과 같이, 9장에서도 소경으로 난 것이 뉘 죄로 인함이오니이까 하고 죄인 취급을 받던 그 사람은 눈을 뜨게 되며 그리스도를 영접하게 되나, 바리새인들이 도리어 영적인 소경임이 드러나고 "너희 죄가 그저 있느니라"(41) 하고 죄인임이 판명되고 맙니다.

형제는 자신이 날 때부터 소경임을 진심으로 고백하신 경험이 있으십니까? 날 때부터, 모태로부터, 그렇습니다. "내가 죄악 중에 출생하였음이여 모친이 죄 중에 나를 잉태하였나이다"(시 51:5), 이것이 형제의 고백입니까? 그렇다면 형제는 더 이상 소경이 아니라 "실로암에 가서 씻고" 밝히 보게 된 그리스도인인 것입니다.

묵상해 봅시다.

1. 소경 되었던 자의 증거를 통한 전도자의 사명에 대해서,
2. "우리도 소경인가" 한 말에 대해서,
3. 보지 못하는 자들은 보게 한다는 말씀에 대해서.

요한복음 10:1-21절 개관도표

주제:나는 양의 문이요 선한 목자라

나는 양의 문이라	1-10 1 ① **내가 진실로 진실로 너희에게 이르노니** 양의 우리에 **문으로** 들어가지 아니하고 다른 데로 넘어가는 자는 절도며 강도요 2 **문으로** 들어가는 이가 양의 목자라 3 문지기는 그를 위하여 **문을 열고** 양은 그의 음성을 듣나니 그가 자기 양의 이름을 각각 불러 인도하여 내느니라 4 ② 자기 양을 다 내어 놓은 후에 **앞서 가면** 양들이 그의 음성을 아는 고로 따라 오되 5 타인의 음성은 알지 못하는 고로 타인을 따르지 아니하고 도리어 도망하느니라 6 예수께서 이 비유로 저희에게 말씀하셨으나 저희는 **그 하신 말씀이 무엇인지** **알지 못하니라** 7 ③ 그러므로 예수께서 다시 이르시되 내가 **진실로 진실로 너희에게 말하노니** **나는 양의 문이라** 8 나보다 먼저 온 자는 다 절도요 강도니 양들이 듣지 아니 하였느니라 9 내가 문이니 누구든지 나로 말미암아 들어가면 구원을 얻고 또는 **들어가며 나오며 꼴을 얻으리라** 10 도적이 오는 것은 도적질하고 죽이고 멸망시키려는 것뿐이요 내가 온 것은 양으로 생명을 얻게 하고 더 풍성히 얻게 하려는 것이라
나는 선한 목자라	11-21 11 ④ **나는 선한 목자라** 선한 목자는 양들을 위하여 **목숨을 버리거니와** 12 **삯꾼은** 목자도 아니요 양도 제 양이 아니라 이리가 오는 것을 보면 양을 버리고 달아나나니 이리가 양을 늑탈하고 또 헤치느니라 13 달아나는 것은 저가 **삯꾼인** 까닭에 양을 돌아보지 아니함이나 14 **나는 선한 목자라** 내가 내 양을 알고 양도 나를 아는 것이 15 아버지께서 나를 아시고 내가 아버지를 아는 것 같으니 **나는 양을 위하여 목숨을 버리노라** 16 ⑤ 또 **이 우리에 들지 아니한 다른 양들이** 내게 있어 내가 인도하여야 할터이니 저희도 내 음성을 듣고 한 무리가 되어 한 목자에게 있으리라 17 ⑥ 아버지께서 나를 사랑하시는 것은 내가 다시 목숨을 얻기 위하여 **목숨을 버림이라** 18 이를 내게서 빼앗는 자가 있는 것이 아니라 내가 스스로 버리노라 **나는 버릴 권세도 있고** 다시 얻을 권세도 있으니 이 계명은 내 아버지에게서 받았노라 하시니라 19 이 말씀을 인하여 유대인 중에 다시 **분쟁이 일어나니** 20 그 중에 많은 사람이 말하되 저가 **귀신 들려 미쳤거늘** 어찌하여 그 말을 듣느냐 하며 21 혹은 말하되 이 말은 귀신 들린 자의 말이 아니라 귀신이 소경의 눈을 뜨게 할 수 있느냐 하더라

10:1-21절

나는 양의 문이요 선한 목자라

첫째 단원(1-10) **나는 양의 문이라**

둘째 단원(11-21) **나는 선한 목자라**

10장 전체의 중심주제는 "나는 양의 문이라(7), 나는 선한 목자라"(11) 하신 두 선언에 있습니다. "나는 양의 문이라"는 선언은 요한복음에 등장하는, "나는…이다"의 3번째 선언인데 이는 "나는 문제(問題)에 대한 해답(解答)이다" 라는 그런 뜻인 것입니다. 또한 "나는 선한 목자라" 하신 선언은, 4번째 선언인데 이는 나면서 소경 되었다가 보게 된 자를 "쫓아냈다"(9:35)는 문맥에서 하신 말씀입니다. 그러니까 주님은 선한 목자로 오셨으나 저들은 "절도며 강도"(1)와 같은 자들이라는 뜻이 됩니다.

도표를 보시면 첫째 단원에서는 "나는 양의 문이라" 하시고 둘째 단원에서는 "나는 선한 목자라" 하십니다. 이것이 대의입니다.

첫째 단원(1-10) 나는 양의 문이라

① "내가 진실로 진실로 너희에게 이르노니 양의 우리에 문으로 들어가지 아니하고 다른 데로 넘어가는 자는 절도며 강도요 문으로 들어가는 이가 양의 목자라"(1-2) 하십니다.

㉠ 첫째 단원 안에는 "문"이라는 말이 5번이나 등장하여 키워드를 이루고 있는데, "문으로 들어가지 아니하는 자는 절도요, 문으로 들어가는 자가 양의 목자라" 하십니다.

주님은 "목자와, 절도"를 대조(對照)해서 말씀하시는데, 10장은, 9장의 연속(10:21)입니다. 9장에서 주님은 나면서 소경 된 자를 보게 해주셨습니다. 그러나 목자로 자처하는 저들은 함께 기뻐하며 축하해 주기는커녕 죄가 있다면 전에 소경으로 있다가 이제 보게 되었다(9:25)는 것뿐인데 이로 인해 장본인은 물론 그의 부모까지도 많은 시달림을 받고 종래는, "쫓아내어 보내니라"(34) 하고 출교를 당했던 것입니다. 이것이 목자가 취할 행동인가?

㉡ "문지기는 그를 위하여 문을 열고 양은 그의 음성을 듣나니 그가 자기 양의 이름을 각각 불러 인도하여 내느니라"(3), 주님께서 하신 비유는 목축업을 하는 유대인들에게는 익숙한 말씀이었을 것입니다.

② "자기 양을 다 내어 놓은 후에 앞서 가면 양들이 그의 음성을 아는 고로 따라 오되 타인의 음성은 알지 못하는 고로 타인을 따르지 아니하고 도리어 도망하느니라 예수께서 이 비유로 저희에게 말씀하셨으나 저희는 그 하신 말씀이 무엇인지 알지 못하니라"(4-6) 합니다.

㉠ "양의 문으로 들어가지 아니하고 다른 데로 넘어가는 자는

절도요 강도라"(1) 하신 말씀은, 주님의 15번째 "진실로 진실로"와 함께 주어졌습니다. 그리고 "알지 못했다"는 뜻은 주님께서 말씀하신 비유 자체를 이해하지 못했다는 말이 아니라 그 의미(意味) 즉, 자신들이 마치 절도며 강도와 같은 거짓 목자임을 인식하지 못했다는 뜻입니다. 그러므로 이점을 성경 신학적인 측면에서 상고해보아야만 합니다.

ⓛ 첫째로 저들은 성경적인 깨달음도 없었다는 것입니다. 그들이 상고하고 있는 구약성경 여러 곳에 거짓 목자에 대한 경고와 참 목자를 세워주시겠다는 예언적인 말씀이 있는데도 불구하고 이에 대해서도 "알지 못했던" 것입니다.

에스겔 34장에, "인자야, 너는 이스라엘 목자들을 쳐서 예언하라, 그들 곧 목자들에게 예언하여 이르기를 주 여호와의 말씀에 자기만 먹이는 이스라엘 목자들은 화 있을진저 목자들이 양의 무리를 먹이는 것이 마땅치 아니하냐, 너희가 그 연약한 자를 강하게 아니하며 병든 자를 고치지 아니하며 상한 자를 싸매어 주지 아니하며 쫓긴 자를 돌아오게 아니하며 잃어버린 자를 찾지 아니하고 다만 강포로 그것들을 다스렸도다"(2, 4) 하고 책망하십니다. "강포로 다스렸도다"는 말이 폭력을 쓰고 약탈하는 자 곧 강도라는 뜻입니다.

하나님께서는 "내 양의 무리가 노략거리가 되고 모든 들짐승의 밥이 된 것은 목자가 없음이라" 하시면서, "내가 한 목자를 그들의 위에 세워 먹이게 하리니 그는 내 종 다윗이라, 그가 그들을 먹이고 그들의 목자가 될지라"(겔 34:8, 23) 하고 약속하셨습니다.

이 말씀은 분명한 메시아 예언이며 주님께서, "나는 선한 목자라" 선언하심으로 그 예언이 명백하게 성취되었음을 10장은 증거해주고 있는 것입니다. 그럼에도 불구하고, "우리도 소경인가"(9:40) 하면서 자신들이 절도며 강도와 같은 자들임을 알지 못했다는 것입니다.

이사야 56장에도 "몰각한 목자"에 대한 경고가 있습니다. "그 파수꾼들은 소경이요 다 무지하며 벙어리 개라…이 개들은 탐욕이 심하여 족한 줄을 알지 못하는 자요 그들은 몰각한 목자들이라"(사 56: 10-11) 하십니다. 주님 당시의 종교 지도자들은 이 말씀들을 알고 있었을 터이나 자신들이 바로 그러한 소경이요 몰각한 목자들이라고는 꿈에도 생가지 못했고, 주님의 말씀을 들으면서도 "그 하신 말씀이 무엇인지 알지 못했다"(6)는 것입니다.

그렇다면 선지자들이 경고한 양 무리들을 강포로 다스리며, 소경이요, 하나님의 말씀을 바로 대언하지 못하는 벙어리 개와 같은 몰각한 목자들이란 누구를 가리키는 말씀일까요? 1차적으로는 선지자 당시의 지도자들을 가리킵니다. 그로 인하여 예루살렘이 바벨론에 의하여 멸망을 당한 것입니다. 그런데 궁극적으로는 선한 목자란 그리스도를 가리킵니다. 이점이 "내가 한 목자를 그들의 위에 세워 먹이게 하리니 그는 내 종 다윗이라" 한 말씀에 나타납니다. 다윗은 죽은지 수백년이나 되는데 이는 명백한 메시아 예언이었던 것입니다.

그러나 여기서 그친다면 우리도 "그 말씀이 무엇인지 알지 못하는 자"들이 되고 말 것입니다. 이 말씀은 모든 세대의 지도자들을 향하여 하시는 오늘의 경고인 것입니다. 또한 "저희는 그 하신 말씀이 무엇인지 알지 못하니라"(6) 한 점도, 모든 시대 지도자들이 한결같다 하겠습니다. 그러므로 현대교회 지도자들은 나는 양을 위하여 목숨을 버리는 선한 목자인가? 아니면 삯꾼이나 절도며 강도와 같은 자는 아닌가 심각하게 고민해야 마땅합니다.

ⓒ 그러므로 둘째로, "문으로 들어가지 아니하는 자"라는 말씀을,

“내가 양의 문이라”(7, 9) 하신 선언과 결부를 시켜보면 어찌하여 저들을 “절도요 강도”라 하시는지 그 의미가 분명해지는 것입니다. 오직 구원은 “문” 되시는 그리스도로 말미암아 가능하여진다는 것이 구약성경의 일관된 증거임에도 저들은 “천국 문을 사람들 앞에서 닫고 너희도 들어가지 않고 들어가려 하는 자도 들어가지 못하게”(마 23:13) 하고 있으니 “절도요, 강도”와 같다 하시는 것입니다.

③ “그러므로 예수께서 다시 이르시되 내가 진실로 진실로 너희에게 말하노니 나는 양의 문이라 나보다 먼저 온 자는 다 절도요 강도니 양들이 듣지 아니 하였느니라”(7-8) 하십니다.

이는 저들이 주님께서 “하신 말씀이 무엇인지를 알지 못하기” 때문에 추가적으로 하신 말씀입니다. 7절에서는 “나는 양의 문이라” 하시고, 8절에서는 “나보다 먼저 온 자는 다 절도요 강도라” 하시는데 먼저 “나는 양의 문이라” 하신 선언부터 생각해 보겠습니다.

㉠ “나는 양의 문이라”는 말씀은 16번째 “진실로 진실로”와 함께 주어진 선언인데, 성경은 문제(問題)에 대한 해답(解答)입니다. “내가 문이다” 하신 것은 내가 해답이다 하는 것과 같은 의미인 것입니다. 이점을 14:6절에서는, “내가 곧 길이요 진리요 생명이니 나로 말미암지 않고는 아버지께로 올 자가 없느니라” 하고 더욱 분명히 밝히십니다. 다른 문, 다른 길은 없습니다.

하나님 존전에서 추방을 당한 아담의 후예들에게 가장 절박한 문제가 무엇인가? 구원으로 들어가는 〈문〉을 발견하는 것이요, 하나님께로 인도하는 〈길〉을 찾는 것입니다. 예수 그리스도는 양의 우리로 들어가는 여러 문들 중에 하나가 아니십니다. 양의 우리로 들어갈 수 있는 유일한 문이십니다.

이점을 모세는 유언과 같은 신명기에서, "유월절 제사를 네 하나님 여호와께서 네게 주신 각 성에서 드리지 말고 오직 네 하나님 여호와께서 그 이름을 두시려고 택하신 곳에서 드리라"(신 16:5-6) 하고 명하고 있습니다. 유월절 제사가 누구의 무엇에 대한 예표입니까? 이는 구원의 근거(根據)가 "오직 한 곳"에 있다는 점을 드러내고 있습니다. 이점이 얼마나 강조되어 있느냐 하면 신명기 12장에는 "택하신 곳"이라는 말이 6번(신 12:5, 11, 14, 18, 21, 26)이나 강조되어 있습니다.

하나님께서는 구약성경을 통해서 구원의 유일성(唯一性)을 여러 번 계시하셨습니다.

㉮ 아브라함에게 "아비 집을 떠나 내가 네게 지시한 땅으로 가라"(창 12:1) 하셨는데 "지시한 땅"은 메시아가 오실 땅이요,

㉯ "내가 네게 지시하는 한 산 거기서 그를 번제로 드리라"(창 22:2) 하셨는데 "지시할 한 산"은 성전이 세워질 곳이었던 것입니다.

㉰ 그러므로 가나안에 정착한 후 "자기 이름을 두시려고 한 곳을 택하실 그곳에서"(신 12:11) 실체가 오시기까지 유월절, 오순절, 초막적을 지키라 명하셨으며,

㉱ 하나님은 다윗에게 "오르난의 타작마당에서 여호와를 위하여 단을 쌓으라"(대상 21:18) 지정해주셨는데,

㉲ 솔로몬은 아브라함에게 지시하신 "모리아산", 다윗에게 정해주신 "오르난의 타작마당"에 성전을 건축했던(대하 3:1) 것입니다.

㉳ 포로에서 귀환한 후에도 비록 폐허가 되었지만 "단을 〈그 터〉 위에 세우고 그 위에 조석으로 여호와께 번제를 드렸던"(스 3:3)

것입니다.

이상의 말씀들은 무의미한 것이 아니라 모두가 구원의 유일(唯一)한 근거(根據)를 드러내는 말씀들인 것입니다. 이런 맥락에서 신 구약 시대를 막론하고 구원으로 들어가는 "문과, 길"도 하나요, 구원으로 인도하는 "목자"도 오직 한 분뿐인 것입니다.

㉡ 다음은 "나보다 먼저 온 자는 다 절도요 강도라" 하신 것이 누구를 가리키느냐 하는 점입니다. 이를 확대 해석하여 아브라함, 다윗 등 구약의 모든 사람이 "절도요 강도라" 하신 것으로 여겨서는 아니 됩니다. 주님 당시의 예루살렘 도성과 성전은 "절도요 강도"와 같은 자들에 의하여 지배를 당하고 있었던 것입니다. 이점이 나귀 타시고 예루살렘에 입성하시면서, "이제 이 세상의 심판이 이르렀으니 이 세상 임금이 쫓겨나리라"(12:31) 하신 말씀에 나타납니다.

"이 세상 임금"이란 사탄을 가리키는데 예루살렘은 비어 있는 도성이 아니라 사탄에 의하여 지배를 당하고 있었음을 나타냅니다. 그래서 "너희는 너희 아비 마귀에게서 났으니(8:44), 뱀들아 독사의 새끼들아 너희가 어떻게 지옥의 판결을 피하겠느냐"(마 23:33) 하고 꾸짖으셨던 것입니다. 이런 맥락에서 "나보다 먼저 온 자는 다 절도요 강도라" 하신 것입니다.

㉢ "내가 문이니 누구든지 나로 말미암아 들어가면 구원을 얻고 또는 들어가며 나오며 꼴을 얻으리라"(9) 하시는데, 이는 아담의 후예들이 안고 있는 문제에 대한 명백한 해답인 것입니다. "들어가면" 구원을 얻습니다. 그리고 "들어가며 나오며 꼴을 얻으리라", 즉 교제와 공급이 계속된다는 것입니다. 4장의 사마리아 여인, 9장의 소경은, 이 문을 통하여 구원으로 들어간 사람들 중의 한 사람이 된 것입니다.

"내가 문이라" 하신 말씀을, "화 있을진저 외식하는 서기관들과 바리새인들이여 너희는 천국 문(門)을 사람들 앞에서 닫고 너희도 들어가지 않고 들어 가려 하는 자도 들어가지 못하게 하는 도다"(마 23:13) 하신 말씀과 결부시켜 보십시오. 의미는 분명해지는 것입니다. 그래서 "도적이 오는 것은 도적질하고 죽이고 멸망시키려는 것뿐이요 내가 온 것은 양으로 생명을 얻게 하고 더 풍성히 얻게 하려는 것이라"(10) 하시는 것입니다.

둘째 단원(11-21) 나는 선한 목자라

④ "나는 선한 목자라 선한 목자는 양들을 위하여 목숨을 버리거니와"(11) 하십니다. 둘째 단원 안에는 "목자"라는 말이 5번이나 등장하여 핵심을 이루고 있습니다. "나는 선한 목자라" 선언하시는 말씀도 2번(11, 14)이나 나옵니다. 문제는 선한 목자만 있는 것이 아니라, "선한 목자와, 삯꾼"(12, 13)이 대조되어 있다는 점입니다. 또한 양을 물어 뜯는 "이리"(12)도 등장합니다.

㉠ 그러면 "목자와, 삯꾼"을 무엇으로 구분할 수가 있는가? 12-13절은 삯꾼의 특성(特性)인데, "삯꾼은 목자도 아니요 양도 제 양이 아니라 이리가 오는 것을 보면 양을 버리고 달아나나니 이리가 양을 늑탈하고 또 헤치느니라 달아나는 것은 저가 삯꾼인 까닭에 양을 돌아보지 아니함이나"(12-13) 하십니다.

㉡ 14-15절은 선한 목자의 특성(特性)인데, "나는 선한 목자라 내가 내 양을 알고 양도 나를 아는 것이 아버지께서 나를 아시고 내가 아버지를 아는 것 같으니 나는 양을 위하여 목숨을 버리노라"

하십니다.

무엇으로 구별이 되는지 아셨습니까? 양을 버리고 "달아난다"는 말이 두 번(12, 13), 양을 위하여 "목숨을 버린다"는 말이 두 번(11, 15) 대조(對照)되어 있습니다. 참 목자와 삯꾼의 차이는 한마디로 "희생"(犧牲)이 따르느냐 여부로 구별이 된다는 말씀입니다.

예수 그리스도께서 선한 목자가 되실 수 있었던 핵심은, "나는 선한 목자라 선한 목자는 양들을 위하여 목숨을 버리거니와" 하신 대속적인 "죽음"에 있었던 것입니다. 그렇습니다. 그의 죽으심이 우리에게 생명을 가져다 주셨습니다.

기독교가 다른 종교와 근본적으로 다른 점이 여기에 있습니다. 어찌하여 예수 그리스도만이 문이 되시고 길이 되십니까? 그것은 오직 예수 그리스도만이 우리의 죄를 대속해 주셨기 때문입니다. 다른 종교에는 대속교리가 없습니다. 그러므로 베드로는 그의 설교에서 "다른 이로서는 구원을 얻을 수 없나니 천하 인간에 구원을 얻을 만한 다른 이름을 우리에게 주신 일이 없음이니라"(행 4:12) 하고 결론을 맺고 있습니다.

"선한 목자"라는 주제가 우리에게는 어떻게 적용이 되는가? "그가 우리를 위하여 목숨을 버리셨으니 우리가 이로써 사랑을 알고 우리도 형제를 위하여 목숨을 버리는 것이 마땅하니라"(요일 3:16) 합니다. 명심하십시다 "사랑"은 희생입니다. 희생이 없는 종교는 고등 사기요, 희생이 따르지 않는 목회는 삯꾼인 것입니다.

⑤ "또 이 우리에 들지 아니한 다른 양들이 내게 있어 내가 인도하여야 할 터이니 저희도 내 음성을 듣고 한 무리가 되어 한 목자에게 있으리라"(16) 하시는데, 이는 양들을 위하여 목숨을 버리신 목자의

소원입니다.

"이 우리에 들지 아니한 다른 양들"이 누군가? 이는 "하나님이 지나간 세대에는 모든 족속으로 자기의 길들을 다니게 묵인하셨던"(행 14:16) 이방인들을 가리킵니다. 이제 그들을 찾아 "한 무리가 되어 한 목자에게 있게 하시겠다"는 것입니다.

"그는 우리의 화평이신지라 둘(유대인과 이방인)로 하나를 만드사 중간에 막힌 담을 허시고, 이는 저로 말미암아 우리 둘이 한 성령 안에서 아버지께 나아감을 얻게 하려 하심이라"(엡 2:14, 18) 하십니다.

⑥ "아버지께서 나를 사랑하시는 것은 내가 다시 목숨을 얻기 위하여 목숨을 버림이라 이를 내게서 빼앗는 자가 있는 것이 아니라 내가 스스로 버리노라 나는 버릴 권세도 있고 다시 얻을 권세도 있으니 이 계명은 내 아버지에게서 받았노라"(17-18) 하십니다.

재차 목숨을 버리실 것과, 자원하여 버리시게 될 것을 말씀하는 이유는 앞 절에서 말씀한, "이 우리에 들지 아니한 다른 양들", 즉 이방인들을 끌어안기 위해서는 "중간에 닫힌 담"을 허시는 대속적인 죽음이 있어야만 가능하여 진다는 점을 드러내기 위해서인 것입니다. 12:32절에서도 "내가 땅에서 들리면 모든 사람을 내게로 이끌겠노라" 하십니다. 주님의 죽으심은 힘이 모자라서 죽으신 그런 죽음이 아니었습니다. 주님께서는 우리를 살리시기 위하여 스스로 죽음을 취하셨습니다.

㉠ "이 말씀을 인하여 유대인 중에 다시 분쟁이 일어나니 그 중에 많은 사람이 말하되 저가 귀신 들려 미쳤거늘 어찌하여 그 말을 듣느냐 하며 혹은 말하되 이 말은 귀신 들린 자의 말이 아니라 귀신이

소경의 눈을 뜨게 할 수 있느냐"(19-21) 하고, 분쟁이 일어나는 것을 보게 됩니다.

㉮ "나는 양의 문이라 나보다 먼저 온 자는 다 절도요 강도니"(10:7-8),

㉯ "내가 문이니 누구든지 나로 말미암아 들어가면 구원을 얻고 또 들어가며 나오며 꼴을 얻으리라"(9),

㉰ "나는 선한 목자라 선한 목자는 양들을 위하여 목숨을 버리거니와"(11),

형제여, 이분이 "말하는 것처럼 말한 사람"(7:46)이 전에도 있었습니까? 후에도 있습니까?

그래서 저들은, "귀신 들려 미친 자의 말"이라 하는 자들과, "이 말은 귀신 들린 자의 말이 아니라" 하고, 분쟁이 일어났던 것입니다. 미친 자가, "소경의 눈을 뜨게"(21) 할 수가 있단 말인가?

"또 이 우리에 들지 아니한 다른 양들이 내게 있어 내가 인도하여야 할 터이니" 한 성구는 아프리카의 전도자 리빙스톤의 묘비에 기록되어 있다고 합니다. 이 주님의 소원을 누가 응해 드릴 것입니까? 형제가 그들을 인도하여야 할 작은 목자임을 명심하십시오. 그리스도를 사랑하는 자는 모두가 다 작은 목자들입니다.

"그리하면 목자 장이 나타나실 때에 시들지 아니하는 영광의 면류관"(벧전 5:4)을 얻을 것입니다. 예수 그리스도만이 구원으로 인도하는 유일한 "문"이십니다. 오직 예수 그리스도만이 양을 위하여 목숨을 버리신 "선한 목자"이십니다.

묵상해 봅시다.

1. 신 구약시대를 막론하고 유일한 "양의 문과, 선한 목자"에 대해서,
2. 선한 목자의 특성이 무엇인가에 대해서,
3. 유대 지도자들이 알지 못한 것이 무엇인가에 대해서.

요한복음 10:22-42절 개관도표

주제:나와 아버지는 하나이니라

내가 저희에게 영생을 주노니	22-30 22 ① 예루살렘에 수전절이 이르니 때는 겨울이라 23 예수께서 성전 안 솔로몬 행각에서 다니시니 24 유대인들이 에워싸고 가로되 당신이 언제까지나 우리 마음을 의혹케 하려나이까 **그리스도 여든 밝히 말하시오 하니** 25 ② 예수께서 대답하시되 **내가 너희에게 말하였으되 믿지 아니 하는 도다** 내가 내 아버지의 이름으로 **행하는 일들이 나를 증거하는 것이어늘** 26 너희가 내 양이 아니므로 **믿지 아니 하는 도다** 27 ③ 내 양은 내 음성을 들으며 나는 저희를 알며 저희는 나를 따르느니라 28 **내가 저희에게 영생을 주노니** **영원히 멸망치 아니할 터이요** 또 저희를 내 손에서 빼앗을 자가 없느니라 29 저희를 주신 내 아버지는 만유보다 크시매 아무도 아버지 손에서 빼앗을 수 없느니라 30 **나와 아버지는 하나이니라** **하신대**
나는 하나님의 아들이라	31-42 31 ④ 유대인들이 다시 돌을 들어 치려 하거늘 32 예수께서 대답하시되 내가 아버지께로 말미암아 여러 가지 선한 일을 너희에게 보였거늘 그 중에 어떤 일로 나를 돌로 치려 하느냐 33 유대인들이 대답하되 선한 일을 인하여 우리가 너를 돌로 치려는 것이 아니라 **참람함을 인함이니** 네가 사람이 되어 **자칭 하나님이라 함이로라** 34 ⑤ 예수께서 가라사대 너희 율법에 기록한바 **내가 너희를 신이라** 하였노라 하지 아니하였느냐 35 성경은 폐하지 못하나니 하나님의 말씀을 받은 사람들을 신이라 하셨거든 36 하물며 아버지께서 거룩하게 하사 **세상에 보내신 자가** **나는 하나님 아들이라** 하는 것으로 너희가 어찌 참람하다 하느냐 37 ⑥ 만일 내가 내 아버지의 일을 행치 아니하거든 나를 **믿지** 말려니와 38 내가 행하거든 나를 **믿지** 아니할 지라도 그 일은 **믿으라** 그러면 **너희가 아버지께서 내 안에 계시고 내가 아버지 안에 있음을** 깨달아 알리라 하신대 39 저희가 다시 예수를 잡고자 하였으나 그 손에서 벗어나 나가시니라 40 다시 요단강 저편 요한이 처음으로 세례 주던 곳에 가사 거기 거하시니 41 많은 사람이 왔다가 말하되 요한은 아무 표적도 행치 아니하였으나 요한이 이 사람을 가리켜 말한 것은 다 참이라 하더라 42 그리하여 거기서 **많은 사람이 예수를 믿으니라**

10:22-42절

나와 아버지는 하나이니라

첫째 단원(22-30) **믿는 자에게는 영생을 주노니**

둘째 단원(31-42) **나는 하나님의 아들이라**

10장에는 주님께서 자신이 누구인가를 드러내는 자증(自證)이 여러 번 나오는데, 이는 10장이 대중(大衆)을 상대로 행하신 마지막 강론에 해당이 되기 때문입니다. "나는 양의 문이라(7), 나는 선한 목자라(11), 나와 아버지는 하나이니라(29), 나는 하나님의 아들이라"(36) 하고 말씀하십니다. 그리고 믿는 자에게는 "영생을 주노니" 하신 반면, "믿지 아니 한다"는 말도 4번(25, 26, 37, 38)이나 나타납니다.

본 문단의 중심점은 "나와 아버지는 하나이니라"는 말씀에 있습니다. 도표를 보시면 이를 중심으로, "믿는 자에게는 영생을 주노니"(첫째 단원) 하시고, "나는 하나님의 아들이라"(둘째 단원) 하십니다.

❚ 첫째 단원(22-30) 믿는 자에게는 영생을 주노니

① "예루살렘에 수전절이 이르니 때는 겨울이라 예수께서 성전 안 솔로몬 행각에서 다니시니"(22-23) 하고, 배경적인 설명이 나옵니다.

요한복음을 유의해 보면 주님의 행적을 절기를 배경으로 하여 기록하고 있음을 보게 됩니다. 2장의 성전을 청결케 하심은 유월절(2:13)의 배경 하에서 행하여졌고, 5장의 38년 된 병자를 고치심도 유대인의 명절(5:1)에 예루살렘에 올라가셔서 행하신 역사였고, 6장의 5병 2어의 표적도 "유대인의 명절인 유월절"(6:4)을 배경으로 행하신 표적입니다.

그리고 7장의 강론도 유대인의 명절인 초막절(7:2)에 예루살렘에 올라가셔서 "누구든지 목마르거든 내게로 와서 마시라" 하고 초청을 하신 말씀이요, 본문 22절도 "예루살렘에 수전절이 이르니" 하고 배경을 설명하고 있고, 12장에서 나귀 타고 예루살렘에 입성하시는 기사도 유월절(12:1)을 배경으로 이루어지고 있습니다. 주님의 공생애가 3년이었다는 근거도 요한복음에 세 번 등장하는 유월절(2:13, 6:4, 12:1)을 근거로 한 것입니다.

이처럼 절기적인 배경 하에서 기록하고 있는 데는 필시 의도하는 바가 있었기 때문일 것입니다. 이런 맥락에서 본문의 배경인 수전절의 유래(由來)를 요약해 보는 것도 본문을 이해하는 데 도움이 될 것입니다.

주전 2세기경에 시리아 총독 안티오쿠스 에피파네스가 예루살렘을 침공하여 성전에 제우스 신상을 세우고 제단에 돼지를 제물로 바치는 치욕적인 사건이 있었습니다. 유대인들은 이러한 모욕적인 시련으로부터 구출해 줄 구원자를 고대하게 되었는데 그 때 나타난 구원자가 유다 마카비였습니다. 그는 시리아 군을 격퇴시키고 성전에 세웠던 우상을 부숴버리고 더럽혀진 성전을 청결케 하였습니다. 성전이 모독 당한지 3년 만에 회복되기에 이른 것입니다. 이것을 기념하여 지키는 절기가 수전절입니다.

㉠ 이런 배경 하에서 유대인들이 예수님을 에워싸고, "당신이 언제까지나 우리 마음을 미혹하게 하려 하나이까? 그리스도이면 밝히 말하시오"(24) 했던 것입니다. 유대인들이 수전절이라는 배경에서 이런 말을 한 의도는, 우리는 지금 마카비가 시리아를 격퇴한 것같이, 로마를 격퇴하고 우리를 구원하여 줄 그리스도를 고대하고 있소, 당신이 바로 그분인지 아닌지 밝히 말해주시오, 그런 뜻이었던 것입니다.

예수 그리스도께서는 그들에게 만족할 만한 답을 줄 수가 없으셨습니다. 왜냐하면 예수님은 그리스도이었으나 그들이 바라는 그리스도는 아니었기 때문입니다.

② "예수께서 대답하시되 내가 너희에게 말하였으되 믿지 아니하는 도다 내가 내 아버지의 이름으로 행하는 일들이 나를 증거하는 것이어늘"(25), 이는 두 마디로 되어 있는데,

첫째는 말씀하지 않았기 때문이 아니라 이미 충분하리만치 말씀을 하셨다는 것과,

둘째는 말씀만을 하신 것이 아니라, "아버지의 이름으로 행하는 일들", 즉 믿을만한 표적도 충분하리만치 보여주셨다는 말씀입니다.

㉠ 그런데 "너희가 내 양이 아니므로 믿지 아니 하는 도다 내 양은 내 음성을 들으며 나는 저희를 알며 저희는 나를 따르느니라"(26-27) 하십니다.

③ 28-30절은 문맥적으로 볼 때에, "그리스도여든 밝히 말하시오" 한 저들의 질문에 대한 답변이라 할 수가 있습니다. 먼저 오신 목적을 말씀하고, 다음으로 자신이 누구신가를 밝히시고, 그리고 믿는 자에게 주어지는 보장을 말씀하십니다.

㉠ 첫째로 오신 목적인데, "내가 저희에게 영생을 주노니 영원히 멸망치 아니할 터이요"(28상) 하십니다. 나는 로마를 격퇴하기 위해서 온 것이 아니라 양들에게 "영생"을 주기 위한 "선한 목자", 즉 목숨을 버리기 위해서 오셨다는 말씀입니다.

㉡ 둘째로, "저희를 주신 내 아버지는 만유보다 크시매"(29상) 한 말씀입니다. "내 아버지"라 하심은 자신이 누군인가를 밝히심인데 "나는 하나님의 아들이라"(36)는 뜻입니다. 그리고 "저희를 주신 내 아버지"라는 말씀은, "아버지께서 일하시니 나도 일한다"(5:17) 하신 아버지와의 동역을 나타내는 것으로, 아버지는 택하시고 아들은 구속하심을 의미합니다. 그래서 30절에서는 "나와 아버지는 하나이니라"(30) 하시는 것입니다.

㉢ 셋째로, "내 손에서 빼앗을 자가 없느니라, 아무도 아버지 손에서 빼앗을 자가 없느니라"(28하, 29하) 하시는 것은 믿는 자에게 주어질 영생에 대한 확고한 보장인 것입니다.

이 말씀이 수전절을 배경으로 주어졌음을 유념하시기를 바랍니다. 저들이 고대한 메시아는 다윗과 같은 왕이요, 저들이 기대한 그리스도는 마카비와 같은 장군이었으나 다윗이나 마카비가 그들에게 가져다 준 것은 영원한 승리가 아니었습니다. 바벨론에 의하여, 로마에 의하여 정복을 당하고 만 것입니다.

그들을 향해서 주님은, "내가 저희에게 영생을 주노니 영원히 멸망치 아니할 터이요 또 저희를 내 손에서 빼앗을 자가 없느니라 저희를 주신 내 아버지는 만유보다 크시매 아무도 아버지 손에서 빼앗을 수 없느니라"(29) 하시는 것입니다. 이보다 더한 안전하고 확고한 구원은 달리는 없습니다. 한 쪽은 그리스도의 손이 붙잡고 계시고 또 다른 한 쪽은 만유보다 크신 하나님 아버지께서 붙잡고 계십니다. 누군가 말했듯이 성도 한 사람을 하나님의 손에서 빼앗는다는 것은 하늘에 올라가서 별 하나를 따오는 것보다도 더 불가능한 일인 것입니다.

예수 그리스도야말로 사탄의 머리를 상하게 하실 여자의 후손이시며, 사망의 권세 잡은 자 마귀를 없이 하시며 죽기를 무서워하므로 일생에 매여 종 노릇 하는 자들을 놓아 주러 오신 해방 자이셨습니다. "그리스도이면 밝히 말하시오", 이에 대한 분명한 답변은, "믿는 자에게는 영생을 주노니, 영원히 멸망치 아니할 터이요", 이것이 답변입니다.

둘째 단원(31-42) 나는 하나님의 아들이라

④ "유대인들이 다시 돌을 들어 치려 하거늘 예수께서 대답하시되 내가 아버지께로 말미암아 여러 가지 선한 일을 너희에게 보였거늘 그 중에 어떤 일로 나를 돌로 치려 하느냐"(31-32) 하십니다.

㉠ "유대인들이 대답하되 선한 일을 인하여 우리가 너를 돌로 치려는 것이 아니라 참람함을 인함이니 네가 사람이 되어 자칭 하나님이라 함이로라"(33),

⑤ "예수께서 가라사대 너희 율법에 기록한바 내가 너희를 신이라 하였노라 하지 아니하였느냐 성경은 폐하지 못하나니 하나님의 말씀을 받은 사람들을 신이라 하셨거든"(34-35),

이는 "내가 말하기를 너희는 신들이며 다 지존자의 아들들이라 하였으나" 한 시편 82:6절의 인용으로 1차적으로는 재판장들을 가리키는 말씀인데, 성경이 말씀하는 "제사장, 왕, 선지자, 재판장"들은 궁극적으로는 그리스도를 예표하는 인물이었던 것입니다. 이점이 모세에게 "내가 너로 바로에게 신이 되게 하였은즉"(출 7:1) 한 말씀에서도 나타납니다.

㉠ "하물며 아버지께서 거룩하게 하사 세상에 보내신 자가 나는 하나님 아들이라 하는 것으로 너희가 어찌 참람하다 하느냐"(36) 하고, 자신이 하나님의 아들이심을 분명히 밝히십니다.

⑥ "만일 내가 내 아버지의 일을 행치 아니하거든 나를 믿지 말려니와 내가 행하거든 나를 믿지 아니할 지라도 그 일은 믿으라"(37-38상) 하십니다.

주님은 완악한 저들을 향하여, "나를 믿지 아니할지라도, 행하는 표적은 믿으라" 하십니다. 이는 저들을 궁지에 몰리게 한 말씀인데, "38년 된 병자를 고쳐주신 일, 5병 2어의 표적, 나면서 소경 된 자를 보게 하심" 등은 부인할 길이 없는 명백한 표적이었기 때문입니다. 그런데 이를 인정한다면 "예수가 그리스도시라"는 점을 시인할 수밖에 없기 때문입니다.

㉠ "그러면 너희가 아버지께서 내 안에 계시고 내가 아버지 안에 있음을 깨달아 알리라"(36-38), 즉 "나와 아버지는 하나이니라"(30)를 알게 되리라는 말씀입니다.

사도행전 4장에 보면, "이 사람들을 어떻게 할꼬 저희로 인하여 유명한 표적 나타난 것이 예루살렘에 사는 모든 사람에게 알려졌으니 우리도 부인할 수 없는지라"(행 4:16) 하고 궁지에 몰린 것을 보게 됩니다. 그래서 "이 후에는 이 이름으로 아무 사람에게도 말하지 말라" 하고 위협을 합니다. 유대인들도 대답이 궁색해지자, "저희가 다시 예수를 잡고자 하였으나 그 손에서 벗어나 나가시니라"(39) 합니다.

㉡ "다시 요단강 저편 요한이 처음으로 세례 주던 곳에 가사 거기 거하시니"(40), "요단강 저편"이라 하면 광야입니다. 배척을 당하신 그리스도는 광야로 나가신 것입니다. 이는 마치 "누가 너로 우리의 주재와 법관으로 삼았느냐"(출 2:14) 하고 배척을 당한 모세가 미디안 광야로 나갈 수밖에 없었던 것에 비할 수가 있습니다.

㉢ "많은 사람이 왔다가 말하되 요한은 아무 표적도 행치 아니하였으나 요한이 이 사람을 가리켜 말한 것은 다 참이라 하더라 그리하여 거기서 많은 사람이 예수를 믿으니라"(41-42), 길 예비자 세례 요한의 증거의 결실을 봅니다.

10장에는 "돌을 들어 치려 하거늘(31), 잡고자 하나"(39) 하는 말씀이 있습니다. 8:59절에서도 "돌을 들어 치려 하거늘" 합니다. 왜 돌로 치려 했는가? 저들의 말을 주목해 보십시오. "선한 일을 인하여 우리가 너를 돌로 치려는 것이 아니라 참람함을 인함이니 네가 사람이 되어 자칭 하나님이라 함이로다"(33) 합니다.

오늘날도 예수님이 행하신 "선한 일"을 전한다면 걸림이 되지 않습니다. 다만 예수님이 하나님의 아들 그리스도시요, 나의 죄를 대속하여 주신 구주시요, 다시 오실 심판 주 되심에 대하여는, "싫어하고, 미워하고, 배척하고, 거부감"을 나타내는 것입니다. 이는 저들 속에 그리스도를 돌로 치려는 적대감이 있기 때문입니다.

형제여, 당신은 예수를 "선한 일", 즉 병 고쳐주시고, 떡 먹여주시고, 축복해주시는 사회 개량가로 알고 따르고 있지는 아니합니까? 예수 그리스도는 구원으로 들어가는 문이십니다. 양을 위하여 목숨을 버리신 선한 목자이십니다. 우리에게 영생을 주신 하나님의 아들 그리스도이십니다. 영원히 멸망치 아니합니다. "또 저희를 내 손에서 빼앗을 자가 없느니라" 하십니다. 형제는 지금 그분의 장중에 있습니다.

묵상해 봅시다.

1. 수전절과 유대인들이 고대하던 메시아 관에 대해서,
2. "저희를 주신 내 아버지"에 함의 된 의미에 대해서,
3. 오늘날도 무엇에 대해 돌로 치려고 하는가에 대해서.

요한복음 11:1-32절 개관도표

주제:나는 부활이요 생명이라

<table>
<tr>
<td>나
사
로
가

죽
었
느
니
라</td>
<td>1-16
1 ① 어떤 병든 자가 있으니 이는 마리아와 그 형제 마르다의 촌 베다니에 사는 나사로라
2 마리아는 향유를 주께 붓고 머리털로 주의 발을 씻기던 자요 병든 나사로는 그의 오라비러라
3 그 누이들이 예수께 사람을 보내어 가로되 주여 보시옵소서
자가 병들었나이다 하니

4 ② 예수께서 들으시고 가라사대 이 병은 죽을병이 아니라 하나님의 영광을 위함이요
아들로 이를 인하여 영광을 얻게 하려 함이라 하시더라
5 본래 마르다와 그 동생과 나사로를 사랑하시더니
6 병들었다 함을 들으시고 그 계시던 곳에 이틀을 더 유하시고
7 후에 제자들에게 이르시되 유대로 다시 가자 하시니
8 제자들이 말하되 랍비여 방금도 유대인들이 돌로 치려 하였는데 또 그리로 가시려 하나이까
9 예수께서 대답하시되 낮이 열두 시가 아니냐 사람이 낮에 다니면
이 세상의 빛을 보므로 실족하지 아니하고
10 밤에 다니면 빛이 그 사람 안에 없는 고로 실족하느니라

11 ③ 이 말씀을 하신 후에 또 가라사대 우리 친구 나사로가 잠들었도다 그러나 내가 깨우러 가노라
12 제자들이 가로되 주여 잠들었으면 낫겠나이다 하더라
13 예수는 그의 죽음을 가리켜 말씀하신 것이나
저희는 잠들어 쉬는 것을 가리켜 말씀하심 인줄 생각하는지라
14 이에 예수께서 밝히 이르시되 나사로가 죽었느니라
15 내가 거기 있지 아니한 것을 너희를 위하여 기뻐하노니
이는 너희로 믿게 하려 함이라 그러나 그에게로 가자 하신대
16 디두모라 하는 도마가 다른 제자들에게 말하되 우리도 주와 함께 죽으러 가자 하니라</td>
</tr>
<tr>
<td>나
사
로
가

살
리
라</td>
<td>17-32
17 ④ 예수께서 와서 보시니 나사로가 무덤에 있은 지 이미 나흘이라
18 베다니는 예루살렘에서 가깝기가 한 오리쯤 되매
19 많은 유대인이 마르다와 마리아에게 그 오라비의 일로 위문하러 왔더니
20 마르다는 예수 오신다는 말을 듣고 곧 나가 맞되 마리아는 집에 앉았더라
21 마르다가 예수께 여짜오되 주께서 여기 계셨더면 내 오라비가 죽지 아니 하였겠나이다
22 그러나 나는 이제라도 주께서 무엇이든지 하나님께 구하시는 것을
하나님이 주실 줄을 아나이다

23 ⑤ 예수께서 가라사대 네 오라비가 다시 살리라
24 마르다가 가로되 마지막 날 부활에는 다시 살 줄을 내가 아나이다
25 예수께서 가라사대 나는 부활이요 생명이니 나를 믿는 자는 죽어도 살겠고
26 무릇 살아서 나를 믿는 자는 영원히 죽지 아니하리니 이것을 네가 믿느냐

27 ⑥ 가로되 주여 그러하외다 주는 그리스도시요 세상에 오시는 하나님의 아들이신 줄 내가 믿나이다
28 이 말을 하고 돌아가서 가만히 그 형제 마리아를 불러 말하되
선생님이 오셔서 너를 부르신다 하니
29 마리아가 이 말을 듣고 급히 일어나 예수께 나아가매
30 예수는 아직 마을로 들어오지 아니하시고 마르다의 맞던 곳에 그저 계시더라

31 마리아와 함께 집에 있어 위로하던 유대인들은 그의 급히 일어나 나가는 것을 보고
곡하러 무덤에 가는 줄로 생각하고 따라가더니
32 마리아가 예수 계신 곳에 와서 보이고 그 발 앞에 엎드리어 가로되
주께서 여기 계셨더면 내 오라비가 죽지 아니하였겠나이다 하더라</td>
</tr>
</table>

11:1-32절

나는 부활이요 생명이라

첫째 단원(1-16) **나사로가 죽었느니라**
둘째 단원(17-32) **나사로가 다시 살리라**

11장은 죽은 지 나흘이나 되는 나사로를 살리신 마지막 표적과, 이로 인하여 예수님을 죽이려는 모의가 급진전되는 내용입니다. 성경은 문제에 대한 해답입니다. 본 문단에서 "나사로가 주었다"(14)는, 이것이 문제입니다. 이에 대한 해답으로 예수님은, "나는 부활이요 생명이니, 이것을 네가 믿느냐"(25, 26) 하십니다. 도표를 보시면 이를 중심으로, "나사로가 죽었느니라"(첫째 단원), "나사로가 다시 살리라"(둘째 단원) 하십니다.

죽은 나사로를 살리신 표적은 요한복음에 기록된 일곱 가지 표적 중에서 마지막 표적입니다. 그리고 "나는 부활이요 생명이라" 하신 것은 요한복음에 등장하는 5번째 "나는---이다" 하는 선언입니다. 처음 표적의 무대가 혼인 잔치(2:1)요, 마지막 표적의 무대가 죽은 자의 무덤이라는데 인생의 애환(哀歡)이 있습니다.

▌첫째 단원(1-16) **나사로가 죽었느니라**

① "어떤 병든 자가 있으니 이는 마리아와 그 형제 마르다의 촌 베다니에 사는 나사로라 이 마리아는 향유를 주께 붓고 머리털로 주의 발을 씻기던 자요 병든 나사로는 그의 오라비러라"(1-2),

㉠ "이에 그 누이들이 예수께 사람을 보내어 가로되 주여 보시옵소서 사랑하시는 자가 병들었나이다 하니"(3),

② "예수께서 들으시고 가라사대 이 병은 죽을병이 아니라 하나님의 영광을 위함이요 하나님의 아들로 이를 인하여 영광을 얻게 하려 함이라"(4) 하십니다. 유신론적 실존주의자였던 키엘케골은 이에 응하여 "죽음에 이르는 병"이라는 책을 썼는데 죽음에 이르는 병을 "절망"으로 보았던 것입니다.

사도 요한은 주님께서 행하신 많은 기사이적 중에서 선택적으로 7가지만을 기록하면서 이를 표적으로 삼고 있는데, 나사로를 살리신 표적은 "나는 부활이요 생명이니" 하신 선언과 절묘한 조화를 이루고 있습니다. 이처럼 요한이 표적을 기록한 목적은 표적 자체를 드러내기 위해서가 아니라, "예수가 누구이신가? 그가 왜 오셨는가"를 증거하기 위해서였습니다.

그렇다면 11장에서는 예수님을 어떠한 분으로 증거하고 있는가? "나는 부활이요 생명이니"(25) 하고 선언하십니다.

㉠ 주님은 나사로가 병들었다는 전갈을 받으시고도, "이 병은 죽을 병이 아니라 하나님의 영광을 위함이요 하나님의 아들로 이를 인하여 영광을 얻게 하려 함이라"(4) 말씀하시면서 이틀을 더 유하셨습니다. 이 병은 "하나님의 영광을 위함이라", 9장에서는 나면서 소경된 자를 가리켜 "그에게서 하나님의 하시는 일을 나타내고자 하심이니라"(9:3) 하고 말씀하셨습니다. 이로 보건대 모든 문제에는 의미가 있다는 점과, 하나님의 영광을 나타내지 못할 것은 아무 것도 없다는 것이 됩니다.

㉡ "그 후에 제자들에게 이르시되 유대로 다시 가자 하시니 제자들이 말하되 랍비여 방금도 유대인들이 돌로 치려 하였는데 또 그리로 가시려 하나이까 예수께서 대답하시되 낮이 열두 시가 아니냐 사람이 낮에 다니면 이 세상의 빛을 보므로 실족하지 아니하고 밤에 다니면 빛이 그 사람 안에 없는 고로 실족하느니라"(7-10) 하십니다.

주님은 "헤롯이 당신을 죽이고자 하나이다" 하는 말을 들으시고도, "저 여우에게 이르되 오늘과 내일 내가 귀신을 쫓아내며 병을 낫게 하다가 제 삼 일에는 완전하여 지리라 하라"(눅 13:31-32) 하셨는데 같은 의미를 다르게 표현하신 셈입니다.

③ "이 말씀을 하신 후에 또 가라사대 우리 친구 나사로가 잠들었도다 그러나 내가 깨우러 가노라 제자들이 가로되 주여 잠들었으면 낫겠나이다 하더라"(11-12),

㉠ "예수는 그의 죽음을 가리켜 말씀하신 것이나 저희는 잠들어 쉬는 것을 가리켜 말씀하심인 줄 생각하는지라 이에 예수께서 밝히 이르시되 나사로가 죽었느니라 내가 거기 있지 아니한 것을 너희를 위하여 기뻐하노니 이는 너희로 믿게 하려 함이라 그러나 그에게로

가자 하신대"(13-15),

핵심은 "너희로 믿게 하려 함이라"에 있습니다. 이점이 무덤에서 행하신 주님의 기도에도 나타나는데, "이 말씀하옵는 것은 둘러선 무리를 위함이니 곧 아버지께서 나를 보내신 것을 저희로 믿게 하려 함이니이다"(42) 하셨습니다. "디두모라 하는 도마가 다른 제자들에게 말하되 우리도 주와 함께 죽으러 가자 하니라"(16).

둘째 단원(17-32) **나사로가 다시 살리라**

④ "예수께서 와서 보시니 나사로가 무덤에 있은 지 이미 나흘이라"(17),

㉠ "베다니는 예루살렘에서 가깝기가 한 오리쯤 되매 많은 유대인이 마르다와 마리아에게 그 오라비의 일로 위문하러 왔더니 마르다는 예수 오신다는 말을 듣고 곧 나가 맞되 마리아는 집에 앉았더라 마르다가 예수께 여짜오되 주께서 여기 계셨더면 내 오라비가 죽지 아니 하였겠나이다 그러나 나는 이제라도 주께서 무엇이든지 하나님께 구하시는 것을 하나님이 주실 줄을 아나이다"(18-22) 합니다.

⑤ "예수께서 가라사대 네 오라비가 다시 살리라"(23) 하시니, "마르다가 가로되 마지막 날 부활에는 다시 살 줄을 내가 아나이다"(24) 하고 말합니다.

마르다는 방금 "나는 이제라도, 주실 줄 아나이다"(22) 했습니다. 그러면서도, "마지막 날 부활에는 다시 살 줄을 내가 아나이다"(24) 하고 말하는 데서 그의 갈등이 나타납니다. 다니엘서 12:2절에는,

"땅의 티끌 가운데서 자는 자 중에 많이 깨어 영생을 얻는 자도 있겠고 수욕을 받아서 무궁히 부끄러움을 입을 자도 있을 것이라" 말씀하고 있는데 마르다는 이런 말씀을 염두에 두고 한 말일 것입니다.

㉠ "예수께서 가라사대 나는 부활이요 생명이니 나를 믿는 자는 죽어도 살겠고"(25) 하십니다. 이는 요한복음에 등장하는 "나는---이다"의 5번째 선언입니다.

어찌하여 주님께서는 "나는 생명(生命)이요 부활이라" 하시지 않고, 나는 부활(復活)이요 생명이라 하고 "부활"을 먼저 말씀하셨을까요? 이는 죽은 나사로를 살리실 것이기 때문만은 아닙니다. 주님 자신은, "그 안에 생명이 있었으니"(1:4) 한 영원한 생명이십니다. 그러나 우리에게 주어지는 생명은 "부활 생명"인 것입니다.

여기 한 알의 밀이 있습니다. 그 속에는 생명이 있습니다. 그러나 한 알의 밀이 많은 열매를 맺기 위해서는 땅에 떨어져 죽음으로만이 가능한 "부활 생명"인 것입니다. 이점을 고린도전서 15:45절에서는, "첫 사람 아담은 산 영이 되었다 함과 같이 마지막 아담은 살려 주는 영이 되었다"하고 말씀하십니다. "허물과 죄로 죽었던" 우리를 다시 살려주실 수 있었던 것은, "부활 생명"이었던 것입니다.

㉡ 믿는 자에게 죽음은 무엇입니까? "나를 믿는 자는 죽어도 살겠고 무릇 살아서 나를 믿는 자는 영원히 죽지 아니하리니 이것을 네가 믿느냐"(25-26) 하십니다.

㉮ "죽어도 살겠고" 하신 것은 육신은 죽을지라도 믿음으로 거듭난 영은 죽은 것이 아니요, 마지막 날에 부활할 것을 가리킵니다.

㉯ 그런데 "살아서 나를 믿는 자는 영원히 죽지 아니하리니" 하신 뜻은 무엇인가? 두 방면의 의미를 생각할 수가 있는데 첫째는 문자적으로 그리스도를 믿는 자 중에는 죽음을 보지 아니하고 "순식

간에 홀연히 변화"(고전 15:51)할 사람도 있을 것을 가리키는 말씀으로 여길 수가 있습니다.

둘째는 의미(意味)적으로 "허물과 죄로 죽었던" 상태에서 살리심(살아서)을 받은 자는 영원히 죽지 아니한다는 뜻으로 받을 수가 있습니다. 주님께서는 부활을 부인하는 사두개인들에게, "나는 아브라함의 하나님이요 이삭의 하나님이요 야곱의 하나님이로라 하신 것을 읽어 보지 못하였느냐 하나님은 죽은 자의 하나님이 아니요 산 자의 하나님으시니라"(마 22:32) 하고 말씀하셨는데 본문도 이런 의미의 다른 표현이라 하겠습니다.

㉢ 중요한 점은 두 번이나 "믿는 자는, 믿는 자는"(25-26) 하고 믿음을 강조하시면서, "이것을 네가 믿느냐"(26하) 하시는데 있습니다. 이에 응하여 두 번이나 "아나이다, 아나이다"(22, 24) 했던 마르다는 "주여 그러하외다 주는 그리스도시요 세상에 오시는 하나님의 아들이신 줄 내가 믿나이다"(27) 하고 믿음을 고백합니다.

㉣ "이 말을 하고 돌아가서 가만히 그 형제 마리아를 불러 말하되 선생님이 오셔서 너를 부르신다 하니 마리아가 이 말을 듣고 급히 일어나 예수께 나아가매 예수는 아직 마을로 들어오지 아니하시고 마르다의 맞던 곳에 그저 계시더라 마리아와 함께 집에 있어 위로하던 유대인들은 그의 급히 일어나 나가는 것을 보고 곡하러 무덤에 가는 줄로 생각하고 따라가더니"(28-31),

㉤ "마리아가 예수 계신 곳에 와서 보이고 그 발 앞에 엎드리어 가로되 주께서 여기 계셨더면 내 오라비가 죽지 아니 하였겠나이다"(32) 하고, 마르다가 한 말(21)을 그대로 하고 있습니다. "죽지 아니 하였겠나이다" 하는 믿음은, 병을 고쳐주시는 능력은 믿었으나, 죽은 자를 살리실 능력은 믿지 못한 것이 됩니다.

마리아를 가리켜 "발 아래 여인"이라 말하는데 본문에도 마르다의 활동적인 모습(눅 10:41)과는 달리, "그 발 앞에 엎드리어" 있는 마리아의 모습이 대조적으로 나타납니다.

묵상해 봅시다.

1. 병들었다는 전갈을 받으시고도 이틀을 더 유하신 의도에 대해서,
2. 나는 부활이요 생명이라 하신 선언에 대해서,
3. 아는 것과 믿는 것에 대해서.

요한복음 11:33-57절 개관도표

주제:네가 믿으면 하나님의 영광을 보리라

통분과 민망히 여기심	33-40 33 ① 예수께서 그의 우는 것과 또 함께 온 유대인들의 우는 것을 보시고 **심령에 통분히 여기시고 민망히 여기사** 34 가라사대 그를 어디 두었느냐 가로되 주여 와서 보옵소서 하니 35 **예수께서 눈물을 흘리시더라** 36 이에 유대인들이 말하되 보라 그를 어떻게 사랑하였는가 하며 37 그 중 어떤 이는 말하되 소경의 눈을 뜨게 한 이 사람이 그 사람은 죽지 않게 할 수 없었더냐 하더라 38 ② 이에 예수께서 **다시 속으로 통분히 여기시며** 무덤에 가시니 무덤이 굴이라 돌로 막았거늘 39 예수께서 가라사대 돌을 옮겨 놓으라 하시니 그 죽은 자의 누이 마르다가 가로되 주여 죽은 지가 나흘이 되었으매 **벌써 냄새가 나나이다** 40 예수께서 가라사대 내 말이 **네가 믿으면 하나님의 영광을 보리라** 하지 아니하였느냐 하신대
나사로야 나오라	41-46 41 ③ 돌을 옮겨 놓으니 예수께서 눈을 들어 우러러 보시고 가라사대 아버지여 **내 말을 들으신 것을 감사하나이다** 42 항상 내 말을 들으시는 줄을 내가 알았나이다 그러나 이 말씀 하옵는 것은 둘러선 무리를 위함이니 곧 **아버지께서 나를 보내신 것을 저희로 믿게 하려 함이니이다** 43 ④ 이 말씀을 하시고 큰 소리로 **나사로야 나오라** 부르시니 44 죽은 자가 수족을 베로 동인 채로 나오는데 그 얼굴은 수건에 싸였더라 예수께서 가라사대 풀어 놓아 다니게 하라 하시니라 45 마리아에게 와서 예수의 하신 **일을 본 많은 유대인이 저를 믿었으나** 46 그 중에 어떤 자는 바리새인들에게 가서 예수의 하신 일을 고하니라
유월절과 죽이려는 모의	47-57 47 ⑤ 이에 대제사장들과 바리새인들이 공회를 모으고 가로되 이 사람이 많은 표적을 행하니 우리가 어떻게 하겠느냐 48 만일 저를 **이대로 두면 모든 사람이 저를 믿을 것이요** 그리고 로마인들이 와서 우리 땅과 민족을 빼앗아 가리라 하니 49 ⑥ 그 중에 한 사람 그 해 대제사장인 가야바가 저희에게 말하되 너희가 아무 것도 알지 못하는도다 50 **한 사람이 백성을 위하여 죽어서 온 민족이 망하지 않게 되는 것이** 너희에게 유익한 줄을 생각지 아니 하는 도다 하였으니 51 이 말은 스스로 함이 아니요 그 해에 대제사장이므로 예수께서 그 민족을 위하시고 52 또 그 민족만 위할 뿐 아니라 흩어진 하나님의 자녀를 모아 하나가 되게 하기 위하여 죽으실 것을 미리 말함이러라 53 ⑦ 이 날부터는 **저희가 예수를 죽이려고 모의 하니라** 54 그러므로 예수께서 다시 유대인 가운데 드러나게 다니지 아니하시고 여기를 떠나 빈 들 가까운 곳인 에브라임이라는 동네에 가서 제자들과 함께 거기 유하시니라 55 **유대인의 유월절이 가까우매** 많은 사람이 자기를 성결케 하기 위하여 유월절 전에 시골서 예루살렘으로 올라갔더니 56 저희가 예수를 찾으며 성전에 서서 서로 말하되 너희 생각에는 어떠하뇨 저가 명절에 오지 아니하겠느냐 하니 57 이는 대제사장들과 바리새인들이 누구든지 예수 있는 곳을 알거든 고하여 잡게 하라 명령하였음이러라

11:33-57절

네가 믿으면 하나님을 영광을 보리라

첫째 단원(33-40) **통분히 여기시고 민망히 여기심**
둘째 단원(41-46) **나사로야 나오라**
셋째 단원(47-57) **유월절과 죽이려는 모의**

앞 문단에서 "나는 부활이요 생명이라"(25) 하고 선언하신 주님은, 본 문단에서는 이 선언을 "네가 믿으면 하나님을 영광을 보리라" 하십니다. 여기에 중심점이 있는 것입니다. 죽은 지 나흘이나 되는 나사로를 살리신 표적은 "영광을 나타내시고(44), 영광을 보게 하시고(40), 영광을 돌리게 하신"(4) 사건이었던 것입니다.

도표를 보시면, "영광을 보리라"를 중심으로 "통분히 여기시고 민망히 여기시고"(첫째 단원), "나사로야 나오라"(둘째 단원) 하시니 죽은 나사로가 살아나고, 이러한 영광 나타내심을 보고도 "유월절이 가까워오니 죽이려는 모의"(셋째 단원)를 하는 것이 대의입니다.

▌첫째 단원(33-40) 통분히 여기시고 민망히 여기심

① "예수께서 그의 우는 것과 또 함께 온 유대인들의 우는 것을 보시고 심령에 통분히 여기시고 민망히 여기사"(33),

㉠ 주님께서는 죽음 앞에서, "심령에 통분히 여기시고 민망히 여기셨다" 하고 말씀합니다 38절에서도 통분히 여기셨다고 반복적으로 강조하고 있는데, "통분"(痛憤)의 문자적인 의미는 가슴이 찢어지는 아픔과 분함을 의미합니다.

사도 바울은 "누가 주의 마음을 알아서 주를 가르치겠느냐 그러나 우리가 그리스도의 마음을 가졌느니라"(고전 2:16) 말씀했는데 그러면 마리아의 "우는 것과 또 함께 온 유대인들의 우는 것을 보시고" 통분히 여기시고 민망히 여기신 주님의 마음이 무엇인가?

먼저 주님은 무엇에 대해서, 왜 통분히 여기셨는가 하는 점입니다. 그것은 사망(死亡)이 어디서 왔으며, 누구의 소행인가를 생각해 보면 자명한 일입니다. 성경은 "한 사람으로 말미암아 죄가 세상에 들어오고 죄로 말미암아 사망이 왔나니"(롬 5:12) 말씀하고, 사탄을 "사망(死亡)의 세력(勢力)을 잡은 자 곧 마귀"(히 2:14)라고 부르고 있습니다.

주님께서는 지금 하나님의 형상대로 지음 받은 인간을 파멸케 한 사망의 권세를 잡은 자 사탄에 대해서 통분히 여기고 계시는 것입니다. 한편 목자 없는 양같이 유리 방황하면서, "죽기를 무서워하므로 일생에 매여 종 노릇 하는", 저들을 바라보실 때 "민망히"(33), 즉 불쌍히 여기셨던 것입니다.

하나님께서 사탄에게, "내가 너로 여자와 원수가 되게 하고 너희 후손도 여자의 후손과 원수가 되게 하리니"(창 3:15) 하고 선고하셨습니다. 그날 이후로 사탄은 "여자의 후손"에 대한 적개심을 완화시켜 본 적이 없습니다. 오히려 날이 가면 갈수록 "자기의 때가 얼마 못된 줄을 알므로 크게 분 내어"(계 12:12), "우는 사자같이 두루 다니며 삼킬 자를 찾고"(벧전 5:8) 있다고 성경은 말씀합니다.

이에 반하여 "여호와의 군대"인 우리는 사탄에 대한 "적개심"에 대해서 얼마나 모르고 있습니까? 현대교회의 심각한 병폐(病幣) 중 하나는 사탄에 대한 적개심이 없다는 점입니다. 사탄에 대한 적개심이 없으면 구속주되시는 그리스도에 대한 사랑도 없는 것이 됩니다. 그런 정신상태로 "선한 싸움"을 싸울 열정이 있겠는가?

지금도 번번히 속고(고후 2:11), 유혹에 넘어가고, 궤계에 말려들고 있으면서도 통분히 여기기는커녕 사탄의 존재를 인정하려고도 하지 않으면서 도리어 하나님을 원망하고 있지 않습니까?

오늘날 올림픽 성화를 채집한다는 아테네에 간 바울은 "온 성에 우상이 가득한 것을 보고 마음이 분하여"(행 17:16) 했다고 말씀합니다. 늑대가 닭을 물어갔다 해도 분해할 것인데, 자식을 물어갔다면 형제의 심정이 어떠하겠는가? 주님은 나사로의 죽음 앞에서 우는 모습을 보시면서 이처럼 통분히 여기고 계셨던 것입니다. 주님께서 "통분히 여기시고 민망히 여기신" 마음이 제자된 우리에게도 있어야 마땅합니다.

㉡ "가라사대 그를 어디 두었느냐 가로되 주여 와서 보옵소서 하니 예수께서 눈물을 흘리시더라"(34-35), 잠시 후면 살리실 나사로의 죽음 앞에서 눈물을 흘리심은 감상적인 눈물이 아니라 통분히 여기시고 민망히 여기신, "그는 실로 우리의 질고를 지고 우리의 슬픔을 담당"(사 53:4) 하신 눈물이었던 것입니다.

주님은 이때와, 멸망 당할 예루살렘에 대해서와, 겟세마네 동산의 기도, 이렇게 세 번 눈물을 흘리셨는데, 그러므로 본문의 눈물은 나사로의 죽음에 대한 감상적인 눈물이 아니었던 것입니다.

㉢ "이에 유대인들이 말하되 보라 그를 어떻게 사랑하였는가 하며 그 중 어떤 이는 말하되 소경의 눈을 뜨게 한 이 사람이 그 사람은 죽지 않게 할 수 없었더냐 하더라"(36-37).

② "이에 예수께서 다시 속으로 통분히 여기시며 무덤에 가시니 무덤이 굴이라 돌로 막았거늘 예수께서 가라사대 돌을 옮겨 놓으라 하시니 그 죽은 자의 누이 마르다가 주여 죽은 지가 나흘이 되었으매 벌써 냄새가 나나이다"(38-39),

㉠ "예수께서 가라사대 내 말이 네가 믿으면 하나님의 영광을 보리라 하지 아니하였느냐 하신대"(40), 11장은 죽음의 장이 아닙니다. "죽음, 썩는 냄새, 눈물, 애곡, 통분"이라는 바위 틈으로 빛이 새어 나오듯이 찬란하게 빛나는 또 다른 말씀을 대하게 되는데 그것은 "영광"(榮光)이라는 단어입니다.

영광(榮光)이란 언제나 하나님과 결부되어 사용됩니다. 절망의 무덤 앞에서 "네가 믿으면 하나님의 영광을 보리라" 말씀하십니다. 4절에서 이미 "이 병은 죽을 병이 아니라 하나님의 영광을 위함이요 하나님의 아들로 이를 인하여 영광을 얻게 하려 함이라" 말씀하셨습니다. 11장에 "영광"이라는 말이 3번이나 등장합니다.

주님은 모든 사람들이 싫어하고 두려워하는 "죽음"을 가지고도 "영광을 나타내시고(43), 영광을 보게 하시고(40), 영광을 돌리게"(4) 하시려는 것입니다. "죽음과, 영광' 즉, 죽음이 죽음으로 끝나는 것이 아니라 영광으로 승화케 하는 것을 가능케 한 것이 "부활이요, 생명"되시는 예수 그리스도의 십자가의 승리였던 것입니다.

▍둘째 단원(41-46) 나사로야 나오라

③ "돌을 옮겨 놓으니 예수께서 눈을 들어 우러러 보시고 가라사대"(41상), 주님께서 나사로의 죽음을 통하여 나타내시고자 하는 의미와 목적이 그의 기도 중에 나타나 있습니다.

㉠ "아버지여 내 말을 들으신 것을 감사하나이다 항상 내 말을 들으시는 줄을 내가 알았나이다 그러나 이 말씀하옵는 것은 둘러선 무리를 위함이니 곧 아버지께서 나를 보내신 것을 저희로 믿게 하려 함이니이다"(41하-42), 주님의 기도는 크게 두 마디로 되어 있습니다.

㉮ 첫째로 "내 말을 들으신 것을 감사하나이다 항상 내 말을 들으시는 줄을 내가 알았나이다" 하고 기도 응답에 대한 감사입니다. 이점은 주의 제자 된 우리들에게도 적실성이 있습니다. 왜냐하면 우리가 하나님 앞에 기도로 나아갈 수 있는 것은 자신이 자격이나 공로가 있어서가 아니라 전적인 주님의 공로를 힘입어서요, 예수 그리스도의 이름으로 기도하기 때문입니다.

그런데 우리는 어떠한가? "항상 내 말을 들으시는 줄을" 확신하고 감사하고 있는 것이 아니라, "듣지 아니하시고, 주지 아니하시는" 인색하신 하나님인 양 여기고 있는 것은 아닙니까? 이는 변명의 여지가 없는 불신앙인 것입니다.

㉯ 둘째로 "이 말씀하옵는 것은 둘러선 무리를 위함이니 곧 아버지께서 나를 보내신 것을 저희로 믿게 하려 함이니이다" 하십니다. 즉 "너희로 믿고 그 이름을 힘입어 생명을 얻게 하려 함"(20:31)이

란 말씀입니다. 과연 저들은 이 표적을 통해서 믿게 될 것인가?

④ "이 말씀을 하시고 큰 소리로 나사로야 나오라 부르시니 죽은 자가 수족을 베로 동인 채로 나오는데 그 얼굴은 수건에 싸였더라 예수께서 가라사대 풀어 놓아 다니게 하라 하시니라"(43-44),

㉠ 자, 무엇이 입증(立證)이 되었습니까? "아버지께서 나를 보내신 것을 저희로 믿게 하려 함이니이다" 하신 기도 내용이 증명이 된 것입니다. 주님께서는 "네가 믿으면 하나님의 영광을 보리라 하지 아니하였느냐" 하셨는데, 영광을 나타내셨고, 영광을 보게 하셨습니다. 이제 남은 것은 이를 통해서 예수님이 하나님께서 보내신 그리스도이심을 믿고 하나님께 영광을 돌리는 일입니다.

㉡ "마리아에게 와서 예수의 하신 일을 본 많은 유대인이 저를 믿었으나 그 중에 어떤 자는 바리새인들에게 가서 예수의 하신 일을 고하니라"(45-46), 그렇다면 백성의 지도자요, 하나님을 가장 잘 믿는다고 자부하던 대제사장들과 바리새인들의 반응은 어떠할 것인가?

저들이 진정 "하나님을 사랑하는(5:42) 자인가? 하나님의 뜻을 행하고자(7:17) 하는 자인가? 하나님께 속한 자(8:47)인가? 아니면 저들의 아비가 마귀"(8:44)인가의 여부가 백일하에 드러나게 될 것입니다.

이점에서 우리가 생각할 점은 오늘날도 이처럼 기사와 이적을 통해서 "하나님의 영광"을 나타내시고 보게 하시는가 하는 점입니다. 이점에서 망각해서는 아니 될 점이 있는데 그것은 나사로의 기적이 "예수가 누구신가" 하는 것을 드러내는 표적이라는 점입니다.

우리에게는 "예수"가 하나님의 아들 그리스도시라는 충족된 계시인 성경이 주어졌습니다. 이 성경 안에는 하나님께서 친히 증거하심도 있고, 표적을 통한 증거도 있으며, 목격자들인 사도들의 증언도 다 들어있습니다. 실로 모자라거나 부족함이 없습니다. 이제는 이 충족된 말씀을 통하여 예수님이 하나님의 아들 그리스도이심을 믿음으로 영생에 이르게 되는 것입니다.

그때는 표적을 보고 믿었으나 이제는 말씀을 통해 믿으며, 그때는 봄으로 믿었으나 지금은, "예수를 너희가 보지 못하였으나 사랑하는도다 이제도 보지 못하나 믿고 말할 수 없는 영광스러운 즐거움으로 기뻐하니"(벧전 1:8) 한 믿음으로 사는 길이 열린 것입니다.

이는 흔히 말하는 하나님의 능력을 제한해서가 아니라 표적에 대한 의미와 목적의 문제인 것입니다. 성경 역사상 기사와 이적은 아무 때나 인간이 원하는 대로 일어난 것이 아니라, ㉮ 출애굽 당시, ㉯ 아합과 이세벨(엘리야와 엘리사) 시대, ㉰ 바벨론 포수 기간, ㉱ 주님 당시와, 사도들의 시대로 대별이 됩니다. 이것은 무엇을 말해주고 있느냐 하면 기사와 이적은 비상시국에 하나님께서 뜻대로 행하시는 하나님의 비상섭리(非常攝理)라는 점입니다.

기사와 이적만이 하나님의 영광을 나타내는 것은 아닙니다. 중요한 점은 그리스도인들이란, "먹든지 마시든지 무엇을 하든지 다 하나님의 영광을 위하여"(고전 10:31) 사는 사람들이라는 점입니다. 마지막에는 우리의 죽음을 통해서도 "하나님의 영광을 나타내고, 보게 하고, 영광을 돌리게" 해야 함을 명심하시기를 바랍니다. 어떻게 그렇게 할 수가 있는가? "나는 부활이요 생명이라" 선언하신 말씀을 믿고 부활의 소망 가운데 죽음을 평안히 맞이함을 통해서입니다. "공회 중에 앉은 사람들이 다 스데반을 주목하여 보니 그 얼굴이 천사의 얼굴과 같더라"(행 6:15) 한 모습으로 말입니다.

셋째 단원(45-57) **유월절과 죽이려는 모의**

⑤ "이에 대제사장들과 바리새인들이 공회를 모으고 가로되 이 사람이 많은 표적을 행하니 우리가 어떻게 하겠느냐 만일 저를 이대로 두면 모든 사람이 저를 믿을 것이요 그리고 로마인들이 와서 우리 땅과 민족을 빼앗아 가리라 하니"(47-48), 여기서 저들이 선한 목자가 아니라 "절도와 강도" 같은 자들이요, 사탄의 지배를 당하고 있는 "독사의 새끼"들이라는 점이 명백히 드러나는 것입니다.

두 가지 걱정을 하고 있는데 첫째는 "모든 사람이 저를 믿을 것", 즉 따르게 될 것이라는 점이고, 둘째는 군중들의 결집이 정치적인 폭동화할 것을 우려하여 로마 군대가 개입하게 될 것이라는 점입니다.

⑥ "그 중에 한 사람 그 해 대제사장인 가야바가 저희에게 말하되 너희가 아무 것도 알지 못하는 도다 한 사람이 백성을 위하여 죽어서 온 민족이 망하지 않게 되는 것이 너희에게 유익한 줄을 생각지 아니하는 도다 하였으니"(49-50),

㉠ 핵심은 "한 사람이 백성을 위하여 죽어서" 라는 말에 있습니다. 가야바는 이 말을 악의적으로 말하였으나 요한은 악을 선으로 바꾸어, "이 말은 스스로 함이 아니요 그 해에 대제사장이므로 예수께서 그 민족을 위하시고 또 그 민족만 위할 뿐 아니라 흩어진 하나님의 자녀를 모아 하나가 되게 하기 위하여 죽으실 것을 미리 말함이러

라"(51-52), 즉 부지(不知) 중에 많은 사람의 대속제물이 되실 것을 증거한 것이라고 해설해주고 있습니다.

⑦ "이 날부터는 저희가 예수를 죽이려고 모의(謀議)하니라 그러므로 예수께서 다시 유대인 가운데 드러나게 다니지 아니하시고 여기를 떠나 빈 들 가까운 곳인 에브라임이라는 동네에 가서 제자들과 함께 거기 유하시니라"(53-54) 합니다.

㉠ "유대인의 유월절이 가까우매 많은 사람이 자기를 성결케 하기 위하여 유월절 전에 시골서 예루살렘으로 올라갔더니"(55), 복음서들을 관찰해보면 한결같이 마지막 부분이 유월절로 귀결(歸結)이 되고, 모든 초점(焦點)이 "유월절과, 예수님의 죽으심"에 맞춰져 있는 것을 확인하게 될 것입니다.

㉮ 예수님께서는 "유월절"에 맞춰서 예루살렘으로 올라가시고,

㉯ 대적들은, "유월절이 가까우매 대제사장들과 서기관들이 예수를 무슨 방책으로 죽일꼬"(눅 22:1-2) 하고 분주히 움직이고,

㉰ 주님께서는 "내가 고난을 받기 전에 너희와 함께 이 유월절 먹기를 원하고 원하였노라"(눅 22:15) 하십니다.

초점이 유월절로 모아지고 있다는 점은 예표로 보여주신 "출애굽"의 기사에서 이미 보여주신 바입니다. 하나님께서는 "한 가지 재앙을 내린 후에야 너희를 여기서 보낼지라"(출 11:1) 하십니다. 바로를 굴복시키기 위해서 10가지 재앙이 필요했던 것은 아닙니다. 저들이 바로의 노예에서 해방이 될 수 있었던 것이 오직 "유월절 어린양의 피"에 있었다는 점을 드러내기 위해서 강조점을 유월절로 몰아가셨던 것입니다. 그렇게 하신 후에 "표징을 네 아들과 네 자손의 귀에 전하게

하려 함이라"(출 10:2), 명하십니다. 주님께서 다시 오실 때까지 우리가 자손의 귀에 전해주어야 할 점이 우리 죄를 위하여 죽으시고 다시 사신 십자가 사건입니다.

ⓛ "저희가 예수를 찾으며 성전에 서서 서로 말하되 너희 생각에는 어떠하뇨 저가 명절(유월절)에 오지 아니하겠느냐 하니 이는 대제사장들과 바리새인들이 누구든지 예수 있는 곳을 알거든 고하여 잡게 하라 명령하였음이러라"(56-57).

묵상해 봅시다.

1. 주님께서 "통분히 여기시고 민망히 여기신" 마음에 대해서,
2. 나사로를 살리신 표적의 의미에 대해서,
3. 네가 믿으면 하나님의 영광을 보리라에 대해서.

요한복음 12:1-26절 개관도표

주제:영광을 얻을 때가 왔도다

장사를 예비한 마리아	1-11 1 ① **유월절 엿새 전에** 예수께서 베다니에 이르시니 이곳은 예수께서 죽은 자 가운데서 살리신 나사로의 있는 곳이라 2 거기서 예수를 위하여 잔치할 새 마르다는 일을 보고 나사로는 예수와 함께 앉은 자 중에 있더라 3 ② **마리아는 지극히 비싼 향유** 곧 순전한 나드 한 근을 가져다가 예수의 발에 붓고 자기 머리털로 그의 발을 씻으니 향유 냄새가 집에 가득하더라 4 제자 중 하나로서 예수를 잡아 줄 가룟 유다가 말하되 5 이 향유를 어찌하여 삼백 데나리온에 팔아 가난한 자들에게 주지 아니하였느냐 하니 6 이렇게 말함은 가난한 자들을 생각함이 아니요 저는 도적이라 돈 궤를 맡고 거기 넣는 것을 훔쳐 감이러라 7 ③ 예수께서 가라사대 저를 가만 두어 **나의 장사할 날을 위하여 이를 두게 하라** 8 가난한 자들은 항상 너희와 함께 있거니와 나는 항상 있지 아니하리라 하시니라 9 유대인의 큰 무리가 예수께서 여기 계신 줄을 알고 오니 이는 예수만 위함이 아니요 죽은 자 가운데서 살리신 나사로도 보려 함이러라 10 **대제사장들이 나사로까지 죽이려고 모의하니** 11 나사로 까닭에 많은 유대인이 가서 예수를 믿음이러라
호산나 이스라엘의 왕이여	12-19 12 ④ 그 이튿날에는 명절에 온 큰 무리가 예수께서 예루살렘으로 오신다 함을 듣고 13 종려나무 가지를 가지고 맞으러 나가 외치되 **호산나 찬송하리로다 주의 이름으로 오시는 이** **곧 이스라엘의 왕이시여 하더라** 14 ⑤ **예수는 한 어린 나귀를 만나서 타시니** 15 이는 기록된바 시온 딸아 두려워 말라 보라 너의 왕이 나귀새끼를 타고 오신다 함과 같더라 16 제자들은 처음에 이 일을 깨닫지 못하였다가 예수께서 영광을 얻으신 후에야 이것이 예수께 대하여 기록된 것임과 사람들이 예수께 이같이 한 것인 줄 생각났더라 17 나사로를 무덤에서 불러내어 죽은 자 가운데서 살리실 때에 함께 있던 무리가 증거한지라 18 이에 무리가 예수를 맞음은 이 표적 행하심을 들었음이러라 19 바리새인들이 서로 말하되 볼지어다 너희 하는 일이 쓸데없다 보라 온 세상이 저를 좇는 도다 하니라
한 알의 밀이 죽으면	20-26 20 ⑥ 명절에 예배하러 올라온 사람 중에 **헬라인 몇이 있는데** 21 저희가 갈릴리 벳새다 사람 빌립에게 가서 청하여 가로되 선생이여 우리가 **예수를 뵈옵고자 하나이다** 하니 22 빌립이 안드레에게 가서 말하고 안드레와 빌립이 예수께 가서 여짜온대 23 ⑦ 예수께서 대답하여 가라사대 **인자의 영광을 얻을 때가 왔도다** 24 내가 진실로 진실로 너희에게 이르노니 한 알의 밀이 땅에 떨어져 죽지 아니하면 한 알 그대로 있고 **죽으면 많은 열매를 맺느니라** 25 자기 생명을 사랑하는 자는 잃어버릴 것이요 이 세상에서 자기 생명을 미워하는 자는 영생하도록 보존하리라 26 사람이 나를 섬기려면 나를 따르라 나 있는 곳에 나를 섬기는 자도 거기 있으리니 사람이 나를 섬기면 내 아버지께서 저를 귀히 여기시리라

12:1-26절
인자가 영광을 얻을 때가 왔도다

첫째 단원(1-11) **장사를 예비한 마리아**

둘째 단원(12-19) **호산나 이스라엘의 왕이여**

셋째 단원(20-26) **한 알의 밀이 땅에 떨어져 죽으면**

12장에서 예수님께서는 드디어 어린 나귀를 타고 예루살렘에 입성(14)을 하시면서, "이 세상 임금이 쫓겨나리라"(31) 선언하십니다. 그러니까 주님은 "뱀의 머리를 상하게 할 여자의 후손"으로 입성을 하시는 것입니다. 그러면 주님께서는 어떤 방도로 사탄을 정복하시게 되는가? 그러므로 12장 전체의 중심점은 "내가 이를 위하여 이 때에 왔나이다"(27), 즉 십자가에 달려 죽으시고 다시 사심을 통해서 "이 세상 임금"의 머리를 상하게 하신다는 것입니다.

이런 맥락에서 본 문단의 중심점도 "인자가 영광을 얻을 때가 왔도다"(23), 즉 죽으시고 부활 승천하실 때가 왔다는데 있습니다.

도표를 보시면 "영광을 얻을 때가 왔도다"는 말씀을 중심으로 마리아는, "주님의 장사를 위한 향유를 붓고"(첫째 단원), 무리들은 예루살렘에 입성하시는 주님을 "호산나 이스라엘의 왕이여"(둘째 단원) 하고 맞이하고, 주님은 "한 알의 밀이 땅에 떨어져 죽으면"(셋째 단원) 많은 열매를 맺게 되리라 하십니다.

▎첫째 단원(1-11) **장사를 예비한 마리아**

① "유월절 엿새 전에 예수께서 베다니에 이르시니 이곳은 예수께서 죽은 자 가운데서 살리신 나사로의 있는 곳이라 거기서 예수를 위하여 잔치할새 마르다는 일을 보고 나사로는 예수와 함께 앉은 자 중에 있더라"(1-2),

잔치한 장소를, "죽은 자 가운데서 살리신 나사로의 있는 곳이라" 한 표현에서 나사의 집이 아니었음이 드러납니다. 마태와, 마가복음에서는 "베다니 문둥이 시몬의 집"(마 26:6, 막 14:3)이라고 밝혀주고 있습니다.

② "마리아는 지극히 비싼 향유 곧 순전한 나드 한 근을 가져다가 예수의 발에 붓고 자기 머리털로 그의 발을 씻으니 향유 냄새가 집에 가득하더라"(3),

㉠ "제자 중 하나로서 예수를 잡아 줄 가룟 유다가 말하되 이 향유를 어찌하여 삼백 데나리온에 팔아 가난한 자들에게 주지 아니하였느냐 하니 이렇게 말함은 가난한 자들을 생각함이 아니요 저는 도적이라 돈 궤를 맡고 거기 넣는 것을 훔쳐 감이러라"(4-6) 합니다.

③ “예수께서 가라사대 저를 가만 두어 나의 장사할 날을 위하여 이를 두게 하라”(7) 하십니다.

마리아가 향유를 주님의 발에 부은 행위를 주님은 “장사를 위한 준비”, 즉 장례할 때에 바르는 향유로 말씀하십니다.

그래서 “가난한 자들은 항상 너희와 함께 있거니와 나는 항상 있지 아니하리라”(8) 하시는 것입니다. 마리아의 향유도, 이름 모를 농부의 나귀새끼도 이 때를 위해 준비되었던 것입니다.

㉠ “유대인의 큰 무리가 예수께서 여기 계신 줄을 알고 오니 이는 예수만 위함이 아니요 죽은 자 가운데서 살리신 나사로도 보려 함이러라”(9),

주님은 “네가 믿으면 하나님의 영광을 보리라”(40) 하셨는데, 나사로는 하나님의 영광을 보여주는 증거 자로 등장합니다. 그렇습니다. 하나님께서 사람을 하나님의 형상대로 지으신 의도가 무엇이겠습니까? 볼 수 없는 하나님의 영광을 나타내게 하시기 위해서였던 것입니다.

㉡ 그런데 “대제사장들이 나사로까지 죽이려고 모의하니 나사로 까닭에 많은 유대인이 가서 예수를 믿음이러라”(10-11) 한 것은 무엇을 의미하는가? 저들도 예수님께서 “죽은 지 나흘이나 되어 냄새가 나던” 나사로를 살리신 표적을 인정하고 있다는 증거입니다.

그렇다면 그 분이 “나는 하나님의 아들이라”(10:36) 하신다면 “귀신들려 미친” 사람 취급을 할 것이 아니라 진지하게 성경을 상고했어야 마땅하지 않은가? 증거를 말살하기 위해서 나사로까지 죽이려 하다니, 이런 점이 “너희 아비는 마귀라”는 증거인 것입니다.

④ "그 이튿날에는 명절(유월절)에 온 큰 무리가 예수께서 예루살렘으로 오신다 함을 듣고 종려나무 가지를 가지고 맞으러 나가 외치되 호산나 찬송하리로다 주의 이름으로 오시는 이 곧 이스라엘의 왕이시여 하더라"(12-13),

주님은 지금 죽은 나사로를 살리신 베다니에 머물러 계시다가 유월절에 맞춰서 예루살렘으로 입성(入城)을 하시려는 것입니다. 어찌하여 주님께서 유월절에 맞춰서 예루살렘에 입성을 하시는가? 유월절 어린양, 즉 십자가에 달려 대속적인 죽음을 맞이 하실 때가 이르렀기 때문입니다.

다시 상기시킵니다만 모든 복음서의 초점(焦點)이 유월절에 맞춰져 있다는 점을 유념하시기를 바랍니다. 이를 놓치게 되면 복음서의 핵심을 놓치는 것이 되기 때문입니다. 주님은 유월절에 맞춰서 예루살렘에 당도하시기 위해, "예루살렘을 향하여 올라가기로 굳게 결심하시고"(눅 9:15) 올라가셨던 것입니다. 예루살렘에 올라오신 주님은, "내가 고난을 받기 전에 너희와 함께 이 유월절 먹기를 원하고 원하였노라"(눅 22:15) 하십니다. 왜냐하면 이제까지 예표로 지켜 내려오던 유월절 양을 잡는 날이, 실체(實體)로 오신 그리스도가 잡히시는 날이었기 때문입니다.

㉠ 백성들이 "호산나 호산나" 하고 부른 노래는 시편 118:25-26절에 근거한 것으로, "여호와여 구하옵나니 이제 구원하소서" 하는 뜻으로 메시아에게 바치는 노래였습니다.

⑤ "예수는 한 어린 나귀를 만나서 타시니 이는 기록된바 시온

딸아 두려워 말라 보라 너의 왕이 나귀새끼를 타고 오신다 함과 같더라"(14-15).

㉠ 이는 스가랴 9:9절의 성취입니다. 주님께서 나귀, 그것도 새끼를 타고 예루살렘에 입성하신 데는 교훈적인 면과 신학(神學)적인 면이 있는 것입니다. 먼저 교훈적인 면인데, "겸손하여서 나귀를 타나니 나귀의 작은 것 곧 나귀새끼니라"(슥 9:9) 합니다.

그런데 여기서 머물 수 없는 것은 하나님께서, "나귀의 첫 새끼는 다 어린양으로 대속할 것이요 그렇게 아니하려면 그 목을 꺾을 것이며"(출 13:13) 하고, "어린양으로 대속"하라 명하셨기 때문입니다. 나귀는 부정한 동물로 분류가 됩니다. 그래서 나귀를 살려 둘여면 어린양으로 대속, 즉 어린양이 대신 죽어야 한다는 말씀입니다. 이것이 어찌 무심한 말씀이며, 나귀를 위한 말씀이겠는가?

그러므로 "하나님의 어린양"되시는 그리스도께서 나귀 새끼를 타고 입성하셨다는 것은 나귀를 대신하여 죽으시기 위함이라는 뜻이 되는데, 그러므로 주님을 태운 나귀 새끼를 통해서 나 자신의 모습을 볼 수 있다는 것은 결코 비약이 아닌 것입니다.

㉡ "제자들은 처음에 이 일을 깨닫지 못하였다가 예수께서 영광을 얻으신 후에야 이것이 예수께 대하여 기록된 것임과 사람들이 예수께 이같이 한 것인 줄 생각났더라"(16).

"나사로를 무덤에서 불러내어 죽은 자 가운데서 살리실 때에 함께 있던 무리가 증거한지라 이에 무리가 예수를 맞음은 이 표적 행하심을 들었음이러라 바리새인들이 서로 말하되 볼지어다 너희 하는 일이 쓸데없다 보라 온 세상이 저를 좇는 도다 하니라"(17-19).

주님께서 나귀 타시고 예루살렘에 입성하시는 것을 계기로 고난주간이 시작됩니다. 요한은 복음서의 절반 정도를 주님께서 겪으신 수난의 한 주간(週間)에 집중하고 있습니다. 주님께서는 "이를 위하여 이 때에 오셨으며", 우리의 구원은 이로 말미암아 가능하여졌기 때문입니다.

▌셋째 단원(20-26) 한 알의 밀이 땅에 떨어져 죽으면

⑥ "명절에 예배하러 올라온 사람 중에 헬라인 몇이 있는데 저희가 갈릴리 벳새다 사람 빌립에게 가서 청하여 가로되 선생이여 우리가 예수를 뵈옵고자 하나이다 하니 빌립이 안드레에게 가서 말하고 안드레와 빌립이 예수께 가서 여짜온대"(20-22),

주님을 찾아 온 헬라 인들을 "명절에 예배하러 올라 온 사람들"(20)이라고 소개하고 있습니다.

예배를 드리려 왔다 해도 그들은 이방인의 뜰에까지 밖에는 접근이 허락되지 않았습니다. 이런 맥락에서 많은 기회와 때를 제쳐놓고 예수 그리스도께서 구원을 성취하시기 위하여 예루살렘에 입성하신 이 시점(時點)에 이방인의 대표격인 헬라 인들이 등장하고 있다는 것은 의미심장한 바가 있는 것입니다.

⑦ 이점이 "예수께서 대답하여 가라사대 인자의 영광을 얻을 때가 왔도다"(23) 하신 답변에서도 나타납니다.

"영광을 얻을 때"란 죽으시고 부활 승천하실 전체를 포괄하는 말씀입니다. 본문은 주님께서 헬라 인을 맞이해 주셨는가 에 대해서는 침묵한 채, "인자의 영광을 얻을 때가 왔도다" 하고 선언하신 주님의 말씀만을 기록하고 있습니다. 주님은 십자가의 수난을 "영광"으로 해석하고 있습니다. 왜냐하면 자신은 고난을 당하시지만 "아버지의 이름이 영광스럽게"(28) 되고, 만민에게는 구원의 문이 열여 지게 되기 때문입니다.

㉠ 이런 의미가, "내가 진실로 진실로 너희에게 이르노니 한 알의 밀이 땅에 떨어져 죽지 아니하면 한 알 그대로 있고 죽으면 많은 열매를 맺느니라"(24) 하신 말씀에 함의되어 있습니다. 이는 주님께서 말씀하신 17번째 "진실로 진실로"와 함께 하신 말씀입니다.

인류의 시조 아담 한 사람의 범죄가 온 인류에게 퍼졌습니다. 동일한 원리(原理)로 새로운 시조요, 두 번째 대표자로 오신 한 사람 예수 그리스도의 대속적인 죽음으로 말미암은 은혜가 더욱 넘치게 되어 많은 열매, 즉 많은 사람이 구원을 얻게 되리라는 말씀입니다. 이점이 "내가 땅에서 들리면 모든 사람을 내게로 이끌겠노라"(32) 하신 말씀에도 나타납니다.

이방 사람 헬라 인이 "예수를 뵈옵고자 하나이다" 하고 찾아온 사건은, "전에 멀리 있던 이방인들"이 하나님 앞에 나아가는 것이 어떻게 가능하여지는가에 대한 상징성이 있다 하겠습니다. 문맥적으로 보면 "뵈옵고자 하나이다" 하는 말을 들으신 주님께서 "인자의 영광을 얻을 때가 왔도다" 하신 것은 이방인들이 하나님 앞에 나아가는 것이 어떻게 가능하여지는가 하는 점을 염두에 두고 하신 말씀이 되는 것입니다.

이는 선지자로, "만군의 여호와가 이르노라 해 뜨는 곳에서부터 해 지는 곳까지의 이방 민족 중에서 내 이름이 크게 될 것이라"(말 1:11) 하신 예언이 성취될 때가 되었다는 뜻이기도 합니다. 이점을 사도 바울은, 이는 저(그리스도)로 말미암아 우리 둘이 한 성령 안에서 아버지께 나아감을 얻게 하려 하심이라"(엡 2:18) 하고 말씀합니다.

㉡ 주님은 먼저 신학적인 원리, 즉 영광을 얻을 때가 되었도다" 말씀하신 후에, "자기 생명을 사랑하는 자는 잃어버릴 것이요 이 세상에서 자기 생명을 미워하는 자는 영생하도록 보존하리라 사람이 나를 섬기려면 나를 따르라 나 있는 곳에 나를 섬기는 자도 거기 있으리니 사람이 나를 섬기면 내 아버지께서 저를 귀히 여기시리라"(25-26) 하고 교훈적인 말씀을 하십니다.

이는 세 마디로 되어 있는데 첫째는, "자기 생명을 사랑하는 자는 잃어버리게 된다"(25)는 것인데 이는 역설(逆說)입니다. 둘째는 "사람이 나를 섬기려면 나를 따르라"(26)는 말씀인데, 이를 달리 표현하신 것이, "아무든지 나를 따라 오려거든 자기를 부인하고 자기 십자가를 지고 나를 좇을 것이니라"(마 16:24)는 말씀이고, 셋째는 "내 아버지께서 저를 귀히 여기시리라"는 말씀인데 이는 영광에 참여하게 될 것을 가리킵니다. 형제의 결단은 무엇입니까?

묵상해 봅시다.

1. 나귀 새끼를 타고 입성하신 구속사적 의미에 대해서,
2. 한 알의 밀이 땅에 떨어져 죽으면 에 대해서,
3. 인자의 영광을 얻을 때가 왔도다 에 대해서.

요한복음 12:27-50절 개관도표

주제:이를 위하여 이 때에 왔나이다

<table>
<tr>
<td>이 세상 임금이 쫓겨나리라</td>
<td>27-36
27 ① 지금 내 마음이 민망하니 무슨 말을 하리요 아버지여 나를 구원하여
이 때를 면하게 하여 주옵소서 그러나 내가 이를 위하여 이 때에 왔나이다
28 아버지여 아버지의 이름을 영광스럽게 하옵소서 하시니 이에 하늘에서 소리가 나서 가로되
내가 이미 영광스럽게 하였고 또 다시 영광스럽게 하리라 하신대
29 곁에 서서 들은 무리는 우뢰가 울었다고도 하며
또 어떤 이들은 천사가 저에게 말하였다고도 하니

30 ② 예수께서 대답하여 가라사대 이 소리가 난 것은 나를 위한 것이 아니요
너희를 위한 것이니라
31 이제 이 세상의 심판이 이르렀으니 이 세상 임금이 쫓겨나리라
32 내가 땅에서 들리면 모든 사람을 내게로 이끌겠노라 하시니
33 이렇게 말씀하심은 자기가 어떠한 죽음으로 죽을 것을 보이심이러라

34 ③ 이에 무리가 대답하되 우리는 율법에서 그리스도가 영원히 계신다 함을 들었거늘
너는 어찌하여 인자가 들려야 하리라 하느냐 이 인자는 누구냐
35 예수께서 가라사대 아직 잠시 동안 빛이 너희 중에 있으니 빛이 있을 동안에 다녀
어두움에 붙잡히지 않게 하라 어두움에 다니는 자는 그 가는 바를 알지 못하느니라
36 너희에게 아직 빛이 있을 동안에 빛을 믿으라 그리하면 빛의 아들이 되리라
예수께서 이 말씀을 하시고 저희를 떠나가서 숨으시니라</td>
</tr>
<tr>
<td>내가 한 말이 심판하리라</td>
<td>37-50
37 ④ 이렇게 많은 표적을 저희 앞에서 행하셨으나 저를 믿지 아니하니
38 이는 선지자 이사야의 말씀을 이루려 하심이라 가로되 주여 우리에게 들은 바를
누가 믿었으며 주의 팔이 뉘게 나타났나이까 하였더라
39 저희가 능히 믿지 못한 것은 이 까닭이니 곧 이사야가 다시 일렀으되
40 저희 눈을 멀게 하시고 저희 마음을 완고하게 하셨으니 이는 저희로 하여금
눈으로 보고 마음으로 깨닫고 돌이켜 내게 고침을 받지 못하게 하려 함이니라 하였음이더라
41 이사야가 이렇게 말한 것은 주의 영광을 보고 주를 가리켜 말한 것이라
42 그러나 관원 중에도 저를 믿는 자가 많되 바리새인들을 인하여 드러나게 말하지 못하니
이는 출회를 당할까 두려워함이라
43 저희는 사람의 영광을 하나님의 영광보다 더 사랑하였더라

44 ⑤ 예수께서 외쳐 가라사대 나를 믿는 자는 나를 믿는 것이 아니요 나를 보내신 이를 믿는 것이며
45 나를 보는 자는 나를 보내신 이를 보는 것이니라
46 나는 빛으로 세상에 왔나니 무릇 나를 믿는 자로 어두움에 거하지 않게 하려 함이로라

47 ⑥ 사람이 내 말을 듣고 지키지 아니할 지라도 내가 저를 심판하지 아니하노라
내가 온 것은 세상을 심판하려 함이 아니요 세상을 구원하려 함이로라
48 나를 저버리고 내 말을 받지 아니하는 자를 심판할 이가 있으니
곧 나의 한 그 말이 마지막 날에 저를 심판하리라
49 내가 내 자의로 말한 것이 아니요 나를 보내신 아버지께서 나의 말할 것과
이를 것을 친히 명령하여 주셨으니
50 나는 그의 명령이 영생인줄 아노라 그러므로 나의 이르는 것은
내 아버지께서 내게 말씀하신 그대로 이르노라 하시니라</td>
</tr>
</table>

12:27-50절

이를 위하여 이 때에 왔나이다

첫째 단원(27-36) **이 세상 임금이 쫓겨나리라**
둘째 단원(37-50) **내가 한 말이 심판하리라**

12장의 구조는 주님께서 예루살렘에 입성하시는 사건을 전후하여 앞에는 마리아가 예수님의 발에 향유를 붓는 기사가 있고, 뒤에는 헬라 인들이 예수님을 뵈옵고자 하나이다 하는 기사가 있습니다. 이 사건들은 동떨어진 이야기가 아니라 상호간에 밀접한 관련이 있습니다. 마리아는 주님의 "장사"를 예비하고, 이방인들에게는 주님의 죽으심으로 구원의 문이 열리게 될 것을 나타냅니다.

본 문단의 중심점은 "내가 이를 위하여 이 때에 왔나이다" 하신 말씀에 있는데 도표를 보시면 이를 중심으로, "이 세상 임금이 쫓겨나리라"(첫째 단원) 하시고 마지막 날에, "내가 한 말이 심판하리라"(둘째 단원) 하십니다. 그러면 "이 세상 임금"이 어떤 방도에 의하여 쫓겨나게 되는가?

▌첫째 단원(27-36) 이 세상 임금이 쫓겨나리라

① "지금 내 마음이 민망하니 무슨 말을 하리요 아버지여 나를 구원하여 이 때를 면하게 하여 주옵소서 그러나 내가 이를 위하여 이 때에 왔나이다"(27) 하십니다.

이는 요한복음에 나타난 겟세마네 기도에 해당이 되는데 두 마디로 되어 있습니다. 첫째는 "아버지여 나를 구원하여 이 때를 면하게 하여 주옵소서" 한 말씀인데 이를 인성(人性)을 지니신 주님의 호소로 보기보다는, 우리의 대표자로서 우리의 연약을 맛보신 것으로 여겨야 할 것입니다. 왜냐하면 이제도 시련을 당하게 되면 이처럼 호소하는 것은 바로 나 자신이기 때문입니다.

둘째는 "그러나" 하고, "내가 이를 위하여 이 때에 왔나이다" 하십니다. 이를 공관복음에서는 "그러나 나의 원대로 마옵시고 아버지의 원대로 하옵소서"(마 26:39) 하신 것으로 되어 있습니다.

주님께서 오신 목적은 섬김을 받으시기 위해서가 아닙니다. 그렇다고 병을 고쳐주시고, 교훈하시기 위함도 아닙니다. "말씀이 육신"이 되어 오신 목적은 전적으로 우리의 대속제물이 되시기 위해서인 것입니다. 그리하여 주님은 비로소 십자가상에서 "다 이루었다"(19:30) 하고 선언하십니다.

요한복음은 결정적인 "이 때"를 계속적으로 추적(追跡)하고 있습니다. 2장에서 "내 때가 아직 이르지 못하였나이다"(4) 하신 주님은, 7:6절에서 "내 때는 아직 이르지 아니하였거니와" 하십니다. 7:30절과,

8:20절에서 "그의 때가 아직 이르지 아니하였기 때문에 그를 잡는 사람이 없었다" 말씀했는데, 13:1절에 이르러서 "유월절 전에 예수께서 자기가 세상을 떠나 아버지께로 돌아가실 때가 이른 줄 아시고" 하고, 17:1절에서는 드디어 "때가 이르렀사오니" 하십니다.

㉠ "아버지여 아버지의 이름을 영광스럽게 하옵소서 하시니 이에 하늘에서 소리가 나서 가로되 내가 이미 영광스럽게 하였고 또 다시 영광스럽게 하리라 하신대 곁에 서서 들은 무리는 우뢰가 울었다고도 하며 또 어떤 이들은 천사가 저에게 말하였다고도 하니"(28-29),

"이미 영광스럽게 하셨다" 한 것은 "이 병은 죽을 병이 아니라 하나님의 영광을 위함이요"(11:4) 하신 이제까지 행하신 주님의 행적을 가리키는 것이고, "또 다시 영광스럽게 하리라" 하심은 나사로가 아니라 하나님의 아들 예수 그리스도를 죽은 자 가운데서 다시 살리실 것을 가리킵니다.

12장에는 "영광"이라는 말이 무려 8번이나 나옵니다. 13장에서도 주님을 팔기 위하여 유다가 나간 후에, "지금 인자가 영광을 얻었고 하나님도 인자를 인하여 영광을 얻으셨도다"(13:31) 하십니다. 그러므로 최우선적으로 생각해야 할 점이 하나님의 영광입니다.

구원계획에는 "내가 나를 위하며 내가 나를 위하여 이를 이룰 것이라 어찌 내 이름을 욕되게 하리요 내 영광을 다른 자에게 주지 아니하리라"(사 48:11) 하신 하나님의 이름과 영예가 걸려 있다는 점을 명심한다는 것은 중요한 요점입니다. 사탄은 하나님의 영광을 찬탈하려는 자입니다. 하나님이 "보시기에 심히 좋았더라"(창 2:31) 하신 창조세계에 "죄, 사망, 저주"의 씨를 뿌린 자는 사탄이요, 이 때에 하나님의 이름이 더럽힘을 입으셨기 때문입니다.

그러므로 바벨론 포로를 귀환케 하실 때에도, "내가 이렇게 행함은 너희를 위함이 아니요 너희가 들어간 그 열국에서 더럽힌 나의 거룩한 이름을 위함이라"(겔 36:22) 하십니다. 그렇다고 바벨론의 포로가 돌아온다고 더럽혀진 하나님의 이름이 온전히 회복이 되는 것은 아닙니다. 에덴에서 추방을 당하여 사탄의 노예가 된 자들이 돌아와 하나님의 나라가 회복이 되어야만 온전히 성취가 되는 것입니다.

만일 주님께서 기도를, "아버지여 나를 구원하여 이 때를 면하게 하여 주옵소서" 하고 마치셨다면 주님은 하나님 아버지의 이름을 영광스럽게 하지 못한 것이 되고, 하나님께서 자기 형상대로 지으신 인간을 사탄의 노예 상태로 버려두셨다면 하나님의 영광은 만족하시지 못하셨을 것입니다.

② "예수께서 대답하여 가라사대 이 소리가 난 것은 나를 위한 것이 아니요 너희를 위한 것이니라 이제 이 세상의 심판이 이르렀으니 이 세상 임금이 쫓겨나리라"(30-31) 하십니다.

"이 세상 임금"이란 사탄을 가리킵니다. 12장에는 두 왕이 등장합니다. 한 왕은 나귀 타고 입성하시는, "호산나 찬송하리로다 주의 이름으로 오시는 이 곧 이스라엘의 왕이시어"(13) 한 그리스도 예수십니다. 그런데 예루살렘은 비어 있는 도성이 아니라 "이 세상 임금"이 왕 노릇 하고 있었던 것입니다. "왕 노릇"이란 지배(支配)를 의미하는데 제사장, 서기관, 장로들이 사탄에 의하여 지배를 당하고 있었다는 것이 됩니다. 그래서 "너희 아비는 마귀니라"(8:44) 하신 것입니다. 이제 두 왕은 예루살렘에서 격돌하게 된 것입니다.

그런데 불가해(不可解)한 것은 "주의 이름으로 오시는 왕은, 이 세상 임금"을 무력으로 쫓아내시는 것이 아니라 잡혀 십자가에 달려 죽으시기 위해서 적진(敵陣)으로 찾아오셨다는 점입니다. 주님이 "땅에서 들리면", 즉 십자가에 달려 죽으시게 되면, 사탄은 승리하고 주님은 패배(敗北)하는 것처럼 보일 것입니다.

㉠ 그런데 주님께서는, "내가 땅에서 들리면 모든 사람을 내게로 이끌겠노라" 하시는 것이 아닌가? "이렇게 말씀하심은 자기가 어떠한 죽음으로 죽을 것을 보이심이러라"(32-33) 합니다. 그러니까 십자가에 달려 죽으심은 패배가 아니라 도리어 승리가 된 다는 말씀입니다.

㉮ 첫째로 "사망으로 말미암아 사망의 세력을 잡은 자 곧 마귀를 없이하시며"(히 2:14), 즉 죽으시고 다시 사심을 통하여 사망의 세력을 잡은 원수 마귀(이 세상 신)의 머리를 상하게 하는 날이요,

㉯ 둘째로 1500년 동안이나 가로막혀 있던 휘장이 열리는, 즉 인류에게는 구원의 문이 열리는 날이기 때문인 것입니다.

이것이 하나님의 감추었던 비밀(秘密)이었습니다. 한 알의 밀이 땅에 떨어져 죽음으로 많은 열매를 맺게 되는(24) 하나님의 지혜(고전 2:6)였던 것입니다. 그러므로 이 말씀은 "우리가 예수를 뵈옵고자 하나이다" 한 헬라 인의 요청에 대한 답변인 셈입니다. 그러니까 주님은 "내가 땅에서 들리면 모든 사람을 내게로 이끌겠노라"(32), 그 때에 만나자 하신 셈입니다.

주님께서 헬라 인들을 만나주셨으리라고 믿어지지만 그렇다고 헬라인 몇 명을 맞아주심으로 이방인의 구원문제가 해결이 되는 것은 아닙니다. 이방인들에게 구원의 문이 열려지기 위해서는, "그는 우리의 화평이신지라 둘로 하나를 마드사 중간에 막힌 담을 허시는"(엡 2:14) 일이 선행이 되어야만 가능하여 지는 것입니다. 이를 위하여 헬라 인이 이 때에 등장하고 있는 것입니다.

③ "이에 무리가 대답하되 우리는 율법에서 그리스도가 영원히 계신다 함을 들었거늘 너는 어찌하여 인자가 들려야 하리라 하느냐 이 인자는 누구냐"(34) 합니다. 요한복음은 "이 인자가 누구냐? 어찌하여 인자가 들려야만(죽으심)하는가"에 대해서 줄기차게 증거하고 있으며, 이를 믿고 영생 얻기를 바라고 있습니다.

유대인들은 "하나님께서 그 조상 다윗의 위를 저에게 주시리니 영원(永遠)히 야곱의 집에 왕 노릇 하실 것이며"(눅 1:32-33) 한 영광(榮光)만을 알고 있을 뿐, "여호와께서 그로 상함을 받게 하시기를 원하사 질고를 당케 하셨은즉 그 영혼을 속건제물로 드리기에 이르면 그가 그 씨를 보게 되며"(사 53:10) 한 메시아의 고난(苦難)에 대해서는 모르고 있었던 것입니다. 현대교회 성도들도 "우리가 그와 함께 영광을 받기 위하여 고난도 함께 받아야 될 것이니라"(롬 8:17) 한 "고난"에 대해서는 모르고 있는 실정입니다.

㉠ "예수께서 가라사대 아직 잠시 동안 빛이 너희 중에 있으니 빛이 있을 동안에 다녀 어두움에 붙잡히지 않게 하라 어두움에 다니는 자는 그 가는 바를 알지 못하느니라 너희에게 아직 빛이 있을 동안에 빛을 믿으라 그리하면 빛의 아들이 되리라 예수께서 이 말씀을 하시고 저희를 떠나가서 숨으시니라"(35-36),

여기에는 두 방면의 의미가 있다 하겠습니다. 1차적으로는 "아직 잠시"라는 표현에 나타나는데 이는 얼마 남지 아니한 기회(機會)를 나타냅니다. 11:9절에서는 "낮이 열두 시가 아니냐" 하셨는데 12장의 시간은 유대인들에게는 얼마 남지 아니한 황혼이었던 것입니다.

그러면 우리들에게는 어떤 의미가 되는가? "아직 빛이 있을 동안"이라는 말이 두 번이나 강조되어 있는데, 이 빛이 우리에게는 "복음의 빛", 즉 "지금은 은혜 받을 만한 때요 구원의 날"(고후 6:2)이 되는 것입니다. 당시 유대인들에게만 기회가 "아직 잠시"뿐인 것은 아닙니다. 개인적인 종말도 "아직 잠시"만 남았을 뿐이요, 역사적인 종말도 "아직 잠시"의 시간이 남았을 뿐입니다. 그러므로 "어두움에 붙잡히지 않게 하여, 빛의 아들이 되라"는 말씀으로 적용이 되는 것입니다.

▌둘째 단원(37-50) 내가 한 말이 심판하리라

④ "이렇게 많은 표적을 저희 앞에서 행하셨으나 저를 믿지 아니하니"(37),

유대인의 불신앙은, "우리가 예수를 뵈옵고자 하나이다"(21) 하고 찾아온 헬라(이방)인과 예리하게 대조되어 있는데, "하나님의 나라를 너희는 빼앗기고 그 나라의 열매 맺는 백성이 받으리라"(마 21:43) 하심이 암시되어 있는 것입니다.

㉠ "이는 선지자 이사야의 말씀을 이루려 하심이라 가로되 주여 우리에게 들은 바를 누가 믿었으며 주의 팔이 뉘게 나타났나이까 하였더라"(38), 이는 이사야 53:1절의 인용인데, "주의 팔"이란 권능을 상징하는 것으로 11장의 표적과, 12장의 말씀은 유대인들에게 주어진 마지막 표적이요, 마지막 기회였던 것입니다.

㉡ "저희가 능히 믿지 못한 것은 이 까닭이니 곧 이사야가 다시 일렀으되 저희 눈을 멀게 하시고 저희 마음을 완고하게 하셨으니 이는 저희로 하여금 눈으로 보고 마음으로 깨닫고 돌이켜 내게 고침을 받지 못하게 하려 함이니라 하였음이더라 이사야가 이렇게 말한 것은 주의 영광을 보고 주를 가리켜 말한 것이라"(39-41) 합니다.

이는 이사야 6장의 인용인데, "주의 영광을 보고 말한 것"이란,

"높이 들린 보좌에 앉으신 주"(사 6:1)를 뵈었고 한 말이라는 것입니다. 그러므로 이사야의 예언은 하나님의 주권을 앞세우는 말입니다. 어찌하여 이 시점에서 또다시 하나님의 주권(主權)을 내세우고 있는가? 유대인들의 불신앙 때문입니다. 이런 뜻입니다. 하나님께서 하시고자 하는 것을 인간이 거부하거나 폐할 수가 있단 말인가? 아니라는 것입니다. 하나님이 "고침을 받지 못하게 하셨기" 때문이라는 것입니다. 여기에 "저희(유대인)의 넘어짐이 세상(이방인)의 부요 함이 되며 저희의 실패가 이방인의 부요 함이 되게"(롬 11:12) 하시려는 하나님의 신비가 있는 것입니다.

⑤ "그러나 관원 중에도 저를 믿는 자가 많되 바리새인들을 인하여 드러나게 말하지 못하니 이는 출회를 당할까 두려워함이라 저희는 사람의 영광을 하나님의 영광보다 더 사랑하였더라"(42-43),

유대인의 관원들이 그러했다는 것입니다. 그렇다면 현대교회 우리들은 "사람의 영광과, 하나님의 영광" 중 어느 편을 더 사랑하고 있는가 하고 묻지 않을 수가 없습니다.

㉠ "예수께서 외쳐 가라사대"(44상), 이는 요한복음에 등장하는 유대인들에게 하신 마지막 권고인데 그래서 "외쳐 가라사대" 합니다. 주님의 마지막 권고는, "나를 믿는 자와, 나를 저버리는 자" 두 방면으로 나타납니다. 먼저 "나를 믿는 자는",

㉮ "나를 믿는 자는 나를 믿는 것이 아니요 나를 보내신 이를 믿는 것이며",

㉯ "나를 보는 자는 나를 보내신 이를 보는 것이니라",

㉰ 그리고 "내가 온 것은 세상을 심판하려 함이 아니요 세상을 구원하려 함이로라"(44-47), 즉 믿는 자는 "구원"을 얻게 된다고

말씀하십니다.

⑦ 그러면 "나를 저버리고 내 말을 받지 아니하는 자"(48상)는 어떻게 되는가?

㉠ "심판할 이가 있으니 곧 나의 한 그 말이 마지막 날에 저를 심판하리라 내가 내 자의로 말한 것이 아니요 나를 보내신 아버지께서 나의 말할 것과 이를 것을 친히 명령하여 주셨으니 나는 그의 명령이 영생인줄 아노라 그러므로 나의 이르는 것은 내 아버지께서 내게 말씀하신 그대로 이르노라"(48-50) 하십니다.

그러면 무엇에 의하여 심판(審判)을 받게 되는가? "나의 한 그 말이 마지막 날에 저를 심판하리라", 즉 요한복음을 통해서 이제까지 선포하신 말씀에 의하여 심판을 당하게 된다는 것입니다. 이것이 유대인들에게 하신 마지막 권면입니다.

이렇게 심판을 받게 될 자들이 어찌 유대인뿐이겠습니까? "하나님이 세상을 이처럼 사랑하사 독생자를 주셨으니 이는 저를 믿는 자마다 멸망치 않고 영생을 얻게 하려 하심이니라"(3:16), 그 누구라도 이 복음을 듣고도 믿지 않는다면 이 말씀에 의하여 심판을 받게 되리라는 말씀입니다.

묵상해 봅시다.

1. 이를 위하여 이때에 오셨다는 점에 대해서,
2. "이 세상 임금"이 어떤 방도에 의하여 쫓겨 나게 되는가에 대해서,
3. 나는 무엇을 위하여 이 때에 왔는가 하는 각성에 대해서.

요한복음 13:1-20절 개관도표

주제:하나님께로 돌아가실 때가 이른 줄 아시고

<table>
<tr>
<td>씻기지 아니하면 상관이 없</td>
<td>1-11
1 ① 유월절 전에 예수께서 자기가 세상을 떠나 아버지께로 돌아가실 때가 이른 줄 아시고
세상에 있는 자기 사람들을 사랑하시되 끝까지 사랑하시니라
2 마귀가 벌써 시몬의 아들 가룟 유다의 마음에 예수를 팔려는 생각을 넣었더니

3 ② 저녁 먹는 중 예수는 아버지께서 모든 것을 자기 손에 맡기신 것과
또 자기가 하나님께로부터 오셨다가 하나님께로 돌아가실 것을 아시고
4 저녁 잡수시던 자리에서 일어나 겉옷을 벗고 수건을 가져다가 허리에 두르시고
5 이에 대야에 물을 담아 제자들의 발을 씻기시고 그 두르신 수건으로 씻기기를 시작하여
6 시몬 베드로에게 이르시니 가로되 주여 주께서 내 발을 씻기시나이까
7 예수께서 대답하여 가라사대 나의 하는 것을 네가 이제는 알지 못하나 이 후에는 알리라

8 ③ 베드로가 가로되 내 발을 절대로 씻기지 못하시리이다
예수께서 대답하시되 내가 너를 씻기지 아니하면 네가 나와 상관이 없느니라
9 시몬 베드로가 가로되 주여 내 발뿐 아니라 손과 머리도 씻겨 주옵소서
10 예수께서 가라사대 이미 목욕한 자는 발 밖에 씻을 필요가 없느니라
온 몸이 깨끗하니라 너희가 깨끗하나 다는 아니니라 하시니
11 이는 자기를 팔 자가 누구인지 아심이라 그러므로 다는 깨끗지 아니하다 하시니라</td>
</tr>
<tr>
<td>너희에게 본을 보였노라</td>
<td>12-20
12 ④ 저희 발을 씻기신 후에 옷을 입으시고 다시 앉아 저희에게 이르시되
내가 너희에게 행한 것을 너희가 아느냐
13 너희가 나를 선생이라 또는 주라 하니 너희 말이 옳도다 내가 그러하다
14 내가 주와 또는 선생이 되어 너희 발을 씻겼으니 너희도 서로 발을
씻기는 것이 옳으니라
15 내가 너희에게 행한 것같이 너희도 행하게 하려 하여 본을 보였노라

16 ⑤ 내가 진실로 진실로 너희에게 이르노니 종이 상전보다 크지 못하고
보냄을 받은 자가 보낸 자보다 크지 못하니
17 너희가 이것을 알고 행하면 복이 있으리라
18 내가 너희를 다 가리켜 말하는 것이 아니라 내가 나의 택한 자들이 누구인지 앎이라
그러나 내 떡을 먹는 자가 내게 발꿈치를 들었다 한 성경을 응하게 하려는 것이니라
19 지금부터 일이 이루기 전에 미리 너희에게 이름은 일이 이룰 때에
내가 그인 줄 너희로 믿게 하려 함이로라

20 ⑥ 내가 진실로 진실로 너희에게 이르노니 나의 보낸 자를 영접하는 자는
나를 영접하는 것이요
나를 영접하는 자는 나를 보내신 이를 영접하는 것이니라</td>
</tr>
</table>

13:1-20절

하나님께로 돌아가실 때가 이른 줄 아시고

첫째 단원(1-11) **씻기지 아니하면 상관이 없다**

둘째 단원(12-20) **너희도 행하게 하려 본을 보였노라**

13장은 하나님께로 돌아가실 때가 이른 줄 아신 주님께서, 제자들의 발을 씻어주시고, "새 계명을 주노니 서로 사랑하라"(34) 하신 내용입니다. 요한복음 1-12장까지의 전반부는 주로 일반 대중들을 상대로 한 "예수는 누구신가"에 대한 자기 계시입니다. 그래서 표적과 말씀이 함께 주어졌던 것입니다. 그런데 12장에서 공중 전도의 막을 내리고 고난의 한 주간은 시작됩니다. 그러므로 13-16장은 제자들만을 대상으로 하신 내용입니다.

도표를 보시면, "하나님께로 돌아가실 때가 이른 줄 아시고"를 중심으로 "내가 너를 씻기지 아니하면 상관이 없다"(첫째 단원) 하시고, "너희도 행하게 하려 본을 보였노라"(둘째 단원) 하십니다.

▌첫째 단원(1-11) 씻기지 아니하면 상관이 없다

① 13장은, "유월절 전에 예수께서 자기가 세상을 떠나 아버지께로 돌아가실 때가 이른 줄 아시고 세상에 있는 자기 사람들을 사랑하시되 끝까지 사랑하시니라"(1) 하고 시작이 됩니다. "

㉠ "유월절과, 주님의 죽으심"이 결부가 되어 있음을 유념하시기 바랍니다. 다시 강조합니다만 복음서의 초점이 "유월절"에 맞춰져 있다는 점을 망각하지 말아야만 합니다. 출애굽 당시도 "내가 이제 한 가지 재앙을 바로와 애굽에 내린 후에야 그가 너희를 여기서 보낼지라"(출 11:1) 하시면서, "내가 그 가운데서 행한 표징을 네 아들과 네 자손의 귀에 전하게 하려 함이라"(출 10:2) 하고, 초점이 유월절 어린양의 피에 맞춰져 있습니다. 이렇게 명하심은 유월절 어린양의 실체(實體)가 오시기를 대망(待望)하게 하시기 위해서였습니다. 예수 그리스도는 죽임을 당할 유월절 어린양(고전 5:7)으로 오셨습니다.

㉡ "세상에 있는 자기 사람들"이라고 말씀합니다. 본래 이 세상은 "그로 말미암아 지은 바 된 세상"(1:3)입니다. 그러나 인류의 시조가 타락을 하자 하나님께서는 만국 중에서 이스라엘이라는 한 민족을 선민으로 택하셔서 "자기 백성"을 삼으셨습니다. 그런데 "자기 땅에 오매 자기 백성이 영접하지 아니하였다"(1:11)는 것입니다.

이제 주님은 소수(小數)의 제자들을 가리켜, "세상에 있는 자기 사람들"이라 하시는 것입니다. 13-17장까지의 다섯 장은 고난 주간 중에서도 잡히시던 목요일 하루 동안에 되어 진 일들이며, 대상도 열 한 제자들만을 위한 시간이었습니다. 이들이야말로 "세상에 있는 자기 사람들"(1)이었던 것입니다.

이들이 어떻게 해서 "하나님의 백성, 하나님의 자녀들"이 되는 것이 가능하여지는가? "그가 우리를 대신하여 자신을 주심은 모든 불법에서 우리를 구속하시고 우리를 깨끗하게 하사 선한 일에 열심하는 친 백성이 되게 하려 하심이니라"(딛 2:14) 한, "구속"(救贖)으로 말미암아 가능하여지는 것입니다.

ⓒ "자기 사람들을 사랑하시되 끝까지 사랑하시니라" 하십니다. "끝까지"라니 어디까지, 언제까지입니까? 주님은 자신을 주시는 거기까지 사랑하셨고, "볼지어다 내가 세상 끝날까지 너희와 항상 함께 있으리라" 하신 "세상 끝날까지" 사랑하신다는 의미가 내포되어 있는 것입니다. "누가 우리를 그리스도의 사랑에서 끊으리요 환난이나 곤고나 핍박이나 기근이나 적신이나 위험이나 칼이랴"(롬 8:35).

② "저녁 먹는 중 예수는 아버지께서 모든 것을 자기 손에 맡기신 것과 또 자기가 하나님께로부터 오셨다가 하나님께로 돌아가실 것을 아시고"(3),

첫 절에서도 "아버지께로 돌아가실 때가 이른 줄 아시고" 했습니다. 요한복음은 예수님께서 하나님께로부터 오신 그리스도이심을 계속적으로 강조하고 있습니다. 우리 주님은 "하나님께로부터 오셨다가", 구속사역을 완수하시고 "아버지께로 돌아가신" 하나님의 아들이십니다.

㉠ "저녁 잡수시던 자리에서 일어나 겉옷을 벗고 수건을 가져다가 허리에 두르시고 이에 대야에 물을 담아 제자들의 발을 씻기시고 그 두르신 수건으로 씻기기를 시작하여"(4-5),

주님께서 왜 제자들의 발을 씻기셔야만 했습니까? 첫째로 제자 중에 유월절을 먹기 위한 발을 씻어주는 사람이 없었기 때문입니다. 만찬 전에 발을 씻기는 일은 유대 사회에 있어 종들 가운데서도 제일

하급종이 하는 일이었습니다. 제자들 가운데는 누구도 그 역할을 담당하려는 사람이 없었습니다. 누가복음 22:24절에 의하면 도리어 만찬석상에서까지도, "저희 사이에 그 중 누가 크냐" 하는 다툼이 있었음을 보게 됩니다.

㉡ "시몬 베드로에게 이르시니 가로되 주여 주께서 내 발을 씻기시나이까"(6) 합니다. 베드로의 말에는 주님께 발을 씻으시도록 내맡기고 있는 제자들에 대한 불만이 엿보입니다. 그렇다면 베드로는 "주께서 내 발을 씻기시나이까" 하고 말하는 대신에, "주님 잘못했습니다. 제가 씻기겠나이다" 하고 말했어야 옳았을 것입니다.

㉢ "예수께서 대답하여 가라사대 나의 하는 것을 네가 이제는 알지 못하나 이 후에는 알리라"(7) 하십니다. "이 후에는 알리라" 하심은 의미심장한 말씀으로 여기에는 신학(神學)적인 의미와 교훈(教訓)적인 의미가 함께 있습니다. 첫째 단원은 신학적인 의미이고, 둘째 단원에서 교훈적인 말씀을 하십니다.

③ 주님의 의도, 즉 신학적인 의미를 알지 못하는 "베드로가 가로되 내 발을 절대로 씻기지 못하시리이다" 하고 거부하는 것이 아닌가? "예수께서 대답하시되 내가 너를 씻기지 아니하면 네가 나와 상관이 없느니라"(8) 하십니다.

㉠ "네가 나와 상관이 없다" 하신 것은 교훈적인 차원의 말씀이 아닌 것입니다. 이에 대한 해답이 스가랴 13장에 있는데, "그 날에 죄와 더러움을 씻는 샘이 다윗의 족속과 예루살렘 거민을 위하여 열리리라"(1) 하고 예언되어 있습니다. 이것은 단순한 발 씻음의 문제가 아니라 주님의 피로 죄 씻음 받아야 할 구속행위에 대한 예시였던 것입니다.

하나님의 나라에 들어가기 위해서는 거듭남과 죄 씻음 받음이 필수 조건입니다. 주님은 "거듭나지 아니하면 하나님 나라에 들어갈 수 없느니라"(3:5), "내가 너를 씻기지 아니하면 네가 나와 상관이 없느니라"(13:8) 말씀하십니다. 그러하기 때문에 "나의 하는 것을 네가 이제는 알지 못하나 이후에는 알리라"(7) 하고 의미심장한 말씀을 하셨던 것입니다.

㉡ 이런 깊은 뜻은 몰라도 "나와 상관이 없다"는 말에 베드로는, "주여 내 발뿐 아니라 손과 머리도 씻겨 주옵소서"(9) 합니다. "예수께서 가라사대 이미 목욕한 자는 발 밖에 씻을 필요가 없느니라" 하십니다.

"이미 목욕한 자"란 거듭난 자를 가리킵니다. 그런데 거듭난 자라도, 퇴근 후에는 손발을 씻듯이 죄악 세상을 살아가는 동안에는 그때그때마다 자신을 살펴보면서 잘못을 고백하는 삶을 살아야 한다는 뜻입니다.

이점을 사도 요한은 "만일 우리가 우리 죄를 자백하면 저는 미쁘고 의로우사 우리의 죄를 사하시며 모든 불의에서 우리를 깨끗케 하실 것이요"(요일 1:9) 하고 말씀합니다. 그러니까 주님은 이제도 우리의 발을 씻어주고 계신다는 뜻이 되는 것입니다. 이것이 발 씻음에 대한 신학(神學)적인 의미입니다.

▌둘째 단원(12-20) **너희도 행하게 하려 본을 보였노라**

④ "저희 발을 씻기신 후에 옷을 입으시고 다시 앉아 저희에게 이르시되 내가 너희에게 행한 것을 너희가 아느냐"(12),

㉠ "너희가 나를 선생이라 또는 주라 하니 너희 말이 옳도다 내가 그러하다 내가 주와 또는 선생이 되어 너희 발을 씻겼으니 너희도 서로 발을 씻기는 것이 옳으니라"(13-14) 하십니다. 이것이 "발 씻음"에 대한 교훈적인 의미입니다.

주님 말씀 중에는 "주, 선생"이라는 말이 각각 두 번씩 강조되어 있습니다. 주와, 선생이, 그것도 잡히시는 절박한 시점에 제자들의 발을 씻어주시면서, "내가 너희에게 행한 것같이 너희도 행하게 하려 하여 본을 보였노라"(15) 하셨다면, 이 본을 따라야 마땅하지 않겠습니까?

질문을 드려보겠습니다. 12-15절 네 절 안에는 "너희"라는 말이 8번이나 등장합니다. 그러면 "너희도 서로 발을 씻기는 것이 옳으니라" 하신, "너희"는 누구들인가 하는 점입니다. 이것이 주님께서 세우시고자 하는 교회(敎會)인 것입니다. 교회의 모든 구성원들은 주님으로부터 발 씻음을 받은 사람들입니다. 만일 우리 중에 씻음 받지 않은 사람이 있다면 주님과 "상관이 없는"(8) 교회 일원이 아닌 것이 됩니다. 그러면 어찌하여 주와 선생이 제자들의 발을 씻기셨는가?

참 회개하는 자에게 소망이 되시고
구하고 찾는 자에게 기쁨이 되신다.
예수의 넓은 사랑을 어찌 다 말하랴
그 사랑 받은 사람만 그 사랑 알도다

씻음 받은 자만이 씻어줄 수가 있고, 사랑을 받은 자만이 사랑할 수 있고, 받은 자만이 줄 수가 있기 때문입니다. 주님께서는 교훈부터 하시지 않으셨습니다. 솔선수범을 보이시고 말씀하셨습니다.

⑤ "내가 진실로 진실로 너희에게 이르노니 종이 상전보다 크지 못하고 보냄을 받은 자가 보낸 자보다 크지 못하니 너희가 이것을 알고 행하면 복이 있으리라"(16-17), 이것은 주님께서 말씀하신 18번째 "진실로 진실로"와 함께 하신 말씀입니다.

알기만 하면 된다 하시지 않으십니다. 이렇게 가르치라 하시지 않으십니다. "알고 행하면 복이 있으리라" 하십니다. 지금 제자들의 발을 씻기시는 손은 내일이면 우리 죄를 위하여 못 박히실 손이요, "저희를 내 손에서 빼앗을 자가 없느니라"(10:28) 하신 이제도 우리를 붙들고 계시는 손입니다.

베드로는 주님께서 수건으로 허리를 동이시고 제자들의 발을 씻겨 주시던 모습을 평생 잊을 수가 없었던 듯싶습니다. 훗날 그는 "서로 겸손으로 허리를 동이라"(벧전 5:5) 하고 권면하는 것을 봅니다.

㉠ "내가 너희를 다 가리켜 말하는 것이 아니라 내가 나의 택한 자들이 누구인지 앎이라 그러나 내 떡을 먹는 자가 내게 발꿈치를 들었다 한 성경을 응하게 하려는 것이니라"(18), 이는 시편 41:9절의 인용인데 이 예언이 가룟 유다로 성취가 된 것입니다. "지금부터 일이 이루기 전에 미리 너희에게 이름은 일이 이룰 때에 내가 그인 줄 너희로 믿게 하려 함이로라"(19),

무슨 뜻인가? 제자 중에 반역하는 자가 일어나게 된다는 것은 우발적인 사건이 아니라 예언의 성취라는 점을 드러내십니다. 왜냐하면 우발적인 사건으로 여긴다면 그런 자를 사도로 선택하신 주님의 메시아 성이 손상될 수도 있기 때문입니다. 그래서 "일이 이루기 전에 미리 너희에게 이름은" 하시면서, "내가 그인 줄 너희로 믿게 하려 함이로라", 동요하지 말라 하시는 것입니다.

⑥ “내가 진실로 진실로 너희에게 이르노니 나의 보낸 자를 영접하는 자는 나를 영접하는 것이요 나를 영접하는 자는 나를 보내신 이를 영접하는 것이니라”(20),

㉠ 핵심은 “나의 보낸 자”에 있습니다. 떠나시려는 주님은, “아버지께서 나를 보내신 것같이”(20:21), 제자들을 보내실 준비를 하시는 것입니다. 이는 주님께서 하신 19번째 “진실로 진실로”와 함께 주어진 말씀입니다. 이 말씀을 문맥적으로 보면, “내 떡을 먹는 자가 내게 발꿈치를 들었다” 한 배신자가 있는가 하면, 보냄을 받아 죽도록 충성할 자가 있을 것을 나타내십니다.

“나의 보낸 자를 영접하는 자는 나를 영접하는 것이요 나를 영접하는 자는 나를 보내신 이를 영접하는 것이니라”(20) 하심은 “보냄을 받은 자”에게 주어지는 최고의 영예요 권위이기도 합니다. 그러니까 하나님께서는 그리스도를 보내시고, 그리스도께서는 제자들을 보내셨다는 뜻이 되는 것입니다. 그리고 형제가 바로 “보냄을 받은 자”라는 각성이 있어야 하는 것입니다.

묵상해 봅시다.

1. “하나님께로부터 오셨다가 하나님께로 돌아가실 때가 이른 줄 아시고”에 대해서,
2. “내가 너를 씻기지 아니하면 상관이 없다”는 신학적인 의미에 대해서,
3. “너희도 행하게 본을 보였노라” 하신 교훈에 대해서.

요한복음 13:21-38절 개관도표

주제:새 계명을 너희에게 주노라

너희 중 하나가 나를 팔리라	21-30 21 ① 예수께서 이 말씀을 하시고 심령에 민망하여 증거하여 가라사대 내가 **진실로 진실로 너희에게 이르노니** 너희 중 **하나가 나를 팔리라** 하시니 22 제자들이 서로 보며 뉘게 대하여 말씀하시는지 의심하더라 23 예수의 제자 중 하나 곧 그의 사랑하시는 자가 예수의 품에 의지하여 누웠는지라 24 시몬 베드로가 머리 짓을 하여 말하되 말씀하신 자가 누구인지 말하라 한대 25 그가 예수의 가슴에 그대로 의지하여 말하되 주여 누구오니이까 26 ② 예수께서 대답하시되 내가 한 조각을 찍어다가 주는 자가 그니라 하시고 곧 한 조각을 찍으셔다가 가룟 시몬의 아들 유다를 주시니 27 조각을 받은 후 곧 사단이 그 속에 들어간 지라 이에 예수께서 유다에게 이르시되 네 하는 일을 속히 하라 하시니 28 이 말씀을 무슨 뜻으로 하셨는지 그 앉은 자 중에 아는 이가 없고 29 어떤 이들은 유다가 돈 궤를 맡았으므로 명절에 우리의 쓸 물건을 사라 하시는지 혹 가난한 자들에게 무엇을 주라 하시는 줄로 생각하더라 30 유다가 그 조각을 받고 곧 나가니 밤이러라
너희도 서로 사랑하라	31-38 31 ③ 저가 나간 후에 예수께서 가라사대 지금 **인자가 영광을 얻었고** 하나님도 인자를 인하여 **영광을 얻으셨도다** 32 만일 하나님이 저로 인하여 **영광을 얻으셨으면** 하나님도 자기로 인하여 **저에게 영광을 주시리니** 곧 주시리라 33 소자들아 내가 아직 잠시 너희와 함께 있겠노라 너희가 나를 찾을 터이나 그러나 일찍 내가 유대인들에게 너희는 나의 가는 곳에 올 수 없다고 말한 것과 같이 지금 너희에게도 이르노라 34 ④ **새 계명을 너희에게 주노니 서로 사랑하라** **내가 너희를 사랑한 것 같이** 너희도 **서로 사랑하라** 35 **너희가 서로 사랑하면** 이로써 모든 사람이 **너희가 내 제자인줄 알리라** 36 ⑤ 시몬 베드로가 가로되 주여 어디로 가시나이까 예수께서 대답하시되 나의 가는 곳에 네가 지금은 따라 올 수 없으나 **후에는 따라 오리라** 베드로가 가로되 주여 내가 지금은 어찌하여 따를 수 없나이까 주를 위하여 내 목숨을 버리겠나이다 38 예수께서 대답하시되 네가 나를 위하여 네 목숨을 버리겠느냐 내가 진실로 진실로 네게 이르노니 닭 울기 전에 **네가 세 번 나를 부인하리라**

13:21-38절

새 계명을 너희에게 주노라

첫째 단원(21-30) **너희 중 하나가 나를 팔리라**
둘째 단원(31-38) **너희도 서로 사랑하라**

13장의 구조는 앞 부분에는 잠시 후면 잡히시게 되고, 내일이면 십자가에 달리시게 될 주님께서 제자들의 발을 씻어 주시는 기사가 있고, 뒤 부분에는 유언과 같은 "서로 사랑하라" 하시는 새 계명이 주어지는 구조(構造)로 되어 있습니다.

본 문단의 중심점은 "서로 사랑하라"는 말씀에 있는데 도표를 보시면 "너희에게 새 계명을 주노라" 한 말씀을 중심으로, "너희 중 하나가 나를 팔리라"(첫째 단원) 하시면서, "너희도 서로 사랑하라"(둘째 단원) 하십니다.

① "예수께서 이 말씀을 하시고 심령에 민망하여 증거하여 가라사대 내가 진실로 진실로 너희에게 이르노니 너희 중 하나가 나를 팔리라 하시니"(21), 이는 주님의 20번째 "진실로 진실로"와 함께 주어진 말씀입니다.

㉠ "제자들이 서로 보며 뉘게 대하여 말씀하시는지 의심하더라 예수의 제자 중 하나 곧 그의 사랑하시는 자가 예수의 품에 의지하여 누웠는지라 시몬 베드로가 머리 짓을 하여 말하되 말씀하신 자가 누구인지 말하라 한대 그가 예수의 가슴에 그대로 의지하여 말하되 주여 누구오니이까"(22-25),

② "예수께서 대답하시되 내가 한 조각을 찍어다가 주는 자가 그니라 하시고 곧 한 조각을 찍으셔다가 가룟 시몬의 아들 유다를 주시니 조각을 받은 후 곧 사단이 그 속에 들어간 지라"(26-27상) 합니다.

주님께서 "한 조각을 찍어다가 주셨다"는 것은 갈등하고 있는 유다에게 결단(決斷)을 촉구하신 것으로 볼 수가 있습니다. 그러나 유다는 회개가 아닌 "배신"으로 마음을 굳힌 것입니다.

㉠ 2절에서는 "마귀가 벌써 유다의 마음에 예수를 팔려는 생각을 넣었더니" 하고 유다의 "생각"을 지배했는데, 27절에서는 "사단이 그 속에 들어간 지라" 하고 마음을 점령하는 것을 보게 됩니다.

사탄은 자신이 "여자의 후손"에 의하여 멸망 당하리라는 것을 창세기(창 3:15)에서 이미 선고를 받은 상태입니다. 그 이후로 사탄은 그리스도가 태어나게 될 여자의 후손의 줄기를 계속적으로 공격을 했던 것입니다.

가인이 아벨을 쳐죽인 것, 이스마엘이 이삭을 박해한 것, 에서가 야곱을 죽이려 한 것, 사울이 다윗을 죽이려 한 것, 헤롯이 베들레헴의 영아를 학살한 것이 이런 맥락에서 일어난 사건들이었던 것입니다. 드디어 사도 중의 하나인 가룟 유다 속에 침투하기에 이른 것입니다.

㉡ "이에 예수께서 유다에게 이르시되 네 하는 일을 속히 하라 하시니 이 말씀을 무슨 뜻으로 하셨는지 그 앉은 자 중에 아는 이가 없고 어떤 이들은 유다가 돈 궤를 맡았으므로 명절에 우리의 쓸 물건을 사라 하시는지 혹 가난한 자들에게 무엇을 주라 하시는 줄로 생각하더라"(27하-29),

"유다가 그 조각을 받고 곧 나가니 밤이러라"(30), 즉 아침이 아니라 "밤이라" 한 표현은 그의 가는 길과 종말을 예고해주는 상징성이 있습니다.

둘째 단원(31-38) 너희도 서로 사랑하라

③ "저가 나간 후에 예수께서 가라사대 지금 인자가 영광을 얻었고 하나님도 인자를 인하여 영광을 얻으셨도다 만일 하나님이 저로 인하여 영광을 얻으셨으면 하나님도 자기로 인하여 저에게 영광을 주시리니 곧 주시리라"(31-32) 하십니다.

㉠ "영광"이라는 말이 두 절 안에 4번이나 나옵니다. 하나님 아버지께서는 "죽기까지 복종하신" 아들로 말미암아 영광을 얻으셨고, 아들은 "죽은 자 가운데서 살리신" 하나님 아버지로 말미암아 영광을 얻으신 것이 십자가 사건이었던 것입니다.

"소자들아 내가 아직 잠시 너희와 함께 있겠노라 너희가 나를 찾을 터이나 그러나 일찍 내가 유대인들에게 너희는 나의 가는 곳에 올 수 없다고 말한 것과 같이(7:34, 8:21) 지금 너희에게도 이르노라"(33), 즉 지금은 따라 올 수가 없다는 작별의 말씀입니다.

④ 그리고 "새 계명을 너희에게 주노니 서로 사랑하라"(34상) 하십니다. 이는 세상에 두고 가시는 "자기 사람들"(1) 곧 교회에 명하신 지상(至上) 계명(誡命)인 것입니다. 그러므로 이를 깊이 음미해 보아야 마땅합니다.

㉠ "서로 사랑하라"는 말은 문자적으로는 결코 새로운 것은 아닙니다. 레위기 19:18절에서도 "이웃 사랑하기를 네 몸과 같이 하라" 하셨습니다. 그런데 어찌하여 새 계명이라 하시는가? "내가 너희를 사랑한 것같이 너희도 서로 사랑하라"고 말씀하실 때 그것은 전연 새로운 의미를 지니는 것입니다. "내가 너희를 사랑한 것같이"란, 그리스도께서 죄인을 위하여 죽으시고, 하나님의 아들이 원수를 위하여 죽어주신(롬 5:8-10) 그 사랑을 가리키기 때문입니다.

다시 질문을 드려 보겠습니다. "내가 너희를 사랑한 것같이 너희도 서로 사랑하라" 하신 "너희"가 누구들입니까? 이것이 주님께서 세우시고자 하는 교회(敎會)인 것입니다. 그래서 이 말씀을 하실 때에 주님의 품에 의지하여 있던 사도 요한은, "그가 우리를 위하여 목숨을 버리셨으니 우리가 이로써 사랑을 알고 우리도 형제들을 위하여 목숨을 버리는 것이 마땅하니라"(요일 3:16) 하고 말씀했던 것입니다.

사도 요한은 또 말씀하기를, "우리가 형제를 사랑함으로 사망에서 옮겨 생명으로 들어간 줄을 알거니와 사랑치 아니하는 자는 사망에 거하느니라"(요일 3:14), 즉 형제 사랑이 그리스도인 여부에 대한 시금석이라는 것입니다. "서로 사랑하라"는 새 계명은, "너희도 서로 발을 씻기라"(14)는 섬김과 연관이 됩니다. 서로 사랑하며 서로 섬기는(발을 씻기는) 공동체, 이것이 교회요, 주님께서 세우신 하나님의 나라 윤리입니다.

ⓛ 교회인 "너희가 서로 사랑하면 이로써 모든 사람이 너희가 내 제자인줄 알리라"(35) 하십니다. 교회 공동체가 이러한 삶을 살게 될 때에 이를 보는 불신자들은 저들은 어떻게 저처럼 살수가 있을까? 저들은 왜 우리와 같지 아니한가? 나도 저들의 공동체 일원이 되고 싶다. 소망에 관한 이유를 묻게 될 것입니다. 하나님께서 권고하시는 날에 그들도 구원 얻게 되리라는 것입니다.

제자들이 발을 씻음 받을 때에는 한 사람 한 사람씩 씻음을 받았지만 씻음 받은 연후에는 한 몸의 여러 지체처럼 하나의 공동체(共同體)를 이루어 서로 사랑하며 서로 섬기는 삶을 사는 이것이 하나님의 아들 그리스도께서 이 땅에 오셔서 피 흘려 세우시고 아버지께로 돌아가신 하나님의 교회입니다.

그런데 계시록 2-3장에 예시되어 있는 초대교회의 모습은 어떠한가? 7교회 중 두 교회만이 책망을 받지 않았습니다. "진리를 보수하되 사랑을 잃어버린 교회"(계 2:2-4)가 있고, "사랑은 있으나 진리를 잃어버린 교회"(계 2:19-20)가 있습니다. 살았다 하는 이름은 가졌으나 죽은 자로다 하는 교회도 있고, 벌거벗고 눈이 먼 교회도 있습니다. 주님께서는 "촛대를 옮기리라, 큰 환난에 던지리라, 도적같이 임하리라, 입에서 토하여 내치리라" 하고 경고하십니다.

그러면 현대교회는 어떤 모습을 하고 있을까 하고 묻지 않을 수 없습니다. "진리와, 사랑" 두 가지를 모두 잃어버렸다고 말한다면 너무 독단이라 말할 것인가? 만일 이것이 사실이라면 현대교회의 존재 이유는 무엇이며, 남은 것이 무엇인가? 그래서 성도들은 교회라는 공동체에 속해 있으면서도 외톨이라는 소외감과 고독을 느끼게 되고, 교회는 자기중심적인 이기 집단으로 전락을 하게 되는 것입니다.

주님께서 친히 담당하신 십자가에는 "진리와, 사랑"이 함께 나타나 있습니다. 희생적인 사랑이 따르지 않는 복음진리는 "원리주의"가 될 수가 있고, 복음진리가 없는 사랑이란 인도주의(人道主義)로 전락하게 됩니다. 그리고 "진리와, 사랑" 모두를 잃어버렸다면 맛 잃은 소금과 같이 되어 밟히게 되는 더 이상 교회가 아닌 것입니다.

⑤ "시몬 베드로가 가로되 주여 어디로 가시나이까"(36상) 하고 묻습니다. 14:5절에서는 도마가, "주여 어디로 가시는지 우리가 알지 못하거늘 그 길을 어찌 알겠삽나이까" 하고 묻습니다. 베드로의 질문에 대한 답변을 그곳에서 듣게 될 것입니다.

㉠ "예수께서 대답하시되 나의 가는 곳에 네가 지금은 따라 올 수 없으나 후에는 따라 오리라 베드로가 가로되 주여 내가 지금은 어찌하여 따를 수 없나이까 주를 위하여 내 목숨을 버리겠나이다 예수께서 대답하시되 네가 나를 위하여 네 목숨을 버리겠느냐 내가 진실로 진실로 네게 이르노니 닭 울기 전에 네가 세 번 나를 부인하리라"(36하-38) 하십니다.

주님을 따르는 비결은, "이는 힘으로 되지 아니하며 능으로 되지 아니하고 오직 나의 신으로 되느니라"(슥 4:6), 그래서 지금은 따라 올 수 없다 하신 것입니다. 말씀하신 대로 베드로는 주님을 세 번이나 부인을 했고 당시는 따르지를 못했지만 "후에는" 따랐던 것입니다.

문제는 이제도 따르지 못하고, 후에도 따르지 못하게 되지 않을까 이것이 걱정입니다.

묵상해 봅시다.

1. 신약교회에 주신 새 계명은 무엇입니까?
2. 사랑을 잃어버린 진리에 대해서,
3. 진리를 잃어버린 사랑에 대해서.

요한복음 14:1-15절 개관도표

주제:너희는 마음에 근심하지 말라

처소 예비	1-3 1 ① **너희는 마음에 근심하지 말라** **하나님을 믿으니 또 나를 믿으라** 2 내 아버지 집에 거할 곳이 많도다 그렇지 않으면 너희에게 일렀으리라 내가 너희를 위하여 처소를 예비하러 가노니 3 ② **가서 너희를 위하여 처소를 예비하면** **내가 다시 와서 너희를 내게로 영접하여** 나 있는 곳에 너희도 있게 하리라
내가 길이다	4-7 4 ③ 내가 가는 곳에 **그 길을 너희가 알리라** 5 **도마가 가로되** 주여 어디로 가시는지 우리가 알지 못하거늘 그 길을 어찌 알겠삽나이까 6 ④ 예수께서 가라사대 **내가 곧 길이요 진리요 생명이니** **나로 말미암지 않고는 아버지께로 올 자가 없느니라** 7 너희가 나를 알았더면 내 아버지도 알았으리로다 이제부터는 너희가 그를 알았고 또 보았느니라
내 이름으로 구하라	8-15 8 ⑤ **빌립이 가로되** 주여 **아버지를 우리에게 보여 주옵소서** 그리하면 족하겠나이다 9 예수께서 가라사대 빌립아 내가 이렇게 오래 너희와 함께 있으되 네가 나를 알지 못하느냐 **나를 본 자는 아버지를 보았거늘** 어찌하여 아버지를 보이라 하느냐 10 ⑥ 나는 아버지 안에 있고 아버지는 내 안에 계신 것을 네가 믿지 아니하느냐 내가 너희에게 이르는 말이 스스로 하는 것이 아니라 아버지께서 내 안에 계셔 그의 일을 하시는 것이라 11 내가 아버지 안에 있고 아버지께서 내 안에 계심을 믿으라 그렇지 못하겠거든 행하는 그 일을 인하여 나를 믿으라 12 ⑦ 내가 **진실로 진실로** 너희에게 이르노니 **나를 믿는 자는 나의 하는 일을 저도 할 것이요** 또한 이보다 큰 것도 하리니 이는 내가 아버지께로 감이니라 13 너희가 **내 이름으로 무엇을 구하든지 내가 시행하리니** 이는 아버지로 하여금 아들을 인하여 영광을 얻으시게 하려 함이라 14 내 이름으로 무엇이든지 내게 구하면 내가 시행하리라 15 너희가 나를 사랑하면 나의 계명을 지키리라

14:1-15절

너희는 마음에 근심하지 말라

첫째 단원(1-3) **처소를 예비하러 가노니**
둘째 단원(4-7) **내가 길이요 생명이다**
셋째 단원(8-15) **내 이름으로 구하라**

14-16장, 세 장을 다락방 강화라고 부릅니다. 주님께서 잡히시던 날 밤에 제자들과 함께 다락방에 모여 최후의 만찬을 드시고 제자들에게 하신 강화(講話)이기 때문입니다. 다락방 강화는 지상에서 마지막으로 하신 유언과 같은 말씀이요, 요한복음에만 있는 내밀한 말씀입니다. 그러므로 다락방 강화에는 구구절절 예수 그리스도의 마음이, 사랑이 흐르고 있습니다. 그러므로 발걸음을 멈추고 이를 깊이 음미해야만 마땅합니다.

14장 전체의 구조(構造)는 "주님은 가노니(2하) 하시고, 성령은 보내 노니"(16, 26) 하는 구조입니다. 그리고 본 문단의 중심점은

"너희는 마음에 근심하지 말라"(1)는 말씀인데 상황적으로 가장 필요 적절한 말씀이었던 것입니다. 도표를 보시면 "마음에 근심하지 말라"는 말씀을 중심으로, "내가 처소를 예비하러 가노니"(첫째 단원) 하시면서, "내가 다시 와서" 하고 재림을 약속하십니다. 그리고 "내가 곧 길이다 나로 말미암지 않고는 아버지께로 올 자가 없다"(둘째 단원) 하시면서, 주님이 떠나신다 해도 "내 이름으로 무엇을 구하면 시행하리라"(셋째 단원) 하고, 이름을 주고 가셨습니다.

▌첫째 단원(1-3) **처소를 예비하러 가노니**

① 다락방 강화의 첫 말씀은, "너희는 마음에 근심하지 말라"(1상)는 말씀입니다.

주님께서 제자들의 발을 씻어주신 일, 너희 중에 하나가 나를 팔리라(13:21) 하신 말씀, 나의 가는 곳에 지금은 따라 올 수 없다(13:36)는 고별(告別)의 말씀으로 인하여 제자들은 "마음에 근심"이 가득할 수밖에 없었을 것입니다.

㉠ "하나님을 믿으니 또 나를 믿으라"(1하) 하십니다. 이는 하나님을 믿으라, 그리고 또 나를 믿으라"는 뜻입니다. 이는 이제까지 반복적으로 강조하신 "아버지와 아들"의 동등 됨을 나타내는 말씀입니다. "하나님을 믿으니 또 나를 믿으라" 하심은, "저희를 내 손에서 빼앗을 자가 없다, 아무도 아버지 손에서 빼앗을 수 없다"(10:28, 29) 하신 이중적(二重的)인 보장과 같은 의미인 것입니다.

"너희는 마음에 근심하지 말라 하나님을 믿으니 또 나를 믿으라" 하신 이 말씀이 당시에는 11제자들의 마음을 안위하였을 것이나,

이후 시대에 얼마나 많은 그리스도인들에게 위로와 격려가 되었을 것인가! 그러면 주님께서 십자가에 달려 죽으신다는데 어떻게 근심하지 않을 수가 있단 말인가?

㉡ "내 아버지 집에 거할 곳이 많도다 그렇지 않으면 너희에게 일렀으리라 내가 너희를 위하여 처소를 예비하러 가노니"(2) 하십니다. 이 말씀을 문맥적으로 보면 베드로가, "주여 어디로 가시나이까"(13:36) 한 질문에 대한 답변이라 할 수가 있습니다. 주님은 절망적인 죽음이 아니라, 우리를 위하여 처소를 예비하러 가시는 길이기 때문에 근하지 말라 하시는 것입니다.

㉢ "그렇지 않으면 너희에게 일렀으리라"는 뜻은 내세(來世)가 없다면, 즉 사람이 죽으면 끝장이라면 내가 그것을 말해주었을 것이라는 뜻입니다. 그래서 근심하지 말라는 것입니다.

이점을 사도 바울은, "만일 땅에 있는 우리의 장막 집이 무너지면 하나님께서 지으신 집 곧 손으로 지은 것이 아니요 하늘에 있는 영원한 집이 우리에게 있는 줄 아노니"(고후 5:1) 하고 말씀합니다.

그러면 "처소(處所)를 예비하러 가노니" 하신 구체적인 뜻이 무엇인가? 이는 없던 천국(天國)을 주님이 예비하러 가신다는 뜻이 아닙니다. 주님께서는 분명, "내 아버지 집에 거할 곳이 많도다" 하셨습니다. 거할 곳이 많다 하여도 문제는 내 "처소"가 없다면, 다시 말해 내가 들어갈 수가 없다면 소용이 없는 것입니다. 주님은 니고데모에게 "성령으로 나지 아니하면 하나님 나라에 들어갈 수 없느니라"(3:5) 하셨고, 사도 바울은 "모든 사람이 죄를 범하였으매 하나님의 영광에 이르지 못하더니"(롬 3:23) 하고 말씀합니다.

"처소를 예비하러 가신다"는 뜻을, 히브리서 10:19-20절을 가지고 설명을 하면 도움이 될 것입니다.

㉮ "그러므로 형제들아 우리가 예수의 피를 힘입어 성소에 들어갈 담력을 얻었나니"(19)

㉯ "그 길은 우리를 위하여 휘장 가운데로 열어 놓으신 새롭고 산 길이요 휘장은 곧 저의 육체니라"(20),

㉰ "참마음과 온전한 믿음으로 하나님께 나아가자"(22) 합니다.

주님께서 육체를 찢으심으로, 우리를 위하여 휘장 가운데로 새롭고 산 길이 개통(開通)하게 되었다는 것입니다. 이것이 "처소를 예비하러 가노니"에 함의 된 뜻입니다.

② "가서 너희를 위하여 처소를 예비하면 내가 다시 와서 너희를 내게로 영접하여 나 있는 곳에 너희도 있게 하리라"(3) 하십니다. 그래서 마음에 근심하지 말라 하십니다.

대제사장적 기도에서도, "아버지여 내게 주신 자도 나 있는 곳에 나와 함께 있어 아버지께서 창세 전부터 나를 사랑하시므로 내게 주신 나의 영광을 저희로 보게 하시기를 원하옵나이다"(17:24) 하십니다. 제자들을 세상에 남겨두고 떠나시려는 주님께서는 벌써 영접하러 다시 오실 재림(再臨)을 약속하십니다. 이처럼 다락방 강화는 떠나시는 주님께서 세상에 두고 가시는 제자들에게 위로와 소망을 주시며 격려하시는 말씀입니다.

둘째 단원(4-7) 내가 곧 길이다

③ "내가 가는 곳에 그 길을 너희가 알리라"(4) 하시니,

㉠ "도마가 가로되 주여 어디로 가시는지 우리가 알지 못하거늘 그 길을 어찌 알겠삽나이까"(5) 합니다. 14장은 "도마(5), 빌립(8), 가룟이 아닌 유다"(22)의 질문에 응하여 하신 답변 형식으로 전개가 됩니다.

요한복음에서 도마는 회의론자(懷疑論者)로 등장하는데, "우리가 부활하신 주를 보았노라" 하는 제자들의 말에, "내 손을 그 옆구리에 넣어보지 않고는 믿지 아니하겠노라"(20:25) 한 도마가, "그 길을 어찌 알겠삽나이까" 한 것은 있을 법한 질문입니다.

④ "예수께서 가라사대 내가 곧 길이요 진리요 생명이니 나로 말미암지 않고는 아버지께로 올 자가 없느니라"(6) 하십니다.

이 말씀은 요한복음에 등장하는 "나는---이다"의 6번째 선언입니다. 성경은 문제(問題)에 대한 해답(解答)입니다. 무엇이 문제인가?

㉮ 창세기 3:24절에서는 "그 사람을 쫓아내시고 두루 도는 화염 검을 두어 생명나무의 길을 지키게 하시니라" 말씀하고,

㉯ 시내 산에 강림하신 하나님께서는, "그 지경(地境)을 범하지 말지니 산을 범하는 자는 정녕 죽임을 당할 것이라"(출 19:12) 하시고,

㉰ 히브리서 9:8절에서는 "첫 장막이 서 있을 동안에 성소에 들어가는 길이 아직 나타나지 아니한 것이라" 하고, 하나님께 나아가는 길이 차단되어 있다는 이것이 문제(問題)입니다.

이 문제에 대한 해답(解答)으로 10:9절에서는 "내가 문이다" 하시

고, 본문에서는 "내가 길이다", 말씀하시는 것입니다. 그러므로 이점을 좀 더 심층적으로 상고해야만 합니다.

㉠ 첫째로, "내가 곧 길이다" 하신 말씀입니다. 주님은 "내 아버지 집에 거할 곳이 많도다"(2) 하고 말씀하시는데, 그러나 아버지 집에 이르는 길은 죄로 말미암아 단절(斷絕)이 되었던 것입니다. 그렇습니다. 그 곳에 갈 수 있는 길이 열리지 않는다면 내 아버지 집에 거할 곳이 많은들 무슨 소용이 있겠습니까?

주님은 하나님 존전에서 추방을 당했던 자들을 하나님께 돌아갈 수 있는 길이 되시기 위해서 내려오셨으며, 그 길을 여시기 위해서 대속제물이 되시려는 것입니다. 1:51절에서 "하늘이 열리고 하나님의 사자들이 인자 위에 오르락내리락하는 것을 보리라" 하셨는데 이는 야곱의 꿈이 그리스도 안에서 성취됨을 의미하는 것으로, 주님께서 "사닥다리"가 되어주심으로 오르락 내리락 하는 교통을 가능케 하실 것을 나타냅니다.

성경은 말씀합니다. "그 길은 우리를 위하여 휘장 가운데로 열어 놓으신 새롭고 산 길이요 휘장은 곧 저의 육체니라"(히 10:20), 이는 십자가상에서 다 이루었다 선언하셨을 때에 휘장이 찢어짐으로 하나님께 나아가는 길이 열린 것을 가리킵니다.

질문을 드려보겠습니다. "휘장 가운데로 열어 놓으신 새롭고 산 길이요" 했는데 그 "새롭고 산 길"을 통해서 제1차로 들어가신 분이 누군지 말해줄 수가 있습니까? "그리로 앞서 가신 예수께서, 우리를 위하여 들어가셨느니라"(히 6:20) 하고, "죽은 자 가운데서 다시 살아 잠 자는 자들의 첫 열매"(고전 15:20)가 되신 주님께서는 첫 번 진입(進入) 자가 되셨다고 말씀합니다. 주님께서 개통(開通) 테잎을 끊으심으로 그를 믿는 자들도 은혜의 보좌 앞에 담대히 들어가는 것이 가능해진 것입니다. 이점을 사도 베드로는, "그리스도께서도 한 번 죄를 위하여 죽으사 의인으로서 불의한 자를 대신하셨으니 이는 우리를 하나님 앞으로 인도하려 하심이라"(벧전 3:18) 하고 말씀합니다.

14장에는 "가신다"는 말이 2절, 3절, 4절, 5절, 그리고 12절과 28절에 반복적으로 나옵니다. 주님께서 "가신다" 하심은 승천하실 것만을 의미하지 않습니다. 십자가를 지실 것과, 죽으실 것과, 다시 살아나실 것과, 고난을 넘어 승천하시어 영광의 우편에 앉으시게 될 전체를 의미합니다. 주님께서 그 길을 여셨고, 앞서 가심으로 길이 되셨으며, 우리에게는 새롭고 산 길이 열린 것입니다.

"나로 말미암지 않고는 아버지께로 올 자가 없느니라" 하신 대로 주님은 죄인이 하나님께로 나아갈 수 있는 유일(唯一)한 길인 것입니다. 이것이 "내가 곧 길이다" 하신 의미입니다. 이점을 시편에서는,

> 저희가 광야 사막 길에서 방황하며 거할 성을 찾지 못하고
> 주리고 목마름으로 그 영혼이 속에서 피곤하였도다
> 이에 저희가 그 근심 중에 여호와께 부르짖으매
> 그 고통에서 건지시고 또 바른 길로 인도하사
> 거할 성에 이르게 하셨도다
> 여호와의 인자하심과 인생에게 행하신 기이한 일을 인하여
> 그를 찬송할 지로다 (시 107:4-8) 하고 찬양합니다.

ⓛ 둘째로 "나는 진리다" 말씀하십니다. 진리(眞理)라는 말씀을 철학적으로 정의하려고 해서는 아니 됩니다. 이 "진리"를 요한복음이라는 넓은 문맥으로 보면 의미는 분명해집니다.

㉮ "율법은 모세로 말미암아 주신 것이요 은혜와 진리는 예수 그리스도로 말미암아 온 것이라"(1:17),

㉯ "너희가 요한에게 사람을 보내매 요한이 진리에 대하여 증거하였느니라"(5:33),

㉰ "내가 이를 위하여 났으며 이를 위하여 세상에 왔나니 곧 진리에 대하여 증거하려 함이로라"(18:37),

㉱ "진리를 알지니 진리가 너희를 자유케 하리라"(8:32) 하십니다.

어째서 예수 그리스도만이 하나님께 나아가는 유일한 길이신가? 그 내용이 "진리"(眞理)인 것입니다. 하나님께서 우리를 구원하심은 비공식적으로 하신 일이 아니라, "자기도 의로우시며 또한 예수 믿는 자를 의롭다 하신"(롬 3:26) "진실과 정의로 행하신"(시 111:8) 것입니다. 그래서 진리인 것입니다. 이 복음진리(福音眞理)는 인간의 지혜로는 알 길이 없습니다. 그래서 복음을 전하기 위하여 강림하시는 성령을, "진리의 성령"(14:16, 15:26, 16:13)이라 하는 것입니다.

㉢ 셋째로 주님은, "나는 생명이다" 말씀하십니다. 말씀하신 순서에 주목할 필요가 있습니다. "길과, 진리"가 끝도, 목적도 아닙니다. 궁극적인 목표는 생명(生命)을 주시려는 것입니다. 길은 진리로 인도합니다. 진리는 생명으로 인도합니다. 하나님께서 자기 아들을 통해서 우리에게 주시고자 하는 것은 영원한 생명입니다. "아들을 믿는 자는 영생이 있고(3:36), 믿는 자는 영생을 얻었고(6:24), 진실로 진실로 너희에게 이르노니 믿는 자는 영생을 가졌나니"(6:47) 하십니다. 그러므로 요한복음을 기록한 목적도 "또 너희로 믿고 그 이름을 힘입어 생명을 얻게 하려 함이니라"(20:31)에 있는 것입니다. 믿는

자는 길을 통하여 진리에 이르고 영원한 생명을 소유하게 되는 것입니다.

셋째 단원(8-15) 내 이름으로 구하라

⑤ 이번에는 "빌립이 가로되 주여 아버지를 우리에게 보여 주옵소서 그리하면 족하겠나이다"(8) 하는 것이 아닌가?

㉠ "예수께서 가라사대 빌립아 내가 이렇게 오래 너희와 함께 있으되 네가 나를 알지 못하느냐 나를 본 자는 아버지를 보았거늘 어찌하여 아버지를 보이라 하느냐"(9) 하십니다.

도마가 "주여 어디로 가시는지 우리가 알지 못하거늘 그 길을 어찌 알겠삽나이까"(5) 한 것은, 주님의 오신 목적을 모른 데서 한 질문이요, "아버지를 보여 달라"는 빌립의 질문은 주님이 누구신 가를 모르기 때문에 한 질문입니다. 1:18절을 보십시오. "본래 하나님을 본 사람이 없으되 아버지 품속에 있는 독생하신 하나님이 나타내셨느니라" 합니다.

제자들의 근심은 길과 진리를 알지 못한 데서 기인합니다. 길을 모르면 진리도 모르게 됩니다. 길을 모르고 진리를 모르기 때문에 마음에 근심하게 됩니다. 오늘날도 "그 길을 어찌 알겠삽나이까"(5) 하는 도마는 많이 있습니다. "하나님을 보여달라"는 빌립도 많이 있는 것입니다. 현대교회 성도들이 안고 있는 문제가 어디에 있는가? 길을 모르고 진리를 모르는 데서 비롯된 방황입니다.

⑥ "나는 아버지 안에 있고 아버지는 내 안에 계신 것을 네가

믿지 아니하느냐 내가 너희에게 이르는 말이 스스로 하는 것이 아니라 아버지께서 내 안에 계셔 그의 일을 하시는 것이라 내가 아버지 안에 있고 아버지께서 내 안에 계심을 믿으라 그렇지 못하겠거든 행하는 그 일을 인하여 나를 믿으라"(10-11) 하십니다.

"믿지 아니하느냐? 내 안에 계심을 믿으라, 그 일을 인하여 나를 믿으라" 하고 반복적으로 "믿음"을 촉구하십니다. 떠나시는 주님께서 두고 가는 제자들에게 요구하시는 바는, "너희는 마음에 근심하지 말라 하나님을 믿으니 또 나를 믿으라"(1) 하신 "믿음"입니다. 본 문단(1-15) 안에 "믿음"이라는 말이 6번이나 등장합니다. 그런데 제자들에게 하시는 말씀이 믿지 아니하는 유대인들에게 하신 말씀(10:37-38)과 같다는 것은 무엇을 의미하겠습니까?

㉠ "나는 아버지 안에 있고 아버지는 내 안에 계신 것을 네가 믿지 아니하느냐"(10) 하시는데, 이 말씀이 얼마나 중요한지 아십니까? 이를 믿지 못하게 되면, "그 날에는 내가 아버지 안에, 너희가 내 안에, 내가 너희 안에 있다"(20) 하신 최고의 신비, 연합교리도 믿지 못하게 되는 것입니다. 오늘날 그리스도인들 중에, "나는 주님 안에, 주님은 내 안에"(6:56, 15:5) 계시다는 영광스러움을 망각하지 않고 확신가운데 거하는 분이 얼마나 될 것인가? 이점을 다음 문단에서 더욱 자세히 말씀하십니다.

㉡ 주님은 7절에서 "너희가 나를 알았더면 내 아버지도 알았으리로다 이제부터는 너희가 그를 알았고 또 보았느니라" 하시는데, 그러면 "이제부터"란 언제부터인가? 이를 의미문맥으로 보면 "다른 보혜사를 너희에게 주사"(16) 한 오순절 성령강림을 가리키는 것이 됩니다.

제자들도 그 때에야 주님이 누구신가를 확실히 알았던 것입니다.

"이와 같이 하나님의 사정도 하나님의 영 외에는 아무도 알지 못하느니라 우리가 세상의 영을 받지 아니하고 오직 하나님께로 온 영을 받았으니 이는 우리로 하여금 하나님께서 우리에게 은혜로 주신 것들을 알게 하려 하심이라"(고전 2:11-12) 하고 말씀합니다.

⑦ 이처럼 "믿음"을 촉구하신 후에, "내가 진실로 진실로 너희에게 이르노니 나를 믿는 자는 나의 하는 일을 저도 할 것이요 또한 이보다 큰 것도 하리니 이는 내가 아버지께로 감이니라"(12) 하고, "믿는 자"가 행하게 될 역사를 말씀하십니다. 이는 주님께서 말씀하신 22번째 "진실로 진실로"와 함께 주어진 진실하신 말씀입니다.

㉠ "이보다 큰 것도" 할 수 있게 되는 원동력은 "내가 아버지께로 감이라"에 있다는 점을 명심해야만 합니다. "아버지께로 감", 즉 죽으시고 다시 사심을 통해서 그를 따르는 제자들에게 어떤 일이 주어졌는가?

㉮ 첫째는 "내가 세상을 이기었노라"(16:33) 하십니다. "사망으로 말미암아 사망의 세력을 잡은 자 곧 마귀를 없이 하시며"(히 2:14), 그리스도인들은 주님께서 대표자(代表者) 간의 싸움에서 이겨 놓으신 싸움을 하는 것입니다. 그러므로 "이보다 큰 것도 하리니" 하시는 것입니다. 그래서 마음에 근심하지 말라 하시는 것입니다.

㉯ 둘째는 "너희가 내 이름으로 무엇을 구하든지 내가 시행하리니"(13상) 하신, 기도응답의 약속이 주어지기 때문에, "이보다 큰 것도 하리니" 하십니다. 하늘 보좌와 세상에 있는 전사(戰士)들 간에는 기도라는 무선(無線)기를 통해서 끊이지 않는 교신(交信)이 있게 되고, 모든 필요가 공급이 될 것이기 때문에 "이보다 큰 것도 하리니" 하시는 것입니다.

㉡ 이점에서 주의해야 할 점은 "무엇을 구하든지" 라는 말씀이, 무엇이나 구하는 대로 다 주신다는 뜻이 아니라는 점입니다. "무엇을 구하든지" 라는 "무엇이", "이는 아버지로 하여금 아들을 인하여 영광을 얻으시게 하려 함이라"(13하) 한 말씀에 의하여 제한이 됩니다. "하나님의 영광을 위하여, 즉 너희는 먼저 그의 나라와 그의 의를 구하면" 무엇이든지 주리라는 말씀인 것입니다. 이점이 "그러나 내가 이를 위하여 이때에 왔나이다" 하시면서 "아버지여 아버지의 이름을 영광스럽게 하옵소서"(12:27-28) 하신 주님의 기도에서도 분명히 드러납니다.

그래서 "내 이름으로 무엇이든지 내게 구하면 내가 시행하리라 너희가 나를 사랑하면 나의 계명을 지키리라"(14-15) 하고 "기도와, 계명"이 결부되어 있는 것을 보게 됩니다. 계명이 무엇인가? "서로 사랑하라"는 "사랑"입니다. 제자들에게 기도의 특권이 주어진 것은 하나님의 영광과, 이웃 사랑을 위해서 행사하라고 주어진 것이라면 자신의 몫은 그 다음인 것입니다. 이처럼 기도의 특권이 주어지기 때문에 "너희는 마음에 근심하지 말라 하나님을 믿으니 또 나를 믿으라" 하시는 것입니다.

묵상해 봅시다.

1. 내가 길이요 진리요 생명이라 하심에 대해서,
2. 제자들의 근심과, 믿음을 촉구하심에 대해서,
3. 이보다 큰 것도 하리니에 대해서.

요한복음 14:16-31절 개관도표

주제:성령이 너희와 함께 있으리라

너희 속에 계시겠음이라	16-24 16 ① 내가 아버지께 구하겠으니 그가 **또 다른 보혜사를 너희에게 주사** **영원토록 너희와 함께 있게 하시리니** 17 저는 진리의 영이라 세상은 능히 저를 받지 못하나니 이는 저를 보지도 못하고 알지도 못함이라 그러나 너희는 저를 아나니 저는 너희와 함께 거하심이요 **또** **너희 속에 계시겠음이라** 18 ② **내가 너희를 고아와 같이 버려두지 아니하고 너희에게로 오리라** 19 조금 있으면 세상은 다시 나를 보지 못할 터이로되 너희는 나를 보리니 이는 내가 살았고 너희도 살겠음이라 20 **그 날에는 내가 아버지 안에, 너희가 내 안에, 내가 너희 안에 있는 것을 너희가 알리라** 21 나의 계명을 가지고 지키는 자라야 나를 사랑하는 자니 나를 사랑하는 자는 내 아버지께 사랑을 받을 것이요 나도 그를 사랑하여 그에게 나를 나타내리라 22 ③ 가룟인 아닌 유다가 가로되 주여 어찌하여 자기를 우리에게는 나타내시고 세상에게는 아니하려 하시나이까 23 예수께서 대답하여 가라사대 사람이 나를 사랑하면 **내 말을 지키리니** 내 아버지께서 저를 사랑하실 것이요 **우리가 저에게 와서 거처를 저와 함께 하리라** 24 나를 사랑하지 아니하는 자는 내 말을 지키지 아니하나니 너희의 듣는 말은 내 말이 아니요 나를 보내신 아버지의 말씀이니라
너희를 가르치시리라	25-31 25 ④ 내가 아직 너희와 함께 있어서 이 말을 너희에게 하였거니와 26 보혜사 곧 아버지께서 내 이름으로 보내실 **성령 그가 너희에게 모든 것을 가르치시고** 내가 너희에게 말한 **모든 것을 생각나게 하시리라** 27 ⑤ **평안을 너희에게 끼치노니** 곧 나의 평안을 너희에게 주노라 내가 너희에게 주는 것은 세상이 주는 것 같지 아니 하니라 너희는 마음에 근심도 말고 두려워하지도 말라 28 ⑥ **내가 갔다가 너희에게로 온다** 하는 말을 너희가 들었나니 나를 사랑하였더면 나의 아버지께로 감을 기뻐하였으리라 아버지는 나보다 크심이니라 29 이제 일이 이루기 전에 너희에게 말한 것은 일이 이룰 때에 너희로 믿게 하려 함이라 30 ⑦ 이후에는 내가 너희와 말을 많이 하지 아니하리니 **이 세상 임금이 오겠음이라** 그러나 저는 내게 관계할 것이 없으니 31 오직 내가 아버지를 사랑하는 것과 아버지의 명하신 대로 행하는 것을 세상으로 알게 하려 함이로라 일어나라 여기를 떠나자 하시니라

14:16-31절

성령이 너희와 함께 있으리라

첫째 단원(16-24) **또 너희 속에 계시겠음이라**

둘째 단원(25-31) **너희를 가르치시리라**

본 문단은 떠나시는 주님께서 세상에 두고 가는 제자들을 고아(孤兒)와 같이 버려두지 아니하고 "너희에게로 오리라"(18), 즉 그리스도의 영, 성령으로 오시겠다고 약속하시는 말씀입니다. 이 약속이 14:16절, 15:26절, 16:7절 등 세 장에 반복적으로 강조되어 있습니다. 그만큼 중요한 말씀이기 때문입니다.

"성령론"을 말할 때에 사도행전을 근거로 삼는 경우가 많은데, 사도행전의 경우는 교회의 터를 닦는 임무가 주어진 "사도"라는 직분의 특수성이 있다는 점을 유념해야만 합니다. 우리는 사도가 아니며, 성경을 기록할 저자도 아니기 때문입니다. "성령론"은 다락방 강화의 중심주제 중 하나입니다. 왜냐하면 "성령론"을 말씀하셔야 할 가장

시의(時宜) 적절한 시점(時點)이기 때문입니다. 그러므로 다락방 강화를 통해서 성령론에 확고하여 지게 되시기를 바랍니다.

도표를 보시면 "성령이 너희와 함께 있으리라"는 말씀을 중심으로 "또 너희 속에 계시겠음이라"(첫째 단원), "너희를 가르치시리라"(둘째 단원) 하십니다.

첫째 단원(16-24) **또 너희 속에 계시겠음이라**

① "내가 아버지께 구하겠으니 그가 또 다른 보혜사를 너희에게 주사 영원토록 너희와 함께 있게 하시리니"(16) 하고, 성령을 "보혜사"라 말씀하십니다.

㉠ "보혜사" 라는 헬라어 "파라크레토스"는 "곁에"라는 뜻의 '파라'와, '부름 받은 이'라는 뜻인 '클레토스'의 합성어입니다. 그러므로 보혜사란 "조력자(助力者), 대언자, 위로자, 상담자"를 가리킵니다. 예를 들면 물에 빠진 사람의 비명을 듣고 구조하기 위하여 달려온 분, 또는 죄수를 변호하기 위하여 곁에 있는 변호사, 낙심과 좌절 중에 있는 자를 위로하는 카운셀러 등이 보혜사입니다.

그렇다면 성령님이 오시기 전의 보혜사는 누구이셨는가? 요일 2:1절은 예수 그리스도께서 보혜사이셨음을 말씀합니다. 그래서 떠나시는 마당에 제자들에게 "또 다른 보혜사"를 보내주실 것을 약속하시는 것입니다. "또 다른 보혜사"라 하심은 똑같으면서도 다르다는 뜻입니다. 삼위 하나님은 본질은 같으면서 위는 다르십니다.

㉡ "저는 진리의 영이라 세상은 능히 저를 받지 못하나니 이는 저를 보지도 못하고 알지도 못함이라 그러나 너희는 저를 아나니

저는 너희와 함께 거하심이요 또 너희 속에 계시겠음이라"(17) 하십니다.

그런데 성령을 "진리의 영"(14:17, 15:26, 16:13)이라 하십니다. 성령을 "진리의 영"이라 하심은, "그 안에서 너희도 진리의 말씀 곧 너희의 구원의 복음을 듣고 그 안에서 또한 믿어 약속의 성령으로 인치심을 받았으니"(엡 1:13) 한, "복음진리"를 증거하러 강림하시기 때문에 "진리의 영"이라 하시는 것입니다.

약속하신 대로 사도행전 1장에서 주님은 승천하시고, 2장에서 성령은 강림하셨는데, "성령(聖靈)과, 성도"의 관계에 대해서 확고해야만 합니다.

㉮ 첫째는 "너희와 함께 있게 하시리니(16), 너희와 함께 거하심이요"(17) 한 함께 계시고,

㉯ 둘째는 "또 너희 속에 계시겠음이라"(17) 한 말씀입니다. 이는 그리스도의 떠나심, 즉 죽으시고 다시 사시는 구속으로 말미암아, "너희 몸은 너희가 하나님께로부터 받은바 너희 가운데 계신 성령의 전인 것"(고전 6:19)이 가능하여졌기 때문입니다.

㉰ 셋째는 "영원토록 함께 계신다"(16)는 점입니다. 이는 떠나셔야 하는 주님의 사역과는 대조(對照)되는 사역이요, 또한 구약시대 활동하시던 성령님의 사역과도 대비(對比)되는 말씀입니다.

주님은 대속제물이 되시기 위해서 오셨기 때문에 떠나셔야 했지만, 성령께서는 주님이 성취해 놓으신 복음진리를 증거하러 오신 분이시기 때문에 떠나심이 없이 "영원토록" 함께 하신다는 것입니다. 구약시대에도 성령의 역사는 있었습니다. 그런데 다른 점은 구약시대 성령의 역사는 특수한 사람에게 일시적이었습니다. 하나님께서 사울

왕을 버리시자 “여호와의 신이 사울에게서 떠났다”(삼상 16:14) 하고 말씀합니다. 그리고 브사렐에게 하나님의 신을 충만케 하사 성막을 세우는 일을 감당케(출 31:3) 하셨듯이 특수한 사람에게만 임하셨습니다.

그러나 이제 주님이 떠나시므로 오실 성령님은 “모든 육체에게, 남종과 여종에게” 그리고 영원토록 너희와 함께 있게 하시리니 하십니다. 왜냐하면 주님께서 “다 이루었다” 하신 구속사역을 완성(完成)하시기 위해서 오시기 때문입니다. 그때 그때의 사역을 감당케 하기 위한 “성령 충만”은 반복적이지만 임마누엘 사건이 단회적이 듯이 성령강림도 단회적(單回的)인 사건인 것입니다.

영원토록 형제와 함께 하시며, 충만케 하사 하나님의 나라 건설을 감당케 하십니다. 우리 속에 내주하시는 성령님은 영원토록 떠나시지 아니하심을 믿는다는 것은 승리의 비결이기도 합니다.

② “내가 너희를 고아와 같이 버려두지 아니하고 너희에게로 오리라”(18) 하십니다.

16-17절을 통해서 “성령과, 성도”와의 관계를 말씀하시고는 18-21절을 통해서는 “주님과, 성도”와의 관계를 말씀하십니다. 네 절(18-21) 안에는 주님을 가리키는 “나, 또는 내가” 라는 말이 13번, 성도를 가리키는 “너희”라는 말이 7번 등장합니다.

이는 승천하신 후에 성령을 통해서 그를 믿는 자와 “함께 계시고, 또 그 속에 거하실 것”을 말씀함입니다. 요한일서에서는, “우리에게 주신 성령으로 말미암아 그(그리스도)가 우리 안에 거하시는 줄을 우리가 아느니라”(요일 3:24) 합니다.

“내가 너희를 고아와 같이 버려두지 아니하고 너희에게로 오리라”

하시는 표현이 얼마나 자상하고 위로가 되는 말씀입니까? 주님께서는 잡히시는 날 밤 요한복음에서는 처음이자 마지막으로 제자들을 "소자들아"(13:33) 하고 부르십니다. "소자"(小子)라는 "테크니온"은 유아(幼兒)를 가리키는 말입니다. 주님과 성도와의 관계를 어머니와 어린 자식의 관계로 표현하신 것입니다. 이점이 "내 어린양을 먹이라"하고 세 번씩이나 부탁하시는 데서도 나타납니다. 그렇습니다. "여인이 어찌 그 젖 먹는 자식을 잊겠으며 자기 태에서 난 아들을 긍휼히 여기지 않겠느냐 그들은 혹시 잊을지라도 나는 너를 잊지 아니할 것이라"(사 49:15) 하십니다.

㉠ "조금 있으면 세상은 다시 나를 보지 못할 터이로되 너희는 나를 보리니 이는 내가 살았고 너희도 살겠음이라"(19),

"내가 살았고 너희도 살겠음이라" 하신 뜻은 주님은 몸이 부활하심으로 "살았고", 성도들은 영이 거듭남으로 "살게" 됨을 나타내는 것으로 볼 수가 있습니다.

㉡ "그 날에는 내가 아버지 안에, 너희가 내 안에, 내가 너희 안에 있는 것을 너희가 알리라"(20) 하십니다. 한 절 안에 "나"라는 그리스도와, 아버지"라 한 하나님과, "너희"라 한 성도들이 있습니다. 그리고 연합을 가리키는 "안에" 라는 말이 세 번 등장합니다.

㉮ 그리스도는 아버지 안에,

㉯ 성도들은 그리스도 안에,

㉰ 그리스도는 성도 안에 있게 되리라는 말씀입니다.

㉱ "그 날"에! 그 날이란 오순절 성령강림을 가리킵니다.

이 신비와 영광스러움을 알았기에 사도 바울은, "만일 너희 속에 하나님의 영이 거하시면 너희가 육신에 있지 아니하고 영에 있나니 누구든지 그리스도의 영이 없으면 그리스도의 사람이 아니라"(롬 8:9), 즉 그리스도인 안에는 "하나님의 영, (성)영, 그리스도의 영", 삼위 하나님의 영이 내주하고 계시다고 말씀했던 것입니다. 이 영광스러움을 육에 속한 자가 깨달을 수가 있단 말인가?

이는 "한 알의 밀이 땅에 떨어져 죽음으로"(12:24), 많은 씨가 퍼지듯이, 독생자 예수 그리스도께서 대속제물이 되심으로 만이 가능하여진다는 점을 잊지 말아야만 합니다. 이보다 더한 영광은 없습니다. 그리스도인이란 이러한 사람들입니다. 우리는 결코 고아가 아니라는 점을 명심한다는 것은 풍성한 그리스도인의 삶을 사는 비결이기도 합니다.

㉢ 주님은 여기서 끝이신 것이 아니라, "나의 계명을 가지고 지키는 자라야 나를 사랑하는 자니 나를 사랑하는 자는 내 아버지께 사랑을 받을 것이요 나도 그를 사랑하여 그에게 나를 나타내리라"(21) 하고 "계명"을 말씀하십니다.

이는 그가 그리스도인인지 아닌지를 어떻게 알 수가 있는가 하는 시금석과 같은 말씀입니다. 그것은 "계명"을 지키는 여부로 나타난다는 것입니다.

㉮ "너희가 나를 사랑하면 나의 계명을 지키리라"(15),

㉯ "나의 계명을 가지고 지키는 자라야 나를 사랑하는 자니"(21),

㉰ "너희도 내 계명을 지키면 내 사랑 안에 거하리라"(15:10) 하십니다. 그러면 "계명"이 무엇인가?

㉱ "내 계명은 곧 내가 너희를 사랑한 것같이 너희도 서로 사랑하라 하는 이것이니라"(15:12) 한, "사랑"입니다. 사랑 안에 모든 계명이 다 들어 있으며, 그래서 사랑은 "율법의 완성"(롬 13:10)인

것입니다.

그리스도인의 표지(標識)가 무엇인가? "너희 믿음과 모든 성도를 향한 사랑을 나도 듣고"(엡 1:15) 하고, "믿음과, 사랑"을 꼽습니다. "믿음"은 복음 진리를 믿는 하나님과의 관계요, 사랑은 이웃과의 관계입니다. "믿음"은 하나님 바른 관계를 이루게 하고 "사랑"은 형제들 관계를 바르게 유지해줍니다. 그러므로 골로새서에서도 "너희의 믿음과 모든 성도에 대한 사랑을 들음이요"(골 1:4) 말씀하고, 데살로니가전서에서도, "너희 믿음과 사랑의 기쁜 소식을 우리에게 전하고"(살전 3:6), 빌레몬에게도 "네 사랑과 믿음이 있음을 들음이니"(몬1:5) 하고 이 두 요소를 언급하는 것입니다.

"믿음과 사랑"은 동전 앞뒤와 같고, 새의 두 날개와 같아서 불가분의 관계입니다. 믿음은 있는데 사랑은 없다는 그런 일은 없다는 것입니다. 그래서 주님은 에베소교회를 향하여 "너의 처음 사랑을 버렸노라" 책망하시면서, 촛대를 그 자리에서 옮기리라(계 2:5) 하고 경고하십니다. 현대교회를 보시고 무엇이라 말씀하실 것으로 여겨지십니까? "믿음과, 사랑", 둘을 다 잃어버렸다는 위기감이 들지 않습니까? 그렇다면 우리에게 남은 것이 무엇이란 말인가?

③ "가룟인 아닌 유다가 가로되 주여 어찌하여 자기를 우리에게는 나타내시고 세상에게는 아니하려 하시나이까"(22), 유다는 "나타낸다"는 말을 명성(名聲)을 나타내는 것으로 곡해를 한 모양입니다. 제자들은 아직도 주님이 "이스라엘을 회복하시기"(행 1:6) 위해서 오신 것으로 인식하고 있는 것입니다.

㉠ 그래서 직접적으로 대답하시는 것이 아니라, "예수께서 대답하여 가라사대 사람이 나를 사랑하면 내 말을 지키리니 내 아버지께서

저를 사랑하실 것이요 우리가 저에게 와서 거처를 저와 함께 하리라"(23) 하십니다. 핵심은 "거처(居處)를 저와 함께 하리라" 하심에 있습니다.

"우리"란 좁은 문맥으로는, "성부 하나님과 성자 그리스도"를 가리킵니다만, 넓은 문맥으로는 "성부, 성자, 성령" 삼위 하나님을 가리키는 것이 됩니다. 삼위 하나님께서 나에게 오셔서 거처를 함께 하신다는 이보다 경이로운 일이란 달리는 없습니다.

그러므로 이점을 구속사라는 맥락으로 추적을 하면, 창세기 6:4절에서 "나의 신이 영원히 사람과 함께 하지 아니하리니 이는 그들이 육체가 됨이라" 하셨는데, 요엘 선지자를 통해서는 "그 후에 내가 내 신을 만민에게 부어주리니"(욜 2:28) 하고 예언케 하시고, 사도행전에서는 "저희가 다 성령의 충만함을 받고"(행 2:4) 하고 성취되는 것과 관련이 되는 것입니다.

"거처를 함께 하신다"는 점을 좀 더 말씀을 드려야 하겠습니다. 인간은 죄로 말미암아 하나님과 분리되었습니다. 하나님께서 시내산에 임하셨을 때에도 사방에는 지경이 정해졌고 이를 침범하는 자는 죽임을 당하리라 하셨습니다. 성막 식양에도 지성소에 이르는 길은 휘장으로 막혀 있었습니다.

그런데 성막이 완성 되었을 때에 "여호와의 영광이 성막에 충만하매 모세가 회막에 들어갈 수가 없었다"(출 40:34) 하고 말씀합니다. 하나님의 영광은 성막에 충만하였지 모세에게 충만한 것이 아니었습니다. 그는 밖에 있었습니다. 솔로몬의 성전이 완성 되었을 때에도 "여호와의 영광이 그 전에 가득하니 여호와의 영광이 여호와의 전에 가득하므로 제사장이 그 전에 능히 들어가지 못하였다"(대하 7:1-2) 하고 말씀합니다. 하나님의 영광은 성전에 충만하였지 제사장에게 충만한 것이 아니었습니다. 그는 밖에서 들어가지를 못하고 있었습니다.

왜냐하면 성막과 성전에 충만했던 하나님의 영광은, "말씀이 육신이 되어 우리 가운데 거하시매 우리가 그 영광을 보니 아버지의 독생자의 영광이요 은혜와 진리가 충만하더라"(1:14)에 대한 모형이었기 때문입니다.

그런데 임마누엘 하신 그리스도께서 육체를 찢으심으로 가로막혔던 휘장을 찢어주셨습니다. 예수 그리스도의 대속으로 말미암아 하나님께 나아가는 길이 열렸으며, 하나님의 영이 인간 속에 내주하심, 즉 거처를 함께 하심이 가능하게 되었던 것입니다. 오순절 성령강림 때에 하나님의 영광은 다락방에 충만하고 120명 제자들은 밖에 있었던 것이 아니었습니다. 성령님은 그들 속에 충만하게 임하셨습니다.

이것이 "우리가 저에게 와서 거처를 저와 함께 하리라(23), 또 너희 속에 계시겠음이라"(17)의 뜻입니다. 그리스도의 구속으로 말미암아 "하나님도 의로우시고 또한 예수 믿는 자도 의롭다 하심"(롬 3:26)이 가능하여졌다면 더 이상 분리 될 이유가 없는 것입니다. 그리하여 "주와 합하는 자는 한 영이니라"(고전 6:17) 하는 것입니다.

그리고 "거처를 함께 하심"은, "보라 하나님의 장막이 사람들과 함께 있으매 하나님이 저희와 함께 거하시리니 저희는 하나님의 백성이 되고 하나님은 친히 저희와 함께 계셔서, 이루었도다 나는 알파와 오메가요 처음과 나중이라"(계 21:3)에서 완성(完成)이 되는 것입니다.

교회 내에서 일어나는 모든 문제는 이 영광스러움을 망각했기 때문입니다. 그래서 사도 바울은 "너희가 하나님의 성전인 것과 하나님의 성령이 너희 안에 거하시는 것을 알지 못하느뇨"(고전 3:16) 하고 이를 일깨워주었던 것입니다.

만일 주님께서 떠나시지 아니하셨다면, 다시 말해 십자가의 죽으심과 부활 승천이 없으셨다면 어떻게 되는가? 한마디로 그리스도께서 성도 각 사람 속에 내주하시는 것이 불가능한 것입니다. 또한 주님을 만나려면 예루살렘으로 가야만 했을 것입니다. 예수 그리스도는 형제 안에 거하십니다. 또한 영원토록 떠나시지 않으시고 형제 곁에 보혜사로 계시는 것을 확신하시기를 바랍니다.

ⓛ "나를 사랑하지 아니하는 자는 내 말을 지키지 아니하나니 너희의 듣는 말은 내 말이 아니요 나를 보내신 아버지의 말씀이니라"(24),

23절에서는 "나를 사랑하면 내 말을 지키리니" 말씀하고, 24절에서는 "나를 사랑하지 아니하는 자는 내 말을 지키지 아니하나니" 하고 말씀하십니다. 문제가 여기에 있는 것입니다. "지키지 않는 것은 믿지 않기 때문이요, 믿지 않는 것은 사랑하지 않기 때문입니다. "믿음과, 순종"은 둘이 아니라 하나입니다. 그러므로 동일한 "믿음"을 가졌다면 그들 관계는 "사랑"의 관계여야 한다는 것은 너무나 당연한 것입니다.

둘째 단원(25-31) 너희를 가르치시리라

④ "내가 아직 너희와 함께 있어서 이 말을 너희에게 하였거니와 보혜사 곧 아버지께서 내 이름으로 보내실 성령 그가 너희에게 모든 것을 가르치시고 내가 너희에게 말한 모든 것을 생각나게 하시리

라"(25-26).

다시 말씀 드립니다만 14-16장은 신 구약성경 전체에 있어서도 "성령론"에 대한 정수(精粹)가 되는 말씀입니다. 하나님은 구약성경을 통해서 크게 두 가지를 약속하셨는데 첫째는 그리스도를 보내주시겠다는 것이고, 둘째는 "내 영을 부어주리니", 즉 성령을 보내주시겠다는 약속입니다. 성경의 중추가 되는 두 가지 약속은 불가분의 관계인데, 그리스도께서 먼저 오셔서 구속사역을 성취하시면 성령께서 증거하시려 강림하시기 때문입니다. 주님이 떠나시려는 이 시점에서 보내주실 "성령"에 대하여 소상하게 말씀하신다는 것은 너무나 합당한 문맥인 것입니다.

㉠ "내 이름으로 보내실 성령"이라 하십니다. 그리스도는 "아버지의 이름"(5:43)으로 오셨고, 성령은 그리스도의 이름으로, 즉 그리스도를 대신하여 오신다고 말씀하십니다. 성령이 왜 오시는가? "너희에게 모든 것을 가르치시고 내가 너희에게 말한 모든 것을 생각나게 하시리라" 하십니다. 구속사역은 주님의 사명이요, 이루어 놓으신 복음을 증거하는 사역은 성령의 사명이기 때문에 "가르치시고, 생각나게 하시리라" 하십니다.

"가르치심"은 복음 진리를 증거하여 믿게 하신다는 말씀이고, "생각나게 하시리라"는 것은 하나님의 뜻대로 살아가도록 인도하심과 결부가 되는 것입니다. 왜냐하면 모든 행동은 "생각"의 산물이기 때문입니다. 그러므로 성령충만이란 말씀 충만이요, 마음과 생각이 성령에 의하여 지배를 받는 것을 의미하는 것이 되는 것입니다.

⑤ "평안을 너희에게 끼치노니 곧 나의 평안을 너희에게 주노라 내가 너희에게 주는 것은 세상이 주는 것 같지 아니 하니라 너희는

마음에 근심도 말고 두려워하지도 말라"(27),

㉠ 이는 "너희는 마음에 근심하지 말라 하나님을 믿으니 나를 믿으라" 하신 1절과 결부가 되는 말씀인데 다른 점은 "믿으라" 하신 "믿음"에서 "평안을 너희에게 주노니" 하고 "평안"(平安)으로 진전(進展)되고 있는 점입니다. 참 믿음에는 참 평안이 주어지기 때문입니다.

유념할 점은 그렇다고 "평안"이 자동적으로 주어지는 것이 아니라는 점입니다. 이는 성령께서 "내가 너희에게 말한 모든 것을 생각나게 하리라"(26) 하신 "생각"과 결부되고, 생각은 "가르치리라" 하신 "말씀"과 결부가 되는 것입니다. 즉 말씀을 묵상할 때에 평안이 주어진다는 것입니다. 이점이 현대교회 성도들에게 가장 취약한 점이 아닌가 우려가 됩니다. 이점을 로마서에서는 "육신의 생각은 사망이요 영의 생각은 생명과 평안이니라"(롬 8:6) 하십니다.

⑥ "내가 갔다가 너희에게로 온다 하는 말을 너희가 들었나니 나를 사랑하였더면 나의 아버지께로 감을 기뻐하였으리라 아버지는 나보다 크심이니라"(28) 하십니다.

㉠ "아버지께로 감"이란 십자가에 죽으시고 부활 승천하실 것을 가리키는데 어찌하여 이를 "기뻐하였으리라" 하시는가? 크게 두 가지를 들 수가 있는데,

㉮ 첫째는 "내가 곧 길이요 진리요 생명이니 나로 말미암지 않고는 아버지께로 올 자가 없느니라"(6) 하신, 아버지께로 가는 길이 열리기 때문이요,

㉯ 둘째는 성령으로 오셔서 내주하시기 때문입니다.

만일 주님의 떠나심이 없다면, 육을 입으신 주님께서 우리 속에 내주하심도 불가능하였을 것이니, 주님을 만나려면 유대 땅 예루살렘

으로 가야만 했을 것이요, 또한 결정적으로 구원의 문이 열리지 않는다는 점입니다. 이점이 "아버지는 나보다 크심이니라" 한 말씀에 나타나는데, 이는 대속제물이 되시기 위해서 "자기를 비어 종의 형체"(빌 2:7)를 취하신 상태를 가리키는 말씀이기 때문입니다.

그래서 "아버지께 감을"기뻐하였으리라 하시는 것입니다. "이제 일이 이루기 전에 너희에게 말한 것은 일이 이룰 때에 너희로 믿게 하려 함이라"(29) 하시는 것은, 사도들도 오순절 성령 강림 이전에는, "죽으심, 다시 사심, 성령 강림" 등에 대해 불확실 속에 있었음을 나타냅니다.

⑦ "이후에는 내가 너희와 말을 많이 하지 아니하리니 이 세상 임금이 오겠음이라 그러나 저는 내게 관계할 것이 없으니 오직 내가 아버지를 사랑하는 것과 아버지의 명하신 대로 행하는 것을 세상으로 알게 하려 함이로라"(30-31) 하십니다.

㉠ "이 세상 임금"이란 사탄을 가리키는 말인데 "내게 관계할 것이 없다"는 것은, 주님께서 담당하실 십자가 고난이 힘이 모자라서 사탄에게 당하시는 것이 아니라, "아버지를 사랑하는 것과 아버지의 명하신 대로", 즉 "아버지의 정하신 뜻과 미리 아신 대로"(행 2:23) 이루심이라는 뜻입니다.

형제여, 그리스도의 영으로 오신 주님은 두 세 사람만 모여도 우리와 함께 하심을 믿으시기 바랍니다. 형제 혼자 있을지라도 형제의 몸을 성전 삼으시고 형제 속에 내주하심을 믿으십니까? 주와 합하여 한 영을 이룬 성도들이 예배드릴 때에 하나님의 영광이 그 가운데 충만하심을 믿으십니까? 형제는 고아같이 버림받은 사람이 아닙니다.

형제는 혼자가 아니며 결코 약하지 아니합니다.

또한 형제가 전도할 때에 성령의 사역에 쓰임을 받고 있다는 확신을 가지시기를 바랍니다. 전도는 "말로만 너희에게 이른 것이 아니라 오직 능력과 성령과 큰 확신으로"(살전 1:5) 역사하시는 것도 믿으시기 바랍니다.

믿음의 조상 아브라함은 "그가 백 세나 되어 자기 몸의 죽은 것 같음과 사라의 태의 죽은 것 같음을 알고도"(롬 4:19) 하나님의 약속을 의심치 않고 믿음에 견고하여져서 하나님께 영광을 돌리며 약속하신 그것을 또한 능히 이루실 것을 확신하였다고 말씀합니다. 형제도 주님의 약속을 확신하면서 하나님께 영광을 돌리시기 바랍니다.

"일어나라 여기를 떠나자"(31하) 하십니다.

묵상해 봅시다.

1. 아버지께로 돌아가시려는 주님의 약속이 무엇인가에 대해서,
2. 성령은 어디에, 언제까지 함께 계시는가에 대해서,
3. 성령의 가르치시고, 생각나게 하심에 대해서.

요한복음 15:1-15절 개관도표

주제:내 안에 거하라 나도 너희 안에 거하리라

<table>
<tr><td>내
가

참

포
도
나
무
라</td><td>1-3
1 ① 내가 참 포도나무요 내 아버지는 그 농부라

2 ② 무릇 내게 있어 과실을 맺지 아니하는 가지는
아버지께서 이를 제해 버리시고
무릇 과실을 맺는 가지는 더 과실을 맺게 하려 하여
이를 깨끗케 하시느니라

3 너희는 내가 일러준 말로 이미 깨끗하였으니</td></tr>
<tr><td>내
안
에

거
하
라</td><td>4-8
4 ③ 내 안에 거하라 나도 너희 안에 거하리라 가지가 포도나무에 붙어 있지 아니하면
절로 과실을 맺을 수 없음 같이 너희도 내 안에 있지 아니하면 그러하리라

5 ④ 나는 포도나무요 너희는 가지니 저가 내 안에, 내가 저 안에 있으면 이 사람은
과실을 많이 맺나니 나를 떠나서는 너희가 아무 것도 할 수 없음이라
6 사람이 내 안에 거하지 아니하면 가지처럼 밖에 버리워 말라지나니
사람들이 이것을 모아다가 불에 던져 사르느니라

7 ⑤ 너희가 내 안에 거하고 내 말이 너희 안에 거하면 무엇이든지 원하는 대로 구하라
그리하면 이루리라
8 너희가 과실을 많이 맺으면 내 아버지께서 영광을 받으실 것이요 너희가 내 제자가
되리라</td></tr>
<tr><td>사
랑
안
에

거
하
라</td><td>9-15
9 ⑥ 아버지께서 나를 사랑하신 것 같이 나도 너희를 사랑하였으니 나의 사랑 안에 거하라
10 내가 아버지의 계명을 지켜 그의 사랑 안에 거하는 것 같이
너희도 내 계명을 지키면 내 사랑 안에 거하리라
11 내가 이것을 너희에게 이름은 내 기쁨이 너희 안에 있어 너희 기쁨을 충만하게 하려
함이니라

12 ⑦ 내 계명은 곧 내가 너희를 사랑한 것 같이 너희도 서로 사랑하라 하는 이것이니라
13 사람이 친구를 위하여 자기 목숨을 버리면 이에서 더 큰 사랑이 없나니

14 ⑧ 너희가 나의 명하는 대로 행하면 곧 나의 친구라
15 이제부터는 너희를 종이라 하지 아니하리니 종은 주인의 하는 것을 알지 못함이라
너희를 친구라 하였노니 내가 내 아버지께 들은 것을 다 너희에게 알게 하였음이니라</td></tr>
</table>

15:1-15절
내 안에 거하라 나도 너희 안에 거하리라

첫째 단원(1-3) **내가 참 포도나무라**
둘째 단원(4-8) **내 안에 거하라**
셋째 단원(9-15) **사랑 안에 거하라**

15장은, "나는 포도나무요 너희는 가지니"(5) 하신, "참 포도나무 비유"와, 이에 따른 강화(講話)로 되어 있습니다. 중심점은 3번(4, 5, 7)이나 강조되어 있는, "내 안에 거하라 나도 너희 안에 거하리라"(4) 하신 연합교리에 있습니다. 도표를 보시면, "내 안에 거하라"는 말씀을 중심으로 "내가 참 포도나무라"(첫째 단원) 선언하시면서, "내 안에 거하라"(둘째 단원), "사랑 안에 거하라"(셋째 단원) 하십니다.

▮ 첫째 단원(1-3) 내가 참 포도나무라

① "내가 참 포도나무요 내 아버지는 그 농부라"(1) 하십니다. 이 말씀은, "나는…이다" 하는 일곱 번째 선언이자 요한복음에 등장하는 마지막 선언입니다. 질문을 하던 제자들은 침묵하고, 주님의 말씀은 더욱 깊어만 갑니다.

㉠ 주님은 그냥 "포도나무라" 하시는 것이 아니라 "참 포도나무라" 하신다는 점을 유념해야만 합니다. 왜냐하면 이렇게 말씀하시는 주님의 의중에는 이전에 있던 포도나무가 참되지 못했다는 전제(前提) 하에서 하신 말씀이기 때문입니다.

구약성경에는 이스라엘을 "포도나무"로 비유한 것이 많이 등장합니다. 시편에서는 구약교회를 가리켜, "주께서 한 포도나무를 애굽에서 가져다가 열방을 쫓아내고 이를 심으셨나이다"(시 80:8) 합니다. 그런데 "그것이 소화(燒火)되고 작벌을 당하며 주의 면책을 인하여 망하오니"(시 80:16), 즉 멸망을 당하게 되었다는 것입니다.

이사야서에서는 극상품 포도나무를 심어놓고, "내가 좋은 포도 맺기를 기다렸거늘 들 포도를 맺힘은 어찜인고"(사 5:4) 합니다. 이처럼 이스라엘을 상징하는 포도나무는 기대와는 반대로 타락하고 부패한 것으로 등장을 합니다. 주님은 이점을 염두에 두고 "내가 참 포도나무라" 말씀하신 것입니다.

그러므로 "나는 참 포도나무요" 하신 선언은 "육적 이스라엘과, 영적 이스라엘"을 대비(對比)시키는 말씀이라 할 수가 있습니다. 주님은 나다나엘을 가리켜 "이는 참 이스라엘 사람이라"(1:47) 말씀하셨고, 바울은 "육신(肉身)을 따라 난 이스라엘을 보라"(고전 10:18) 말씀했는데, 이는 "영적 이스라엘"과 대조적인 관점에서 한 표현인 것입니다.

그러므로 갈라디아서에서는 신약교회를, "하나님의 이스라엘"(갈 6:16)이라 부르고 로마서에서는, "표면적 유대인이 유대인이 아니요, 오직 이면적 유대인이 유대인이라"(롬 2:28, 29) 말씀하는 것입니다. 그러니까 구약시대는 이스라엘이라는 한 민족을 포도나무라 했던 것이 신약시대에 이르러서는 열방교회가 참 포도나무로 개혁(改革)이 일어났다는 구속사의 흐름을 말씀해 주고 있는 것입니다.

이런 맥락에서 신약교회를 형성한 영적 이스라엘은 하나님께서 아브라함에게, "하늘을 우러러 뭇 별을 셀 수 있나 보라 네 자손이 이와 같으리라"(창 15:5) 하신 자손들인 것입니다. 그래서 사도 바울은 이방인들을 가리켜, "너희가 그리스도께 속한 자면 곧 아브라함의 자손이요 약속대로 유업을 이을 자니라"(갈 3:29) 하고, "아브라함의 자손"이라 말씀하는 것입니다.

그렇다면 신약교회는 "내가 참 포도나무요" 하신, 예수 그리스도라는 한 그루의 포도나무로부터 "그 가지는 퍼지며 그 아름다움은 감람나무와 같고 그 향기는 레바논 백향목 같으리니"(호 14:6) 한 대로 번성한 것이 신약교회라 할 수가 있습니다.

㉡ "내 아버지는 포도원 주인이라" 하시지 않고 어찌하여 "그 농부(農夫)라" 하시는가? 이스라엘을 애굽에서 구속하여 가나안 땅에 심으신 분도 하나님이시요, "세상을 이처럼 사랑하사 독생자를 주셨으니", 즉 한 알의 밀을 땅에 심으신 분도 하나님이시기 때문에 "농부라" 하신 것입니다. 이점을 구속사라는 맥락에서 좀 더 고찰해 보아야만 합니다.

㉮ 하나님께서 아담에게, "생육하고 번성하여 땅에 충만하라"(창 1:28) 하셨는데, 기대와는 달리 악의 씨가 번성하고 충만하게 되었습니다.

㉯ 홍수심판 후에 하나님께서는 노아에게 또다시, "생육하고 번성하여 땅에 충만하라"(창 9:1) 하셨으나, 사악한 인간은 바벨탑을 쌓는 것으로 대항을 했습니다. 그러나 하나님께서는 "번성케 하시려는" 계획을 포기하시지 않으셨습니다.

㉰ 아브라함 한 사람을 택하셔서, "내가 너로 심히 번성케 하리니"(창 17:6) 하고, 메시아 언약을 세워주신 것입니다.

㉱ 이 언약이, "한 알의 밀이 땅에 떨어져 죽지 아니하면 한 알 그대로 있고 죽으면 많은 열매를 맺느니라"(요 12:24) 하신 말씀으로 성취되기에 이른 것입니다. 이는 일찍이 아브라함에게, "네 씨로 말미암아 천하 만민이 복을 얻으리니"(창 22:18) 하신 언약의 성취였던 것입니다.

이런 의미가 "나는 참 포도나무요 내 아버지는 그 농부라"(1) 하신 말씀 속에 함의되어 있는 구속사적 의미입니다.

② 그러므로 "내 아버지는 그 농부라"(1) 한 다음에, "무릇 내게 있어 과실을 맺지 아니하는 가지는 아버지께서 이를 제해 버리시고 무릇 과실을 맺는 가지는 더 과실을 맺게 하려 하여 이를 깨끗케 하시느니라"(2) 하고, "과실"을 기대하시는 농부의 심정을 말씀하는 것입니다.

㉠ 먼저 생각해야 할 점은 "과실을 맺지 아니하는 가지"란 누구를 염두에 두고 하신 말씀인가 하는 점입니다. 첫째는 유대인들입니다. 이점이 "하나님의 나라를 너희는 빼앗기고 그 나라의 열매 맺는

백성이 받으리라"(마 21:43) 한 말씀에 나타납니다. 둘째는 교회 안에 있는 형식적인 신앙인들을 가리킵니다.

㉡ 주님께서는 "과실을 맺지 않는 가지와, 과실을 맺는 가지"를 대조해서 말씀하십니다. 그리고 과실을 맺지 않는 가지는 "제해버리신다" 하시는데 이를 징계로 보는 견해가 있으나 6절을 보십시요, 제해버림을 당한 가지는 "말라지나니 사람들이 이것을 모아다가 불에 던져 사르느니라" 하십니다. 이는 징계가 아니라 사활(死活)이 걸려 있는 문제인 것입니다.

반면 "과실을 맺는 가지는 더 과실을 맺게 하려 하여 이를 깨끗케 하시느니라"(2하) 하시면서, "너희는 내가 일러준 말로 이미 깨끗하였으니"(3) 하십니다. 참 포도나무되시는 그리스도에게 접붙임 받은 자들이란 "이미 목욕한 자"(13:10), 즉 거듭난 자들입니다. "제해 버림"을 당할 염려가 없이 열매를 맺을 수가 있는 것입니다. 왜냐하면 원 줄기에 붙어 있는 가지들이기 때문입니다.

그러므로 주님께서 말씀하시는 의도를 알기 위해서는 두 가지를 규명해야 하는데 첫째는 6번이나 강조되어 있는 "과실"이 무엇을 의미하는가 하는 것이고, 둘째는 과실을 맺는 것이 어떻게 가능하여지는가 하는 점입니다. 이점을 둘째 단원에서 보게 될 것입니다.

둘째 단원(4-8) **내 안에 거하라**

③ "내 안에 거하라 나도 너희 안에 거하리라 가지가 포도나무에 붙어 있지 아니하면 절로 과실을 맺을 수 없음 같이 너희도 내 안에 있지 아니하면 그러하리라"(4).

해석하는 열쇠와, 그리고 열매를 맺는 비결은 본 단원 안에 8번이나 강조되어 있는, "안에" 있어야 한다는 점입니다. "내 안에 거하라 나도 너희 안에 거하리라" 하십니다. 그러니까 "가지가 포도나무에 붙어 있지 아니하면 절로 과실을 맺을 수 없다"는 말씀입니다.

④ 5절에서도, "나는 포도나무요 너희는 가지니 저가 내 안에, 내가 저 안에 있으면 이 사람은 과실을 많이 맺나니 나를 떠나서는 너희가 아무 것도 할 수 없음이라" 하십니다.

유대인들은 "그리스도 안에" 거하려 하지 않았습니다. 이를 거부했습니다. 그들을 향해서, "너희는 혈통적인 유대인으로 태어나기만 하면 구원을 얻는 줄 알고 있지만 아니다 내 안에 거하여야만 한다" 하고 말씀하신 셈입니다.

㉠ 보다 문맥적인 의미는 떠나시는 주님께서, "이러므로 제자 중에 많이 물러가고 다시 그와 함께 다니지 아니하더라"(6:66) 한 "제자"들을 염두에 두고 하신 말씀으로 볼 수가 있습니다. 이런 부류의 제자들이란 잎은 무성하나 열매가 없는 무화과나무와 같은 것입니다. 그런 부류는 교회 안에는 있지만 예수 그리스도 안에 있는 자들은 아닌 것입니다.

㉡ 그래서 "사람이 내 안에 거하지 아니하면 가지처럼 밖에 버리워 말라지나니 사람들이 이것을 모아다가 불에 던져 사르느니라"(6) 하고 경고하시는 것입니다.

이점에 대해서 영감 받은 바울은, "때가 이르리니 사람이 바른 교훈을 받지 아니하며 귀가 가려워서 자기의 사욕을 좇을 스승을 많이 두고 또 그 귀를 진리에서 돌이켜 허탄한 이야기를 좇으리라"(딤후 4:3-4) 하고 경계하고 있는데 지금이 바로 그 때가 아닌가 우려되는 것입니다.

그러면 참 포도나무와 농부 되시는 하나님께서 기대하시는 "과실"이 무엇을 의미하는가? 여기에는 신학적인 면과 교훈적인 면이 있다 하겠습니다.

㉮ 먼저 신학적인 면으로 "하나님의 보내신 자를 믿는"(6:29) 구원의 열매라 할 수가 있습니다. 왜냐하면 주님께서 "한 알의 밀"이 되어 십자가를 지심도, "농부" 되시는 하나님이 기대하는 바도 추수할 열매이기 때문입니다. "한 사람이 포도원에 무화과나무를 심은 것이 있더니 와서 그 열매를 구하였으나 얻지 못한지라"(눅 13:6) 하십니다. 잎만 무성한 무화과나무가 어찌되었는가? 그러니까 우선적으로 하나님 나라 창고에 들어갈 수 있는 열매가 되어야 한다는 말씀입니다.

㉯ 이런 열매가 더욱 번성(繁盛)하기를 기대하시는 것입니다. 이점이 "너희가 과실을 많이 맺으면 내 아버지께서 영광을 받으실 것이요 너희가 내 제자가 되리라"(8) 하신 말씀에 나타납니다. 이점이 "또 이 우리에 들지 아니한 다른 양들이 내게 있어 내가 인도하여야 할 터이니"(10:16) 하신 주님의 소원에도 나타납니다.

㉰ 다음은 교훈적인 면인데, "사랑, 희락, 화평, 오래 참음, 자비, 양선, 충성, 온유, 절제"와 같은 "성령의 열매(갈 5:22)입니다. 이런 열매가 있는 사람은 예수 그리스도를 닮은 사람, 즉 참 포도나무에 접붙임을 받은 참 가지인 것입니다.

그러므로 주님이 말씀하시는 "과실"(果實)을 어떤 성과(成果)로만 보아서는 아니 됩니다. 왜냐하면 성경은 "육체의 일과, 성령의 열매"

(갈 5:19, 22)를 엄격하게 구분을 하고 있기 때문입니다., 불신자들에게도 열매처럼 보이는 성과(成果)는 있기 마련입니다. 그러나 하나님 앞에 "열매"로 인정을 받지 못하는 "육체의 일"일 뿐인 것입니다. 왜냐하면 "그리스도 안에서" 맺어진 열매가 아니라 밖에서 이루어진 "자기 의"이기 때문입니다.

그러므로 "열매를 맺지 않는 가지"란, 형식적인 교인으로 볼 수밖에 없습니다. 주님께서 이 말씀을 하시는 시점이 잡히시던 날 밤이요, 내일이면 십자가에 달리셔야 하는 그런 심정에서 하신 말씀이라는 점을 유념해야만 합니다. 그렇다면 결론은 "제해 버림을 당하게 되고, 말라 불에 던짐을 당하게 될 열매 맺지 않는 가지란 "포도나무에 붙어 있지" 않기 때문이라는 결론에 이르게 되는 것입니다. 마치 "가라지는 먼저 거두어 불사르리라"(마 13:30)하심 같이 말입니다.

4-10절을 관찰해보십시오. "거하라"는 말이 8번이나 강조되어 있습니다. "내 안에 거하라 나도 너희 안에 거하리라", 이는 "가지가 포도나무에 붙어 있음"과 같은 그리스도와의 연합(聯合)을 가리킵니다. 그러면 어떻게 하면 "그리스도 안에 거하게" 되는가? 결정적인 답변이, "내 살을 먹고 내 피를 마시는 자는 내 안에 거하고 나도 그 안에 거하나니"(6:56), 즉 복음진리의 말씀을 받아 먹어야만 가능하여진다는 말씀입니다.

그러므로 첫째 단원에서 말씀한 "제해 버림"을 당하게 되는 자들은 표적을 보고 따랐을 뿐 "예수가 그리스도시요, 생명의 떡이라"는 복음을 받지 않은 것이 되는 것입니다.

이점에서 주님이 말씀하시는 순서(順序)도 주목해야만 하는데, "내 안에 거하라 나도 너희 안에 거하리라(4), 저가 내 안에 내가 저

안에 있으면"(5) 하고, 우리가 주 안에 거하는 것이 먼저라고 말씀하십니다. 6:56절에서도 "내 안에 거하고 나도 그 안에 거하나니" 하십니다.

그러면 우리가 어떻게 해서 그리스도 안에 거하게 되었는가? "너희는 하나님께로부터 나서 그리스도 예수 안에 있고"(고전 1:30), 즉 하나님이 우리를 택하셔서 그리스도 안에 집어넣어주심으로 가능하여졌다는 것입니다. 그리하여 로마서 6장에서는 그리스도 안에서, "우리 옛 사람이 예수와 함께 십자가에 못 박히고(6), 함께 죽고(8), 함께 장사되었다가(4), 함께 살리심"(8)을 받았다고 말씀합니다. 그리고 에베소서 2:6절에서는 "함께 하늘에 앉히시니" 합니다. 머리가 있는 곳에 몸도 함께 있다는 논리입니다.

그러면 "내 안에 거하라" 하시는 "나"는 어떤 분인가? 이점이 7번이나 강조하신 자기 선언에 나타납니다.

㉮ "나는 생명의 떡이다 이 떡을 먹으면 영생하리라"(6:48, 51),

㉯ "나는 세상의 빛이니, 생명의 빛을 얻으리라"(8:12),

㉰ "내가 문이다, 들어가면 구원을 얻는다"(10:9),

㉱ "나는 선한 목자다, 양들을 위하여 목숨을 버리노라"(10:11),

㉲ "나는 부활이요 생명이다, 믿는 자는 죽어도 산다"(11:25),

㉳ "내가 곧 길이다 나를 통해야 아버지께로 갈 수 있다"(14:6),

㉴ "나는 포도나무요 너희는 가지다 붙어 있어야 열매를 맺는다", 이러한 "내 안에 거하라, 복음진리 안에 거하라, 밖으로 나가지 말라"는 분부이신 것입니다.

이 대목을 같은 요한에 의해서 기록이 된 요한일서 2장과 결부시켜 보십시오. 2:24-28절 안에는 "너희는 처음부터 들은 것을 너희 안에 거하게 하라"(2:24) 하고, "거하라"는 말을 6번이나 강조를 합니다. 왜냐하면 "저희가 우리에게서 나갔으나 우리에게 속하지 아니하였나니 만일 우리에게 속하였더면 우리와 함께 거하였으려니와 저희가 나간 것은 다 우리에게 속하지 아니함을 나타내려 함이니라"(요일 2:19) 하고 나간 자들이 있기 대문입니다.

그로부터 2천 년이 지난 오늘날은 "그리스도 예수 안에 있지 아니하고, 난간 자들", 즉 복음진리에서 이탈한 자들이 더욱 많은 것입니다. 그러므로 본문은 현대교회에 경고로 다가옵니다.

누군가가 제게 기독교가 무엇이요 하고 묻는다면 저는 서슴치 않고 "나는 주님 안에 거하고, 주님은 내 안에 거하시는 것이요"라고 대답할 것입니다. 아담 안에 있던 "나"라는 옛 사람은 그리스도와 함께 죽었고, 이제는 주님께서 내 안에 오셔서 나를 의의 병기로 사용하고 계시다는 말씀입니다. 이것이 기독교입니다. 이 경이로움을 모든 그리스도인들이 깨닫기를 간곡히 열망합니다. 이를 깨닫기만 한다면 신앙생활에 일대 혁명이 일어나게 될 것이 분명합니다.

그러므로 그리스도인들이란 열매를 맺게 되어 있습니다. 또한 맺어야만 합니다. 아니 맺을 수밖에 없습니다. 왜냐하면 '나는 포도나무요 너희는 가지니 저가 내 안에 내가 저 안에 있으면 이 사람은 과실을 많이 맺나니"(5) 하고 말씀하시기 때문입니다. 우리는 과실을 맺되 더 풍성히 맺어야 할 가지들이라는 자각이 필요합니다.

주님이 말씀하는 "과실"에 대해 로마서 7장은 해설하기를 전에 율법이라는 남편을 섬기던 우리의 옛 사람이 그리스도와 함께 죽음으로 옛 남편으로부터 자유 함을 얻게 됩니다. 이렇게 해주신 것은

"다른 이 곧 죽은 자 가운데서 살아나신 이에게 가서 우리로 하여금 하나님을 위하여 열매를 맺게 하려 함이니라"(롬 7:4) 하고 말씀합니다.

다시 말씀 드리면 예수 그리스도에게 개가(改嫁)해 가서(연합하여) 자녀(열매)를 생산하게 된다는 것입니다. 이것이 열매입니다. 이것이 우리가 열매 맺게 된 비결입니다. 그러므로 열매를 맺지 아니하는 것이 비정상이며 그리스도와 연합된 자이면 필연적으로 열매를 맺게 되어있다는 말씀입니다. 그러므로 열매가 없다면 "나는 주님 안에, 주님은 내 안에" 계신가 부터 점검해야 할 것입니다.

⑤ "너희가 내 안에 거하고 내 말이 너희 안에 거하면 무엇이든지 원하는 대로 구하라 그리하면 이루리라"(7) 하십니다.

㉠ 이는 두 마디로 되어 있는데 첫째가 "너희가 내 안에 거하고 내 말이 너희 안에 거하면" 이라는 말씀인데 4절에서, "나도 너희 안에 거하리라" 한 "내가, 내 말"로 바꾸어져 있다는 점을 주목해야만 합니다. 즉 주님이 내 안에 거하심과, 주님의 말씀이 내 안에 거함을 동일시하고 있다는 점입니다.

이런 진보(進步)가 바울 서신에도 나타나는데 에베소서에서, "성령의 충만을 받으라"(엡 5:18) 한 "성령"이, 동시에 기록이 된 골로새서에서는 "그리스도의 말씀이 너희 속에 풍성히 거하여"(골 3:16) 하고 "말씀"으로 바꾸어 표현하고 있습니다. 왜냐하면 성령께서는 말씀을 방편 삼아 역사하시기 때문입니다. 성령 충만은 말씀 충만이요, 그리스도가 내 안에 내주하신다는 것은 "그리스도의 말씀이 풍성히 거함"과 같은 의미라는 말씀입니다. 그리하여 마음과 생각이 말씀에 의하여 지배를 받는 삶이 성령 충만한 삶인 것입니다.

사도 요한은 서신서에서, "청년들아 내가 너희에게 쓴 것은 너희가 강하고 하나님의 말씀이 너희 속에 거하시고 너희가 흉악한 자를 이기었음이라"(요일 2:14) 하고 말씀합니다. 이것이 승리하는 비결이요, 열매 맺는 비결이기도 합니다. 형제 안에는 하나님의 말씀이 풍성히 거하고 있습니까? 주야로 묵상하므로 그 말씀이 역사하고 있습니까?

㉡ 둘째는 "무엇이든지 원하는 대로 구하라 그리하면 이루리라"(7하) 한 말씀인데 이 말씀은 오늘의 기도를 검증하게 합니다. 이는 만사형통이라는 그런 뜻이 아닙니다. 기도라는 무기는 그렇게 사용하라고 주신 특권이 아닙니다. "원하는 대로 구하라" 하신 "원함은, 내 말이 너희 안에 거하면" 이라는 조건(條件) 절에 의하여 제한(制限)을 받는 것입니다. 자기 안에 거하는 말씀에서 우러나오는 기도, 즉 하나님의 뜻대로 구하면 이루리라 하시는 것입니다.

요한은 서신서에서 "그를 향하여 우리의 가진바 담대한 것이 이것이니 그의 뜻대로 무엇을 구하면 들으심이라 우리가 무엇이든지 구하는 바를 들으시는 줄을 안즉 우리가 그에게 구한 그것을 얻은 줄을 또한 아느니라"(요일 5:14-15) 합니다.

㉢ 이점이 "너희가 과실을 많이 맺으면 내 아버지께서 영광을 받으실 것이요 너희가 내 제자가 되리라"(8) 한 말씀을 통해서도 나타납니다. 기도의 목적(目的)만이 아니라 그리스도인의 인생의 목적도, "하나님의 영광"(榮光)에 있습니다. 14:13절에서도 "너희가 내 이름으로 무엇을 구하든지 내가 시행하리니 이는 아버지로 하여금 아들을 인하여 영광을 얻으시게 하려 함이라" 하십니다.

"그런즉 너희가 먹든지 마시든지 무엇을 하든지 다 하나님의 영광을 위하여 하는"(고전 10:31) 자가 "내 제자가 되리라"(8하) 하신 그리스도의 제자인 것입니다.

셋째 단원(9-15) 사랑 안에 거하라

⑥ "아버지께서 나를 사랑하신 것같이 나도 너희를 사랑하였으니 나의 사랑 안에 거하라"(9) 하십니다.

㉠ 둘째 단원에서 "내 안에 거하라"(4) 하신 말씀이, "나의 사랑 안에 거하라"(9)는 말씀으로 진전(進展)이 되어 있는데, 다른 표현인 같은 의미입니다. 그러면 어찌하여 다르게 표현하셨는가? "너희도 서로 사랑하라"(12)는 말씀을 하시기 위해서입니다.

순서를 주목하시기를 바랍니다. "서로 사랑하라"(12)는 윤리가 먼저가 아닙니다. "나의 사랑 안에 거하라"(9) 하신 복음(福音)이 먼저입니다. "은혜(恩惠)와 사도의 직분을 받아"(롬 1:5), 이것이 바른 순서입니다. 저는 "나의 사랑 안에 거하라" 하시는 말씀을 대하면서 다윗이 읊은 시편 131편을 상기했습니다.

여호와여 내 마음이 교만치 아니하고
내 눈이 높지 아니하오며 내가 큰 일과
미치지 못할 기이한 일을 힘쓰지 아니하나이다
실로 내가 내 심령으로 고요하고 평온케 하기를
젖뗀 아이가 그 어미 품에 있음 같게 하였나니
내 중심이 젖뗀 아이와 같도다
이스라엘아 지금부터 영원까지 여호와를 바랄지어다

(시 131:2-3).

다윗은 하나님의 사랑 안에 거하기를 마치 어린아이가 어머니 품에 안겨 있듯이 했다고 읊고 있습니다. 그리스도인들이라면 누구나 그리스도의 사랑 안에 거하기를 사모한다고 말할 것입니다. 그러나 그것은 입에 붙은 말일 수도 있습니다. 인류의 시조도 하나님의 사랑 안에 거하지를 않았습니다. 그들이 하나님의 금령을 범했다는 것은 하나님의 사랑을 의심했기 때문입니다. 그 후예들은 하나님께서 "내가 너를 사랑하노라" 하시면, "주께서 어떻게 우리를 사랑하셨나이까"(말 1:2) 하고 항변을 합니다.

그런데 주님께서는, "…한 것같이" 라는 대칭적인 구조, 즉 "아버지께서 나를 사랑하신 것같이 나도 너희를 사랑하였다" 하고 말씀하십니다.

ⓛ 그러면 구체적으로 어떻게 하는 것이 그 사랑 안에 머물러 있는 것인가? "내가 아버지의 계명을 지켜 그의 사랑 안에 거하는 것 같이 너희도 내 계명을 지키면 내 사랑 안에 거하리라"(10), 즉 "계명"을 지키는 여부로 알 수가 있다는 것입니다.

9-10절, 두 절 안에 "사랑"이라는 말이 5번 등장합니다. 그 "사랑"은, 아버지 하나님으로부터---아들에게로, 아들로부터---제자들에게로 흘러내려온 사랑인 것입니다. 그리고 "나의 사랑 안에 거하라" 하고, "거하라"는 말이 강조되어 있습니다.

ⓒ "내가 이것을 너희에게 이름은 내 기쁨이 너희 안에 있어 너희 기쁨을 충만하게 하려 함이니라"(11) 하십니다. 무슨 뜻인가? "계명을 지키는 것", 즉 서로 사랑하는 것은 무거운 멍에가 아니라, "기쁨이 충만"해지는 비결이라는 말씀입니다. 기쁨이 없습니까? 너무

자기중심적이기 때문이 아닐까요?

"양들을 위하여 목숨을 버리노라"(10:11) 하신 주님은, "또 다른 보혜사를 너희에게 주사(14:16), 나의 평안을 너희에게 주노니"(14:27) 하셨는데 이제는, "내 기쁨이 너희 안에 있어" 하고, "기쁨"까지 주십니다. 그래도 이를 받지 않을 것입니까?

⑦ 주님은 고별설교에서, "계명을 지키라"(14:15, 21, 15:10, 12)는 말씀을 반복적으로 강조하시는데 그러면 계명이 무엇인가? "내 계명은 곧 내가 너희를 사랑한 것 같이 너희도 서로 사랑하라 하는 이것이니라"(12) 하십니다.

주님은 이미 13:34절에서, "새 계명을 너희에게 주노니 서로 사랑하라" 하셨습니다. 주목할 점은 하나님을 사랑하라 하시는 것이 아니라 "서로 사랑하라" 하신다는 점입니다. 본문 말씀만으로 한다면 하나님과 주 예수 그리스도는 사랑을 주시기만 하시고 받으시려 하시지 않는다는 것이 됩니다. 왜냐하면 최후 분부가 "서로 사랑하라" 고만 말씀하시기 때문입니다.,

그렇습니다. 하나님 사랑과, 형제 사랑은 둘이 아니라 하나인 것입니다. 지극히 작은 자에게 한 것이 곧 "내게 한 것이니라" 하십니다. 어떤 의미에서 "하나님을 사랑합니다" 하는 말은 쉬울 수가 있습니다. 왜냐하면 입으로만 해도 되기 때문입니다. 그러나 이웃을 사랑한다는 것은 "말과 혀로만 사랑하지 말고 오직 행함과 진실함으로 하자"(요일 3:18) 하고, 구체적으로 나타내야 하기 때문에 어려운 것입니다.

주님은 시험하는 율법사에게 율법 전체를, "하나님 사랑과, 이웃 사랑"(마 22:40)이라는 두 계명으로 요약을 해주셨고, 떠나시는 마당에서는 "서로 사랑하라"는 한 계명으로 압축을 해서 당부하시는 것입니다. 오늘날 하나님 사랑한다는 사람은 많으나 서로 사랑하는 사람은 많지가 않습니다. 이들을 향해 사도 요한은, "누구든지 하나님을 사랑하노라 하고 그 형제를 미워하면 이는 거짓말하는 자니"(요일 4:20) 합니다.

⑧ "사람이 친구를 위하여 자기 목숨을 버리면 이에서 더 큰 사랑이 없나니"(13), 이는 "내가 너희를 사랑한 것같이"(12) 한 사랑이 어떠한 사랑인가를 말씀하심입니다.

㉠ 그러면 주님께서 목숨을 버려주신 친구가 누군가? "너희가 나의 명하는 대로 행하면 곧 나의 친구라"(14) 하십니다.

부활하신 후에는 제자들을 "형제"(20:17)라 하시고, 히브리서 2:11절에서는 "형제라 부르시기를 부끄러워 아니하셨다" 하고 말씀합니다. 우리 주님은 나 같은 죄인을 "형제로, 친구"로 여겨주셔서 목숨을 버리셨던 것입니다. 요한 사도는 서신서에서, "그가 우리를 위하여 목숨을 버리셨으니 우리가 이로써 사랑을 알고 우리도 형제들을 위하여 목숨을 버리는 것이 마땅하니라"(요일 3:16) 하고 말씀합니다.

그런데 우리는 사랑할 만해야 사랑하지요 하고 조건부적인 사랑을 말합니다. 그리스도께서 목숨을 버려주신 우리는 사랑 받을 만한 가치가 있는 자들이 아니라 "연약, 죄인, 원수"들이었습니다.

㉡ "이제부터는 너희를 종이라 하지 아니하리니 종은 주인의 하는 것을 알지 못함이라 너희를 친구라 하였노니 내가 내 아버지께 들은 것을 다 너희에게 알게 하였음이니라"(15),

여기서 말씀하는 "종"은 노예입니다. 그리고 친구라는 원어의 정확한 뜻은 "사랑하는 사람"이라는 말입니다. 그러므로 이 말씀은 당시의 문화적인 배경에서 음미해야 할 말씀입니다. 즉 "노예 신분에서,

친구", 즉 사랑하는 사람으로 관계가 변화되었다는 것은 상상을 초월하는 개념입니다. 바울은 빌레몬에게 도망쳤던 노예 오네시모를 돌려보내면서, "이후로는 종과 같이 아니하고 종에서 뛰어나 곧 사랑받는 형제로 둘 자라"(몬 1:16) 하고 말씀합니다.

그러면 "종과, 친구"의 다른 점이 무엇인가? 노예에게는 기계적인 복종이 있을 뿐이지만 친구는, "아버지께 들은 것을 다 너희에게 알게 하였다", 즉 자발적인 순종을 하게 된다는 것이 다른 점입니다. 이런 자들이 "그리스도 안에 거하는 자들이요, 사랑 안에 거하는 자들"입니다. 그런데 주님을 따르노라 하면서도 얼마나 많은 사람들이 "그리스도 안에, 사랑 안에" 거하지 않고 있는 것인가?

묵상해 봅시다.

1. 내 안에 거하라 나도 너희 안에 거하리라는 연합교리에 대해서,
2. 열매 맺지 않는 가지는 제하여 버리신다는 의미에 대해서,
3. 내 안에 거하라, 사랑 안에 거하라에 대해서.

요한복음 15:16-27절 개관도표

주제:택함 받은 자의 사명과 고난

택 한 자	16-17 16 ① 너희가 나를 택한 것이 아니요 **내가 너희를 택하여 세웠나니** 이는 너희로 가서 과실을 맺게 하고 또 너희 과실이 항상 있게 하여 내 이름으로 아버지께 무엇을 구하든지 다 받게 하려 함이니라 17 내가 이것을 너희에게 명함은 너희로 서로 사랑하게 하려 함이로라
세 상 이 미 워 하 면	18-25 18 ② **세상이 너희를 미워하면** 너희보다 먼저 나를 미워한 줄을 알라 19 너희가 세상에 속하였으면 세상이 자기의 것을 사랑할 터이나 너희는 세상에 속한 자가 아니요 도리어 세상에서 나의 택함을 입은 자인고로 **세상이 너희를 미워하느니라** 20 ③ 내가 너희더러 종이 주인보다 더 크지 못하다 한 말을 기억하라 사람들이 나를 핍박하였은즉 너희도 핍박할 터이요 내 말을 지켰은즉 너희 말도 지킬 터이라 21 그러나 사람들이 내 이름을 인하여 이 모든 일을 너희에게 하리니 이는 나 보내신 이를 알지 못함이니라 22 ④ 내가 와서 저희에게 말하지 아니 하였더면 죄가 없었으려니와 지금은 그 죄를 핑계할 수 없느니라 23 나를 미워하는 자는 또 내 아버지를 미워하느니라 24 내가 아무도 못한 일을 저희 중에서 하지 아니하였더면 저희가 죄 없었으려니와 지금은 저희가 나와 및 내 아버지를 보았고 또 미워하였도다 25 그러나 이는 저희 율법에 기록된바 저희가 연고 없이 나를 미워하였다한 말을 응하게 하려 함이니라
증 거 자	26-27 26 ⑤ 내가 아버지께로서 너희에게 보낼 보혜사 곧 아버지께로서 나오시는 진리의 성령이 오실 때에 **그가 나를 증거하실 것이요** 27 **너희도 처음부터 나와 함께 있었으므로 증거하느니라**

15:16-27절
태함 받은 자의 사명과 고난

첫째 단원(16-17) **내가 너희를 택하여 세웠나니**
둘째 단원(18-25) **세상이 너희를 미워하면**
셋째 단원(26-27) **복음진리를 증거할 자**

15장 전체의 중심점은, "내 안에 거하라 나도 너희 안에 거하리라"(4) 하신, 그리스도와의 연합에 있습니다. 이것이 어떻게 가능하여졌는가? 그러므로 본 문단의 중심점은 "너희가 나를 택한 것이 아니요 내가 너희를 택하여 세웠나니"(16) 한 말씀에 있습니다. 도표를 보시면 이를 중심으로 "내가 너희를 택하여 세웠나니"(첫째 단원) 하시고, 택자에게는 "세상이 너희를 미워하면"(둘째 단원) 하고 박해를 당하게 될 것과, 택함을 받은 자들에게는 "복음진리를 증거"(셋째 단원)할 사명이 있음을 말씀하십니다.

▌첫째 단원(16-17) 내가 너희를 택하여 세웠나니

① "너희가 나를 택한 것이 아니요 내가 너희를 택하여 세웠나니"(16상) 하십니다.

"내가 너희를 택하였다"는 말씀이 1차적으로는 고기 잡는 어부들을 "사도"로 택해주셨음을 가리킨다 하여도, 궁극적으로는 모든 그리스도인들이란 택함을 받은 자들이라는 것으로 확대가 됩니다. 다시 말하면 자원해서 그리스도인이 될 수 있는 자는 아무도 없다는 말씀입니다.

우리는 "곧 창세 전에 그리스도 안에서 우리를 택하사(엡 1:4), 오직 너희는 택하신 족속이요 왕 같은 제사장들이요"(벧전 2:9) 한 말씀들을 예사로, 또는 당연시 하는 경향이 있으나 이보다 경이롭고 영광스러운 말씀은 달리는 없습니다. 형제는 예수 믿기로 작정한 사람이 아닙니다. 창조주 하나님, 천지의 대 주재자가 되시는 하나님의 택함을 입은 자라는 것입니다. "누가 능히 하나님의 택하신 자들을 송사하리요"(롬 8:33), 택하신 자들은 끝까지 책임져주신다는 것입니다.

㉠ 택하실 때에는 목적이 있으시기 때문이데, "이는 너희로 가서 과실을 맺게 하고 또 너희 과실이 항상 있게 하여 내 이름으로 아버지께 무엇을 구하든지 다 받게 하려 함이니라"(16하) 하십니다

㉮ "너희로 가서",

㉯ "과실을 맺게 하고", 이 말씀은 "그러므로 너희는 가서 모든 족속으로 제자를 삼으라"(마 28:19) 하신 말씀과 상통하고,

㉰ "너희 과실이 항상 있게 하여" 란, "세상 끝날까지", 즉 주님께서 재림하시는 날까지 계속적으로 수행해야 할 사명임을 나타

냅니다.

㉣ 그리고 "내 이름으로 아버지께 무엇을 구하든지 다 받게 하려 함이니라"(16하) 하신 말씀은, "세상 끝날까지 너희와 항상 함께 있으리라" 하신 말씀과 상통합니다.

바울은 로마서의 서두에서, "예수 그리스도의 종 바울은 사도로 부르심을 받아 하나님의 복음을 위하여 택정함을 입었으니"(롬 1:1) 하고, 자신을 사도로 택하신 목적이 "하나님의 복음"을 증거케 하기 위해서라고 말씀합니다. 이것이 "과실을 맺게 하고"의 뜻입니다.

㉡ 그런데 주님은, "내가 이것을 너희에게 명함은 너희로 서로 사랑하게 하려 함이로라"(17) 하고, 12절에서 "서로 사랑하라" 하신 말씀을 재차 강조하십니다. 이를 문맥적으로 말씀을 드린다면 "너희로 가서 과실을 맺게"(16), 즉 선교보다 우선해야 할 것은 "서로 사랑" 하는 것이라는 말씀이 되는 것입니다.

그리고 이어지는 문맥으로는 "세상이 너희를 미워하면"(18) 하는 "미움, 핍박"(20)이 있습니다. 그러므로 교회는 사랑의 공동체가 되어야 하는 것입니다. 요한 사도는 "형제 사랑"에 대해 그의 서신서에서, "우리가 형제를 사랑함으로 사망에서 옮겨 생명으로 들어간 줄을 알거니와 사랑치 아니하는 자는 사망에 거하느니라"(요일 3:14) 하고 해설해주고 있습니다.

그러므로 "형제 사랑"은 교회됨의 표지요, 거듭남의 표지요, 구원 얻은 표지요, 그리스도인의 표지인 것입니다. 어찌하여 "서로 사랑하라"가 이처럼 중요한가? "너희가 서로 사랑하면 이로써 모든 사람이 너희가 내 제자인줄 알리라"(13:35), 그래야 전도의 문이 열리게 된다는 말씀입니다. 17:21절에서도 "하나가 되어, 세상으로 아버지께서 나를 보내신 것을 믿게 하옵소서", 이것이 그리스도를 증거하는 것이라는 말씀입니다. "하나되지 못하고" 서로 분열하고, "서로 사랑하지 않고" 서로 싸우는 것을 보면서, 누가 교회의 일원이 되려 하겠는가?

현대교회의 문제가 바로 여기에 있다고 여겨지지는 않습니까? 그리고 그 원인은 "내 안에 거하라 나도 너희 안에 거하리라"(4), 다시 말하면 "내 살을 먹고 내 피를 마시는 자는 내 안에 거하고 나도 그 안에 거하나니"(6:56) 하신 복음진리를 망각했기 때문이라고 밖에는 달리는 설명할 길이 없는 것입니다.

▌둘째 단원(18-25) 세상이 너희를 미워하면

② "세상이 너희를 미워하면 너희보다 먼저 나를 미워한 줄을 알라"(18) 하시고, 교회와 세상과의 관계를 말씀하십니다. 성도 상호 간의 관계는 사랑의 관계요, 세상과의 관계는 "미움과, 핍박"을 당하게 되리라는 것입니다.

㉠ 왜냐하면 "너희가 세상에 속하였으면 세상이 자기의 것을 사랑할 터이나 너희는 세상에 속한 자가 아니요 도리어 세상에서 나의 택함을 입은 자인고로 세상이 너희를 미워하느니라"(19) 하십니다.

③ "내가 너희더러 종이 주인보다 더 크지 못하다 한 말을 기억하라 사람들이 나를 핍박하였은즉 너희도 핍박할 터이요 내 말을 지켰은즉 너희 말도 지킬 터이라 그러나 사람들이 내 이름을 인하여 이 모든 일을 너희에게 하리니 이는 나 보내신 이를 알지 못함이니라"(20-21), 즉 주인을 미워하고 핍박을 했다면 보냄을 받은 종들도

미워하고 핍박하게 되리라는 뜻입니다.

그리스도의 종 된 우리는, "종이 주인보다 더 크지 못하다"는 말씀을 잊지 말아야 할 것입니다. 마태복음 10:24-25절에서도 동일한 말씀을 하셨는데, 왜냐하면 오늘날은 "종이 주인보다 크고자" 하는 자들이 있기 때문입니다. 이 세상은 하나님의 아들 그리스도를 배척하고 십자가에 못을 박은 세상입니다. 그런 세상에서 대접받고 존경 받고 영광 받기를 생각할 수가 있단 말인가?

"나 보내신 이를 알지 못함이니라"(21하), 하나님을 모르니 하나님이 보내신 그리스도를 모르고, 그리스도를 모르니 그리스도께서 보내신 제자들을 알아볼 리가 없다는 말씀입니다.

④ "내가 와서 저희에게 말하지 아니하였더면 죄가 없었으려니와 지금은 그 죄를 핑계할 수 없느니라 나를 미워하는 자는 또 내 아버지를 미워하느니라"(22-23),

㉠ "내가 아무도 못한 일을 저희 중에서 하지 아니하였더면 저희가 죄 없었으려니와 지금은 저희가 나와 및 내 아버지를 보았고 또 미워하였도다"(24) 하십니다.

㉮ "저희에게 말하지 아니하였더면 죄가 없었으려니와"(22),

㉯ "내가 아무도 못한 일을 저희 중에서 (행)하지 아니하였더면 저희가 죄가 없었으려니와"(24),

왜냐하면 저들이 귀로는 그리스도께서 친히 하시는 말씀을 들었고, 눈으로는 죽은 지 나흘이나 되어 냄새가 나는 나사로를 살리시는 것을 보고도 믿지 않고 배척을 했으니 그 죄를 핑계할 수가 없다는 것입니다.

그런데 "저희에게 말하지 아니하였더면 죄가 없었으려니와"(22)

한 말씀을 구속사(救贖史)라는 맥락으로 보면 그리스도가 오신 것이 불신 유대인들에게는 화가 된다는 말씀이 되는 것입니다. 왜냐하면 모세 때부터 지켜 내려오던 의문(儀文)이 그리스도가 오심으로 복음(福音)으로 "개혁(改革)이 되었기"(히 9:10) 때문입니다. 예를 들어 화폐개혁(貨幣改革)이 일어나면 이전 화폐는 무용지물이 되는 것과 같은 이치입니다.

그러므로 이사야서에는 그리스도가 "거치는 돌, 걸리는 반석"으로 묘사되어 있습니다. 그리하여 "많은 사람들이 그로 인하여 거칠 것이며 넘어질 것이며 부러질 것이며 걸릴 것이며 잡힐 것이니라"(사 8:14, 15) 합니다. 이점을 사도 베드로도 "그러므로 믿는 너희에게는 보배이나 믿지 아니하는 자에게는 건축자들이 버린 돌이 모퉁이의 머릿돌이 되고 또한 부딪히는 돌과 거치는 반석이 되었다"(벧전 2:7-8) 하고 말씀합니다. 이런 맥락에서 "죄가 없었으려니와" 하신 것은 하나님의 아들 그리스도를 배척한 죄가 없었을 것이라는 뜻이 됩니다.

㉡ "그러나 이는 저희 율법에 기록된바 저희가 연고 없이 나를 미워하였다 한 말을 응하게 하려 함이니라"(25), 이는 시편 69:4절의 인용인데 다윗의 시입니다. 다윗이 사울 왕에게 "연고 없이" 당한 박해를 예표로 하여 그리스도께서 당하시게 될 박해를 예언한 것입니다.

셋째 단원(26-27) 복음진리를 증거할 자

⑤ "내가 아버지께로서 너희에게 보낼 보혜사 곧 아버지께로서 나오시는 진리의 성령이 오실 때에 그가 나를 증거하실 것이요"(26),

셋째 단원은 두 절에 불과하지만 중요한 의미를 전달해줍니다. "보혜사"를 보내주실 것을 14:16절과, 26절에 이어 세 번째로 말씀하십니다. 다시 강조합니다만 "성령론"에 대해 성경 전체에서 다락방 강화만큼 체계적으로 말씀해주는 곳은 달리는 없습니다.

㉠ 그러면 성령이 강림하시는 목적(目的)이 무엇인가?

㉮ "진리의 성령이 오실 때에 그가 나를 증거하실 것이요", 하고 분명히 밝히십니다.

㉯ 어떤 방도로 증거하시는가? "또 너희 속에 계시겠음이라"(14:17하), 즉 성도들을 통하여 증거하십니다.

㉰ 무엇을 가지고 증거하시는가? "이 성경이 곧 내게 대하여 증거하는 것이로다"(5:39) 하신, 성경을 들어 증거하시는 것입니다.

㉱ 그래서 "너희도 처음부터 나와 함께 있었으므로 증거하느니라"(27) 하고, "성령과 신부(교회)가 말씀하시기를 오라 하시는 도다 듣는 자도 오라 할 것이요 목마른 자도 올 것이요 또 원하는 자는 값없이 생명수를 받으라"(계 22:17) 하고, "성령과, 교회"가 동역하게 될 것을 말씀하십니다.

㉡ 이점을 주님은 승천하시기 직전에, "성령이 너희에게 임하시면…땅 끝까지 이르러 내 증인이 되리라"(행 1:8) 하고 말씀하셨는데, "땅끝까지, 세상 끝날까지"란 주님 재림하실 때까지 "성령과, 교회"가 담당해야 할 사명인 것입니다.

성령께서는 그리스도를 증거하기 위하여 구약성경을 미리 기록케 하여 준비해 두셨던 것입니다. 그러므로 성경의 기록목적(記錄目的)과, 성령의 강림목적(降臨目的)이 동일하게 "그리스도를 증거"하는 것임을 명심해야만 합니다. 이점을 강조하는 이유는,

㉮ 현대교회는 성경을 기록한 목적대로 사용하고 있는가?

㉯ 세움을 받은 말씀의 사역자들은 그리스도를 증거하는 사명을 바로 감당하고 있는가? 자문해보자는 뜻에서입니다.

어찌하여 이 문맥에서 보혜사 성령을 보내주실 것을 재차 강조하시는가? "과실을 많이 맺으면(8), 서로 사랑하라(12), 무엇이든지 구하면(16), 기쁨을 충만하게(11), 너희도 핍박할 터이요(20), 너희도 증거하느니라"(27) 등은 주 성령님의 도우심이 없이는 불가능한 일들이기 때문입니다.

계시록 2-3장에 나오는 일곱 교회에 편지하시는 것을 보면 송신자(送信者)는 주님으로 되어 있으나 끝에 가서 약속을 하실 때에는 "귀 있는 자는 성령(聖靈)이 교회들에게 하시는 말씀을 들을지어다" 하고 "성령"으로 되어 있는 것이 이 때문입니다.

15장을 마치기 전에 포도원 농부되시는 하나님과, 참 포도나무되시는 예수 그리스도께서 우리들에게 기대하시는 바가 무엇인가를 다시 한번 상기해야만 하겠습니다. 형제여, 은사를 사모하는 자는 많으나 열매 맺기를 사모하는 자는 많지 않습니다. 중요한 것은 은사로 그 사람을 아는 것이 아니라, 열매로 그 사람을 알 수 있다고 말씀하신다는 점입니다.

은사로 심판 받지 않습니다. 하나님께서는 열매로 결산을 하십니다. 먼저 자신이 예수 그리스도를 닮은 열매 되기를 사모하십시다. 형제가 하고 있는 크고 작은 모든 일들이 성령님의 공급하시는 힘으로 맺어진 "성령의 열매"가 되어 하나님께 영광을 돌리게 되기를 기원합니다.

묵상해 봅시다.

1. 우리를 택하신 목적에 대해서,
2. 서로 사랑과 복음 전파에 대해서,
3. 강림하신 성령의 사역과 교회의 사명에 대해서.

요한복음 16:1-15절 개관도표

주제 : 내가 떠나가는 것이 너희에게 유익이라

실족하지않게 하려함이라	1-6 1 ① 내가 이것을 너희에게 이름은 너희로 **실족지 않게 하려 함이니** 2 사람들이 너희를 출회할 뿐 아니라 때가 이르면 무릇 너희를 죽이는 자가 생각하기를 이것이 하나님을 섬기는 예라 하리라 3 저희가 이런 일을 할 것은 아버지와 나를 알지 못함이라 4 오직 너희에게 이 말을 이른 것은 너희로 그 때를 당하면 내가 너희에게 이 말 한 것을 기억나게 하려 함이요 처음부터 이 말을 하지 아니한 것은 내가 너희와 함께 있었음이니라 5 ② 지금 내가 나를 보내신 이에게로 가는데 너희 중에서 나더러 어디로 가느냐 묻는 자가 없고 6 도리어 내가 이 말을 하므로 너희 마음에 근심이 가득하였도다
성령의 사역	7-17 7 ③ 그러하나 내가 너희에게 실상을 말하노니 **내가 떠나가는 것이 너희에게 유익이라** 내가 떠나가지 아니하면 보혜사가 너희에게로 오시지 아니할 것이요 가면 내가 그를 너희에게로 보내리니 8 ④ 그가 와서 **죄에 대하여, 의에 대하여, 심판에 대하여** 세상을 책망하시리라 9 죄에 대하여라 함은 저희가 나를 믿지 아니함이요 10 의에 대하여라 함은 내가 아버지께로 가니 너희가 다시 나를 보지 못함이요 11 심판에 대하여라 함은 이 세상 임금이 심판을 받았음이니라 12 ⑤ 내가 아직도 너희에게 이를 것이 많으나 지금은 너희가 감당치 못하리라 13 그러하나 진리의 성령이 오시면 그가 너희를 모든 진리 가운데로 인도 하시리니 그가 자의로 말하지 않고 오직 듣는 것을 말하시며 장래 일을 너희에게 알리시리라 14 ⑤ 그가 내 영광을 나타내리니 내 것을 가지고 너희에게 알리겠음이니라 15 무릇 아버지께 있는 것은 다 내 것이라 그러므로 내가 말하기를 그가 내 것을 가지고 너희에게 알리리라 하였노라

16:1-15절

내가 떠나가는 것이 너희에게 유익이라

첫째 단원(1-6) **실족하지 않게 하려 함이라**

둘째 단원(7-15) **강림하실 성령의 사역**

16장은 다락방 강화의 마지막 부분입니다. 떠나시는 주님께서 마지막으로 강조하시는 바가 무엇인가? 16장 전체의 중심점은 "성령론"이라 할 수가 있습니다. 그러므로 성령론에 대해서 심층적으로 고찰해보아야만 합니다.

본 문단의 중심점은 "내가 떠나가는 것이 너희에게 유익이라"는데 있습니다. 도표를 보시면 이를 중심으로 주님이 떠나신 후에 "실족하지 않게 하려 함이라"(첫째 단원) 하시면서, 주님이 떠나신 후에 강림하실 "성령의 사역"(둘째 단원)이 무엇인가를 말씀하는 내용입니다.

▍첫째 단원(1-7) 떠나가는 것이 유익이라

① "내가 이것을 너희에게 이름은 너희로 실족 지 않게 하려 함이니 사람들이 너희를 출회할 뿐 아니라 때가 이르면 무릇 너희를 죽이는 자가 생각하기를 이것이 하나님을 섬기는 예라 하리라"(1-2) 하십니다. 이는 주님이 떠나신 후에 제자들이 당하게 될 박해를 가리킵니다.

㉠ "이것이 하나님을 섬기는 예라 하리라"는 뜻은, 박해자들은 그리스도인들을 출회하고, 죽이면서 하나님께 충성을 하는 줄로 생각하리라는 뜻입니다. 바울도 사울 때는 그러했기 때문에, "열심으로는 교회를 핍박했다"(빌 3:6) 하고 말했던 것입니다.

㉡ "저희가 이런 일을 할 것은 아버지와 나를 알지 못함이라 오직 너희에게 이 말을 이른 것은 너희로 그 때를 당하면 내가 너희에게 이 말한 것을 기억나게 하려 함이요 처음부터 이 말을 하지 아니한 것은 내가 너희와 함께 있었음이니라"(3-4) 하십니다.

② "지금 내가 나를 보내신 이에게로 가는데 너희 중에서 나더러 어디로 가느냐 묻는 자가 없고 도리어 내가 이 말을 하므로 너희 마음에 근심이 가득하였도다"(5-6) 하십니다. 요한복음에는 "나를 보내신 이에게로 가는데", 즉 "하나님께로부터 오셨다가 하나님께로 돌아가신다"(13:3)는 점이 강조되어 있습니다.

"묻는 자가 없다"는 뜻은 문맥적으로 볼 때에 그리스도께서 어찌하여 "떠나시지 않으면 아니 되는지, 왜 십자가를 지셔야 하는지" 그 뜻은 알려고 하지 않고 근심만 하고 있다는 그런 뜻입니다.

주님께서는 고난 당하시게 될 것을 요한복음서에서도 여러 번

예고하신 바입니다. "모세가 광야에서 뱀을 든 것 같이 인자도 들려야 하리니(3:14), 나의 가는 곳에는 너희가 오지 못하리라(8:21), 선한 목자는 양들을 위하여 목숨을 버리거니와, 이를 내게서 빼앗는 자가 있는 것이 아니라 내가 스스로 버리노라(10:11, 18), 한 알의 밀이 땅에 떨어져 죽지 아니하면, 내가 이를 위하여 이때에 왔나이다(12:24, 27), 내가 땅에서 들리면 모든 사람을 내게로 이끌겠노라"12:32), 그러나 제자들은 이 뜻을 알지도 못하고, 묻는 자도 없었다는 것입니다.

▌둘째 단원(8-15) **강림하실 성령의 사역**

③ "그러하나 내가 너희에게 실상을 말하노니 내가 떠나가는 것이 너희에게 유익이라" 하고, 떠나셔야 하는 이유를 성명하십니다.

㉠ "내가 떠나가지 아니하면 보혜사가 너희에게로 오시지 아니할 것이요 가면 내가 그를 너희에게로 보내리니"(7), 그래서 너희에게 유익이라는 것입니다. 어찌하여 그리스도가 "떠나가지 아니하면" 성령이 오시지 아니하는가? 그것은 성령께서 오시는 목적(目的), 즉 성령의 사역이 무엇인가를 안다면 분명해지는 것입니다.

성령께서는 주님께서 이루어 놓으신 구속사역, 즉 "진리의 말씀 곧 구원의 복음을" 증거하여 "듣고 그 안에서 믿어 약속의 성령으로 인치심을 받게"(엡 1:13) 하시려는 사역을 위해서 오시기 때문입니다. 그러므로 만일 주님이 떠나가시지 않으시면, 즉 십자가를 통한 구속사역을 이루어 놓치 않으신다면 성령은 오실 이유가 없으신 것입니다. 그래서 "떠나가는 것이 너희에게 유익이라" 하시는 것입니다.

이점에서 확고해야 할 점은 성령께서 증거하실 그리스도는, 산상

수훈을 말씀하신 그리스도, 표적을 행하시는 그리스도가 아니라는 점입니다. 심지어 "예수가 그리스도"라 하는 점만을 증거하러 오는 것도(마 16:20) 아니라는 것입니다. "예수가 누구신가? 그런 분이 무엇을 행해주셨는가?" 이 두 주제가 합하여 하나의 복음이요, 성령은 이를 증거하러 오시는 것입니다.

그래서 사도 바울은, "유대인은 표적을 구하고 헬라 인은 지혜를 찾으나 우리는 십자가에 못 박힌 그리스도를 전한다"(고전 1:22-23) 하고 말씀합니다. 왜냐하면 주님은 "이를 위하여 이때에 오셨으며 (12:27), 비로소 십자가상에서 "다 이루었다"(19:30) 하고 구원은 성취가 되었기 때문입니다.

하나님은 구약성경을 통해서 크게 두 가지를 약속하셨는데 첫째는 그리스도이십니다. 이 맥이 "여자의 후손…아브라함의 자손…다윗의 자손…예수 그리스도"(마 1:1)로 성취가 된 것이요, 둘째는 "나의 신을 부어주리니" 하신 성령입니다. 이점을 에스겔서에서는 "내 종 다윗이 그들의 왕이 되리니 그들에게 다 한 목자가 있을 것이라"(겔 37:24) 하는 메시아 예언과, "또 새 영을 너희 속에 두고, 또 내 신을 너희 속에 두어 내 율례를 행하게 하리니"(겔 36:26, 27) 하고, "성령"을 보내주실 것이 결부되어 있음을 보게 됩니다.

④ "그가 와서 죄에 대하여, 의에 대하여, 심판에 대하여 세상을 책망하시리라"(8) 하십니다. 8-11절은 강림하시는 성령님의 사역인데 요약하면, "죄, 의, 심판"에 관한 것이라 하십니다. ,

㉠ "죄에 대하여라 함은 저희가 나를 믿지 아니함이요"(9) 하십니다. 이점을 그리스도인들은 당연시합니다만 불신자들 입장에서는 엄청난 말씀이 되는 것입니다. "살인, 간음, 도적질"을 죄라 하시지

않고 어찌하여 예수 그리스도를 "믿지 않는 것"이 죄라 하신단 말인가? 이는 원리적인 말씀입니다.

물론 율법을 범하는 것이 죄입니다. 그런데 율법을 행함으로 구원을 얻을 수 있는 사람은 한 사람도 없습니다. 이점을 우리보다 하나님께서 더 잘 아십니다. 그래서 독생자를, "보라 세상 죄를 지고 가는 하나님의 어린양"(1:29)으로 보내주신 것입니다. 이런 맥락에서 "죄에 대하여라 함은 저희가 나를 믿지 아니함이요" 하는 논리가 성립이 되는 것입니다.

다시 말씀 드립니다만 신자(信者)들이 자기 의로 인하여 구원 얻는 것이 아니듯이, 불신자(不信者)들도 죄 때문에 멸망하는 것이 아니라, 대속제물이 되어주신 그리스도를 믿지 않기 때문에 멸망을 하게 된다는 말씀입니다. 그러므로 성령이 오시면 먼저 불신앙을 책망하신다는 것입니다.

ㄴ "의에 대하여라 함은 내가 아버지께로 가니 너희가 다시 나를 보지 못함이요"(10) 하고, "의와, 아버지께로 감"을 결부시켜 말씀하십니다. 그렇다면 이 "의"는, "예수는 우리 범죄함을 위하여 내어줌이 되고 또한 우리를 의롭다 하심을 위하여 살아나셨느니라"(롬 4:25) 한 "의롭다 함", 즉 칭의가 되는 것입니다. 죄는 "피 흘림이 없은즉 사유함이 없느니라" 함과 같이 주님의 죽으심으로 대속이 되었고, 우리가 하나님 앞에 의롭다 함을 얻었다는 것이 그의 살으심(아버지께로 가심)으로 증명이 되었다는 것입니다.

ㄷ "심판에 대하여라 함은 이 세상 임금이 심판을 받았음이니라"(11) 하십니다. "심판과, 이 세상 임금"이 결부되어 있는데, 주님의 죽으시고 다시 사신 십자가 사건은 창세기에서 선언하신, "여자의 후손은 네 머리를 상하게 할 것이요 너는 그의 발꿈치를 상하게 할

것이니라"(창 3:15) 하신 원복음의 성취였던 것입니다. 그러므로 주님의 부활은 사망의 권세를 잡은 사탄의 머리를 상하게 한 "심판"이었던 것입니다.

성령이 오시면 "죄에 대하여, 의에 대하여, 심판에 대하여" 세상을 책망하시리라 하신다면, 바로 이 세 가지 주제가 전도자(설교자)가 증거해야 할 핵심적인 주제라는 것이 됩니다. 사도행전 1장에서 주님은 승천을 하시고, 2장에서 약속하신 대로 성령은 강림하셨는데 즉시 사도들의 입을 통하여, "죄에 대하여, 의에 대하여, 심판에 대하여" 책망을 하자, "저희가 이 말을 듣고 마음에 찔려 베드로와 다른 사도들에게 물어 가로되 형제들아 우리가 어찌 할꼬"(행 2:37) 하는 회개의 역사가 일어났던 것입니다.

참으로 성 삼위 하나님께서 하시는 일은 기이(奇異)하여 인간으로는 측량할 길이 없습니다. 왜냐하면 하나님의 아들 그리스도께서 저들에게 친히 말씀하셨을 때에는, "많은 사람이 말하되 저가 귀신들려 미쳤거늘 어찌하여 그 말을 듣느냐"(10:20) 한 저들이었습니다. 그런데 어부 베드로의 설교를 듣고는 "이 날에 제자의 수가 3천이나 더하더라"(행 2:41) 합니다.

다시 강조합니다만, 성령께서 형제에게 임하셔서 증거케 하심은, "죄에 대하여, 의에 대하여, 심판에 대하여" 세상을 책망하신다는 점을 명심하시기를 바랍니다. 긍정적인 사고방식에 대해서가 아닙니다. 꿈은 이루어진다는 말이나, 삼박자 축복에 대해서가 아닙니다. 그러므로 사도 바울은, "누가 철학과 헛된 속임수로 너희를 노략할까 주의하라 이것이 사람의 유전과 세상의 초등 학문을 좇음이요 그리스도를 좇음이 아니니라"(골 2:8) 하십니다.

⑤ "내가 아직도 너희에게 이를 것이 많으나 지금은 너희가 감당치 못하리라 그러하나 진리의 성령이 오시면 그가 너희를 모든 진리 가운데로 인도 하시리니 그가 자의로 말하지 않고 오직 듣는 것을 말하시며 장래 일을 너희에게 알리시리라"(12-13),

"지금은 너희가 감당치 못하리라" 하십니다. 그러므로 주님 당시의 사람들에 비해 성령이 강림하신 (신약성경이 완성된) 이후를 살아가는 우리들은 보다 많은 신(神)지식을 가지고 있다 말할 수가 있습니다. 그래서 "성령론"에 대해서 좀 더 말씀을 드리려고 합니다. 이는 성령에 대한 잘 못된 인식 때문입니다.

성령의 사역을 논할 때에 대부분 사도행전에 근거하여 말씀합니다만, 사도행전은 글자 그대로 교회의 터를 놓은(엡2: 20) 사도들의 행적이라는 특수성이 고려되어야 하는 것입니다. 우리는 사도들이 아니며 또한 사도 직은 계승되는 것이 아닙니다. 이 역사성을 무시하고 오늘의 우리에게 곧 바로 적용시킴으로 성령의 사역을 곡해하게 되는 것입니다.

성령론은 성경 전체로 볼 때에도 다락방 강화를 통해서 가장 자세하게 계시되어 있습니다. 왜냐하면 그리스도와 성령 간의 임무교대(任務交代)가 이루어지는 시점(時點)이기 때문입니다. 성령님은 어떠한 분이신가? 성령님은 왜 오셨는가? 성령님은 어떻게 역사하시는가? 성령님이 우리와 함께, 우리 속에 내주하심 어떻게 가능하여졌는가 등에 관해서 이곳보다 더 자세하게 말씀하신 곳은 아무 데도 없습니다.

㉠ 성령님은 하나님의 깊은 것이라도 통달(고전 2:10)하시는 지성(知性)을 가지셨습니다. 성령님은 "사랑(롬 15:30)하시고, "근심" 하시며(엡 4:30), "탄식"하시는(롬 8:26) 정서를 가지셨습니다. 또한

성령님은 "뜻대로" 역사하시는(고전 12:11) 의지력을 가지고 계십니다. 이처럼 성령님은 지, 정, 의적인 인격체이신 하나님이십니다.

㉡ 다음으로 그 성령님은 주님께서 떠나가셔야, 즉 십자가에 죽으시고 부활 승천하셔야만 오신다고 말씀합니다. 이는 구원계획에 있어서 성삼위 하나님 간에 역할의 분담이 있었음을 의미합니다. 하나님께서는 구원계획을 수립하셨으며, 예수 그리스도께서는 성부의 뜻에 순종하여 이를 성취하셨고, 성령님은 주께서 성취하신 구원을 각 사람들에게 적용시키는 역할을 담당하고 계시는 것입니다. 그러므로 주님께서 구속사역을 완수하시지 않는다면 성령님은 오시지 않았을 것입니다. 오실 이유도 없으신 것입니다.

㉢ 그렇다면 성령님은 왜 오시는가? 이에 대해 주님은 분명하게 "성령이 오실 때에 그가 나를 증거하실 것이요"(15:26) 하고 말씀하십니다. 이것이 성령님의 주 사역이십니다. 증거하신다는 말씀 속에는 "예수 믿게 하는 일"(고전 12:3), "거듭나게 하는 일"(3:5), "성화와 영화롭게 하는 일"(롬 8:13, 11) 등이 다 포함되어 있습니다.

주님은 십자가상에서, "다 이루었다" 하고 선언하셨습니다. 그런데 이 엄청난 진리를 인간의 지혜로 알 수가 있단 말인가? 그래서 주님은 "예루살렘을 떠나지 말고 내게 들은바 아버지의 약속하신 것을 기다리라"(행 1:4) 분부하신 것입니다. 그리고 주님은 사도행전 1장에서 승천하시고 성령은 2장에서 강림하심으로 임무교대가 이루어진 것입니다.

그러므로 "성령으로 아니하고는 누구든지 예수를 주시라 할 수 없느니라"(고전 12:3) 하고 말씀하십니다. 다시 말씀 드리면 성령이 역사해 주시지 않는다면 예수 믿을 자가 없다는 뜻입니다.

㉣ 그렇다면 성령님은 이 사역을 어떻게 수행하실까요? 성령 강림장인 사도행전 2장에서 그 방도를 볼 수가 있습니다. 2장에는 성령이 강림하셔서 최초로 그리스도를 증거하신 기사가 나옵니다.

㉮ 성령은 120명 제자들에게 임하셨습니다.

㉯ 성령이 충만한 베드로는 "이는 곧 선지자 요엘로 말씀하신 것이니(2:16), 다윗이 저를 가리켜 가로되"(2:25) 하고, 기록된 성경을 들어 논증을 하면서 결론을 맺기를, "그런즉 이스라엘 온 집이 정녕 알지니 너희가 십자가에 못 박은 이 예수를 하나님이 주와 그리스도가 되게 하셨느니라"(2:36) 하고 증거하자,

㉰ "저희가 이 말을 듣고 마음에 찔려…형제들아 우리가 어찌할꼬" 하는 회개운동이 일어난 것입니다. 이것이 강림하신 성령께서 복음을 증거하는 방도입니다. 그러므로 성령님은 그리스도인들 속에 내주하셔서, 기록된 성경을 들어서 그리스도께서 이에 성취자로 오셨음을 입증함으로 증거하는 것입니다.

그래서 주님은 성령을 "진리의 영"이라고 부르시는 것입니다. 14:17절에서도, "저는 진리의 영이라" 하시고, 15:26절에서도 "진리의 성령이 오실 때에" 하시고, 16:13절에서도 "그러나 진리의 성령이 오시면" 하십니다. 이것은 대단히 중요한 요점입니다. "진리의 영"이라 하심은 분명히 가르치는 사역과 관계되는 말씀입니다.

성령 하면 즉각적으로 능력, 불, 기사와 이적을 연상하는데, 성령의 사역은 "진리의 영"으로서 역사하십니다. 16:13절에서 "진리의 성령이 오시면 그가 너희를 모든 진리 가운데로 인도 하시리니" 하십니다. 14:26절에서 "아버지께서 내 이름으로 보내실 성령 그가 너희에게 모든 것을 가르치시고 내가 너희에게 말한 모든 것을 생각나게 하시리니" 하십니다.

㉤ 그렇다면 성령님은 어떤 방식으로 진리를 가르치시고 생각나게 하시며 인도하실까요? 주님께서는 승천하시면서 교회에다 "그가 혹은 사도로 혹은 선지자로 혹은 복음 전하는 자로 혹은 목사와 교사로 주셨으니"(엡 4:11) 합니다. 이들이 가르치는 사역자들입니다. 성령님은 이들과 함께 계시고, 또 그들 속에 내주하셔서 가르치는 사역을 감당케 하시는 것입니다.

사도 바울은 골로새서 1장에서 "우리가 그를 전파하여 각 사람을 권하고 모든 지혜로 각 사람을 가르침은 각 사람을 그리스도 안에서 완전한 자로 세우려 함이니" 하고 말씀하면서 이런 사역을 자신의 힘으로 하는 것이 아니라, "이를 위하여 나도 내 속에서 능력으로 역사하시는 이의 역사를 따라 힘을 다하여 수고하노라"(골 1:28-29) 하고, 성령님과 동역하고 있다고 말씀합니다.

또 에베소서 1:17절에서 "우리 주 예수 그리스도의 하나님 영광의 아버지께서 지혜와 계시의 영(정신)을 너희에게 주사 하나님을 알게 하시고"하고 기도합니다. 성령님께서 지혜와 계시의 영으로 성도들에게 임하셔서 신령한 것을 깨닫게 하십니다. 설교를 듣거나, 성경을 읽을 때에 처음에는 무슨 말씀인지 깨닫지 못하다가 어느 날 귀가 열리어 마음에 와 닿기 시작합니다. 지혜와 계시의 영이 임하신 것입니다. 성령님의 감동하심과 조명하심이 없이는 하나님도, 예수 그리스도도 알지를 못합니다.

㉥ 또한 성령님의 사역 중에는 능력을 행하시는 역사가 있습니다. "능력" 중에 최대의 능력이 무엇인지 아십니까? "이 복음은 모든 믿는 자에게 구원을 주시는 하나님의 능력이 됨이라"(롬 1:16) 한, "구원의 능력"입니다.

에베소서 1장을 보십시오. "그의 힘의 강력(强力)으로 역사하심을 따라 믿는 우리에게 베푸신 능력(能力)의 지극히 크심이 어떠한 것을 너희로 알게 하시기를 구하노라"(엡 1:19) 합니다. 그래도 실감을 못할 것을 알고 "그 능력이 그리스도 안에서 역사하사 죽은 자들 가운데서 다시 살리시고"(엡 1:20) 하고, "허물과 죄로 죽었던" 우리를 살려주신 능력과 그리스도를 죽은 자 가운데서 다시 살리신 능력이 동일한 능력이라고 말씀합니다. 이것이 성령의 능력입니다.

그러므로 구원에 이르는 능력은 기사와 이적에서 나지 않습니다. 그리스도의 말씀을 들을 때에 성령님이 역사하셔서 그에게 깨달음을 주시고(지성) 그에 대한 믿음을 주시고(감성) 순종의 삶(의지)을 살게 하시는 '지, 정, 의'적인 신앙인격인이 되게 하십니다.

㉦ 성령이 성도들에게 내주(內住)하시는 것이 어떻게 가능하여졌는가? 한마디로 그리스도의 구속으로 말미암아 의롭다함을 얻었기 때문입니다. 구약시대에도 성령의 역사는 있었으나 특수한 사람들에게 임시적이었습니다. 그런데 "너희 속에 계시겠음이라, 영원토록 너희와 함께 하시리니"(14:16, 17)가 가능해진 것은 "그리스도 예수 안에 있는 구속으로 말미암아 하나님의 은혜로 값없이 의롭다 하심을 얻은 자"(롬 3:24) 되었기 때문에, "너희 몸은 너희가 하나님께로부터 받은바 너희 가운데 계신 성령의 전"(고전 6:19, 20)이 되는 것이 가능하여진 것입니다.

⑥ "그가 내 영광을 나타내리니 내 것을 가지고 너희에게 알리겠음이니라"(14), 이는 성령론에 대한 결론적인 말씀인데, 아들은 아버지를 영화롭게 하시고(12:28, 17:4), 성령께서는 성자의 영광을 나타내신다는데 삼위일체 하나님의 영광스러운 사역을 엿볼 수가 있습니다.

㉠ "그가 내 영광을 나타내리니" 하신 것은 성령의 사역이,

"그리스도의 영광의 복음의 광채를 비취게 하는"(고후 4:4) 사역임을 가리킵니다. "오직 하나님께로 온 영을 받았으니 이는 우리로 하여금 하나님께서 우리에게 은혜로 주신 것들을 알게 하려 하심이라"(고전 2:12), 성령께서 깨닫게 해주셔야만 알 수가 있는 것입니다.

"내 것을 가지고"라 하심은 주님께서 죽으시고 다시 사심을 통해서 이루어 놓으신 복음을 가리킵니다. 이 복음은 성령이 이루신 것이 아니라 주님이 이루어 놓으신 "아들의 복음"(롬 1:9)입니다. 그래서 "내 것을 가지고 너희에게 알리겠음이니라" 하시는 것입니다.

ⓛ "무릇 아버지께 있는 것은 다 내 것이라 그러므로 내가 말하기를 그가 내 것을 가지고 너희에게 알리리라 하였노라"(15) 하십니다. 성령님은 그리스도인들 속에 내주하셔서 가르치는 일, 복음 증거하는 일, 하나님께 영광을 돌리는 일을 하십니다. 성령께서는 형제를 통해서 그리스도의 "영광을 나타내시고, 성부 하나님께 영광을 돌리시기를" 원하고 계시는 것입니다.

묵상해 봅시다.

1. 떠나가는 것이 유익이라 에 대해서,
2. 성령이 오시는 목적과 사역에 대해서,
3. 성령이 그리스도의 영광을 나타내는 방도에 대해서.

요한복음 16:16-33절 개관도표

주제:담대 하라 내가 세상을 이기었노라

조금 있으면 나를 보리라	16-24 16 ① **조금 있으면 너희가 나를 보지 못하겠고** **또 조금 있으면 나를 보리라** 하신대 17 제자 중에서 서로 말하되 우리에게 말씀하신바 조금 있으면 나를 보지 못하겠고 또 조금 있으면 나를 보리라 하시며 또 내가 아버지께로 감이라 하신 것이 무슨 말씀이뇨 하고 18 또 말하되 조금 있으면 이라 한 말씀이 무슨 말씀이뇨 무엇을 말씀하시는지 알지 못하노라 하거늘 19 예수께서 그 묻고자 함을 아시고 가라사대 내 말이 조금 있으면 나를 보지 못하겠고 또 조금 있으면 나를 보리라 하므로 서로 문의하느냐 20 ② **내가 진실로 진실로 너희에게 이르노니** 너희는 곡하고 애통하리니 세상이 기뻐하리라 너희는 근심하겠으나 **너희 근심이 도리어 기쁨이 되리라** 21 여자가 해산하게 되면 그 때가 이르렀으므로 근심하나 아이를 낳으면 세상에 사람 난 기쁨을 인하여 그 고통을 다시 기억지 아니하느니라 22 ③ 지금은 너희가 근심하나 내가 다시 너희를 보리니 **너희 마음이 기쁠 것이요** **너희 기쁨을 빼앗을 자가 없느니라** 23 그 날에는 너희가 아무 것도 내게 묻지 아니하리라 **내가 진실로 진실로 너희에게 이르노니** 너희가 무엇이든지 아버지께 구하는 것을 내 이름으로 주시리라 24 ④ 지금까지는 너희가 내 이름으로 아무 것도 구하지 아니하였으나 구하라 **그리하면 받으리니 너희 기쁨이 충만하리라**
다시 아버지께로 가노라	25-33 25 ⑤ 이것을 비사로 너희에게 일렀거니와 때가 이르면 다시 비사로 너희에게 이르지 않고 아버지에 대한 것을 밝히 이르리라 26 **그 날에 너희가 내 이름으로 구할 것이요** 내가 너희를 위하여 아버지께 구하겠다 하는 말이 아니니 27 이는 너희가 나를 사랑하고 또 나를 하나님께로 서 온 줄 믿은 고로 아버지께서 친히 너희를 사랑하심이니라 28 ⑥ 내가 아버지께로 나와서 세상에 왔고 다시 **세상을 떠나 아버지께로 가노라** 하시니 29 제자들이 말하되 지금은 밝히 말씀하시고 아무 비사도 하지 아니하시니 30 우리가 지금에야 주께서 모든 것을 아시고 또 사람의 물음을 기다리시지 않는 줄 아나이다 이로써 하나님께로 서 나오심을 **우리가 믿삽나이다** 31 예수께서 대답하시되 이제는 너희가 믿느냐 32 ⑦ 보라 너희가 다 각각 제 곳으로 흩어지고 나를 혼자 둘 때가 오나니 벌써 왔도다 그러나 내가 혼자 있는 것이 아니라 아버지께서 나와 함께 계시느니라 33 이것을 너희에게 이름은 너희로 내 안에서 평안을 누리게 하려 함이라 **세상에서는 너희가 환난을 당하나** **담대 하라 내가 세상을 이기었노라** **하시니라**

16:16-33절

환난을 당하나 담대 하라 내가 이기었노라

첫째 단원(16-24) **조금 있으면 나를 보리라**
둘째 단원(25-33) **다시 아버지께로 가노라**

본 문단은 다락방 강화의 결론 부분입니다. 그래서 "조금 있으면"이라는 말이 7번이나 등장합니다. 조금 있으면 너희가 나를 보지 못하게 되었다가, 조금 있으면 나를 보리라 하십니다. 그러므로 중심점은 "환난을 당하나 담대하라 내가 세상을 이기었노라"는 말씀에 있습니다. 도표를 보시면 "내가 세상을 이기었노라"를 중심으로 "조금 있으면 나를 보리라"(첫째 단원) 하시면서, "다시 아버지께로 가노라"(둘째 단원) 하십니다.

❙ 첫째 단원(16-24) 조금 있으면 나를 보리라

① "조금 있으면 너희가 나를 보지 못하겠고 또 조금 있으면 나를 보리라 하신대 제자 중에서 서로 말하되 우리에게 말씀하신바 조금 있으면 나를 보지 못하겠고 또 조금 있으면 나를 보리라 하시며 또 내가 아버지께로 감이라 하신 것이 무슨 말씀이뇨 하고 또 말하되 조금 있으면 이라한 말씀이 무슨 말씀이뇨 무엇을 말씀하시는지 알지 못하노라 하거늘"(16-18),

㉠ "예수께서 그 묻고자 함을 아시고 가라사대 내 말이 조금 있으면 나를 보지 못하겠고 또 조금 있으면 나를 보리라 하므로 서로 문의하느냐"(19), 이처럼 "조금 있으면" 하는 말이 빈번하게 등장한다는 것은 수난의 때가 초읽기에 들어갔음을 의미합니다. 그럼에도 불구하고 본문에 의하면 그리스도에 대한 제자들의 인식과 믿음이 아직도 확고하지 못함을 말해줍니다.

② "내가 진실로 진실로 너희에게 이르노니 너희는 곡하고 애통하리니 세상이 기뻐하리라"(20상), 이는 주님께서 말씀하신 23번째 "진실로 진실로"입니다. "너희는 곡하고 애통하리니 세상이 기뻐하리라" 하심은 주님의 죽으심을 가리키는 것이 분명합니다.

㉠ 그러나 "너희는 근심하겠으나 너희 근심이 도리어 기쁨이 되리라 여자가 해산하게 되면 그 때가 이르렀으므로 근심하나 아이를 낳으면 세상에 사람 난 기쁨을 인하여 그 고통을 다시 기억지 아니하느니라"(20하-21) 하십니다.

주님께서는 당하실 고난을 "해산"(解産)의 고통에 비유하시는데 그리스도께서 당하실 십자가 고난은 진실로, "우리로 한 첫 열매가 되게 하시려고 자기의 뜻을 좇아 진리의 말씀으로 우리를 낳으셨느니라"(약 1:18) 한 해산의 고통이었던 것입니다. 요한계시록에서도, "여자가 아이를 배어 해산하게 되매 아파서 애써 부르짖더라"(계 12:2) 하고, 그리스도의 초림 사건도 해산의 고통을 통해서 되여 졌다고 말씀합니다.

"너희 근심이 도리어 기쁨이 되리라" 하시는 것은 죽은 자 가운데서 다시 살아나실 것을 가리킴이 분명합니다. 제자들이 근심한 것이 무엇인가? 주님께서 십자가에 달리시게 된다는 것입니다. 그런데 그 "십자가"가 도리어 기쁨이 되리라는 말씀입니다. 하나님은 악을 선으로 바꾸시는 분이십니다. 이 말씀은 우리에게 위로와 격려가 됩니다.

③ 그래서 "지금은 너희가 근심하나 내가 다시 너희를 보리니 너희 마음이 기쁠 것이요 너희 기쁨을 빼앗을 자가 없느니라"(22) 하십니다. 누가복음 24:41절에 의하면, "저희가 너무 기쁘므로 오히려 믿지 못하고 기이히 여겼다" 합니다.

㉠ "그 날에는 너희가 아무 것도 내게 묻지 아니하리라" 하심은, 지금 의구심을 갖고 근심하는 모든 일들이 밝히 깨닫게 되고 해답을 얻게 되리라는 뜻입니다. "죽은 자 가운데서 살아나신 후에야 제자들이 이 말씀하신 것을 기억하고 성경과 및 예수의 하신 말씀을 믿었더라"(2:22) 합니다.

④ 그리고 또다시, "내가 진실로 진실로 너희에게 이르노니 너희가 무엇이든지 아버지께 구하는 것을 내 이름으로 주시리라"(23) 하고, 기도의 특권을 주고 가실 것을 말씀하십니다.

㉠ "지금까지는 너희가 내 이름으로 아무 것도 구하지 아니하였

으나 구하라 그리하면 받으리니 너희 기쁨이 충만하리라"(24) 하십니다. "내 이름으로" 라는 말이 거듭 강조되어 있습니다. 떠나시는 주님은 제자들에게 자신의 거룩하신 "이름"을 주고 가셨습니다.

성령을 보내주실 것을 14:16절, 15:26절, 16:7절을 통해서 약속하셨듯이, 주님의 거룩하신 이름을 위임(기도의 특권)하여 주실 것도 14:13절, 15:16절, 16:24절에 반복적으로 강조되어 있습니다.

㉮ "또 다른 보혜사 성령을 보내주리라",

㉯ "내 이름으로 구하라 그러면 주시리라", 이것이 다락방 강화의 중심적인 두 주제입니다.

출애굽 당시 하나님께서는 모세에게 자신의 이름을 비로소 계시(출 3:15) 해주시면서, "내가 아브라함과 이삭과 야곱에게 전능의 하나님으로 나타났으나 나의 이름을 여호와로는 그들에게 알리지 아니하였다"(출 6:3) 하고 말씀하셨습니다. 그 때로부터 이스라엘은 "여호와 하나님"의 백성으로 불려졌습니다. 그들은 이것을 큰 명예로 여겼습니다 그러나 그들은 그 이름에 합당한 삶을 살지를 못했던 것입니다.

㉡ 이제는 신약의 성도들이, "그리스도인이라 일컬음을 받게"(행 11:26) 된 것입니다. 성도들이 자신에게 "그리스도인"이라는 이름이 붙어있다는 점을 망각하지 않는다는 점은 중요한 요점입니다. 그러므로 우리에게 위임(委任)하여 주신 이름을 어떻게 합당하게 사용해야 하는가에 관해서 정리해 보도록 하겠습니다.

㉮ 첫째로, 위임하여 주신 이름은, "너희가 내 이름으로 무엇을 구하든지 내가 시행하리니"(14:13) 하고 "기도"할 때 사용하라 하십니다. 15:16절에서도, "내 이름으로 아버지께 무엇을 구하든지 다

받게 하려 함이니라" 하고 말씀하시고, 16:24절에서도 "지금까지는 너희가 내 이름으로 아무것도 구하지 아니하였으나 구하라 그리하면 받으리니" 하고, 주님의 이름으로 기도하라고 말씀하십니다. 주님의 이름을 위임하여 주신 것은, "하나님 보좌 앞"에 들어갈 때에 무사 통과하는 출입증과 같은 증표로 사용하라고 주신 것입니다.

그런데 주님의 이름으로 기도한다는 것은 의미도 모르면서 주문 외우듯 이름만 붙이면 된다는 뜻이 아닙니다. 나 같은 죄인이 하나님 보좌 앞에 들어가는 것이 어떻게 가능하여졌는가를 묵상하며 고백함을 의미합니다. 성경은 "우리가 예수의 피를 힘입어 성소에 들어갈 담력을 얻었나니(히 10:19), 그러므로 우리가 긍휼하심을 받고 때를 따라 돕는 은혜를 얻기 위하여 은혜의 보좌 앞에 담대히 나아갈 것이니라"(히 4:16) 하고 말씀합니다. 이것이 예수 그리스도의 이름으로 구하라 하신 의미입니다.

㉯ 둘째로, 주님의 이름으로 하나님께 기도한다는 것은 주님께서 기도하시는 것과 같은 효력이 있음을 의미합니다. 대인 관계에 있어서도 위임장(委任狀) 제도가 있습니다. 그것은 본인이 직접 나서지 않더라도 본인과 꼭같은 자격으로 행사하고 있음을 증명해 주는 것입니다. 주님은 승천하시면서 인감도장이 찍혀있는 위임장을 주고 가신 셈입니다.

이점이 "지금까지는 너희가 내 이름으로 아무것도 구하지 아니하였으나"(24) 하신 말씀에 나타납니다. 왜냐하면 주님께서 보혜사가 되시어서 곁에 계시는데, 주님의 이름으로 구할 필요가 없었기 때문입니다. 그러나 이제 주님께서 제자들의 곁을 떠나시고자 합니다. 그래서 "그 날에 너희가 내 이름으로 구할 것이요, 내가 너희를 위하여 아버지께 구하겠다는 말이 아니니"(16:26) 하십니다.

이처럼 기도는 자신의 공로나 자격으로가 아니라 위임하여 주신 예수 그리스도의 이름으로, 다시 말하면 십자가 공로를 힘입어 하나님과 교제하는 성도들의 최고의 특권인 것입니다. 벧엘에서 야곱에게 계시하신, "오르락 내리락" 하던 꿈이 예수 그리스도께서 중보의 사닥다리가 되어 주심으로 성취가 된 것입니다.

㉰ 셋째로, 위임하여 주신 주님의 이름의 사용목적입니다. 14:13절을 보면, "이는" 하고 설명이 나오는데, "아버지로 하여금 아들을 인하여 영광(榮光)을 얻으시게 함이니라" 하고 말씀하십니다. 한마디로 위임하여 주신 주님의 이름은 하나님의 영광을 위하여 사용하라는 말씀입니다. 이것은 주님께서 "내가 이를 위하여 이때에 왔나이다 아버지여 아버지의 이름을 영광스럽게 하옵소서"(12:27-28) 하신 기도와 부합합니다. 그러므로 주님의 이름을 "정욕으로 쓰려고 잘못"(약 4:3) 사용해서는 안 된다는 점입니다.

그러므로 그리스도인이란 인생의 목적(目的)이 바뀐 사람들입니다. "우리 중에 누구든지 자기를 위하여 사는 자가 없고 자기를 위하여 죽는 자도 없도다 우리가 살아도 주를 위하여 살고 죽어도 주를 위하여 죽나니 그러므로 사나 죽으나 우리가 주의 것이로다"(롬 14:7-8) 하고 말씀합니다. "우리 중에"는 자기를 위하여 살거나 자기를 위하여 죽는 그런 자기 중심적인 사람은 없다는 것입니다. 만일 있다면 그는 자신이 값으로 사신바 된 주의 소유라는 복음을 모르는 사람이니 진정한 의미에서 그리스도인이 아니라는 뜻이 됩니다.

이처럼 인생의 목적이 바뀐 그리스도인이라면, 기도의 목적도 이에 합당하게 사용되어야 마땅한 것입니다. 바울 사도는 "내가 어렸을 때에는 말하는 것이 어린아이와 같고 깨닫는 것이 어린아이와 같고 생각하는 것이 어린아이와 같다가 장성한 사람이 되어서는 어린아이의 일을 버렸노라"(고전 13:11) 합니다. 그렇다면 어린아이와 같은 우리의 기도도 변화되어야 하지 않겠습니까? 기도가 변화되어야만 그의 인생관, 가치관이 바뀌고 삶이 변화될 수가 있는 것입니다.

㉣ 그러므로 넷째는, 주님의 이름을 위임 받았다는 것은 크나큰 특권임에 틀림이 없습니다만, 동시에 막중한 책임이 뒤따른다는 점을 잊지 말아야 합니다. 왜냐하면 주님의 이름이 우리로 인하여 영광을 받으실 수도 있고, 모독을 받으시게 할 수도 있기(롬 2:24) 때문입니다.

그와 같은 예가 성경에는 많이 있습니다. 대표적인 예가 욥입니다. 하나님께서는 자신의 명예를 걸고 욥을 사탄에게 자랑을 하셨던 것입니다. 욥이 사탄의 주장대로 하나님을 대면하여 욕하였다면 그에게 거셨던 하나님의 이름은 모독을 받으셨을 것이 분명합니다. 그런데 욥은 극한적인 시련 중에서도, "여호와의 이름이 찬송을 받으실 지니이다 하고 이 모든 일에 욥이 범죄하지 아니하고 하나님을 향하여 어리석게 원망하지 아니하니라"(욥 1:21-22) 합니다. 욥을 통해서 하나님의 이름이 영광을 받으셨던 것입니다.

다윗의 경우에는 양면이 다 나타납니다. 그가 골리앗을 향하여 "너는 칼과 창과 단창으로 내게 오거니와 나는 만군의 여호와의 이름 곧 네가 모욕하는 이스라엘 군대의 하나님의 이름으로 네게 가노라" 하고 골리앗을 이겼을 때에는, 그 이름이 영광을 얻으셨으나(삼상 17:45), 우리야의 아내의 사건을 통해서는, "이 일로 인하여 여호와의 원수로 크게 훼방할 거리를 얻게 한"(삼하 12:14) 모독을 받으시게 했던 것입니다.

그러므로 비천한 인간의 이름도 아무에게나 위임해 주는 것이 아닌데 하물며 주님의 이름이겠습니까? 이는 주님께서 우리를 믿으시기 때문에 그 존귀하신 이름을 맡겨 주신 것입니다. 그 후에 사도들은 위임하여 주신 주님의 이름을 어떻게 사용하였는가?

베드로는 구걸하는 앉은뱅이에게, "은과 금은 내게 없거니와 내게 있는 것으로 네게 주노니 곧 예수 그리스도의 이름으로 걸으라"(행 3:6) 하고 명령합니다. 또한 그들이 핍박을 받았을 때에도 "사도들이 그 이름을 위하여 능욕 받는 일에 합당한 자로 여김을 기뻐하면서 공회 앞을 떠나니라"(행 5:41) 하고 증언합니다.

그렇다면 우리는 승천하시면서 위임하여 주고 가신 주의 이름이 우리로 인하여 거룩하게 여기심을 받게 하고 있는가? 아니면 모독을 받게 하고 있는 것은 아닌지 심각하게 고민해야 할 것입니다. 주님의 영광과, 나의 이해가 상치되었을 경우 형제는 어느 편을 택했습니까? 순간 순간 직면하게 되는 삶의 현장에서 주님의 명예를 위할 것인가? 나의 유익을 위할 것인가? "육신의 소욕과, 성령의 소욕"은 서로 충돌하게 됩니다.

그러므로 "아버지의 이름이 거룩히 여김을 받으시오며"의 삶은 우리 힘만으로는 불가능한 것입니다. 그래서 "이와 같이 성령도 우리 연약함을 도우시나니"(롬 8:26) 하고 말씀하십니다. 그런데 이에 대해서는 구하지 않고, 마음 아파하지도 않은 채 자신의 축복만을 위하여 밤을 새워 부르짖고 있지는 아니합니까?

▌둘째 단원(25-33) **다시 아버지께로 가노라**

⑤ "이것을 비사로 너희에게 일렀거니와 때가 이르면 다시 비사로

너희에게 이르지 않고 아버지에 대한 것을 밝히 이르리라"(25) 하십니다. "밝히 이르리라" 하시는데, 복음은 주님의 죽으시고 다시 사심을 통해서 밝히 "성도들에게 나타나고(골 1:26), 생명과 썩지 아니할 것을 드러내신"(딤후 1:10) 것입니다. 그래서 "밝히 이르리라" 하시는 것입니다.

㉠ "그 날에 너희가 내 이름으로 구할 것이요 내가 너희를 위하여 아버지께 구하겠다 하는 말이 아니니"(26) 하고 "그 날에", 즉 주님은 승천하시고 성령이 강림하신 이후에 기도를 통해서 교통하게 될 것을 약속하십니다.

㉡ 이점이 "이는 너희가 나를 사랑하고 또 나를 하나님께로서 온 줄 믿은 고로 아버지께서 친히 너희를 사랑하심이니라"(27) 하는 위로와 격려의 말씀에 나타납니다. 기도의 특권은 아무에게나 주어지는 것이 아니라 "주님을 믿고, 사랑하는" 자에게 주어진다는 말씀입니다.

⑥ "내가 아버지께로 나와서 세상에 왔고 다시 세상을 떠나 아버지께로 가노라 하시니"(28), 이 한 절 안에는 우리가 믿어야 할 요소들이 함축이 되어 있는데,

㉠ "아버지께로 서 나와서", 이는 그리스도의 선재적인 신성(神性)을 나타내고,

㉡ "세상에 왔고", 이는 말씀이 육신이 되어 오신 인성(人性)을 가리키고,

㉢ "다시 세상을 떠나 아버지께로 가노라"는 말씀은 죽으시고 다시 사신 구속사역(救贖使役)을 말씀함입니다. 이를 믿는 자만이 기도로 하나님과 교제와 교통을 할 수가 있는 것입니다.

“제자들이 말하되 지금은 밝히 말씀하시고 아무 비사도 하지 아니하시니 우리가 지금에야 주께서 모든 것을 아시고 또 사람의 물음을 기다리시지 않는 줄 아나이다 이로써 하나님께로 서 나오심을 우리가 믿삽나이다”(29-30) 합니다. 제자들은 “지금에야 아나이다, 믿삽나이다” 하고 말합니다.

⑦ 그러나 “예수께서 대답하시되 이제는 너희가 믿느냐 보라 너희가 다 각각 제 곳으로 흩어지고 나를 혼자 둘 때가 오나니 벌써 왔도다”(31-32상) 하고 저들의 “아나이다, 믿삽나이다” 하는 앎과 믿음이란 것이 얼마나 연약하고 불충분한가를 지적하십니다. 이는 곧 우리들의 연약함과 불충분성이기도 합니다.

㉠ “그러나 내가 혼자 있는 것이 아니라 아버지께서 나와 함께 계시느니라”(32하), 즉 “다 각각 제 곳으로 흩어져” 주님을 혼자 둘 때가 오지만 그럴 경우도 혼자 있는 것이 아니라 “아버지께서 나와 함께 계시느니라” 하십니다.

이렇게 말씀하시는 주님께서는, “볼지어다 내가 세상 끝날까지 너희와 항상 함께 있으리라”(마 28:20) 하십니다. 우리는 혹시 주님을 떠나는 경우가 있고, 세상 친구는 나를 버릴지라도 주님만은 떠나시지 않는다는 말씀입니다. 그렇습니다. “내가 처음 변명할 때에 나와 함께 한 자가 하나도 없고 다 나를 버렸으나, 주께서 내 곁에 계셔 나를 강건케 하심은”(딤후 4:16-17) 하고, 주님만은 떠나시지 않았노라고 사도 바울은 마지막 서신에서 증언합니다.

㉡ “이것을 너희에게 이름은 너희로 내 안에서 평안을 누리게 하려 함이라 세상에서는 너희가 환난을 당하나 담대하라 내가 세상을 이기었노라”(33), 이것이 다락방 강화에 있어서 주님의 마지막 말씀

입니다.

"세상에서는 너희가 환난을 당하나", 주님의 이름이 걸려 있는 자에게는 한가지 더 주어지는 것이 있는데 그것은 환난이라는 것입니다. "너희는 세상에 속한 자가 아니요 도리어 세상에서 나의 택함을 입은 자인 고로 세상이 너희를 미워하느니라, 나를 핍박하였은즉 너희도 핍박할 터이요"(15:19, 20) 하고, 주님을 따르는 자들이 주의 이름을 인하여 박해를 당할 것을 말씀하십니다.

그러나 "담대 하라 내가 세상을 이기었노라" 하십니다. 주님은 "사망으로 말미암아 사망의 세력을 잡은 자 마귀"(히 2:14)를 이기셨습니다.

이제 다락방 강화를 마치기 전에 생각해보아야만 하겠습니다. 구약시대 제사장들은 어떤 경우에도 비통(悲痛)함을 나타내는, "머리를 풀지 말며 그 옷을 찢지 말라"(레 21:10) 하고 엄금하고 있습니다. 왜냐하면 그 머리에 관유를 부음 받았기 때문이라는 것입니다. 기름부음을 받은 제사장이 낙망한다는 것은 그가 섬기는 하나님을 부인하는 것이 되는 것입니다.

그런데 주님께서는 믿는 자들에게 "성령을 주시고, 존귀하신 이름"을 주셨습니다. 우리 몸이 하나님의 성전이 되었고, 우리에게는 예수 그리스도의 이름이 상표처럼 붙어있다는 점을 명심해야만 하겠습니다.

주님은 "평안을 너희에게 주노라"(14:27) 하십니다. "너희 기쁨을 충만하게 하려 함이니라"(15:11) 하십니다. 마지막 말씀도 "평안을 누리게 하려 함이라"(16:33) 하십니다. 그리스도인들에게도 눈물을 흘릴 경우가 있습니다. 외톨이가 된 것 같은 경우에는 형제여,

㉮ "내가 너희를 고아와 같이 버려두지 아니하고 너희에게로

오리라"(14:18) 하신 말씀을 "생각"(14:26) 하시고,

㉯ 염려와 두려움이 있을 때에는, "담대하라 내가 세상을 이기었노라" 하신 말씀을 상기하면서, "평안을 누리시게" 되기를 바랍니다.

묵상해 봅시다.

1. 위임하여주신 주님의 이름을 무엇을 위해 사용해야 하는지에 대해서,
2. 너희 근심이 도리어 기쁨이 되리라에 대해서,
3. 환난을 당하나 담대하라 내가 세상을 이기었노라 하신 말씀에 대해서,

요한복음 17:1-8절 개관도표

주제:아버지여 때가 이르렀습니다

영화롭게 하소서	1-3 1 ① 예수께서 이 말씀을 하시고 눈을 들어 하늘을 우러러 가라사대 **아버지여 때가 이르렀사오니** 아들을 영화롭게 하사 **아들로 아버지를 영화롭게 하게 하옵소서** 2 ② **아버지께서 아들에게 주신 모든 자에게 영생을 주게 하시려고** 만민을 다스리는 권세를 아들에게 주셨음이로소이다 3 **영생은** 곧 유일하신 참 하나님과 그의 보내신 자 예수 그리스도를 아는 것이니이다
주님의 사역보고	4-8 4 ③ **아버지께서 내게 하라고 주신 일을 내가 이루어** **아버지를 이 세상에서 영화롭게 하였사오니** 5 ④ 아버지여 창세전에 내가 아버지와 함께 가졌던 영화로써 지금도 아버지와 함께 **나를 영화롭게 하옵소서** 6 ⑤ 세상 중에서 내게 주신 사람들에게 **내가 아버지의 이름을 나타내었나이다** **저희는 아버지의 것이었는데 내게 주셨으며** 저희는 아버지의 말씀을 지키었나이다 7 지금 저희는 아버지께서 내게 주신 것이 다 아버지께로 서 온 것 인줄 알았나이다 8 ⑥ 나는 아버지께서 내게 주신 **말씀들을 저희에게 주었사오며** 저희는 이것을 받고 내가 아버지께로부터 나온 줄을 참으로 아오며 **아버지께서 나를 보내신 줄도 믿었사옵나이다**

17:1-8절

아버지여 때가 이르렀습니다

첫째 단원(1-3) **나의 영화와 아버지의 영화를 위한 간구**

둘째 단원(4-8) **내게 하라고 주신 일을 이루어**

17장을 "대제사장적 기도"라고 말합니다. 주님께서 잡히시던 날 밤 두고 가시는 제자들을 위해 중보 기도하신 내용이기 때문입니다. 히브리서는 "그러므로 우리에게 큰 대제사장이 있으니 승천하신 자 곧 하나님의 아들 예수시라"(히 4:14) 합니다.

십자가를 앞에 놓으신 성자(聖子)께서 성부(聖父)께 드린 기도에 미물 같은 인간이 끼어들어 해설을 한다는 것은 외람되기 이를 데가 없습니다. 그런데 사도 요한은 어떤 목적(目的)에서 공관복음서에서는 찾아볼 수 없는 대제사장적인 기도를 한 장(17장)을 할애하여 기록하고 있는 것일까요? 기도 내용을 상고해보면 첫째는 요한복음을 기록(記錄)한 목적, 즉 "예수가 누구신가? 그 분이 왜 오셨는가"를 증거하기 위해서 기록하고 있음을 확인하게 됩니다. 둘째는 대제사장적인 기도를 통해서 주님께서 교회에 바라시는 바가 무엇이며, 나아가 나 자신에게 기대하시는 바가 무엇인가 하는 각성이 있어야 마땅합니다.

본 문단의 중심점은, "아버지여 때가 이르렀사오니" 하신 말씀에 있습니다. 도표를 보시면 "때가 이르렀다"를 중심으로 우선적으로, "나를 영화롭게 하사 아버지를 영화롭게 하게 하옵소서"(첫째 단원) 하고, 아버지의 영화를 구하신 후, "내게 하라고 주신 일을 이루었다" (둘째 단원) 하고 사역 보고를 하십니다.

▌첫째 단원(1-3) **나의 영화와 아버지의 영화를 위한 간구**

① "예수께서 이 말씀을 하시고 눈을 들어 하늘을 우러러 가라사대 아버지여 때가 이르렀사오니 아들을 영화롭게 하사 아들로 아버지를 영화롭게 하게 하옵소서"(1) 하십니다.

첫째 단원의 기도 내용은 두 가지인데 "간구와, 보고"(報告)로 되어 있습니다. 먼저 간구입니다.

㉠ 첫 말씀이 "아버지여 때가 이르렀사오니" 하십니다. 이는 창세 전에 계획하셨던 구속의 비밀이 성취(成就)될 역사적인 때가 이르렀다는 것입니다. 우리는 앞에서 요한복음이 이 "때"를 얼마나 중요하게 다루고 있는가를 보았습니다.

"내가 이를 위하여 이 때에 왔나이다"(12:27) 하신 주님은 "자기가 세상을 떠나 아버지께로 돌아가실 때가 이른 줄 아시고"(13:1) 했는데, 드디어 "때가 이르렀사오니" 하십니다. 이는 주님이 성 육신하신 목적

(目的)이 어디에 있는가를 드러냄인데, 그것은 우리를 위한 "대속제물"이 되시기 위해서인 것입니다.

㉡ 그러므로 "때가 이르렀다"는 선언은 우리를 장엄한 역사의 분기점(分岐點)으로 인도해주고 있습니다. "이 때"(롬 3:26)를 분기점으로 하여, "이제는 율법(律法) 외에 하나님의 한 의가 나타났으니"(롬 3:21) 하고 율법시대가 막을 내리게 되고 복음시대가 개막(開幕)이 되었던 것입니다. 그리고 세계사(世界史)가 주전(主前)과 주후(主後)로 갈라지는 분기점이 된 것입니다.

㉢ "아들을 영화롭게 하사 아들로 아버지를 영화롭게 하게 하옵소서"(1하) 하고 간구하십니다. 이 기도의 핵심은 "아버지의 영화"(榮華)에 있습니다. 이는 주님께서 십자가를 담당하시는 목적(目的)이 어디에 있는가를 나타냅니다. 그것은 "아버지를 영화롭게" 하기 위해서라는 것입니다. 4절에서도, "아버지께서 내게 하라고 주신 일을 내가 이루어 아버지를 이 세상에서 영화롭게 하였사오니" 하십니다.

12장에서도 "이를 위하여 이 때에 왔나이다" 하시면서, "아버지여 아버지의 이름을 영광스럽게 하옵소서"(12:27-28) 하셨습니다. 주님은 자신의 대속적인 죽음을 통해서 아버지의 그 의로우심을 나타내 드리는 것을 최우선으로(참고, 롬 3:26) 삼으셨던 것입니다. 의로우신 하나님께서 구약시대 내내 오래 참으심으로 죄를 간과(看過)하셨고, 의롭지도 못한 인간을 의롭다고 여겨주시는 것이 하나님의 공의(公義)에 손상됨이 없이 영광 받으시게 되기를 갈망하고 계시는 것입니다.

㉣ 다음으로 "아들을 영화롭게 하사"(1중) 하시는데 무슨 뜻인가? 주님은 십자가의 수난과 부활과 승천을, "아들을 영화롭게 하시는 것"으로 보시고 계시는 것입니다. 이처럼 주님의 죽으심과 부활은,

"아들을 영화롭게 하사 아들로 아버지를 영화롭게 하게 하신"(1하) 사건이었던 것입니다.

만일 주님의 "죽으심"이 끝장이었다면 아들만 영화롭게 되지 못한 것이 아니라, 하나님 아버지께서도 영화롭게 되시지를 못하였을 것이요, 우리의 "믿음도 헛되고 여전히 죄 가운데 있게"(고전 15:17) 되었을 것입니다. 그러나 사망권세를 이기시고 부활하심으로 성부께서는 성자를 영화롭게 하시고, 성자께서는 성부 하나님을 영광스럽게 하셨으며, 죄인들을 의롭다 하시는 일이 가능하게 되었던 것입니다.

이처럼 구원계획에는 하나님의 이름과 영예가 걸려 있다는 점을 인식한다는 것은 중요한 요점입니다. 이것이 "너희는 먼저 그의 나라와 그의 의를 구하라"(마 6:33) 하신 의미이기도 합니다.

② 그런 다음에, "아버지께서 아들에게 주신 모든 자에게 영생을 주게 하시려고 만민을 다스리는 권세를 아들에게 주셨음이로소이다"(2) 하십니다.

㉠ 시편 2편은 메시아 예언장인 데, "네가 철장으로 저희를 깨뜨림이여 질그릇같이 부수리라"(9) 하십니다. 이것이 "만민을 다스리는 권세"입니다. 하나님께서는 독생자를 세상에 보내실 때에 이 권세를 주셔서 보내셨다는 말씀입니다. 주님께서는 이 권세를 가지고 오셨기 때문에, "이제 이 세상의 심판이 이르렀으니 이 세상 임금이 쫓겨나리라"(12:31) 선언할 수가 있으셨고, "세상에서는 너희가 환난을 당하나 담대 하라 내가 세상을 이기었노라"(16:33) 하신 것입니다.

계시록 2:26-27절을 보십시오. "이기는 자와 끝까지 내 일을 지키는 그에게 만국을 다스리는 권세를 주리니 그가 철장을 가지고 저희를 다스려 질그릇 깨뜨리는 것과 같이 하리라 나도 내 아버지께 받은 것이 그러하니라" 하십니다. 주님께서는 이 권세를 가지고 승천하신 것이 아니라, "이기는 자", 즉 교회에다 위임해주시고 가셨다는 것입니다.

하나님께서 아들에게 "만민을 다스리는 권세"를 주신 목적은, "아버지께서 아들에게 주신 모든 자에게 영생을 주게 하시려고"(2중) 라고 말씀합니다. 그러면 영생이 어디에 있는가?

㉡ "영생은 곧 유일하신 참 하나님과 그의 보내신 자 예수 그리스도를 아는 것이니이다"(3) 하십니다. 이점에서 그리스도가 오심으로 여러 방면에 "개혁"(히 9:10)이 일어났다는 점을 인식해야만 합니다.

㉮ 첫째는 생축으로 드려지던 제사제도가 참 것으로 개혁이 된 것입니다.

㉯ 그리하여 둘째는, "죄"에 대한 원론적인 개념이, "죄에 대하여라 함은 저희가 나를 믿지 아니함이요"(16:9) 한, 예수 그리스도를 믿지 아니하는 것이 죄로 바뀌었고,

㉰ 셋째는 "영생"인데, 유일하신 참 하나님과 그의 보내신 자 예수 그리스도를 아는 것이니이다" 합니다.

유대인들은 율법을 범하는 것만이 죄인줄 알았으나, "그리스도께서 우리를 위하여 저주를 받은바 되사 율법의 저주에서 우리를 속량"(갈 3:13)하러 오셨기 때문에 그리스도를 믿지 않는 것이 죄요, 유대인들은 율법을 행함으로 영생을 얻는 줄로 여겼으나, 하나님께서 보내신 자를 믿는 것이 영생이라는 것으로 바뀌었다는 말씀입니다.

그렇다면 "하나님과 예수 그리스도를 아는 것이 영생"이라는 구체적인 뜻이 무엇인가? 원어의 의미는 "진리를 알지니 진리가 너희를

자유케 하리라"(8:32) 하신 "알지니"와 같은 "기노스코" 인데 지식적으로 아는 것만이 아니라 "확신하다" 라는 뜻이 있습니다.

예수 그리스도는 하나님과 인간 사이의 "중보자"이십니다. 그러므로 예수 그리스도를 알아야 하나님을 알고, 예수 그리스도를 알아야 나를 알 수가 있습니다. 즉 자력구원의 불가능성을 알게 되는 것입니다.

그러므로 "하나님을 알고, 그의 보내신 자 예수 그리스도를 아는 것"은 둘이 아니라 하나입니다. 유대인들이 "아버지는 한 분뿐이니 곧 하나님이시로다" 하면서 어찌하여 "너희 아비 마귀에게서 났다"(8:41, 44)는 말을 듣게 되었는가? "그의 보내신 자 예수 그리스도"를 몰랐기 때문입니다.

"영생은 곧 유일하신 참 하나님과 그의 보내신 자 예수 그리스도를 아는 것이니이다", 이 기도문을 서술적(敍述的)으로 표현하면, "하나님이 세상을 이처럼 사랑하사 독생자를 주셨으니 이는 저를 믿는 자마다 멸망치 않고 영생을 얻게 하려 하심이니라"(3:16)가 되는 것입니다. 이 "복음진리"를 알고 확신하는 것이 "영생"이라는 말씀입니다.

둘째 단원(4-8) 내게 하라고 주신 일

③ "아버지께서 내게 하라고 주신 일을 내가 이루어 아버지를 이 세상에서 영화롭게 하였사오니"(4), 4-8절의 내용은, "내게 하라고 주신 일을 이루었다"(4) 하고, 아버지께 복명(復命)을 하시는 말씀입니다.

㉠ "아버지께서 내게 하라고 주신 일"(4)이라는 표현에서 구원

계획에는 성부, 성자 간에 내밀한 약속과 분담이 있었음을 엿보게 됩니다. "내게 하라고 주신 일"을 주님은 십자가상에서, "다 이루었다" 하고 선언하신 것입니다.

"너희는 가서 모든 족속으로 제자를 삼으라" 하심이 지상(至上)명령이라면, "내게 하라고 주신 일을 내가 이루어 아버지를 이 세상에서 영화롭게 하였사오니" 하신 보고는 지상(至上) 복명(復命)이라 할 수가 있습니다. 참으로 이 복명은 세상 죄를 지고 가는 하나님의 어린양께서 인류를 구원하셨다는 지상(至上) 복명이었던 것입니다.

사도 바울이, "내가 선한 싸움을 싸우고 나의 달려갈 길을 마치고 믿음을 지켰으니"(딤후 4:7) 한 것도 일종의 복명이라 할 수가 있습니다. 왜냐하면 박해자 사울을 "사울아, 사울아" 하고 부르셔서 사도로 세우신 목적은, "하나님의 복음을 위하여"(롬 1:1) 택정하셨기 때문입니다. 그렇다면 이제 나의 마지막 복명(復命)은 무엇이어야 하는가를 생각하게 합니다.

④ "아버지여 창세전에 내가 아버지와 함께 가졌던 영화로써 지금도 아버지와 함께 나를 영화롭게 하옵소서"(5) 하십니다.

㉠ 주님은, "창세 전에 가졌던 영화"라고 말씀하십니다. 24절에서도, "아버지께서 창세 전부터 나를 사랑하시므로 내게 주신 나의 영광"이라고 말씀하십니다. 예수님의 본질이 창세 전부터 아버지와 함께 영광 가운데 계시던 성자 하나님이셨다는 증거입니다.

깊은 밤 겟세마네 동산에서 "아버지여 창세 전에 내가 아버지와 함께 가졌던 영화로써 지금도 아버지와 함께 나를 영화롭게 하옵소서" 하시는 주님의 기도를 형제가 듣게 되었다고 상상해 보십시오. 아무도 개입할 수 없고, 아무도 방해할 수도 없는 성부자 간의 성스러운 대화를 통해서 그 분이 "어떠한 분인가? 우리를 위해서 무엇을 행해주시기 위해서 오셨는가"를 알게 되는 이 보다 더한 감동은 달리는 없습니다.

우리는 이미 1:1절에서 "태초에 말씀이 계시니라 이 말씀이 하나님과 함께 계셨으니 이 말씀은 곧 하나님이시니라" 하고 시작하고 있음을 상고한 바 있습니다. "예수가 누구신가?" 요한복음은 이점을 철두철미하게 증거하는데 집중하고 있습니다. 왜냐하면 예수 그리스도의 본질(本質)을 알아야만, 그 분이 우리들을 위해서 행해주신 대속(代贖)의 영광스러움을 알게 되고 이를 확신함으로 영생을 얻게 되기 때문입니다.

⑤ "세상 중에서 내게 주신 사람들에게 내가 아버지의 이름을 나타내었나이다 저희는 아버지의 것이었는데 내게 주셨으며 저희는 아버지의 말씀을 지키었나이다"(6), 이것은 두 번째 복명입니다.

㉠ 주님의 두 번째 복명은 "아버지의 이름을 나타내었다", 즉 하나님을 알게 하셨다는 말씀입니다. 주님의 기도 중에는 "아버지의 이름"이 4번(6, 11, 12, 26) 등장하는데, 26절에서도 "내가 아버지의 이름을 저희에게 알게 하였고" 하십니다.

궁극적으로 성경은 하나님의 자기계시입니다. 에스겔서에는 "너희가 여호와인줄 알리라"는 말씀이 57회 이상 등장합니다. 예루살렘의 멸망, 바벨론에 포로가 된 것, 포로에서 돌아오게 하는 것 등 모두가 "여호와인 줄 알게" 하시기 위한 자기계시라는 말씀입니다. 그렇게 하시지 않으면 여호와를 알지 못하는 것이 인간의 교만이요 완악함입니다.

예수 그리스도는 볼 수 없는 하나님의 형상이요, 계시(啓示)입니다.

그러므로 임마누엘 사건은 하나님을 알게 하고 보게 하신 최대(最大)의 사건이요, "아버지의 이름을 나타내는 것"이 무엇보다 우선하는 그리스도의 사명이었던 것입니다. 그래서 "지금 저희는 아버지께서 내게 주신 것이 다 아버지께로서 온것 인줄 알았나이다"(7) 하시는 것입니다. 설교자의 최우선적인 사명도, "유일하신 참 하나님과 그의 보내신 자 예수 그리스도를 알게 하고(3), 그 이름을 나타내는"(6) 것입니다.

㉡ 주님은 제자들을 가리켜, "저희는 아버지의 것이었는데, 내게 주신 사람들"(6중)이라고 말씀하십니다. 2절에서는 "아버지께서 아들에게 주신 모든 자"라고 말씀하고, 6절에서도 "세상 중에서 내게 주신 사람들"이라 하시고, 9절에서도 "내가 비옵는 것은 세상을 위함이 아니요 내게 주신 자들을 위함이니이다 저희는 아버지의 것이로소이다" 하고 말씀하십니다. 이는 하나님 아버지께서 택하신 자들(예정)을 아들에게 구속하라고 주셨음을 의미합니다.

이 진리를 사도 바울은 "창세 전에 그리스도 안에서 택하셨다"(엡 1:4) 하시고, "너희는 하나님께로부터 나서 그리스도 예수 안에 있고"(고전 1:30), 즉 하나님이 택하셔서 그리스도 예수 안에 있게 해주셨다 하고 말씀합니다. 성자께서는 성부께서 맡겨주신 자들의 죄를 대속하시기 위하여 이 땅에 오셨습니다. 이것이 "아버지께서 내게 하라고 주신 일"(4)이었던 것입니다.

⑥ "나는 아버지께서 내게 주신 말씀들을 저희에게 주었사오며"(8상), 주님의 세 번째 복명은 "아버지의 말씀"을 전해주었다는 것입니다.

㉠ "저희는 이것을 받고 내가 아버지께로부터 나온 줄을 참으로

아오며 아버지께서 나를 보내신 줄도 믿었사옵나이다"(8하) 하십니다. 첫째 단원을 요약을 하면,

㉮ "아버지께서 내게 하라고 주신 일을 내가 이루어"(4),

㉯ "내가 아버지의 이름을 나타내었나이다"(6),

㉰ "내게 주신 말씀을 저희에게 주었사오며"(8), 이것이 성자께서 성부에게 하시는 사역 보고라 할 수가 있습니다.

㉡ 예수님이 누구신가 하는 점을 통해서, 구원 얻은 나는 누구인가 하는 정체성에 대한 각성을 하게 되고,

㉢ 예수님이 우리에게 무엇을 행해주셨는가를 통해서, 자신에게 "하라고 주신 일", 즉 사명에 대한 각성을 하게 됩니다.

묵상해 봅시다.

1. 아버지여 때가 이르렀습니다 에 대해서,
2. 나를 영화롭게 하사 아버지를 영화롭게 하옵소서에 대해서,
3. 내게 하라고 주신 일에 대한 복명에 대해서.

요한복음 17:9–26절 개관도표

주제 : 제자들과 교회를 위한 기도

저희를 보전하사 거룩하게 하옵소서	9-19 9 ① **내가 저희를 위하여 비옵나니** 내가 비옵는 것은 세상을 위함이 아니요 **주신 자들을 위함이니이다** 저희는 아버지의 것이로소이다 10 것은 다 아버지의 것이요 아버지의 것은 내 것이 온데 저희로 말미암아 영광을 받았나이다 11 ② **나는 세상에 더 있지 아니하오나** 저희는 세상에 있사옵고 나는 아버지께로 가옵나니 아버지여 내게 주신 **아버지의 이름으로 저희를 보전하사** 같이 저희도 **하나가 되게 하옵소서** 12 저희와 함께 있을 때에 내게 주신 아버지의 이름으로 **저희를 보전하와 지키었나이다** 그 중에 하나도 멸망치 않고 오직 멸망의 자식뿐이오니 이는 성경을 응하게 함이니이 다 13 ③ **지금 내가 아버지께로 가오니** 내가 세상에서 이 말을 하옵는 것은 저희로 내 기쁨을 저희 안에 충만히 가지게 하려 함이니이다 14 아버지의 말씀을 저희에게 주었사오매 **세상이 저희를 미워하였사오니** 내가 세상에 속하지 아니함 같이 저희도 세상에 속하지 아니함을 인함이니이다 15 ⑤ **내가 비옵는 것은** 저희를 세상에서 데려가시기를 위함이 아니요 **악에 빠지지 않게 보전하시기를 위함이니이다** 16 세상에 속하지 아니함 같이 저희도 세상에 속하지 아니하였삽나이다 17 ⑤ **저희를 진리로 거룩하게 하옵소서** 아버지의 말씀은 진리니이다 18 나를 세상에 보내신 것 같이 **나도 저희를 세상에 보내었고** 19 저희를 위하여 내가 나를 거룩하게 하오니 저희도 진리로 거룩함을 얻게 하려 함이니이다
하나되게 하옵소서	29-27 20 ⑥ **내가 비옵는 것은 이 사람들만 위함이 아니요** 또 저희 말을 인하여 나를 믿는 사람들도 위함이니 21 내 안에, 내가 아버지 안에 있는 것 같이 **저희도 다 하나가 되어** 안에 있게 하사 세상으로 아버지께서 나를 보내신 것을 믿게 하옵소서 22 내게 주신 영광을 내가 저희에게 주었사오니 이는 우리가 하나가 된 것같이 **저희도 하나가 되게 하려 함이니이다** 23 ⑤ 곧 내가 저희 안에, 아버지께서 내 안에 계셔 저희로 온전함을 이루어 되게 하려 함은 아버지께서 나를 보내신 것과 또 나를 사랑하심 같이 사랑하신 것을 세상으로 알게 하려 함이로소이다 24 ⑧ **아버지여 내게 주신 자도 나 있는 곳에 나와 함께 있어** 아버지께서 창세전부터 사랑하시므로 내게 주신 **나의 영광을 저희로 보게 하시기를 원하옵나이다** 25 의로우신 아버지여 세상이 아버지를 알지 못하여도 나는 아버지를 알았삽고 아버지께서 나를 보내신 줄 알았삽나이다 26 내가 아버지의 이름을 저희에게 알게 하였고 또 알게 하리니 이는 나를 사랑하신 사랑이 저희 안에 있고 나도 저희 안에 있게 하려 함이니이다

17:9-26절

제자들과 교회를 위한 기도

첫째 단원(9-19) **저희를 보전하사 거룩하게 하옵소서**

둘째 단원(20-27) **저희로 하나되게 하옵소서**

17장 전체를 가리켜 대제사장적 기도라 말합니다. 앞 문단(1-8)에서 우선적으로 "아버지를 영화롭게 하옵소서"(1) 하고 구하시고, 본 문단에서는 두고 가시는 "제자들과 교회"를 위해서 기도하십니다. 도표를 보시면 "제자들과 교회를 위한 기도"를 중심으로 "보전하사 거룩하게 하옵소서"(첫째 단원) 하시고, "하나되게 하옵소서"(둘째 단원) 하고 구하십니다. 대제사장적 기도를 통해서 현대교회에 바라시는 바가 무엇인가를 깨닫는 각성이 있어야 할 것입니다.

첫째 단원(9-19) 저희를 보전하사 거룩하게 하옵소서

① "내가 저희를 위하여 비옵나니 내가 비옵는 것은 세상을 위함이 아니요 내게 주신 자들을 위함이니이다 저희는 아버지의 것이로소이다"(9),

둘째 문단(9-26)은 "저희를 위하여 비옵나니" 하신 대로 제자들을 위한 기도입니다. 이 기도를 통해서 주님께서 교회에 바라시는 바가 무엇인가를 깨달을 수가 있어야만 합니다.

㉠ "내 것은 다 아버지의 것이요 아버지의 것은 내 것이 온데 내가 저희로 말미암아 영광을 받았나이다"(10) 하십니다.

㉮ "내 것은 다 아버지의 것이요 아버지의 것은 내 것이 온데" 한 말씀은, "나와 아버지는 하나이니라"(10:30) 하신 성부자 간에 만이 하실 수 있는 말씀입니다. 탕자의 아버지는 큰아들에게, "얘 너는 항상 나와 함께 있으니 내 것이 다 네 것이로되"(눅 15:31) 하고 말했습니다. 감히 말씀을 드립니다만 그렇다면 자녀 된 우리는, "나의 것은 다 아버지의 것이요, 아버지의 것은 다 내 것이니이다" 하는 고백이 있어야 할 것입니다.

㉯ 그렇다면 "내가 저희로 말미암아 영광을 받았나이다"는 뜻은 분명해집니다. 부모는 자식으로 인해, 선생은 제자로 인해 영광을 받게 되는 것입니다. 그런데 지금 주님이 말씀하는 "저희"가 누군가? 그 중에 한 명은 선생을 팔기 위해 나가고 남은 11제자, 그들은 출신이 특출한 자들이 아닌 갈릴리 어부들, 그나마 겨우 열 한 명을 통해서 영광을 받으셨다고 말씀하시는 하나님의 아들 그리스도!

주님은 이사야 선지자가 전망(展望)한 메시아예언을 생각하셨으리라 여겨집니다. "네 눈을 들어 사방을 보라 그들이 다 모여 네게로 오느니라 나 여호와가 이르노라 네가 반드시 그 모든 무리로 장식(裝飾)을 삼아 몸에 차며 띠기를 신부(新婦)처럼 할 것이라, 그 때에 네 심중에 이르기를 누가 나를 위하여 이 무리를 낳았는고 나는 자녀를 잃고 외로와졌으며 사로잡혔으며 유리하였거늘 이 무리를 누가 양육하였는고 나는 홀로 되었거늘 이 무리는 어디서 생겼는고 하리라"(사 49:18, 21) 예언하고 있습니다.

교회는 그리스도의 몸입니다. 머리되시는 그리스도께서 몸 된 "저희로 말미암아 내가 영광을 받았나이다" 하시는 말씀을 깊이깊이 묵상하고 명심해야만 하겠습니다. 왜냐하면 "하나님의 이름이 너희로 인하여 이방인 중에서 모독을 받는도다"(롬 2:24) 하고, 영광이 아닌 "모독"을 받으시게 할 수도 있기 때문입니다.

② 이런 서론적인 말씀 다음에 첫 기도 제목은, "나는 세상에 더 있지 아니하오나 저희는 세상에 있사옵고 나는 아버지께로 가옵나니 거룩하신 아버지여 내게 주신 아버지의 이름으로 저희를 보전(保全)하사 우리와 같이 저희도 하나가 되게 하옵소서"(11) 하고, "보전과, 하나"되게 해달라고 간구하십니다.

"보전"이라는 말이 세 번(11, 12, 15) 등장하는데, 12-19절까지는 "보전해 달라"는 구체적인 진술이고, "하나"되게 해달라는 기도는 셋째 단원(20-26)의 중심주제가 됩니다.

㉠ "아버지의 이름으로 보존"해 달라고 말씀하신다는 점을 유념해야만 합니다. 12절에서도, "내가 저희와 함께 있을 때에 내게 주신 아버지의 이름으로 저희를 보전(保全)하와 지키었나이다" 하십니다. "아버지의 이름과, 보존"이 결부되어 있는데, 그리스도인들을 "보전" 해주시지 않을 수 없는 것은, "아버지의 이름"이 걸려 있기 때문이라는

뜻이 됩니다. 그렇습니다. "저희는 아버지의 것"(6, 9), 즉 하나님의 소유된 백성들이기 때문입니다.

바벨론 포수 중에 부르짖은 다니엘의 기도는, "나의 하나님이여 주 자신을 위하여 하시옵소서 이는 주의 성과 주의 백성이 주의 이름으로 일컫는 바 됨이니이다"(단 9:19) 하고 "주의 이름"이 붙어 있다는 점을 강조하고 있습니다. 이에 응하여 하나님께서는 "내가 이렇게 행함(포로귀환)은 너희를 위함이 아니요 너희가 들어간 그 열국에서 더럽힌 나의 거룩한 이름을 위함이라"(겔 36:22) 하십니다.

㉡ "그 중에 하나도 멸망치 않고 오직 멸망의 자식뿐이오니 이는 성경을 응하게 함이니이다"(12하) 하시는데, 이는 보전과는 정 반대의 "멸망의 자식"을 가리킵니다.

③ "지금 내가 아버지께로 가오니 내가 세상에서 이 말을 하옵는 것은", 즉 대제사장적 기도를 하시는 의도가 "저희로 내 기쁨을 저희 안에 충만히 가지게 하려 함이니이다"(13) 하고, "충만한 기쁨"을 말씀하십니다. 오래 사는 것만이 중요한 것이 아니라 건강해야 하듯이, 보전하여 주시는 것만이 아니라 기뻐하게 해달라는 말씀입니다.

㉠ 왜 충만한 기쁨이 필요한가? "내가 아버지의 말씀을 저희에게 주었사오매 세상이 저희를 미워하였사오니 이는 내가 세상에 속하지 아니함 같이 저희도 세상에 속하지 아니함을 인함이니이다"(14) 하고, 세상에서 "박해"를 당하게 될 것이기 때문입니다.

오늘날은 "기도, 전도, 감사" 등은 중요하게 여기면서도 "기쁨"이라는 주제는 등한이 여기는 경향이 있습니다. 사도는 "항상 기뻐하라"(살전 5:16)를 "기도, 감사"보다도 우선적으로 말씀하고 있습니다. 이는 중요할 뿐만이 아니라 핵심적인 주제 중 하나입니다. 생각해보십시오. 기쁨이 없는 자에게서 감사의 기도가 나올 수가 있겠는가?

또한 부모가 자녀들에게 귀하고 값진 것을 선물할 때에는 자녀들이 기뻐하는 것을 기대하기 때문이 아니겠습니까? 하나님께서 진노를 받아 마땅한 자들에게 독생자를 주시고, 대속제물로 세우셔서 구원의 선물을 주셨는데 기뻐하지 아니하는 모습을 상상인들 할 수가 있겠습니까? 주님은 15:11절에서도, "내가 이것을 너희에게 이름은 내 기쁨이 너희 안에 있어 너희 기쁨을 충만하게 하려 함이니라" 말씀하시고, 16:24절에서도 "너희 기쁨이 충만하리라" 하십니다. 기쁨도 조금 기뻐하는 것이 아니라 "충만"하기를 원하고 계십니다. 본문에서도 "저희로 내 기쁨을 저희 안에 충만하게 가지게 하려 함이니다" 하고 말씀하십니다.

하나님께서는 "이는 그리스도 예수 안에서 너희를 향하신 하나님의 뜻이니라"(살전 5:18) 하고, 자녀들이 기뻐하는 것 보시기를 이토록 바라고 계십니다. 이것이 무리한 요구요, 감당 못할 기대라고 생각하십니까? 16:22절에서는 "너희 기쁨을 빼앗을 자가 없느니라" 말씀하시는데 우리는 이 기쁨을 빼앗기고 있는 것은 아닙니까?

④ "내가 비옵는 것은 저희를 세상에서 데려가시기를 위함이 아니요 오직 악에 빠지지 않게 보전하시기를 위함이니이다"(15) 하고, 또다시 "보전"하여주시기를 간구하십니다. 이는 주기도의 "우리를 시험에 들게 하지 마옵시고 다만 악에서 구하옵소서"(마 6:13) 하신 말씀과 상통합니다.

㉠ "내가 세상에 속하지 아니함 같이 저희도 세상에 속하지 아니하였삽나이다"(16) 하십니다.

㉮ "세상에 속한 자들이 아니라" 하시면서,

㉯ "세상에서 데려가시기를 위함이 아니라" 하시는 말씀에서 그리스도인들이 세상에 있어야 하는 존재이유와 삶의 목적을 깨달을 수가 있는 것입니다.

⑤ "저희를 진리로 거룩하게 하옵소서 아버지의 말씀은 진리니이다"(17) 하고, "거룩"을 말씀하시는데, 이 "거룩"을 문맥적으로 보면, "악에 빠지지 않는 것(15), 세상에 속하지 아니하였다"(16)는 말씀 다음에 하신 말씀입니다. 즉 "거룩"은 세속(世俗)과 구별되는 교회가 교회됨의 표지인 것입니다.

그리고 거룩은, "진리로 거룩하게 하옵소서", 즉 말씀으로 가능하여진다 하십니다. 주님은 15:3절에서 "너희는 내가 일러준 말로 이미 깨끗하였으니" 하고, 깨끗하게 하는 방도가 "말씀"임을 나타내셨습니다. "보전(保全)은 아버지의 이름으로, 거룩은 아버지의 말씀으로" 유지할 수 있다는 말씀입니다. 보전(保全)도 중요하지만 거룩하게 보전되어야 한다는 점은 치명적으로 중요하기 때문입니다.

㉠ "아버지께서 나를 세상에 보내신 것 같이 나도 저희를 세상에 보내었고"(18) 하십니다. 그리스도인들이란 "세상에 속한 자가 아닌데(14, 16), 세상에 있는 것(11)은 세상에 보냄을 받았기" 때문이요, 이는 수행해야 할 사명이 있기 때문이라는 말씀입니다. 교회는 세상으로부터 불러냄을 받은 사람들의 공동체요, 이들을 훈련해서 세상의 빛과 소금이 되라고 보냄을 받은 자들인 것입니다.

㉡ 이점에서 중요한 것은, "또 저희를 위하여 내가 나를 거룩하게 하오니 이는 저희도 진리로 거룩함을 얻게 하려 함이니이다"(19) 하고, 자신의 거룩과 제자들의 거룩을 결부시키신다는 점입니다.

그러면 "내가 나를 거룩하게 하오니" 하신 말씀이 무슨 뜻인가? 그 뜻이 "저희를 위하여" 라는 말씀에 나타나는데, "그는 우리를 위하여 자신을 버리사 향기로운 제물과 생축으로 하나님께 드리셨다"(엡 5:2)는 뜻입니다. 하나님께 드려지는 제물의 불가결(不可缺)의 조건이 "거룩하고 흠이 없어야" 하는 것이기 때문입니다.

이처럼 주님께서 우리를 위하여 거룩한 제물이 되어주시고, "너희는 하나님께로부터 나서 그리스도 예수 안에 있고 예수는 하나님께로서 나와서 우리에게 지혜와 의로움과 거룩함과 구속함이 되셨다"(고전 1:30)면, "너희 몸을 하나님이 기뻐하시는 거룩한 산 제사로 드려야"(롬 12:1) 함은 너무나 당연한 것이 아니겠습니까? 이것이 "저희를 보전하사 거룩하게 하옵소서" 하신 기도의 뜻입니다.

셋째 단원(20-26) 저희로 하나가 되게 하옵소서

⑥ "내가 비옵는 것은 이 사람들만 위함이 아니요 또 저희 말을 인하여 나를 믿는 사람들도 위함이니"(20) 하고, 기도는 주님의 재림의 날까지 지상(地上)에 존재하게 될 모든 교회(敎會)를 위하는 것으로 확장이 됩니다.

㉠ "이 사람들만 위함이 아니요" 하신 것을 10:16절에서는, "또 이 우리에 들지 아니한 다른 양들이 내게 있어 내가 인도하여야 할 터이니 저희도 내 음성을 듣고 한 무리가 되어 한 목자에게 있으리라" 하고 말씀하셨습니다.

"또 저희 말을 인하여 나를 믿는 사람들도 위함이라" 하심은, "그러므로 너희는 가서 모든 족속으로 제자를 삼아"(마 28:19) 하신 복음이

만민에게로 확장될 것을 전망하는 기도인 것입니다.

㉡ 기도의 핵심은, "아버지께서 내 안에, 내가 아버지 안에 있는 것 같이 저희도 다 하나가 되어 우리 안에 있게 하사"(21상) 한, "하나됨"에 있습니다. "하나"가 되게 해 달라는 말씀이 11, 21, 22, 23절에 반복적으로 강조되어 있습니다.

그리고 본문을 주목해 보면 "안에"라는 말이 3번 등장하는데 성도 상호간에 하나되는 것만이 아니라, 성도들이 하나되어 "우리 안에 있게 하사", 즉 성부와 성자 안에 있게 해달라는 말씀입니다. 주님은 이미 14:20절에서, "그 날에는 내가 아버지 안에, 너희가 내 안에, 내가 너희 안에 있는 것을 너희가 알리라" 하고 말씀하셨습니다. 이는 인간의 표현이나 인식 능력의 한계를 뛰어넘는 경지인 것입니다. 다만 그리스도인들은 어린이가 어머니 품에 안겨 있듯이 "아버지 품에, 주님 품에" 안겨있는 자들이라고 밖에는 표현할 수가 없는 것입니다.

㉢ 이처럼 교회가 내적(內的)으로 하나가 될 때에 외적(外的)으로는, "세상으로 아버지께서 나를 보내신 것을 믿게 하옵소서"(21하), 즉 전도의 문이 열리게 되리라는 말씀입니다.

⑦ "내게 주신 영광을 내가 저희에게 주었사오니 이는 우리가 하나가 된 것같이 저희도 하나가 되게 하려 함이니이다"(22), 10절에서는 "내가 저희로 말미암아 영광을 받았나이다" 하셨는데, 본문에서는 "내게 주신 영광을 내가 저희에게 주었다" 하십니다. 그 의미가 무엇인가? 이 뜻을 알기 위해서는 주님께서 어떤 경우에 "영광"을 말씀하셨는가를 상기해야만 합니다.

㉠ 주님은 십자가를 앞에 놓으시고, "인자의 영광을 얻을 때가

왔도다"(12:23) 하셨습니다. 주님께서 교회에 주신 영광은 고난 후의 영광인 것입니다. 고난 없는 영광은 없습니다. 그렇다면 "내게 주신 영광을 저희에게 주었다"는 뜻은, "그와 함께 영광을 받기 위하여 고난도 함께 받아야 될 것"(롬 8:17)이라는 뜻이 되는 것입니다. 이를 알았기에 "사도들은 그 이름을 위하여 능욕 받는 일에 합당한 자로 여기심을 기뻐하면서 공회 앞을 떠나니라"(행 5:41) 하는 것입니다.

주님께서는 "주었사오니" 하시는데, 주님께서 우리에게 주신 최고의 선물이 무엇인가? 자신을 주신 것입니다. 그리하여 "교회는 그의 몸이니"(엡 1:23) 하고, "머리와, 몸"의 관계로 연합되게 해주신 것입니다.

㉡ 이점이 "곧 내가 저희 안에, 아버지께서 내 안에 계셔 저희로 온전함을 이루어 하나가 되게 하려 함은"(23상) 하신 말씀에 나타납니다. 교회론이 중심주제인 에베소서에서, "평안의 매는 줄로 성령의 하나 되게 하신 것을 힘써 지키라 몸이 하나요 성령이 하나이니 이와 같이 너희가 부르심의 한 소망 안에서 부르심을 입었느니라 주도 하나이요 믿음도 하나이요 세례도 하나이요 하나님도 하나이시니 곧 만유의 아버지시라 만유 위에 계시고 만유를 통일하시고 만유 가운데 계시도다"(엡 4:3-6) 한 말씀은 본문에 대한 좋은 해설이라 할 수가 있습니다.

21-22절에는 "우리"라는 말이 두 번 나타나는데 이는 성부와 성자의 일체(一體)되심을 나타내는 칭호입니다. 그런데 "내가 저희 안에, 아버지께서 내 안에", 즉 하나님은 주님 안에, 주님은 우리 안에 계신다면 어떤 상태인가? 이것이 "저희로 온전함을 이루어 하나가 되게 하려 함"(23중)의 상태인 것입니다. "온전(穩全)함을 이루어" 하시는데 이 온전은 주님의 재림으로 완성될 것을 전망하는 말씀입니다. 그러

므로 이어지는 말씀을 보십시오.

⑧ "아버지여 내게 주신 자도 나 있는 곳에 나와 함께 있어 아버지께서 창세전부터 나를 사랑하시므로 내게 주신 나의 영광을 저희로 보게 하시기를 원하옵나이다"(24) 하십니다.

24-26절은 기도의 결구(結句)라 할 수가 있는데 절정은 창세전부터 함께 누리셨다는 "영광(榮光)을 저희로 보게 해달라"는데 있습니다. 이는 종말(終末)에 성취될 말씀입니다. 이것이 "온전함을 이룬" 상태 곧 구원의 완성인 것입니다. 주님의 기도는 "창세전부터 시작하여, 종말까지" 미치고 있습니다. 그 날은 우리의 낮은 몸을 자기 영광의 몸의 형체와 같이 변케 하실(빌 3:21) 영화의 날입니다. 그 날은 하나님의 구속의 역사가 완성이 되는 날입니다.

"나의 영광(榮光)을 보게 해달라"하심은 대속제물이 되시기 위해서, "하나님과 동등 됨을 취할 것으로 여기지 아니하시고 오히려 자기를 비어 종의 형체를 가져 사람들과 같이 되었고, 자기를 낮추시고 죽기까지 복종하셨던"(빌 6-8), 그 비우셨던 영광의 자리로 돌아가신 그 "영광"인 것입니다.

㉠ "의로우신 아버지여 세상이 아버지를 알지 못하여도 나는 아버지를 알았삽고 저희도 아버지께서 나를 보내신 줄 알았삽나이다"(25), 11절에서는 "거룩하신 아버지여" 하셨는데 이 시점에서는 어찌하여 "의로우신 아버지"라 하시는가? 이는 "나의 영광을 저희로 보게 하시기를 원하옵나이다"(24하) 한 말씀과 결부가 되는 것입니다.

"저희"가 누군가를 생각해 보시기를 바랍니다. 죄로 말미암아 하나님 존전에서 추방을 당했던 아담의 후예, 바로 우리들입니다. 그런 우리를 어떤 방도로 "영광을 보도록" 참여시켜주셨는가? "많은 아들을 이끌어 영광에 들어가게 하시는 일에 저희 구원의 주를 고난(苦難)으로 말미암아 온전케 하심이 합당하도다"(히 2:10) 한, "합당"(合當)한 방법, 즉 의로우신 방법으로 행해주셨기 때문에 "의로우신 아버지여" 하시는 것입니다.

㉡ "내가 아버지의 이름을 저희에게 알게 하였고 또 알게 하리니 이는 나를 사랑하신 사랑이 저희 안에 있고 나도 저희 안에 있게 하려 함이니이다"(26) 하고 대제사장적 기도는 마치고 있습니다.

첫 말씀은 "때가 이르렀사오니"(1) 하신 "고난"이고, 마지막 말씀은 "아버지의 이름"입니다. "아버지의 이름"이란 하나님 자신을 가리키는 표현입니다. 성경은 하나님의 자기계시입니다. "내가 이를 위하여 이 때에 왔나이다" 하신 목적도 "아버지의 이름을 영화롭게"(12:28) 하시기 위해서요, 그래서 "아버지의 이름을 저희에게 알게 하였고 또 알게 하리니" 하시는 것이 마지막 말씀인 것입니다.

"또 알게 하리니" 하시는데, 그러면 주님은 이제 이후 어떤 방도로 "알게" 하시는가? "진리의 성령이 오시면 그가 너희를 모든 진리 가운데로 인도하시리니"(16:13) 한 "진리의 성령"을 통해서입니다. 그러므로 설교란 하나님을 알게 하는 것입니다. 하나님의 "거룩하심, 의로우심, 하나님의 사랑과 긍휼, 오래 참으심, 용납하심, 인자와 성실" 등을 전해주어 알게 하는 것입니다.

형제여, 진리의 성령은 형제에게 임하셨고, 진리의 말씀(성경)은 형제의 손에 주어졌습니다. 전도자의 사명은 "아버지의 이름을 알게 하였고, 또 알게 하여야" 할 사명임을 명심하십시다.

주님의 대제사장적 기도를 마치기 전에 형제에게 부탁할 말이 있습니다. 주님께서 십자가에 달려 죽으시기 전날 밤에 하신 기도는 사도들만을 위한 것이 아니었습니다. "내가 비옵는 것은 이 사람들만을 위함이 아니요, 또 저희 말을 인하여 나를 믿는 사람들도 위함이니"(20) 하십니다. 그러므로 이 중보기도는 바로 현대교회를 위한 기도요, 나 자신을 위한 기도라는 각성이 필요합니다.

기도 중에 "저희"라는 말이 34회나 나옵니다. 부탁할 것은 "저희" 라는 말이 나올 때마다 "저희" 대신 자신의 이름을 넣어서 소리 내어 읽어보십시오. "ㅇㅇㅇ는 아버지의 것이었는데 내게 주셨으며, ㅇㅇㅇ는 아버지의 말씀을 지키었나이다"(6) 하고 말입니다. 그리고 묵상에 잠겨 보십시오.

주님께서 드리신 대제사장적인 기도를 해석하고 설명한다는 것은 외람된 일이요, 불가능에 속합니다. 다시 부탁 드립니다. 본문 자체를 봉독하십시오. 특별히 시련이 닥쳐와 형제의 마음을 짓누를 때, 그 고통으로 인하여 힘들고 어려울 때, 소리 내어 봉독할 것을 권면합니다.

그렇게 하노라면 찢기고 상한 형제의 마음에 진한 감동이 임하게 될 것이요, 창세 전부터 하나님과 함께 영광가운데 계시던 그분의 못 자국 난 손이 형제의 마음을 어루만져 주실 것입니다. 그리하여 형제는 "젖뗀 아이가 그 어미 품에 있음 같은"(시 131:2) 평안을 누리게 될 것입니다.

그리스도인이라면 누구를 막론하고 우리들에게 요한복음 17장을 주심을 인하여 하나님께 감사해야만 합니다. 이 중보기도는 이천년 전에 뿐만 아니라 시간을 초월하여 지금도 드려지고 있기 때문입니다. "누가 정죄하리요 죽으실 뿐 아니라 다시 살아나신 이는 그리스도 예수시니 그는 하나님 우편에 계신 자요 우리를 위하여 간구하시는 자시니라"(롬 8:34) 아멘.

묵상해 봅시다.

1. 저희를 보전하사 거룩하게 하옵소서에 대해서,
2. 저희로 하나되게 하옵소서에 대해서,
3. 내게 주신 영광을 저희에게 주셨다는 점에 대해서,
4. 34회 등장하는 "저희"가 나 자신에게 적용됨에 대해서.

요한복음 18:1-27절 개관도표

주제:너희가 누구를 찾느냐

아버지께서 주신 잔	1-11 1 ① 예수께서 이 말씀을 하시고 제자들과 함께 **기드론 시내 저편으로 나가시니** 거기 동산이 있는데 제자들과 함께 들어가시다 2 거기는 예수께서 제자들과 가끔 모이시는 곳이므로 예수를 파는 유다도 그곳을 알더라 3 **유다가 군대와 및 대제사장들과** 바리새인들에게서 얻은 하속들을 데리고 등과 홰와 병기를 가지고 그리로 오는지라 4 ② 예수께서 그 당할 일을 다 아시고 나아가 가라사대 **너희가 누구를 찾느냐** 5 대답하되 **나사렛 예수라** 하거늘 가라사대 내로라 하시니라 그를 파는 유다도 저희와 함께 섰더라 6 예수께서 저희에게 **내로라 하실 때에 저희가 물러가서 땅에 엎드러지는지라** 7 ③ 이에 다시 **누구를 찾느냐고** 물으신대 저희가 말하되 **나사렛 예수라** 하거늘 8 예수께서 대답하시되 너희에게 내로라 하였으니 나를 찾거든 이 사람들의 가는 것을 용납하라 하시니 9, 이는 아버지께서 내게 주신 자 중에서 하나도 잃지 아니하였삽나이다 하신 말씀을 응하게 하려 함이러라 10 이에 시몬 베드로가 검을 가졌는데 이것을 빼어 대제사장의 종을 쳐서 오른편 귀를 베어버리니 그 종의 이름은 말고라 11 예수께서 베드로더러 이르시되 검을 집에 꽂으라 **아버지께서 주신 잔을 내가 마시지 아니하겠느냐** 하시니라
결박하여 안나스에서 가야바에게	12-27 12 ④ 이에 군대와 천부장과 유대인의 하속들이 **예수를 잡아 결박하여** 13 **먼저 안나스에게로 끌고 가니** 안나스는 그 해의 대제사장인 가야바의 장인이라 14 가야바는 유대인들에게 한 사람이 백성을 위하여 죽는 것이 유익하다 권고하던 자러라 15 시몬 베드로와 또 다른 제자 하나가 예수를 따르니 이 제자는 대제사장과 아는 사람이라 예수와 함께 대제사장의 집 뜰에 들어가고 16 베드로는 문 밖에 섰는지라 대제사장과 아는 그 다른 제자가 나가서 문 지키는 여자에게 말하여 베드로를 데리고 들어왔더니 17 ⑤ 문 지키는 여종이 베드로에게 말하되 **너도 이 사람의 제자 중 하나가 아니냐** 하니 그가 말하되 **나는 아니라** 하고 18 그 때가 추운 고로 종과 하속들이 숯불을 피우고 서서 쬐니 베드로도 함께 서서 쬐더라 19 ⑥ 대제사장이 예수에게 그의 제자들과 그의 교훈에 대하여 물으니 20 예수께서 대답하시되 내가 드러내어 놓고 세상에 말하였노라 모든 유대인들의 모이는 회당과 성전에서 항상 가르쳤고 은밀히 는 아무 것도 말하지 아니하였거늘 21 어찌하여 내게 묻느냐 내가 무슨 말을 하였는지 들은 자들에게 물어 보라 저희가 나의 하던 말을 아느니라 22 이 말씀을 하시매 곁에 섰는 하속 하나가 손으로 예수를 쳐 가로되 네가 대제사장에게 이 같이 대답하느냐 하니 23 ⑦ 예수께서 대답하시되 내가 말을 잘못하였으면 그 잘못한 것을 증거하라 잘하였으면 네가 어찌하여 나를 치느냐 하시더라 24 **안나스가** 예수를 결박한 그대로 **대제사장 가야바에게 보내니라** 25 시몬 베드로가 서서 불을 쬐더니 사람들이 묻되 너도 그 제자 중 하나가 아니냐 베드로가 부인하여 가로되 나는 아니라 하니 26 대제사장의 종 하나는 베드로에게 귀를 베어 버리운 사람의 일가라 가로되 네가 그 사람과 함께 동산에 있던 것을 내가 보지 아니하였느냐 27 **이에 베드로가 또 부인하니 곧 닭이 울더라**

18:1-27절

너희가 누구를 찾느냐

첫째 단원(1-11) **아버지께서 주신 잔**

둘째 단원(12-27) **결박하여 안나스에서 가야바에게로**

18장은 예수 그리스도께서 잡히셔서 안나스…가야바…빌라도에게 심문을 당하시는 내용입니다. 18장 전체의 중심점은 "네 말과 같이 내가 왕이다"(37) 하신 말씀에 있습니다. 주님께서는 잡으러 온 무리들을 향해 "너희가 누구를 찾느냐" 하고 두 번이나 물으십니다. 이에 대한 답변은 "유대인의 왕"을 찾고 있다는 것이 됩니다.

도표를 보시면 "누구를 찾느냐"를 중심으로, "아버지께서 주신 잔을 내가 마시지 않겠느냐"(첫째 단원) 하시고, "결박하여 안나스에서 가야바에게로"(둘째 단원) 보냄을 받으십니다.

첫째 단원(1-11) 아버지께서 주신 잔

① "예수께서 이 말씀을 하시고 제자들과 함께 기드론 시내 저편으로 나가시니 거기 동산이 있는데 제자들과 함께 들어가시다"(1), 주님은 겟세마네 동산으로 가신 것입니다.

㉠ "거기는 예수께서 제자들과 가끔 모이시는 곳이므로 예수를 파는 유다도 그곳을 알더라"(2), "유다가 안"것은 장소만이 아니라 이런 경우, 이런 상황에 주님은 틀림없이 겟세마네 동산에 가셔서 기도하실 것이라는 점도 알고 있었다는 것이 됩니다.

㉡ 그래서 "유다가 군대와 및 대제사장들과 바리새인들에게서 얻은 하속들을 데리고 등과 홰와 병기를 가지고 그리로 오는지라"(3) 합니다. 이것이 창세전부터 아버지와 함께 가지셨던 영광을 비우시고 잃어버린 자를 찾으시러 "자기 땅"(1:11)에 오신 성자 하나님이 받으신 대접입니다. 이들의 성분을 주목해 보시기를 바랍니다. 왜냐하면 여기에는 상징성이 있기 때문입니다.

㉮ "사단이 그 속에 들어간"(13:27) 가룟 유다,

㉯ 군대, 즉 적그리스도,

㉰ 대제사장과 바리새인의 하속들, 즉 거짓목자들로 구성이 되어 있습니다.

신 구약시대를 막론하고 메시아 언약과, 주님의 몸 된 교회와 복음을 대적한 자들은 이 세 부류들이었던 것입니다. 계시록 16:13절에는, "또 내가 보매 개구리 같은 세 더러운 영이 용의 입과 짐승의 입과 거짓선지자의 입에서 나오니" 합니다.

② "예수께서 그 당할 일을 다 아시고 나아가 가라사대 너희가

누구를 찾느냐"(4) 하십니다. 당할 일을 아시고 "너희가 누구를 찾느냐" 하고 물으셨다는 점을 유념하시기를 바랍니다.

마태, 마가, 누가복음에서는 가롯 유다가 군호를 짜기를 "내가 입맞추는 자가 그 사람이니 단단히 붙잡으라"로 되어 있습니다. 그런데 요한복음만은 주님이 정면에 나스셔서, "너희가 누구를 찾느냐" 하고 묻고 계시는 것입니다. 이는 그들이 누구를 찾고 있는지 모르셔서 물으신 질문이 아닙니다. 그들이 잡으러 온 그분이 누구인가를 알기를 원하고 있기 때문입니다. 요한복음은 일관되게 "예수가 누구신가"를 증거하는데 초점을 맞추고 있는 것입니다.

"너희가 누구를 찾느냐", 그렇습니다. 이 말씀은 좋은 뜻으로 사용되었어야 마땅했습니다. 안드레는 형제 시몬 베드로를 찾아가서 "우리가 메시아를 만났다"(1:41) 하고 말했습니다. 모든 사람들은 주님을 찾아야 하고, 만나야만 하는 것입니다. 더욱이나 이곳 감람원은 주님을 만나기에 얼마나 적합한 장소입니까? "밤 깊도록 주와 함께 동산 안에 있으려 하나" 하고, 찬송가 작사자는 이점을 사모했습니다.

그러나 슬프게도 지금 이 말은 부정적인 의미로 사용되고 있는 것입니다. "너희가 누구를 찾느냐", 이 말씀은 "너희가 결박하기 위하여 찾고 있는 그 분이 누구인 줄 알고 있느냐"하는 암시적인 뜻이 있습니다.

㉠ 왜냐하면 "예수께서 저희에게 내로라 하실 때에 저희가 물러가서 땅에 엎드러지는지라"(6) 하고 말씀하고 있기 때문입니다. 주님은 17:2절에서 "만민을 다스리는 권세를 아들에게 주셨음이로소이다" 하셨습니다. 저들이 잡고자 하는 분은 "하늘과 땅의 모든 권세를 내게 주셨으니"(마 28:18) 한, 그런 분이셨습니다.

③ "이에 다시 누구를 찾느냐고 물으신대 저희가 말하되 나사렛 예수라 하거늘"(7), 두 번째 "너희가 누구를 찾느냐" 하고 다짐하신 데는 또 다른 현실적인 의도에서였는데 그것은 제자들의 안전을 위해서였던 것입니다

㉠ 이점이 "예수께서 대답하시되 너희에게 내로라 하였으니 나를 찾거든 이 사람들의 가는 것을 용납하라 하시니 이는 아버지께서 내게 주신 자 중에서 하나도 잃지 아니하였삽나이다 하신 말씀을 응하게 하려 함이러라"(8-9) 하신 말씀에 나타납니다. 주님은 17:12절에서 "저희를 보전하와 지키었나이다 그 중에 하나도 멸망치 않고 오직 멸망의 자식뿐이오니" 하고 말씀하셨는데, "끝까지" 지켜주고 계시는 것을 보게 됩니다.

㉡ "이에 시몬 베드로가 검을 가졌는데 이것을 빼어 대제사장의 종을 쳐서 오른편 귀를 베어버리니 그 종의 이름은 말고라 예수께서 베드로더러 이르시되 검을 집에 꽂으라 아버지께서 주신 잔을 내가 마시지 아니하겠느냐"(10-11) 하십니다.

6절에서 "내로라 하실 때에 저희가 물러가서 땅에 엎드러지는지라" 한 것은 그들의 자력으로는 주님께 손을 댈 수가 없었음을 나타냅니다. 그렇습니다. 주님께서 결박을 당하신 것은 힘이 모자라서가 아니라 아버지께서 "주신 잔"이었던 것입니다. 그러므로 주님의 십자가 사건을 감상적인 차원으로 끌어내려서 하나님께서 주권적으로 이루신 구속사역의 본질을 흐리게 해서는 아니 되는 것입니다.

주님은 "너는 내가 내 아버지께 구하여 지금 열 두 영 더 되는 천사를 보내시게 할 수 없는 줄로 아느냐 내가 만일 그렇게 하면 이런 일이 있으리라 한 성경이 어떻게 이루어지리요"(마 26:54) 하고 말씀하셨습니다. 아브라함이 사랑하는 아들 이삭을 결박하여 번제단

에 올려 놓듯이, 사랑하는 아들 예수 그리스도를 십자가에 못 박도록 결박하여 내어주신 분은, 하나님 아버지 자신이셨습니다.

▎둘째 단원(12-27) **결박하여 안나스에서 가야바에게로**

④ "이에 군대와 천부장과 유대인의 하속들이 예수를 잡아 결박하여 먼저 안나스에게로 끌고 가니 안나스는 그 해의 대제사장인 가야바의 장인이라 가야바는 유대인들에게 한 사람이 백성을 위하여 죽는 것이 유익하다 권고하던 자러라"(12-14),

㉠ "시몬 베드로와 또 다른 제자 하나가 예수를 따르니 이 제자는 대제사장과 아는 사람이라 예수와 함께 대제사장의 집 뜰에 들어가고 베드로는 문 밖에 섰는지라 대제사장과 아는 그 다른 제자가 나가서 문 지키는 여자에게 말하여 베드로를 데리고 들어왔더니"(15-16), "다른 제자" 하나란 요한복음을 기록한 "요한" 자신이었을 것입니다.

⑤ "문 지키는 여종이 베드로에게 말하되 너도 이 사람의 제자 중 하나가 아니냐 하니 그가 말하되 나는 아니라 하고 그 때가 추운고로 종과 하속들이 숯불을 피우고 서서 쬐니 베드로도 함께 서서 쬐더라"(17-18),

㉠ "시몬 베드로가 서서 불을 쬐더니 사람들이 묻되 너도 그 제자 중 하나가 아니냐 베드로가 부인하여 가로되 나는 아니라 하니 대제사장의 종 하나는 베드로에게 귀를 베어 버리운 사람의 일가라 가로되 네가 그 사람과 함께 동산에 있던 것을 내가 보지 아니하였느냐 이에 베드로가 또 부인하니 곧 닭이 울더라"(25-27)

하고, 주님께서 미리 말씀하신 대로 베드로는 결국 세 번 부인을 하고 맙니다.

이점에서 상기해야 할 말씀이 있는데 그것은, "나의 가는 곳에 네가 지금은 따라 올 수 없으나 후에는 따라 오리라"(13:36) 한 말씀입니다. 베드로의 "지금과, 이후"가 어떤 차이가 있는가? 주님을 눈앞에 보면서 부인을 한 베드로가 볼 수 없는 이후에 죽기까지 따를 수 있었던 원동력이 무엇인가? 그것은 오순절 성령강림과 관련이 있는 것입니다. 주님께서 베드로에게, "늙어서는 네 팔을 벌리리니"(21:18) 하신 대로 십자가에 꺼꾸로 달려 순교할 수 있었던 것은 자신의 결심이나 능력으로 되는 것이 아니라는 점입니다.

⑥ "대제사장이 예수에게 그의 제자들과 그의 교훈에 대하여 물으니 예수께서 대답하시되 내가 드러내어 놓고 세상에 말하였노라 모든 유대인들의 모이는 회당과 성전에서 항상 가르쳤고 은밀히 는 아무것도 말하지 아니하였거늘 어찌하여 내게 묻느냐 내가 무슨 말을 하였는지 들은 자들에게 물어 보라 저희가 나의 하던 말을 아느니라"(19-21),

주님은 두 번의 재판을 받으셨는데 한 번은 산헤드린 공회 앞에서 받으신 종교재판(宗教裁判)이었고, 또 다른 하나는 빌라도의 법정에서 받으신 정치적인 재판입니다. 요한복음은 당시의 실권자였던 안나스 앞에서 심문 받으신 것을 간단히 언급하고 있을 뿐 대제사장 가야바 앞에서 받으신 종교 재판에 관해서는 생략하고 있습니다. 왜냐하면 종교재판에 관해서는 공관복음이 이미 상세하게 기록하고 있었기 때문일 것입니다.

주님께서 받으신 종교적인 재판과, 정치적인 재판을 통해서 각각 부각되고 있는 점이 있는데 종교재판을 통해서 제기된 문제는, "네가 하나님의 아들 그리스도냐" 하는 점이고, 정치적인 재판에서 제기된 문제는 "네가 유대인의 왕이냐" 하는 점이었던 것입니다. 이에 대해 주님은 무엇이라 증거하셨는가?

먼저 종교재판의 쟁점에 대해서 살펴보겠습니다. 예수님께서는 거짓 증인들의 송사나 핵심을 벗어난 질문에 대해서는 일체 답변하시지 않으셨습니다. 마태복음 26장에 보면 "대제사장이 일어나 예수께 묻되 아무 대답도 없느냐 이 사람들의 너를 치는 증거가 어떠뇨 하되 예수께서 잠잠하시거늘", 그래서 대제사장은 "내가 너를 살아계신 하나님께 맹세하게 하노니 네가 하나님의 아들 그리스도인지 우리에게 말하라"(마 26:62-63) 하고, 핵심적인 질문을 했던 것입니다.

이 질문에 대한 답변 여하에 따라 죽음과 삶이 좌우될 수가 있습니다. "네가 하나님의 아들 그리스도인지 우리에게 말하라", 이 물음에도 주님께서 침묵하셨단 말인가? 아닙니다. "예수께서 가라사대 네가 말하였도다. 그러나 내가 너희에게 이르노니 이 후에 인자가 권능의 우편에 앉은 것과 하늘 구름을 타고 오는 것을 너희가 보리라"(마 26:64) 하고, 저들이 묻지 않은 승귀와 다시 오실 재림까지를 증거하셨던 것입니다. 얼마나 당당하십니까? 잡으러 온 자들에게 "너희가 누구를 찾느냐" 하고 물으셨는데 예수 그리스도는 이러한 분이십니다. 그 권위 앞에 압도당하게 합니다.

마가복음 14장에서도 "너는 아무 대답도 없느냐 이 사람들의 너를 치는 증거가 어떠하냐 하되 잠잠하고 아무 대답도 아니하시거늘 대제사장이 다시 물어 가로되 네가 찬송 받을 자의 아들 그리스도냐 예수께서 이르시되 내가 그니라 인자가 권능자의 우편에 앉은 것과 하늘 구름을 타고 오는 것을 너희가 보리라"(막 14:60-62), 주님은 자신이 누구인가에 대해서는 당당히 증거하셨던 것입니다.

그래서 누가복음 22장에서는 "그러면 네가 하나님의 아들이냐 대답하시되 너희 말과 같이 내가 그니라 저희가 가로되 어찌 더 증거를 요구하리요. 우리가 친히 그 입에서 들었노라"(눅 22:70-71) 하고, 죽음에 넘기었던 것입니다. 이것이 종교재판을 통해서 드러내시고자 한 핵심입니다. 그렇습니다. 더 이상 무슨 증거를 구한단 말인가? 저들이 믿지 않는 것은 듣지를 못했기 때문도 아니요, 증거가 모자라서가 아닙니다. 정치적인 재판에 관해서는 19장에서 상고하게 될 것입니다.

이제 문제는 나 자신의 고백인 것입니다. 저들처럼 자기 옷을 찢으며 참람하도다 하고 정신 이상자의 말로 돌릴 것인가? 아니면 겸손히 그 발 아래 무릎을 꿇고 입으로, "예수 그리스도를 주라 시인하여 하나님 아버지께 영광"(빌 2:10-11)을 돌릴 것인가?

그러므로 "너희가 누구를 찾느냐" 하는 이 물음은 교회 밖에 있는 불신자들만이 아니라, 오늘날 교회 내에 있는 자들이 더욱 자문해 보아야 할 질문인 것입니다. 형제가 찾고 있는 분은 5병 2어의 주님은 아닙니까? 형제가 믿는 것은 병 고침 받는 것이 아닙니까? 형제가 따르는 목적이 축복을 받기 위해서가 아닙니까?

그러나 베드로는 결정적인 순간에 주님을 세 번이나 부인하고 말았습니다. 형제여, 결정적인 순간에 예수를 주와 그리스도로 담대히 시인하게 되시기를 기원합니다.

"너희가 누구를 찼느냐"!

묵상해 봅시다.

1. "너희가 누구를 찾느냐"에 대한 형제의 답변에 대해서,
2. 종교 재판 석상에서의 주님의 증거에 대해서,
3. 베드로의 세 번 부인에 대해서.

요한복음 18:28-40절 개관도표

주제 : 네 말과 같이 내가 왕이다

유월절과 그리스도	28-32 28 ① **저희가 예수를 가야바에게서 관정으로 끌고 가니 새벽이라** 저희는 더럽힘을 받지 아니하고 **유월절 잔치를** 먹고자 하여 관정에 들어가지 아니하더라 29 그러므로 빌라도가 밖으로 저희에게 나가서 말하되 너희가 무슨 일로 이 사람을 고소하느냐 30 ② 대답하여 가로되 이 사람이 행악자가 아니었더면 우리가 당신에게 넘기지 아니 하였겠나이다 31 빌라도가 가로되 너희가 저를 데려다가 너희 법대로 재판하라 유대인들이 가로되 우리에게는 사람을 죽이는 권이 없나이다 하니 32 이는 예수께서 자기가 **어떠한 죽음으로 죽을 것을** 가리켜 하신 말씀을 응하게 하려 함이러라
진리에 대하여 증거하려 함이라	33-40 33 ③ 이에 빌라도가 다시 관정에 들어가 예수를 불러 가로되 **네가 유대인의 왕이냐** 34 예수께서 대답하시되 이는 네가 스스로 하는 말이뇨 다른 사람들이 나를 대하여 네게 한 말이뇨 35 빌라도가 대답하되 내가 유대인이냐 네 나라 사람과 대제사장들이 너를 내게 넘겼으니 네가 무엇을 하였느냐 36 ④ 예수께서 대답하시되 **내 나라는 이 세상에 속한 것이 아니라** 만일 내 나라가 이 세상에 속한 것이었더면 내 종들이 싸워 나로 유대인들에게 넘기우지 않게 하였으리라 이제 **내 나라는 여기에 속한 것이 아니니라** 37 ⑤ 빌라도가 가로되 **그러면 네가 왕이 아니냐** 예수께서 대답하시되 **네 말과 같이 내가 왕이니라** **내가 이를 위하여 났으며 이를 위하여 세상에 왔나니** 곧 **진리에 대하여 증거하려 함이로라** 무릇 진리에 속한 자는 내 소리를 듣느니라 하신대 38 ⑥ 빌라도가 가로되 **진리가 무엇이냐** 하더라 이 말을 하고 다시 유대인들에게 나가서 이르되 나는 그에게서 아무 죄도 찾지 못하노라 39 유월절이면 내가 너희에게 한 사람을 놓아 주는 전례가 있으니 그러면 너희는 내가 유대인의 왕을 너희에게 놓아 주기를 원하느냐 하니 40 저희가 또 소리 질러 가로되 이 사람이 아니라 바라바라 하니 바라바는 강도러라

18:28-40절

네 말과 같이 내가 왕이니라

첫째 단원(28-32) **유월절과 그리스도의 죽음**

둘째 단원(33-40) **진리에 대하여 증거하러 왔다**

예수님은 겟세마네 동산에서 잡히시어…안나스…가야바…빌라도 관정(官庭)으로 전전하신 것입니다. 본 문단은 주님께서 빌라도의 법정에서 정치적인 재판을 받으신 내용인데, 이를 통해서 증거하고자 하는 핵심은 "네 말과 같이 내가 왕이다" 하는 말씀입니다. 이를 첫째 문단(1-27)의 주제인 "너희가 누구를 찾느냐"(4) 하신 말씀과 결부를 시킨다면 유다가 배신 한 분, 대제사장들의 하속들이 잡고자 한 분, 그리고 베드로가 부인한 분은 "내가 왕이라" 하신 분이 됩니다.

도표를 보시면 "내가 왕이니라"를 중심으로 "유월절과 그리스도의 죽음"(첫째 단원)이 결부가 되어 있고, "진리에 대하여 증거하러 왔다"(둘째 단원) 하십니다. 빌라도는 "진리가 무엇이냐" 하고 물었습니다. 형제는 "진리가 무엇인가"에 대해 확고합니까?

▌첫째 단원(28-32) 유월절과 그리스도의 죽음

① "저희가 예수를 가야바에게서 관정으로 끌고 가니 새벽이라 저희는 더럽힘을 받지 아니하고 유월절 잔치를 먹고자 하여 관정에 들어가지 아니하더라"(28) 합니다.

본문에 "유월절 잔치를 먹고자 하여" 하고 유월절이 등장하는데, 최우선으로 주목해야 할 점은 네 개의 복음서가 한결같이 유월절과, 예수 그리스도의 죽으심을 결부시키고 있다는 점입니다. 왜냐하면 이는 출애굽 당시에 예시(豫示)하신 바요, 그로부터 1500년 동안이나 자자손손 전승되어 내려오던 "유월절"이라는 예표가 드디어 예수 그리스도께서 대속제물이 되어주심으로 실체(實體)로 성취되는 역사적인 사건이었기 때문입니다.

㉠ 마태복음은, "너희의 아는 바와 같이 이틀을 지나면 유월절이라 인자가 십자가에 못 박히기 위하여 팔리우리라"(마 26:2) 말씀하고,

㉡ 마가복음은, "이틀이 지나면 유월절과 무교절이라 대제사장들과 서기관들이 예수를 궤계로 잡아죽일 방책을 구하며"(막 14:2) 하고,

㉢ 누가복음에서는 주님께서, "내가 고난을 받기 전에 너희와 함께 이 유월절 먹기를 원하고 원하였노라"(눅 22:15) 하십니다.

㉣ 그리고 요한복음에서는 "이 날은 유월절의 예비일이요 때는 제 육시라 빌라도가 유대인들에게 이르되 보라 너희 왕이로다 저희가

소리지르되 없이 하소서 저를 십자가에 못 박게 하소서"(19:14-15) 합니다.

예표로 보여주신 육적 출애굽 때에도 바로의 노예에서 자유 함을 얻을 수 있었던 것은 아홉 가지 재앙으로 된 것이 아닙니다. "한 가지 재앙을 바로와 애굽에 내린 후에야 그가 너희를 여기서 보낼지라"(출 11:1) 하고 초점이 "유월절 어린양의 피"에 맞춰져 있다는 이 연관성을 놓치지 말아야만 합니다.

② "그러므로 빌라도가 밖으로 저희에게 나가서 말하되 너희가 무슨 일로 이 사람을 고소하느냐 대답하여 가로되 이 사람이 행악자가 아니었더면 우리가 당신에게 넘기지 아니 하였겠나이다 빌라도가 가로되 너희가 저를 데려다가 너희 법대로 재판하라"(29-31상),

㉠ "유대인들이 가로되 우리에게는 사람을 죽이는 권이 없나이다 하니 이는 예수께서 자기가 어떠한 죽음으로 죽을 것을 가리켜 하신 말씀을 응하게 하려 함이러라"(31하-32) 합니다. 이 말씀은 우리의 구원이 "어떠한 죽음을 죽을 것"이라 한 그리스도의 대속적인 "죽음"으로 말미암아 가능하여졌다는 점을 드러내고 있는 것입니다.

둘째 단원(33-40) 진리에 대하여 증거하러 왔다

③ "이에 빌라도가 다시 관정에 들어가 예수를 불러 가로되 네가 유대인의 왕이냐"(33),

다시 상기시키면서 강조합니다만 주님은 두 번의 재판을 받으셨는데 한 번은 대제사장 가야바 앞에서 받으신 종교재판이었고, 또

한 번은 총독 빌라도 앞에서 받으신 정치재판입니다. 이 재판 장면에서 우리가 주목해야 할 인물은 가야바도, 빌라도도, 주님을 부인하고 있는 베드로도 아닙니다. 하나님의 아들 예수 그리스도로부터 우리의 시선을 떼어서는 아니 됩니다. 주님을 바라보아야만 합니다.

그리고 예수님께서 자신을 누구라고 증거하시는가 그 입을 주시해야만 하는 것입니다. 대제사장 가야바를 향해서는 자신이 하나님의 아들 그리스도이심과, 하나님 우편에 앉아 계시다가 하늘 구름을 타고 오실 것을 증거하셨습니다. 그러면 빌라도 총독 앞에서는 자신이 누구라고 증거하셨는가?

㉠ 총독 빌라도가 주님께 한 질문은, "네가 유대인의 왕이냐"(33) 하는 것이었습니다. 이점은 네 복음서가 일치합니다. "예수께서 대답하시되 이는 네가 스스로 하는 말이뇨 다른 사람들이 나를 대하여 네게 한 말이뇨 빌라도가 대답하되 내가 유대인이냐 네 나라 사람과 대제사장들이 너를 내게 넘겼으니 네가 무엇을 하였느냐"(34-35), 이를 통해서 드러내고자 하는 것은 적그리스도의 예표라 할 수 있는 총독 빌라도보다, 거짓선지자의 예표인 대제사장이 더욱 악하다는 점입니다

④ "예수께서 대답하시되 내 나라는 이 세상에 속한 것이 아니라 만일 내 나라가 이 세상에 속한 것이었더면 내 종들이 싸워 나로 유대인들에게 넘기우지 않게 하였으리라 이제 내 나라는 여기에 속한 것이 아니니라"(36) 하십니다.

주님의 답변 중에는, "내 나라"라는 말이 세 번이나 강조되어 있습니다. 또한 "왕"이라는 말이 몇 번이나 나오는지 관찰해 보셨습니까? 11번이나 나옵니다.

⑤ 주님께서 "내 나라, 내 나라" 하시니까, "빌라도가 가로되 그러면 네가 왕이 아니냐"(37상) 하고 묻습니다.

㉠ "예수께서 대답하시되 네 말과 같이 내가 왕이니라 내가 이를 위하여 났으며 이를 위하여 세상에 왔나니"(37중) 하십니다. "내가 이를 위하여 세상에 왔나니(37), 내가 이를 위하여 이때에 왔나이다"(12:27), 이 두 구절을 결부시키면 하나님의 아들 그리스도께서 이 땅에 오신 목적(目的)이 분명하게 드러나는데 대속제물이 되심으로, 내 나라, 즉 메시아 왕국을 세우시기 위해서 오셨다는 것이 되는 것입니다.

사도 바울은 이 장면에서 큰 감명을 받았던 듯싶습니다. 그의 목회서신에서 디모데에게 명령할 때에, "만물을 살게 하신 하나님 앞과 본디오 빌라도를 향하여 선한 증거로 증거하신 그리스도 예수 앞에서 내가 너를 명하노니"(딤전 6: 13) 하고 말씀하고 있기 때문입니다. 빌라도 총독 앞에 선 예수님은 어느 죄수들처럼 고개를 떨구고 기가 죽어 있는 모습이 아니었습니다. 빌라도를 똑바로 쳐다보시면서 위엄 있게 말씀하셨습니다.

이것이 "본디오 빌라도를 향하여" 라는 표현입니다. 빌라도를 향하여, "네 말과 같이 내가 왕이니라" 하신 이 장면이 바울에게는 그토록 권위 있게 보였고, 장엄하게 보였고, 당당하게 보였던 것입니다. "본디오 빌라도를 향하여 선한 증거로 증거하신 그리스도 예수 앞에서 내가 너를 명하노니" 하고 말씀하는 바울의 의중이 무엇이겠습니까?

"나도 그렇게 할 것이다" 하는 결의(決意)를 나타내는 것이 아니겠습니까? 바울은 실제로 결박 당하여 재판을 받을 때에, "대제사장 앞(행 23:2)과, 벨릭스 총독(행 24:3)과, 베스도 총독(행 25:1)과, 아그

립바 왕"(행 26:1) 앞에서, "그리스도가 고난을 받으실 것과 죽은 자 가운데서 먼저 다시 살아나사 이스라엘과 이방인들에게 빛을 선전하시리라 함이니이다"(행 26:23) 하고 담대히 증거하였던 것입니다. "디모데야 너도 이와 같이 하여라" 하는 권면이 암시되어 있는 것입니다.

"네 말과 같이 내가 왕이니라", 이것이 본 문단의 핵심입니다. 베드로가 주님을 몇 번 부인했느냐 이런 것들은 중요한 문제가 못됩니다. 왜냐하면 형제나 나나 그 입장이라면 별수 없었을 것이요, 인간은 모두 다 연약하고 거짓되기 때문입니다.

주님을 뚫어져라 쳐다보아야만 합니다. 가야바를 향하여, 빌라도를 향하여 무슨 선한 증거를 하고 계시는가 그 진실된 증거를 들어야만 합니다. 대제사장을 향해서는 "메시아"이심을 증거하고, 총독에게는 "왕"이심을 증거하셨다는 것은 경우에 꼭 들어맞는 증거였던 것입니다.

빌라도 총독이 처음에, "네가 유대인의 왕이냐"하고 물었을 때는 사건을 심의하기 위한 사무적인 절차로 여겨집니다. 그러나 두 번째, "그러면 네가 왕이 아니냐"하는 질문은 전연 그 어감이 다릅니다. 그의 말은 어떤 권위 앞에서 놀라움과 두려움에 사로잡힌 말같이 들리기 때문입니다. 19:7절에 보면, "저가 자기를 하나님 아들이라 함이니이다"하는 유대인들의 송사를 듣고 "빌라도가 더욱 두려워하였다" 증언하고 있습니다.

주님께서 빌라도 앞에서 증거하신, "나라와, 왕"에 관하여 구속사적인 맥락에서 좀 더 살펴볼 필요가 있습니다. 창세기 49:10절에서,

“홀이 유다를 떠나지 아니하며 치리자의 지팡이가 그 발 사이에서 떠나지 아니하시기를 실로가 오시기까지 미치리니” 하고 왕이 유다 지파에서 나올 것이 예언되어 있습니다. 그러나 이스라엘의 초대 왕 사울은 유다 지파의 출신이 아니라 베냐민 지파 (삼상 9:1) 출신이었습니다. 그래서 그를 가리켜 “너희의 구한 왕, 너희의 택한 왕”(삼상 12:13)이라 하시면서 그가 범죄하자 폐하여졌던 것입니다.

그런데 하나님은 유다 지파 다윗을 택하시고 그에게, “내가 네 몸에서 날 자식을 네 뒤에 세워 그 나라를 견고케 하리라…네 집과 네 나라가 네 앞에서 보존되고 네 위가 영원히 견고하리라”(삼하 7:12, 16) 하고 언약을 세워주셨습니다. 또한 선지자들을 통해서, “내 종 다윗이 그들의 왕이 되리니 그들에게 다 한 목자가 있을 것이라”(겔 37:24) 하고 예언케 하셨습니다.

이 약속이 누가복음 1:31-33절에서, “아들을 낳으리니 그 이름을 예수라 하라 저가 큰 자가 되고 지극히 높으신 이의 아들이라 일컬을 것이요, 주 하나님께서 그 조상 다윗의 위를 저에게 주시리니 영원히 야곱의 집에 왕 노릇 하실 것이며 그 나라가 무궁하리라” 하고 성취되었던 것입니다. 주님께서 증거하신 “내가 왕이라” 하심은 이처럼 구약성경을 통해서 “약속, 예언, 증거”된 왕이었던 것입니다.

또한 “내 나라”도, “이는 한 아기가 우리에게 났고 한 아들을 우리에게 주신 바 되었는데, 다윗의 위에 앉아서 그 나라를 굳게 세우고”(사 9:6, 7) 한 나라요, 다니엘서를 통해서는 바벨론 후에 바사가 일어나고, 바사 나라 뒤에 헬라가 일어나고, 헬라 나라 후에 로마가 일어날 것을 계시하시면서(단 2:36-43), “이 열왕의 때에 하늘의 하나님이 한 나라를 세우시리니 이것은 영원히 망하지도 아니할 것이요 그 국권이 다른 백성에게로 돌아가지도 아니할 것이요"(단 2:44) 하고 예언된 "나라"였던 것입니다. 주님께서는 지금 구약성경을 통해서 언약하시고 예언케 하신 "왕과, 나라"가 신실하게 성취되고 있음을 증거하고 계시는 것입니다.

ⓛ "곧 진리에 대하여 증거하려 함이로라 무릇 진리에 속한 자는 내 소리를 듣느니라"(37하) 하십니다. 주님은 빌라도 앞에서, "왕, 나라, 진리"를 증거하셨는데 이는 주님께서 세우실 왕국은 무력으로 세우는 나라가 아니라 "진리"(眞理)로 세우신다는 뜻입니다.

이점이 구약성경에는 메시아예언과 결부하여 여러 번 증거되어 있는데, "다윗의 위에 앉아서, 공평과 정의(진리)로 그것을 보존하실 것이라"(사 9:6, 7) 하시고 시편에서는, "그 손의 행사는 진실과 공의며 그 법도는 다 확실하니 영원 무궁히 정하신 바요 진실과 정의로 행하신 바로다"(시 111:7-8) 합니다. 하나님의 구원행사는 공의와, 진리"로 행하신 정정당당한 행사였던 것입니다.

⑥ "빌라도가 가로되 진리가 무엇이냐 하더라"(38상),

이 말은 빌라도가 냉소적으로 한 말로 볼 수가 있습니다. 그런데 빌라도는 이 말을 함으로 "유명해졌다" 말할 정도로 의미심장한 말인 것입니다. 왜냐하면 모든 학문이 추구하는 바가 "진리가 무엇이냐" 하는 탐구이기 때문입니다. 불교 간화선(看話禪)의 화두(話頭)는 "내가 뭐꼬"입니다. 승가대학의 현판에 "심우당"(尋牛堂), 즉 잃어버린 소를 찾는 집이라 하고 걸려있는 것을 보았습니다.

이들을 향해서 주님은, "내가 곧 길이요 진리요 생명이다(14:6), 곧 진리에 대하여 증거하려 함이로라"(37) 하십니다. 주님은, "진리에 속한 자는 내 소리를 듣느니라" 하시는데, 빌라도는 진리를 목전(目前)

에 두고도 몰라보고 말았던 것입니다.

㉠ "이 말을 하고 다시 유대인들에게 나가서 이르되 나는 그에게서 아무 죄도 찾지 못하노라 유월절이면 내가 너희에게 한 사람을 놓아 주는 전례가 있으니 그러면 너희는 내가 유대인의 왕을 너희에게 놓아 주기를 원하느냐 하니"(38하-39),

"저희가 또 소리 질러 가로되 이 사람이 아니라 바라바라 하니 바라바는 강도러라"(40), 구약교회는 메시아언약을 우상으로 바꿔치기를 했다가 멸망을 당했는데 이들은 "왕"을 강도와 바꿔 치기를 함으로 멸망을 자초했던 것입니다. 예수 그리스도는 우리의 왕이십니다.

내 임금 예수 내 주여 이 죄인이 주님 앞에
한없는 은혜 받고서 내 생명 모두 드리오니
그 풍성하신 은총을 주 내게 내려주소서.

묵상해 봅시다.

1. 유월절과 하나님의 어린양의 죽으심에 대해서,
2. 빌라도를 향하여 증거하신 선한 증거에 대해서,
3. "나라와, 왕"에 대한 구속사적 언약과 예언에 대해서.

요한복음 19:1-22절 개관도표

주제:십자가에 못 박히신 하나님의 아들

위에서 주지 아니하셨다면	1-16 1 ① 이에 빌라도가 예수를 데려다가 채찍질 하더라 2 군병들이 가시로 면류관을 엮어 그의 머리에 씌우고 자색 옷을 입히고 3 앞에 와서 가로되 **유대인의 왕이여 평안할 지어다** 하며 손바닥으로 때리더라 4 빌라도가 다시 밖에 나가 말하되 보라 이 사람을 데리고 너희에게 나오나니 이는 내가 그에게서 **아무 죄도 찾지 못한 것을** 너희로 알게 하려 함이로라 하더라 5 ② 이에 예수께서 가시 면류관을 쓰고 자색 옷을 입고 나오시니 빌라도가 저희에게 말하되 보라 이 사람이로다 하매 6 대제사장들과 하속들이 예수를 보고 소리 질러 가로되 십자가에 못 박게 하소서 못 박게 하소서 하는지라 빌라도가 가로되 너희가 친히 데려다가 십자가에 못 박으라 **그에게서 죄를 찾지 못하노라** 7 ③ 유대인들이 대답하되 우리에게 법이 있으니 그 법대로 하면 저가 당연히 죽을 것은 자기를 **하나님 아들이라 함이니이다** 8 이 말을 듣고 더욱 두려워하여 9 관정에 들어가서 예수께 말하되 **너는 어디로서냐** 하되 대답하여 주지 아니하시는지라 10 가로되 내게 말하지 아니하느냐 **내가 너를 놓을 권세도 있고** 못 박을 권세도 있는 줄 알지 못하느냐 11 ④ 예수께서 대답하시되 **위에서 주지 아니 하셨더면 나를 해할 권세가 없었으리니** 나를 네게 넘겨 준 자의 죄는 더 크니라 하시니 12 빌라도가 예수를 놓으려고 힘썼으나 유대인들이 소리 질러 가로되 이 사람을 가이사의 충신이 아니니이다 무릇 **자기를 왕이라 하는 자는** 가이사를 반역하는 것이니이다 13 ⑤ 빌라도가 이 말을 듣고 예수를 끌고 나와서 박석(히브리 말로 가바다)이란 곳에서 재판석에 앉았더라 14 이 날은 유월절의 예비일이요 때는 제 육시라 빌라도가 유대인들에게 이르되 보라 너희 왕이로다 15 저희가 소리 지르되 없이 하소서 없이 하소서 저를 십자가에 못 박게 하소서 빌라도가 가로되 내가 **너희 왕을 십자가에 못 박으랴** 대제사장들이 대답하되 **가이사 외에는 우리에게 왕이 없나이다** 하니 16 이에 예수를 십자가에 못 박히게 저희에게 넘겨주니라
예수 유대인의 왕	17-22 17 ⑥ 저희가 예수를 맡으매 예수께서 자기의 십자가를 지시고 해골(히브리 말로 골고다)이라 하는 곳에 나오시니 18 저희가 거기서 **예수를 십자가에 못 박을 새** 다른 두 사람도 그와 함께 좌우편에 못 박으니 예수는 가운데 있더라 19 ⑦ 빌라도가 패를 써서 십자가 위에 붙이니 **나사렛 예수 유대인의 왕이라** 기록되었더라 20 예수의 못 박히신 곳이 성에서 가까운 고로 많은 유대인이 이 패를 읽는데 히브리와 로마와 헬라 말로 기록되었더라 21 유대인의 대제사장들이 빌라도에게 이르되 유대인의 왕이라 말고 **자칭 유대인의 왕이라 쓰라 하니** 22 빌라도가 대답하되 나의 쓸 것을 썼다 하니라

19:1-22절

십자가에 못박히신 하나님의 아들

첫째 단원(1-16) **위에서 주지 아니하셨다면**
둘째 단원(17-22) **예수 유대인의 왕이라**

19장 전체의 중심점은 주님께서 십자가 상에서 "다 이루었다"(30) 하고 선언하신대 있습니다. 성경 상에는 3번의 "이루심"이 있는데 첫 번은 "천지와 만물이 다 이루니라"(창 2:1) 하신 첫 창조요, 마지막 이루심은 "이루었도다 나는 알파와 오메가요 처음과 나중이라"(계 21:6) 하신 재창조의 이루심입니다. 그런데 재창조는 본문에 등장하는 주님께서 십자가상에서 "다 이루었다" 하신 구속으로 말미암아 가능하여진 것입니다.

도표를 보시면 "십자가에 못박히신 하나님의 아들"을 중심으로 "위에서 주지 아니하셨더면"(첫째 단원) 나를 해할 권세가 없었을 것이라 말씀하시고 십자가에 못박히시니, 빌라도가 패를 써서 붙이니

“나사렛 예수 유대인의 왕이라”(둘째 단원) 하였더라 합니다.

첫째 단원(1-16) **위에서 주지 아니하셨다면**

① “이에 빌라도가 예수를 데려다가 채찍질 하더라 군병들이 가시로 면류관을 엮어 그의 머리에 씌우고 자색 옷을 입히고 앞에 와서 가로되 유대인의 왕이여 평안할 지어다 하며 손바닥으로 때리더라”(1-3),

㉠ “빌라도가 다시 밖에 나가 말하되 보라 이 사람을 데리고 너희에게 나오나니 이는 내가 그에게서 아무 죄도 찾지 못한 것을 너희로 알게 하려 함이로라 하더라”(4). 이점을 누가복음에서는 빌라도가, “보라 저의 행한 것은 죽일 일이 없느니라 그러므로 때려서 놓겠노라”(눅 23:15-16) 했다고 전합니다. 빌라도는 이 사건을 종교적인 분쟁으로 여기고 때려서 석방하는 것으로 종결하려 했던 모양입니다.

② “이에 예수께서 가시 면류관을 쓰고 자색 옷을 입고 나오시니 빌라도가 저희에게 말하되 보라 이 사람이로다 하매 대제사장들과 하속들이 예수를 보고 소리질러 가로되 십자가에 못 박게 하소서 십자가에 못 박게 하소서 하는지라 빌라도가 가로되 너희가 친히 데려다가 십자가에 못 박으라 나는 그에게서 죄를 찾지 못하노라”(5-6) 합니다.

주님의 재판 과정에는 “죄를 찾지 못했다”는 말이 3번(18:38, 19:4, 6), “십자가에 못박으라” 하는 말이 5번(6, 6, 6, 15, 15) 등장합니다.

저들은 죄 없는 분을 십자가에 못박으라고 외치고 있는 것입니다.

③ “유대인들이 대답하되 우리에게 법이 있으니 그 법대로 하면 저가 당연히 죽을 것은 저가 자기를 하나님 아들이라 함이니이다”(7) 하고 송사했습니다.

㉠ “자기를 하나님 아들이라” 하기 때문에 죽임을 당해야 마땅하다는 것입니다. 그렇다면 저들은, “죽은 지가 나흘이 되었으매 벌써 냄새가 나나이다”(11:39) 한 나사로를 살리신 일에 대해서 납득할 만한 설명을 해야 마땅한 것입니다. 그래서 주님께서는 “내가 행하거든 나를 믿지 아니할지라도 그 일은 믿으라”(10:38) 말씀하셨던 것입니다.

“빌라도가 이 말을 듣고 더욱 두려워하여 다시 관정에 들어가서 예수께 말하되 너는 어디로서냐 하되 예수께서 대답하여 주지 아니하시는지라 빌라도가 가로되 내게 말하지 아니하느냐 내가 너를 놓을 권세도 있고 십자가에 못 박을 권세도 있는 줄 알지 못하느냐”(8-10) 하니,

④ “예수께서 대답하시되 위에서 주지 아니 하셨더면 나를 해할 권세가 없었으리니”(11) 하십니다. 이를 빌라도가 총독이 된 것이 하나님이 주신 권세라는 뜻으로 여기기보다는, 네가 총독이라 해도 하나님의 허락하심이 아니라면 주님을 해할 수가 없다는 뜻으로 보아야 할 것입니다.

이점이 “이를 내게서 빼앗는 자가 있는 것이 아니라 내가 스스로 버리노라 나는 버릴 권세도 있고 다시 얻을 권세도 있으니 이 계명은 내 아버지에게서 받았노라”(10:18) 하신 말씀과 부합합니다.

빌라도의 말과, 주님의 말씀에는 "권세"라는 말이 각각 2번씩 나옵니다. 빌라도는 자신에게 "내가 너를 놓을 권세도 있고 십자가에 못박을 권세도 있다" 하고 말하나, 주님은 "나는 버릴 권세도 있고 다시 얻을 권세도 있으니 이 계명은 내 아버지에게서 받았노라" 하심으로 이 모든 일이 하나님의 주권적인 계획 가운데 되어진 일임을 말씀하십니다. 이점을 베드로는 "하나님의 정하신 뜻과 미리 아신 대로 내어준바 되었거늘"(행 2:23) 하고, 증거합니다.

㉠ "그러므로 나를 네게 넘겨 준 자의 죄는 더 크니라"(11) 하십니다. "더 크니라" 하신 말씀 속에는, 총독 빌라도 자신도 책임을 면할 길이 없으나, "대제사장"이라는 자의 죄는 더욱 크다는 뜻이 됩니다.

㉡ "이러하므로 빌라도가 예수를 놓으려고 힘썼으나 유대인들이 소리질러 가로되 이 사람을 놓으면 가이사의 충신이 아니니이다 무릇 자기를 왕이라 하는 자는 가이사를 반역하는 것이니이다"(12), "가이사의 충신이 아니다, 가이사를 반역하는 것이라"는 말은 주님을 놓으려던 빌라도에게는 치명적인 말이었던 것입니다.

⑤ "빌라도가 이 말을 듣고 예수를 끌고 나와서 박석(히브리 말로 가바다)이란 곳에서 재판석에 앉았더라"(13), 이제 선고공판(宣告公判)을 하려는 것입니다.

㉠ "이 날은 유월절의 예비 일이요 때는 제 육시라 빌라도가 유대인들에게 이르되 보라 너희 왕이로다 저희가 소리 지르되 없이 하소서 없이 하소서 저를 십자가에 못 박게 하소서 빌라도가 가로되 내가 너희 왕을 십자가에 못 박으랴 대제사장들이 대답하되 가이사

외에는 우리에게 왕이 없나이다"(14-15) 하고 말하는 것이 아닌가?

대제사장이란 자가 가이사를 "우리 왕"이라고 말하다니! "랍비여 안녕하시옵니까" 하고 입을 맞춘 가룟 유다의 입술이 가장 간사한 입술이라면 "가이사 외에는 우리에게 왕이 없나이다" 한 대제사장의 입술은 가장 간악한 입술이라 할 것입니다. 왜냐하면 이 말은, 예수 그리스도가 왕 되심을 배척하는 것만이 아니라, 하나님이 왕이 되시어 통치하신다는 신앙고백을 부인하는 말이기 때문입니다. 이 말은 하나님의 선민 됨과, 하나님의 언약 백성임을 파기하고, 가이사의 종이 되겠다는 선서나 다름이 없기 때문입니다.

㉡ "이에 예수를 십자가에 못 박히게 저희에게 넘겨주니라"(16).

▌둘째 단원(17-22) **예수 유대인의 왕이라**

⑥ "저희가 예수를 맡으매 예수께서 자기의 십자가를 지시고 해골(히브리 말로 골고다)이라 하는 곳에 나오시니 저희가 거기서 예수를 십자가에 못 박을새 다른 두 사람도 그와 함께 좌우편에 못 박으니 예수는 가운데 있더라"(17-18),

"저희가 예수를 맡으매" 라는 표현은 차지했다는 뜻인데 "내가 그를 위하여 모든 것을 잃어버리고 배설물로 여김은 그리스도를 얻고"(빌 3:8) 한, "얻음"이었다면 얼마나 좋으랴! 그러나 저들은 십자가에 못 박기 위해서 맡았던 것입니다.

⑦ "빌라도가 패를 써서 십자가 위에 붙이니 나사렛 예수 유대인의

왕이라 기록되었더라 예수의 못 박히신 곳이 성에서 가까운 고로 많은 유대인이 이 패를 읽는데 히브리와 로마와 헬라 말로 기록되었더라"(19-20),

㉠ "유대인의 대제사장들이 빌라도에게 이르되 유대인의 왕이라 말고 자칭 유대인의 왕이라 쓰라 하니 빌라도가 대답하되 나의 쓸 것을 썼다 하니라"(21-22), 민란이 일어날까 하여 예수를 십자가에 못 박도록 내어준 빌라도가 나의 쓸 것을 썼다고 굽히지 아니했다는 것은, 무심한 일로 여겨지지가 않습니다.

당시 총독인 빌라도가 붙힌 패는, 대제사장들이 십자가에 못을 박은 예수님이 메시아이심을 히브리와 로마와 헤라어로 증언하는 공적(公的)인 증거가 되었던 것입니다.

요한복음 19:23-42절 개관도표

주제:다 이루었다 하시고 운명하시다

성경을 응하게 하려함	23-27 23 ① 군병들이 예수를 십자가에 못 박고 그의 옷을 취하여 네 깃에 나눠 각각 한 깃씩 얻고 속옷도 취하니 이 속옷은 호지 아니하고 위에서부터 통으로 짠 것이라 24 군병들이 서로 말하되 이것을 찢지 말고 누가 얻나 제비 뽑자 하니 이는 **성경에** 저희가 내 옷을 나누고 내 옷을 제비 뽑나이다 한 것을 **응하게 하려 함이러라** 군병들은 이런 일을 하고 25 ② 예수의 십자가 곁에는 그 모친과 이모와 글로바의 아내마리아와 막달라 마리아가 섰는지 라 26 예수께서 그 모친과 사랑하시는 제자가 곁에 섰는 것을 보시고 그 모친께 말씀하시되 여자여 보소서 아들이니이다 하시고 27 또 그 제자에게 이르시되 보라 네 어머니라 하신대 그 때부터 그 제자가 자기 집에 모시니라
성경을 응하게 하려함	28-37 28 ③ 이 후에 예수께서 모든 일이 이미 이룬 줄 아시고 **성경으로 응하게 하려 하사** 가라사대 내가 목마르다 하시니 29 거기 신 포도주가 가득히 담긴 그릇이 있는지라 사람들이 신 포도주를 머금은 해융을 우슬초에 매어 예수의 입에 대니 30 ④ 예수께서 신 포도주를 받으신 후 가라사대 **다 이루었다 하시고** 머리를 숙이시고 영혼이 돌아가시니라 31 이 날은 예비 일이라 유대인들은 그 안식일이 큰 날이므로 그 안식일에 시체들을 십자가에 두지 아니하려 하여 빌라도에게 그들의 다리를 꺾어 시체를 치워 달라 하니 32 군병들이 가서 예수와 함께 못 박힌 첫째 사람과 또 그 다른 사람의 다리를 꺾고 33 예수께 이르러는 이미 죽은 것을 보고 다리를 꺾지 아니하고 34 그 중 한 군병이 창으로 옆구리를 찌르니 곧 피와 물이 나오더라 35 ⑤ 이를 본 자가 증거하였으니 그 증거가 참이라 저가 자기의 말하는 것이 참인 줄 알고 너희로 믿게 하려 함이니라 36 이 일이 이룬 것은 그 뼈가 하나도 꺾이우지 아니하리라 한 **성경을 응하게 하려 함이라** 37 또 다른 성경에 저희가 그 찌른 자를 보리라 하였느니라
예수를 거기 두니라	38-42 38 ⑥ **아리마대 사람 요셉이** 예수의 제자나 유대인을 두려워하여 은휘하더니 이 일 후에 빌라도더러 예수의 시체를 가져가기를 구하매 빌라도가 허락하는지라 이에 가서 예수의 시체를 가져가니라 39 ⑦ 일찍 예수께 밤에 나아왔던 **니고데모도** 몰약과 침향 섞은 것을 백 근쯤 가지고 온지라 40 이에 예수의 시체를 가져다가 유대인의 장례법대로 그 향품과 함께 세마포로 쌌더라 41 예수의 십자가에 못 박히신 곳에 동산이 있고 동산 안에 아직 사람을 장사한 일이 없는 새 무덤이 있는지라 42 이 날은 유대인의 예비 일이요 또 무덤이 가까운 고로 **예수를 거기 두니라**

19:23-42절

다 이루었다 하시고 운명하시다

첫째 단원(23-27) **성경을 응하게 하려함**
둘째 단원(28-37) **성경을 응하게 하려함**
셋째 단원(38-42) **시체를 가져다가 거기 두니라**

본 문단은 예수께서 십자가에 달려 죽으시고 장사 지낸바 된 내용입니다. 19장 전체의 핵심은 "다 이루었다"(30) 하신 선언에 있는데, 이는 주님의 죽으심이 "자기 목숨을 많은 사람의 대속물로 주려함이니라"(마 20:28) 하신 구속사역을 완성하셨다는 뜻입니다. 그러므로 도표를 보시면 "다 이루었다"는 선언을 중심으로 "성경을 응하게 하려함"(첫째 단원), "성경을 응하게 하려함"(둘째 단원)이라 말씀하고, "시체를 가져다가 거기 두니라"(셋째 단원) 합니다. 주님은 탄생으로부터 죽으시고 다시 사심, 승천, 재림까지 모두가 "성경을 응하게 하려함"이었던 것입니다.

▌첫째 단원(23-27) 성경을 응하게 하려함

① "군병들이 예수를 십자가에 못 박고 그의 옷을 취하여 네 깃에 나눠 각각 한 깃씩 얻고 속옷도 취하니 이 속옷은 호지 아니하고 위에서부터 통으로 짠 것이라"(23),

㉠ "군병들이 서로 말하되 이것을 찢지 말고 누가 얻나 제비 뽑자 하니 이는 성경에 저희가 내 옷을 나누고 내 옷을 제비 뽑나이다 한 것을 응하게 하려 함이러라"(24), 군병들이 한 일이 무심한 일이 아니라 "성경을 응하게 함"이었다는 것입니다. 이는 시편 22:18절의 성취인데, 시편 22편은 메시아예언으로 유명한 장입니다.

첫 마디가 "내 하나님이여 내 하나님이여 어찌 나를 버리셨나이까"(1) 하고, "엘리 엘리 라마사박다니"하는 부르짖음입니다. 군중들의 조롱하는 모습에 대하여, "나를 보는 자는 다 비웃으며 입술을 삐쭉이고 머리를 흔들며 말하되 저가 여호와께 의탁하니 구원하실 걸, 저를 기뻐하시니 건지실 걸 하나이다"(7-8) 합니다. 주님께서 십자가에 달리시는 장면이, "개들이 나를 에워쌌으며 악한 무리가 나를 둘러 내 수족을 찔렀나이다"(16) 하고 묘사되어 있습니다.

㉡ 그렇다면 요한복음 기자는 이처럼 중대한 말씀들이 성경대로 응하였음은 말하지 않고 어찌하여 사소하게 보이는 듯한 속옷을 제비 뽑는 장면을 들어 이것이 "성경을 응하게 한 것이라" 하고 증거하고 있는가 하는 궁금함이 있습니다.

그것은 역으로 이처럼 사소하게 보이는 부분까지 성경에 예언되어 있으며 이 예언이 하나도 땅에 떨어짐이 없이 응하여졌다는 증거를 들어서 예수님이 구약성경을 응하게 한 그리스도이심을 증거하기 위해서라 할 수가 있습니다.

나아가 여기에는 상징성이 있다 하겠는데 아담의 벌거벗음(창 3:10)과, 마지막 아담의 벌거벗음이 대칭(對稱)을 이루고 있다는 점입니다. 첫 아담은 자기 죄로 인하여 벌거벗은 몸이 되었으나 그리스도께서는 우리 죄를 인하여 벌거벗김을 당하셨던 것입니다. 그렇습니다. 창세기는 아담의 벌거벗은 몸을 가려주시기 위해서 하나님께서 "가죽옷을 지어 입히시니라"(창 3:21) 하고 말씀했습니다. 그런데 요한복음은 우리의 벌거벗은 수치를 가려주시기 위해서 하나님께서 자기 아들을 어린양으로 삼으셔서 십자가에 못을 박아 마치 그 가죽을 벗기듯 하여 우리에게 "의의 옷을 지어 입혀주셨다"는 점을 깨닫기를 원하기 때문이라 할 수가 있습니다.

이점이 설득력이 있는 것은 주님의 십자가 사건이, "여자의 후손은 네 머리를 상하게 할 것이요 너는 그의 발꿈치를 상하게 할 것이니라"(창 3:15) 하신 선언의 성취가 분명하다면, 같은 문맥에서 아담 하와에게 가죽옷을 지어 입혀주신 예표(창 3:21)도 동일하게 성취가 되었다고 말할 수가 있기 때문입니다.

② "예수의 십자가 곁에는 그 모친과 이모와 글로바의 아내 마리아와 막달라 마리아가 섰는지라 예수께서 그 모친과 사랑하시는 제자가 곁에 섰는 것을 보시고 그 모친께 말씀하시되 여자여 보소서 아들이니이다 하시고 또 그 제자에게 이르시되 보라 네 어머니라 하신대 그 때부터 그 제자가 자기 집에 모시니라"(25-27),

주님은 하나님의 아들로서의 사명만을 완수하신 것이 아니라, "인자"(人子)로서의 의무도 저버리지 아니하심으로 율법의 완성이 되셨던 것입니다. 나아가 "보소서 아들이니이다, 보라 네 어머니라" 하신 말씀 속에는 "혈통과 육정"(1:13)을 뛰어넘는 새로운 나라, 새로운 가문의 권속(엡 2:19)이라는 사랑의 공동체 개념이 들어 있는 것입니다.

▌둘째 단원(28-37) 성경을 응하게 하려함

③ "이 후에 예수께서 모든 일이 이미 이룬 줄 아시고 성경으로 응하게 하려 하사 가라사대 내가 목마르다 하시니"(28), 본 문단 안에는 "성경을 응하게 하려함"이란 말씀이 3번(24, 28, 36) 등장합니다.

㉠ "거기 신 포도주가 가득히 담긴 그릇이 있는지라 사람들이 신 포도주를 머금은 해융을 우슬초에 매어 예수의 입에 대니"(29),

주님은 성경을 응하게 하시려고 "내가 목마르다"(28) 하고 말씀하셨다는 것입니다. 이는 시편 69:21절에 기록된, "저희가 쓸개를 나의 식물로 주며 갈할 때에 초로 마시웠사오니" 하신 말씀을 응하게 하려함이었다는 것입니다. 주님은 십자가에 못 박히신 극한 고통 중에서도 그 말씀을 땅에 떨어짐이 없이 응하게 하기 위하여 "목마르다" 하고 말씀하셨다는 것입니다. 주님의 사역 전체가 구약성경에 계시하신 언약, 예언의 성취라는 점을 극명하게 증거해주는 대목입니다.

④ "예수께서 신 포도주를 받으신 후 가라사대 다 이루었다 하시고 머리를 숙이시고 영혼이 돌아가시니라"(30).

㉠ "다 이루었다" 하고 선언하심은 대제사장적인 기도에서, "아버지께서 내게 하라고 주신 일을 내가 이루어 아버지를 이 세상에서 영화롭게 하였사오니"(17:4) 하신 이루심인 것입니다. 그러므로 "다 이루었다", 이것이 19장의 핵심이요, 요한복음의 핵심이요, 신 구약성

경의 중심점인 것입니다.

이는 시편에서, "하나님이여 보옵소서 두루마리 책에 나를 가리켜 기록한 것과 같이 하나님의 뜻을 행하러 왔나이다"(히 10:7, 시 40:7) 하신 "하나님의 뜻"을 성취하신 "이루심"이요, 구약시대에 그토록 많은 생축이 예표적으로 드려졌던 제사제도가 실체(實體)로 드려진 이루심이며, 근원적으로 "여자의 후손은 네 머리를 상하게 할 것이라"(창 3:15) 하신 선언의 이루심이었던 것입니다.

그러므로 그리스도를 십자가에 못을 박은 것은 사탄이 여자의 후손의 발꿈치를 상하게 하리라 한 성취였던 것입니다.

"다 이루었다, 테텔레스타이", 이루어지지 않은 채 남겨 둔 부분이라고는 하나도 없습니다. 이는 우리의 채무관계가 다 청산되었다는 뜻입니다. 실제로 사도 바울은 골로새서 2:14절에서, "우리를 거스르고 우리를 대적하는 의문(儀文)에 쓴 증서를 도말하시고 제하여 버리사 십자가에 못 박으셨다" 하고 선언합니다. 이는 채무증서를 찢어버리셨다는 뜻입니다. 이것이 어떻게 가능하여졌는가? 주님의 육체를 찢으심으로 말미암아 가능하여진 것입니다. 이점을 하나님께서는 1500년 동안이나 가로막혀 있던 휘장을 찢으심으로 입증하여 주셨던 것입니다.

㉡ "다 이루었다" 선언하신 후에, "영혼이 돌아가시니라"(30하) 한 "돌아가시니라"는 말은 죽임을 당했다는 수동태(受動態)가 아니라, 자발적으로 죽음을 취하셨다는 능동태(能動態)임을 기억해야만 합니다. "나는 선한 목자라……나는 양을 위하여 목숨을 버리노라, 이를 내게서 빼앗는 자가 있는 것이 아니라 내가 스스로 버리노라"(10:11, 18) 하신 말씀대로 죽음을 자취(自取)하셨던 것입니다.

다시 상기시킵니다만 신 구약성경의 구조(構造)는 크게 세 번의 "이루었다"로 되어 있습니다.

㉮ 첫 번은 "천지와 만물이 다 이루니라"(창 2:1) 한 첫 창조의 이루심이고,

㉯ 둘째는 십자가상에서 "다 이루었다"(19:30) 한 구속사역의 이루심이고,

㉰ 마지막은 계시록에서 "이루었도다 나는 알파와 오메가요 처음과 나중이라"(계 21:6) 한 재창조의 이루심입니다. 한 사람으로 말미암아 세상에 죄가 들어오지 않았다면 첫 창조의 이루심은 깨어지지 않았을 것이요, 한 사람으로 말미암아 "다 이루었다" 하심이 없었다면 재창조의 "이루심"은 이루어질 수가 없는 것입니다.

㉢ "이 날은 예비 일이라 유대인들은 그 안식일이 큰 날이므로 그 안식일에 시체들을 십자가에 두지 아니하려 하여 빌라도에게 그들의 다리를 꺾어 시체를 치워 달라 하니 군병들이 가서 예수와 함께 못 박힌 첫째 사람과 또 그 다른 사람의 다리를 꺾고 예수께 이르러는 이미 죽은 것을 보고 다리를 꺾지 아니하고 그 중 한 군병이 창으로 옆구리를 찌르니 곧 피와 물이 나오더라"(31-34) 합니다.

⑤ "이를 본 자가 증거하였으니 그 증거가 참이라"(35상) 합니다. 요한 사도는 찔림을 당하신 주님의 옆구리에서 "피와 물"이 나오는 것을 보았다고 증언합니다. 이점을 그의 서신서에서도 "증거하는 이가 셋이니 성령과 물과 피라 또한 이 셋이 합하여 하나이니라"(요일 5:8) 하고 증거하고 있습니다. 그렇다면 사도는 "피와 물이 나오더라" 한 점을 통해서 무엇인가 입증하고 싶은 말이 있었다고 여겨집니다.

그것이 무엇인가?

㉠ 첫째는 "말씀이 육신(肉身)이 되어"(1:14) 오셨다는 명백한 증거요, 둘째는 그런 분이 분명히 "죽으셨다"는 증거입니다. 군병이 창으로 옆구리를 찌른 것은 죽음을 확인(確認)하기 위해서였기 때문입니다.

이점이 왜 중요한가? 당시는 하나님의 아들이 육신을 입고 오셨다는 인성(人性)을 부인하는 영지주의 이단설을 주장하는 자들이 있었기 때문입니다. 그런데 오늘날은 반대로 예수 그리스도가 "하나님의 아들"이시라는 신성"(神性)을 부정하는 자유주의자들이 있는 것입니다. "인성과, 신성"을 부인하게 되면 필연적으로 주님께서 십자가상에서 "다 이루었다" 하신 대속교리를 부정하게 되는 것입니다. 그것은 우려가 아니라 현실인 것입니다.

"말씀이 육신"이 되어 오시지 않았다 해도 구속교리는 성립이 되지 못하고, "나와 아버지는 하나이니라"(10:29) 하신 하나님이 아니시라 해도 대속주의 자격자가 될 수가 없기 때문입니다. 또한 예수 그리스도의 부활을 부인하려고 퍼뜨린 가사설(假死说)을 일축하려는 의도에서였을 것입니다.

"피와, 물"에 대한 신령한 의미로는 "피"는, "피 흘림이 없은즉 사함이 없느니라"(히 9:22) 한 대속적인 죽음을 가리키고, "물"은 3:5절에서도 "물과 성령으로 나지 아니하면" 하셨는데, "물로 씻어 말씀으로 깨끗게 하사"(엡 5:26) 한 말씀을 가리킨다 하겠습니다.

㉡ "저가 자기의 말하는 것이 참인 줄 알고 너희로 믿게 하려 함이니라"(35하), 35절 안에는 "증거"라는 말이 두 번, "참이라" 하는 말이 두 번 등장함으로 강조적입니다. 사도는 복음서를 마치면서도,

“이 일을 증거하고 이 일을 기록한 제자가 이 사람이라 우리는 그의 증거가 참인 줄 아노라”(21:24) 하고 재차 강조합니다. “그 증거가 참이라”는 말은 넓은 뜻으로는 요한복음이 참이라는 말이고, 좁은 뜻으로는 예수는 분명 하나님의 아들이라는 점과, 그 분은 분명히 세상 죄를 지고 가는 하나님의 어린양으로 죽으셨다는 것이 참이라는 말입니다.

㉢ “이 일이 이룬 것은 그 뼈가 하나도 꺾이우지 아니하리라 한 성경을 응하게 하려 함이라”(36) 하고 재차 성경의 성취임을 증거합니다. 이는 시편 34:20절에서 “그 모든 뼈를 보호하심이여 그 중에 하나도 꺾이지 아니하도다” 한 예언의 성취였던 것입니다.

그런데 이 말씀을 구속사라는 맥락에서 보면 예수 그리스도의 죽으심이 유월절 어린양으로서의 죽음이었다는 증거가 되는 것입니다. 왜냐하면 하나님께서 유월절 양은 “뼈도 꺾지 말지며”(출 12:46) 하고 명하셨기 때문입니다. 민수기 9:12절에서도 “그 뼈를 하나도 꺾지 말아서 유월절 모든 율례대로 지킬 것이니라” 하고 명하셨던 것입니다.

㉣ “또 다른 성경에 저희가 그 찌른 자를 보리라 하였느니라”(37) 하고, “창으로 옆구리를 찌른 것”도 예언의 성취임을 증거합니다. 이는 스가랴서에서, “내가 다윗의 집과 예루살렘 거민에게 은총과 간구하는 심령을 부어주리니 그들이 그 찌른바 그를 바라보고 그를 위하여 애통하기를 독자를 위하여 애통하듯 하며 그를 위하여 통곡하기를 장자를 위하여 통곡하리로다”(슥 12:10) 한 예언을 가리키는데 이 예언이 오순절 성령강림 후에 문자적으로 성취가 되어 “이 날에

제자의 수가 삼천이나 더하더라"(행 2:41) 합니다.

이처럼 "옛적에(구약시대) 선지자들로 여러 부분과 여러 모양으로 우리 조상들에게 말씀하신 하나님이 이 모든 날 마지막에 아들로 우리에게 말씀하셨으니"(히 1:1) 하신 대로 주님의 일생은 모두가 성경의 성취였던 것입니다. 주님께서 친히 "이 성경이 곧 대하여 증거하는 것이로다"(5:39) 하신 대로, 구약 성경은 수백 번, 수천 번이라 해도 과언이 아닐 만큼 직접 또는 간접적으로 예수 그리스도를 증거해 주고 있습니다. 이러한 인물(人物)이 역사상 우리 주 예수 그리스도 외에 또 달리 있었습니까? 만일 다른 어떤 인물이 이런 증거를 통해서 태어났다면(5:43) 다 믿고 따랐을 것입니다.

셋째 단원(38-42) 시체를 가져다가 장사하니라

⑥ "아리마대 사람 요셉이 예수의 제자나 유대인을 두려워하여 은휘하더니 이 일 후에 빌라도더러 예수의 시체를 가져가기를 구하매 빌라도가 허락하는지라 이에 가서 예수의 시체를 가져가니라"(38), 셋째 단원은 주님을 장례 하는 내용입니다.

주님의 장례는 사도들에 의해서가 아니라 "아리마대 요셉"에 의해서 이루어졌습니다. 이점은 네 개의 복음서가 다 증거하고 있는 바입니다. "주여 내가 지금은 어찌하여 따를 수 없나이까 주를 위하여 내 목숨을 버리겠나이다"(13:37) 한 베드로의 모습도 보이지가 않습니다.

⑦ "일찍 예수께 밤에 나아왔던 니고데모도 몰약과 침향 섞은

것을 백 근쯤 가지고 온지라"(39), "니고데모"는 요한복음에만 3번(3:1, 7:50, 19:39) 등장하는데 "마리아, 아리마대 요셉, 니고데모" 등은,

빈약한 자를 권고하는 자가 복이 있음이여
재앙의 날에 여호와께서 저를 건지시리로다
여호와께서 저를 보호하사 살게 하시리니
저가 세상에서 복을 받을 것이라
원수의 뜻에 맡기지 마소서 (시 41:1-2) 한, "빈약(貧弱)한 자", 즉 세상에서 버림을 당하신 하나님의 아들을 돌아본 복 받을 자들이라 하겠습니다.

㉠ "이에 예수의 시체를 가져다가 유대인의 장례법대로 그 향품과 함께 세마포로 쌌더라 예수의 십자가에 못 박히신 곳에 동산이 있고 동산 안에 아직 사람을 장사한 일이 없는 새 무덤이 있는지라 이 날은 유대인의 예비일이요 또 무덤이 가까운 고로 예수를 거기 두니라"(40-42),

마태는 요셉을 가리켜 "아리마대 부자 요셉"(마 27:57)이라고 말하고 있는데 그는 예비해 두었던 "새 무덤"에 주님을 장례 했습니다. 이는 우연한 일이 아니라 이사야가, "그 무덤이 악인과 함께 되었으며 그 묘실이 부자와 함께 되었도다"(사 53:9) 하고 예언한 성취였던 것입니다. 하나님의 아들은 악인, 즉 강도 틈에 못박히셨고, 부자의 묘실에 장례 되었던 것입니다.

㉡ "예수를 거기 두니라"(42), 예수는 분명히 죽었고 장례는 끝났습니다. 예수를 죽이려던 유대인의 입장에서 보면 골치 아픈

사건은 일단락이 된 셈입니다. 사탄의 입장에서 보면 승리한 듯 보였습니다. 제자들의 입장은 실의와 두려움이었습니다.

이점을 요나서에서는, 큰 물고기는 요나를 삼켰고(욘 1:17), "내가 산의 뿌리까지 내려갔다"(욘 2:6) 하고 말씀하는데, 그리스도는 영광의 보좌에서 지상(地上)에까지만 내려오신 것이 아니라 산의 뿌리 곧 음부에까지 내려가셨습니다. 내려갈 곳이란 더 이상 없었습니다.

뿐만 아니라 "땅이 그 빗장으로 나를 오래도록 막았사오나"(욘 2:6), 그렇습니다. 사망은 그를 빗장으로 가두어두려 했습니다. "저희가 파숫군과 함께 가서 돌을 인봉하고 무덤을 굳게 하니라"(마 27:66) 말씀합니다. 그러나 여기가 끝은 아닙니다. 다음으로 이루어져야 할 요나의 표적은 남아 있었습니다.

묵상해 봅시다.

1. "다 이루었다"하신 구속사적 의미에 대해서,
2. "성경으로 응하게 하려 함"이란 증거에 대해서,
3. 창으로 옆구리를 찌르니 에 함의된 의미에 대해서.

요한복음 20:1-18절 개관도표

주제:어찌하여 울며 누구를 찾느냐

비어있는 무덤	1-10 1 ① 안식 후 첫날 이른 아침 아직 어두울 때에 **막달라 마리아가 무덤에 와서** **돌이 무덤에서 옮겨간 것을 보고** 2 **시몬 베드로와** 예수의 사랑하시던 그 다른 제자에게 달려가서 말하되 사람이 주를 무덤에서 가져다가 어디 두었는지 우리가 알지 못하겠다 하니 3 ② 베드로와 그 다른 제자가 나가서 무덤으로 갈 새 4 둘이 같이 달음질하더니 그 다른 제자가 베드로보다 더 빨리 달아나서 먼저 무덤에 이르러 5 구푸려 세마포 놓인 것을 보았으나 들어가지는 아니하였더니 6 시몬 베드로도 따라 와서 **무덤에 들어가 보니 세마포가 놓였고** 7 **또 머리를 쌌던 수건은** 세마포와 함께 놓이지 않고 딴 곳에 개켜 있더라 8 그 때에야 무덤에 먼저 왔던 그 다른 제자도 들어가 보고 믿더라 9 (저희는 성경에 그가 죽은 자 가운데서 다시 살아나야 하리라 하신 말씀을 아직 알지 못하더라) 10 이에 두 제자가 자기 집으로 돌아가니라
마리아야 라보니여	11-18 11 ③ **마리아는 무덤 밖에 서서 울고 있더니** 울면서 구푸려 무덤 속을 들여다보니 12 흰 옷 입은 **두 천사가** 예수의 시체 뉘었던 곳에 하나는 머리 편에, 하나는 발 편에 앉았더라 13 천사들이 가로되 **여자여 어찌하여 우느냐** 가로되 사람이 내 주를 가져다가 어디 두었는지 내가 알지 못함이니이다 14 ④ 이 말을 하고 뒤로 돌이켜 **예수의 서신 것을 보나 예수신줄 알지 못하더라** 15 예수께서 가라사대 **여자여 어찌하여 울며 누구를 찾느냐** 하시니 마리아는 그가 동산지기인 줄로 알고 가로되 주여 당신이 옮겨 갔거든 어디 두었는지 내게 이르소서 그리하면 내가 가져 가리이다 16 ⑤ 예수께서 **마리아야 하시거늘** 마리아가 돌이켜 히브리 말로 **랍오니여 하니** (이는 선생님이라) 17 예수께서 이르시되 나를 만지지 말라 내가 아직 아버지께로 올라가지 못하였노라 너는 내 형제들에게 가서 이르되 내가 내 아버지 곧 너희 아버지, **내 하나님 곧 너희 하나님께로 올라간다 하라** 하신대 18 막달라 마리아가 가서 제자들에게 내가 주를 보았다 하고 또 주께서 자기에게 이렇게 말씀하셨다 이르니라

20:1-18절

어찌하여 울며 누구를 찾느냐

첫째 단원(1-10) **비어있는 무덤**

둘째 단원(11-18) **마리아야 라보니여**

20장은 그리스도께서 죽은 자 가운데서 다시 살아나신 내용인데 앞 문단(1-18)의 중심점은 부활하신 주님께서 마리아에게, "어찌하여 울며 누구를 찾느냐"(15) 하신 말씀에 있고 뒤 문단의 중심점은 "아버지께서 나를 보내신 것같이 나도 너희를 보내노라"(21) 하신 말씀에 있습니다.

도표를 보시면 "누구를 찾느냐"를 중심으로 "무덤은 비어 있었고"(첫째 단원), 부활하신 주님께서 "마리아야 하시니, 라보니여"(둘째 단원) 합니다. 형제는 울고 있지는 않습니까? 천사도 "어찌하여 우느냐" 하고, 주님께서도 "어찌하여 우느냐" 하십니다. 예수 그리스도께서는 죽으실 뿐 아니라 다시 살아나셨는데 어찌하여 우느냐 하시는 것입니다.

▌첫째 단원(1-10) **비어있는 무덤**

① "안식 후 첫날 이른 아침 아직 어두울 때에 막달라 마리아가 무덤에 와서 돌이 무덤에서 옮겨간 것을 보고"(1),

㉠ 첫째 단원의 중심점은 "비어 있는 무덤"에 있습니다. 무덤에 두었던 예수님의 시체가 없어진 것입니다. 이를 제일 먼저 목격한 사람은 막달라 마리아였습니다. 그가 무덤에 갔을 때 무덤을 막았던 돌은 이미 옮겨져 있었습니다.

㉡ "시몬 베드로와 예수의 사랑하시던 그 다른 제자에게 달려가서 말하되 사람이 주를 무덤에서 가져다가 어디 두었는지 우리가 알지 못하겠다 하니"(2), 이처럼 무덤이 비어있음을 제일 먼저 전한 사람도 막달라 마리아였습니다.

② "베드로와 그 다른 제자가 나가서 무덤으로 갈 새 둘이 같이 달음질하더니 그 다른 제자가 베드로보다 더 빨리 달아나서 먼저 무덤에 이르러 구푸려 세마포 놓인 것을 보았으나 들어가지는 아니하였더니"(3-5),

㉠ "시몬 베드로도 따라 와서 무덤에 들어가 보니 세마포가 놓였고 또 머리를 쌌던 수건은 세마포와 함께 놓이지 않고 딴 곳에 개켜 있더라 그 때에야 무덤에 먼저 왔던 그 다른 제자도 들어가 보고 믿더라"(6-8) 합니다.

이 대목을 읽노라면 현장을 목격하고 직접 경험한 사람이 아니고는 불가능한 사실적이고 생생한 묘사에 감탄하게 됩니다. 무덤은 마치 누군가 잠을 자고 일어나 나간 듯이 잘 정돈이 되어 있었습니다. 이처럼 눈 앞에 선명하도록 증언하고 있는 의도는, 무덤이 비어있었다는 점을 한 점 의심의 여지가 없도록 명백하게 하기 위해서인 것입니다.

㉡ "(저희는 성경에 그가 죽은 자 가운데서 다시 살아나야 하리라 하신 말씀을 아직 알지 못하더라) 이에 두 제자가 자기 집으로 돌아가니라"(9-10), 오순절 성령강림 후에 베드로는 곧바로 시편 16:10절에 예언되어 있는, "주의 거룩한 자로 썩음을 당치 않게 하실 것임이로다" 한 말씀에 근거하여 주님의 부활을 증거했습니다. 그런데 이때에는 이를 알지 못했다는 것입니다. 이를 가르쳐주시고 증거케 하신 이는 성령님이셨습니다.

또한 레위기 23장에는 주님의 부활에 대한 예시가 있는데 그것은, "첫 이삭 한 단을 제사장에게로 가져 갈 것이요 제사장은 너희를 위하여 그 단을 여호와 앞에 열납되도록 흔들되 안식일 이튿날에 흔들 것이며"(레 23:10-11) 한 말씀입니다. 주님은 "죽은 자 가운데서 다시 살아 잠자는 자들의 첫 열매가 되셨으며, 안식일 이튿 날"(고전 15:20, 요 20:1)에 부활하셨던 것입니다. 만일 이 말씀이 주님의 부활에 대한 예시가 아니라면 "안식일 이튿 날에 흔들라"고 명하시지는 아니하셨을 것입니다.

둘째 단원(11-18) **마리아야, 라보니여**

③ "마리아는 무덤 밖에 서서 울고 있더니 울면서 구푸려 무덤

속을 들여다보니 흰 옷 입은 두 천사가 예수의 시체 뉘었던 곳에 하나는 머리 편에, 하나는 발 편에 앉았더라"(11-12),

㉠ "천사들이 가로되 여자여 어찌하여 우느냐 가로되 사람이 내 주를 가져다가 어디 두었는지 내가 알지 못함이니이다"(13).

④ "이 말을 하고 뒤로 돌이켜 예수의 서신 것을 보나 예수신 줄 알지 못하더라 예수께서 가라사대 여자여 어찌하여 울며 누구를 찾느냐 하시니 마리아는 그가 동산지기인 줄로 알고 가로되 주여 당신이 옮겨 갔거든 어디 두었는지 내게 이르소서 그리하면 내가 가져 가리이다"(14-15) 합니다.

㉠ "여자여 어찌하여 울며 누구를 찾느냐", 이것이 성경에 기록된 부활하신 주님의 첫 말씀인데, ㉮ "어찌하여 울며? ㉯ 누구를 찾느냐?" 하신 것은 모르셔서 물으셨겠습니까? 주님의 질문에는 언제나 나 자신을 돌아보게 하는 메시지가 들어있는 것입니다. 어떤 절망적인 상황에서 울고 있지는 않습니까? 주님은 그런 우리들에게 "어찌하여 울며, 누구를 찾고 있느냐" 하고 묻고 계시는 것입니다. 형제가 찾고 있는 예수님, 우리가 믿는 예수님이 마치 죽음으로 끝장이 난 양 어찌하여 절망하고 있느냐 하십니다. 우리가 믿는 예수님은 "죽으실 뿐 아니라 다시 살아"(롬 8:34)나셨습니다. 주님의 부활은 우리의 부활에 대한 확고한 보증입니다. 그를 믿는 자는 죽어도 삽니다.

형제는 지금, "산 자를 죽은 자 가운데서 찾고"(눅 24:5) 있고, 죽은 예수를 믿고 있는 것은 아닙니까? 주님의 부활은, "내 영혼을 음부에 버리지 아니하시며 주의 거룩한 자로 썩음을 당치 않게 하실 것임이로다"(시 16:10) 한 예언을 응하게 한 또 하나의 성취(행 2:27)였던 것입니다.

⑤ "예수께서 마리아야 하시거늘 마리아가 돌이켜 히브리 말로 랍오니여 하니 (이는 선생님이라)"(16), 죽은 시체를 찾아갔던 마리아는 부활하신 주님을 최초로 만나는 축복을 받은 것입니다. "마리아"하고 부르시는 그 음성은 양의 이름을 알고 부르시는 목자의 음성입니다.

㉠ "예수께서 이르시되 나를 만지지 말라 내가 아직 아버지께로 올라가지 못하였노라 너는 내 형제들에게 가서 이르되 내가 내 아버지 곧 너희 아버지, 내 하나님 곧 너희 하나님께로 올라간다 하라 하신대"(17), 이는 난해한 구절로 알려져 있습니다.

첫째로 "만지지 말라" 하신 의도가 무엇일까 하는 점입니다. 누가복음 24:39절에서는 "또 나를 만져 보라" 하고 말씀하십니다. 그러므로 주님의 의도를 문맥을 통해서 구해야 마땅한데 이에 대한 빛을 도마에게, "너는 나를 본고로 믿느냐 보지 못하고 믿는 자는 복되도다"(29) 하신 말씀에서 받을 수가 있습니다. 마리아, 도마, 그리고 우리들은 주님의 부활하신 몸을 만져보기를 원하고 있으나, 이제부터는 "만져보고" 믿는 것이 아니라 "믿음으로 살아야" 한다는 뜻으로 여겨집니다.

둘째로 이 시점에서, "내 아버지 곧 너희 아버지, 내 하나님 곧 너희 하나님"(17)이라 하시는 의도가 무엇인가 하는 점입니다. 말씀하는 핵심은 우리를 "형제"로 여기신다는데 있습니다. 이점이 마리아에게, "내 형제들에게 가서…너희 하나님께로 올라간다 하라"(17하) 하신 말씀에 나타납니다.

㉮ "내 아버지 곧 너희 아버지, 내 하나님 곧 너희 하나님"(17)이시라는 점과,

㉯ "하나님께로 올라간다 하라" 하셨는데 그렇다면 주님만

올라가시는 것이 아닌 것이 됩니다. 주님은 우리의 처소를 "예비하러 가노니" 하고 먼저 가신 것 뿐이고, "아버지여 내게 주신 자도 나 있는 곳에 나와 함께 있어 아버지께서 창세 전부터 나를 사랑하시므로 내게 주신 나의 영광을 보게 하시기를 원하옵나이다"(17:24) 하신 영광에 참여하게 되리라는 소망을 확고하게 하시기 위함으로 여겨집니다.

㉡ 그리하여 "막달라 마리아가 가서 제자들에게 내가 주를 보았다 하고 또 주께서 자기에게 이렇게 말씀하셨다 이르니라"(18), 막달라 마리아는 또한 주님의 부활을 증거한 최초의 전파자가 되었던 것입니다.

묵상해 봅시다.

1. 비어 있는 무덤에 대한 사실적인 묘사에 대해서,
2. 어찌하여 울며 누구를 찾느냐 하신 주님의 물으심에 대해서,
3. "내 아버지 곧 너희 아버지"라 하심에 대해서.

요한복음 20:19-31절 개관도표

주제:아버지께서 나를 보내신 것같이 나도 너희를 보내노라

성령을 받으	19-23 19 ① 이날 곧 안식 후 첫날 저녁 때에 제자들이 유대인들을 두려워하여 모인 곳에 문들을 닫았더니 예수께서 오사 가운데 서서 가라사대 너희에게 **평강이 있을 지어다** 20 이 말씀을 하시고 **손과 옆구리를 보이시니** 제자들이 주를 보고 기뻐하더라 21 ② 예수께서 또 가라사대 너희에게 **평강이 있을지어다** **아버지께서 나를 보내신 것 같이 나도 너희를 보내노라** 22 이 말씀을 하시고 저희를 향하사 숨을 내쉬며 가라사대 **성령을 받으라** 23 너희가 뉘 죄든지 사하면 사하여질 것이요 뉘 죄든지 그대로 두면 그대로 있으리라 하시니라
보지못하고 믿는자	24-29 24 ③ 열 두 제자 중에 하나인 디두모라 하는 도마는 예수 오셨을 때에 함께 있지 아니한지라 25 다른 제자들이 그에게 이르되 우리가 주를 보았노라 하니 도마가 가로되 내가 그 손의 못 자국을 보며 내 손가락을 그 못 자국에 넣으며 내 손을 그 옆구리에 넣어 보지 않고는 믿지 아니하겠노라 하니라 26 ④ 여드레를 지나서 제자들이 다시 집안에 있을 때에 도마도 함께 있고 문들이 닫혔는데 예수께서 오사 가운데 서서 가라사대 너희에게 평강이 있을지어다 하시고 27 도마에게 이르시되 네 손가락을 이리 내밀어 내 손을 보고 네 손을 내밀어 내 옆구리에 넣어보라 그리하고 믿음 없는 자가 되지 말고 믿는 자가 되라 28 도마가 대답하여 가로되 나의 주시며 나의 하나님이시니이다 29 예수께서 가라사대 너는 나를 본 고로 믿느냐 **보지 못하고 믿는 자들은 복되도다** 하시니라
기록목적	30-31 30 ⑤ 예수께서 제자들 앞에서 이 책에 기록되지 아니한 다른 표적도 많이 행하셨으나 31 **오직 이것을 기록함은** 너희로 예수께서 하나님의 아들 그리스도이심을 믿게 하려 함이요 또 너희로 믿고 그 이름을 힘입어 생명을 얻게 하려 함이니라

20:19-31절

아버지께서 나를 보내신 것같이 나도 너희를 보내노라

첫째 단원(19-23) **성령을 받으라**
둘째 단원(24-29) **보지 못하고 믿는 자는 복되도다**
셋째 단원(30-31) **요한복음을 기록한 목적**

20장 전체에는 부활하신 주님께서 하신 여러 번의 말씀이 있습니다. "여자여 어찌하여 울며 누구를 찾느냐(15), 너는 내 형제에게 가서 너희 하나님께로 올라간다 하라(17), 나도 너희를 보내노라(21), 보지 못하고 믿는 자들은 복되도다"(29) 하십니다.

본 문단은 부활하신 주님께서 제자들에게 나타내신 것과, 8일 후에 도마에게 나타내신 내용입니다. 핵심은 "아버지께서 나를 보내신 것같이 나도 너희를 보내노라"(21)는 말씀에 있습니다. 주님은 이를 위해서 저들을 3년 동안 훈련을 시키셨던 것입니다. 도표를 보시면 "나도 너희를 보내노라"를 중심으로 "성령을 받으라"(첫째 단원) 하시고, "보지 못하고 믿는 자는 복되도다"(둘째 단원) 하시면서, "복음서를 기록한 목적"(셋째 단원)을 말씀합니다.

▌첫째 단원(19-23) 성령을 받으라

① "이날 곧 안식 후 첫날 저녁 때에 제자들이 유대인들을 두려워하여 모인 곳에 문들을 닫았더니 예수께서 오사 가운데 서서 가라사대 너희에게 평강이 있을 지어다"(19),

㉠ "이 말씀을 하시고 손과 옆구리를 보이시니 제자들이 주를 보고 기뻐하더라"(20) 합니다. 주님께서는 다락방 강화에서, "지금은 너희가 근심하나 내가 다시 너희를 보리니 너희 마음이 기쁠 것이요 너희 기쁨을 빼앗을 자가 없느니라"(16:22) 하셨는데 말씀하신 대로 실의와 두려움에 빠져 있던 제자들은 부활하신 주님을 보고 기뻐한 것입니다.

이 장면을 누가복음에서는 "내 손과 발을 보고 나인 줄 알라 또 나를 만져 보라 영은 살과 뼈가 없으되 너희 보는 바와 같이 나는 있느니라 이 말씀을 하시고 손과 발을 보이시나 저희가 너무 기쁘므로 오히려 믿지 못하고 기이히"(눅 24:39-41) 여겼다고 말씀합니다.

② "예수께서 또 가라사대 너희에게 평강이 있을지어다 아버지께서 나를 보내신 것 같이 나도 너희를 보내노라"(21) 하십니다.

요한복음은 "와 보라(1:39), 나를 좇으라"(1:43) 하고 모으시는 것으로 시작하여, "나도 너희를 보내노라" 하고 파송하시는 것으로 마치고 있는 구조(構造)로 되어 있습니다. 하나님께서는 어찌하여 자기 아들로 고난 당하시기를 원하셨는가? "여호와께서 그로 상함을 받게 하시기를 원하사 질고를 당케 하셨은즉 그 영혼을 속건제물로 드리기에 이르면 그가 그 씨를 보게 되며"(사 53:10) 한, "씨"가 퍼지게 하기 위해서였던 것입니다.

대적자는 "독생자"를 죽이면 자신들이 승리하는 줄로 알았으나 이제 작은 예수가 11사도, 120 문도, 수만 명(행 21:20), 수백만 명, 수천만 명, 수억만 명을 파송하시기에 이른 것입니다. 이는 일찍이 아브라함에게, "하늘을 우러러 뭇 별을 셀 수 있나 보라 네 자손이 이와 같으리라"(창 15:5) 하신 약속이 예수 그리스도에게서 성취되고 있는 것입니다.

모이는 교회만 알고 세상을 향해 보내심을 알지 못하면 자기 중심적이고 이기적(利己的)인 집단이 되고 맙니다. 맛 잃은 소금처럼 무기력하게 되어 사람들에게 밟히게 됩니다.

㉠ "이 말씀을 하시고 저희를 향하사 숨을 내쉬며 가라사대 성령을 받으라 너희가 뉘 죄든지 사하면 사하여질 것이요 뉘 죄든지 그대로 두면 그대로 있으리라" (22-23) 하십니다. 주님의 말씀은 두 마디로 되어 있는데 첫째는, "성령을 받으라"는 말씀이고, 둘째는 "뉘 죄든지 사하면 사하여 질 것이요" 하신 말씀입니다.

먼저 "성령을 받으라" 하신 말씀입니다. 이점에서 문제가 되는 것은 제자들이 성령을 받은 시점이 이 때냐? 오순절이냐 하는 문제입니다. 주님께서 "성령을 받으라" 하셨으니 성령을 받은 것으로 보아야만 합니다. 그런데 주님은 사도행전 1장에서 "예루살렘을 떠나지 말고 내게 들은바 아버지의 약속하신 것을 기다리라, 오직 성령이 너희에게 임하시면"(행 1:8) 하고 말씀하셨습니다. 그러므로 여기에는 세 방면의 의미가 있다고 여겨집니다.

㉮ 첫째는, "나도 너희를 보내노라" 하신 문맥적인 의미입니다. 주님께서는 이 말씀을 하시고 "성령을 받으라" 하신 것입니다. 그렇다면 제자들을 파송하시되 빈 손으로 보내시는 것이 아니라, "성령과, 뉘 죄든지 사하면 사하여질 것이요" 한 능력과 권세를 주셔서 보내신다는 점을 주지시키기 위해서라는 것이 문맥적인 의미입니다. 물론 성취는 오순절 이후입니다.

㉯ 둘째는 구속사적 의미입니다. 주님은 그냥 성령을 받으라 하신 것이 아니라, "숨을 내쉬며 성령을 받으라" 하셨습니다. 이 행위는 우리로 하여금, "흙으로 사람을 지으시고 생기를 그 코에 불어 넣으시니 생령이 된지라"(창 2:7) 한 첫 창조를 연상하게 합니다. 주님께서는 이 행위계시를 통해서 복음 전파는 성령으로 거듭나게 하는 재 창조의 역사임을 깨닫게 하시기 위해서라 할 수가 있습니다.

㉰ 셋째는 상황(狀況)적인 의미입니다. 성령이 강림하셔서 제자들과 "영원토록 함께" 하신 것은 분명 오순절 이후입니다. 그래서 7:39절에서는, "예수께서 아직 영광을 받지 못하신 고로 성령이 아직 저희에게 계시지 아니하시더라" 한 것입니다.

그런데 제자들은 지금 "유대인들을 두려워하여"(19) 안으로 문을 걸어 잠그고 있는 상황인 것입니다. 그런 제자들에게 나타나신 주님께서 오순절을 기다리라고만 하실 수가 있단 말인가? 성령이 강림하시기까지는 50일을 기다려야 하는 것입니다. 성령의 역사는 상황에 따라 구약시대에도 있어 왔습니다. 그 기간 동안 제자들을 견고케 하고 견인한 것은 바로 주님께서 "숨을 내쉬며 성령을 받으라" 하신 힘이었다는 점입니다.

㉡ 그러므로 "너희가 뉘 죄든지 사하면 사하여질 것이요 뉘 죄든지 그대로 두면 그대로 있으리라"(23) 하신 사죄의 권세는 그들 속에 내주(內住)하시는 성령의 권세인 것입니다. 보냄을 받은 전도자들이 나가서 "진리의 말씀 곧 구원의 복음"을 증거하는 현장에는 믿고 거듭나고 죄 사함을 받는 자가 있는가 하면, 배척을 하여 "하나님의 독생자의 이름을 믿지 아니하므로 벌써 심판을 받은 것이니라"(3:18) 한 정죄를 받을 자도 있으리라는 말씀입니다.

이를 인식한다면 복음전도자에게는 엄청난 책임이 있음도 깨닫게 되는 것입니다. 바울이, "내가 복음을 전할지라도 자랑할 것이 없음은 내가 부득불 할 일임이라 만일 복음을 전하지 아니하면 내게 화가 있을 거심이로라"(고전9: 16)한 고백은 이 책임을 통감했기 때문입니다.

㉢ 그래서 주님께서는 제자들의 파송을, "아버지께서 나를 보내신 것 같이" 하고, 하나님께서 자신을 보내신 것과 동등한 권위로 말씀하시는 것입니다. 13:20절에서는 "내가 진실로 진실로 너희에게 이르노니 나의 보낸 자를 영접하는 자는 나를 영접하는 것이요 나를 영접하는 자는 나를 보내신 이를 영접하는 것이니라" 말씀하셨던 것입니다.

둘째 단원(24-29) 보지 못하고 믿는 자는 복되도다

③ "열 두 제자 중에 하나인 디두모라 하는 도마는 예수 오셨을 때에 함께 있지 아니한지라 다른 제자들이 그에게 이르되 우리가 주를 보았노라 하니 도마가 가로되 내가 그 손의 못 자국을 보며

내 손가락을 그 못 자국에 넣으며 내 손을 그 옆구리에 넣어 보지 않고는 믿지 아니하겠노라 하니라"(24-25),

요한복음에서 도마는 네 번 등장하는데 도마 자신은 의심 많은 회의자 노릇을 하지만 주님으로 하여금 악을 선으로 바꾸게 하시어 중요한 계시를 하시게 하는 동기 부여자 노릇을 하고 있습니다.

㉠ "우리도 주와 함께 죽으러 가자"(11:16) 하고, 대속물이 되기 위해서 오신 점을 드러내고,

㉡ "주여 어디로 가시는지 우리가 알지 못하거늘" 이라는 의문을 통해서, "내가 곧 길이다"(14:6) 하신 만고불변의 진리를 계시하시고,

㉢ "보지 않고는 믿지 아니하겠다"는 회의를 통해서는, "보지 못하고 믿는 자들은 복되도다"(20:29) 하신, 믿음으로 사는 길을 계시하십니다.

④ "여드레를 지나서 제자들이 다시 집안에 있을 때에 도마도 함께 있고 문들이 닫혔는데 예수께서 오사 가운데 서서 가라사대 너희에게 평강이 있을지어다 하시고 도마에게 이르시되 네 손가락을 이리 내밀어 내 손을 보고 네 손을 내밀어 내 옆구리에 넣어보라 그리하고 믿음 없는 자가 되지 말고 믿는 자가 되라"(26-27) 하십니다.

㉠ "도마가 대답하여 가로되 나의 주시며 나의 하나님이시니이다"(28) 하고 고백합니다. 이점에서 도마의 의심을 이런 방도로 해소시켜주신 의도가 무엇인가 하는 점입니다. 이제도 주님의 부활을 의심하는 자에게 "네 손을 내밀어 내 옆구리에 넣어보라" 하신단 말인가? 아닙니다. 여기에는 도마가 "사도"라는 특수성이 있기 때문입니다.

교회는 "사도들과 선지자들의 터 위에 세우심을 입은 자라"(엡 2:20) 하십니다. 그런데 사도 중의 한 사람인 도마가 주님의 부활을 의심하고 있다면 그 터에 중대한 결함(缺陷)이 있게 되는 것입니다. 도마가 "나의 주시며 나의 하나님이시니이다" 하고 고백하므로 교회가 세워져야 할 "사도들의 터"는 온전함을 이루게 되었고, 우리는 충족된 계시인 성경을 가지게 되었던 것입니다.

㉡ 이렇게 하신 후에, "너는 나를 본 고로 믿느냐 보지 못하고 믿는 자들은 복되도다" 하십니다. 사도들은 "듣고 보고 만져 본"(요일 1:1) 사람들입니다. 그러나 그 후 세대는 "보지 못하고 믿는 자들"입니다. 무엇이 증거가 되는가? 충족된 계시 곧 성경 말씀이 증거가 되는 것입니다. "그들이 복되도다" 하고 축복해주십니다.

▎셋째 단원(30-31) **요한복음을 기록한 목적**

⑤ "예수께서 제자들 앞에서 이 책에 기록되지 아니한 다른 표적도 많이 행하셨으나"(30),

셋째 단원은 두 절에 불과하지만 요한복음을 기록한 목적을 밝혀주는 중요한 정보를 제공해주고 있습니다.

저는 네 개의 복음서 중에서 요한복음을 제일 먼저 강해를 했는데 그렇게 한 이유 중의 하나가 기록목적을 명시하고 있는 이 대목 때문입니다. 그래서 본 강해서에서도 기록목적을 맨 앞에서 다루었던 것입니다.

이점이 어째서 중요하냐 하면 현대교회는 성경을 기록한 목적대로 사용하고 있느냐 하는 반성 때문입니다. 성경을 가장 바르게 해석을 하고 올바로 증거하는 길은 기록한 목적대로 하는 것입니다. 이는 사도 요한의 목적이 아니라, 요한을 감동케 하여 기록하게 하신 주 성령님의 목적이기 때문입니다.

㉠ "오직 이것을 기록함은 너희로 예수께서 하나님의 아들 그리스도이심을 믿게 하려 함이요 또 너희로 믿고 그 이름을 힘입어 생명을 얻게 하려 함이니라"(31) 하고 말씀합니다. 첫째는 "예수가, 하나님의 아들 그리스도이심"을 증거하기 위해서 요한복음을 기록하였고, 둘째는 "너희로 믿고 생명을 얻게 하려 함이라", 이것이 요한복음을 기록한 목적이라는 것입니다. 그렇다면 요한복음은 이 두 주제에 의하여 해석이 되어야 바르게 해석하는 것이 됩니다.

주님께서 죽은 자 가운데 다시 살아나셨다는 부활사건은 이제까지 행하신 모든 표적을 뛰어넘는 궁극적인 표적이었던 것입니다. 주님은 "악하고 음란한 세대가 표적을 구하나 선지자 요나의 표적 밖에는 보일 표적이 없느니라. 요나가 밤낮 사흘을 큰 물고기 뱃속에 있었던 것같이 인자도 밤낮 사흘을 땅속에 있으리라"(마 12:38-40) 하고 말씀하셨습니다. 예수님의 부활은 그가 그리스도요 하나님의 아들이심에 대한 최종적인 표적이었던 것입니다.

사도 바울은 로마서 1장에서 "성결의 영으로는 죽은 가운데서 부활하여 능력으로 하나님의 아들로 인정되셨으니 곧 우리 주 예수 그리스도시니라"(롬 1:4) 하고 증거하고 있습니다. 이는 주님께서 부활하심으로 비로소 하나님의 아들이 되셨다는 그런 뜻이 아닙니다. 죽은 가운데서 부활하심으로 하나님의 아들이시라는 점이 명백하게 입증이 되었다는 뜻입니다.

"사망의 세력을 잡은 자 곧 마귀"(히 2:14)는 예수를 무덤에 가두고 사망의 줄로 매어두려 하였습니다. 이에 대해 베드로는 증거합니다. “하나님께서 사망의 고통을 풀어 살리셨으니 이는 그가 사망에게 매여있을 수 없었음이라”(행 2:24),

형제여, “예수를 너희가 보지 못하였으나 사랑하는도다. 이제도 보지 못하나 믿고 말할 수 없는 영광스러운 즐거움으로 기뻐하니”(벧전 1:8) 하십니다. 형제도 그러합니까? 그렇다면 형제는 복 받은 사람입니다.

묵상해 봅시다.

1. 아버지께서 나를 보내신 것같이 나도 너희를 보내노라에 대해서,
2. 보지 못하고 믿는 자는 복되다 하신 말씀에 대해서,
3. 도마에게 나타내 보이신 구원사적 의미에 대해서.

요한복음 21:1-14절 개관도표

주제:부활 후 세 번째로 나타내신 의도

<table>
<tr>
<td>나
타
내
심</td>
<td>1-3
1 ① 그 후에 예수께서 디베랴 바다에서 또 제자들에게 자기를 나타내셨으니
나타내신 일이 이러하니라
2 시몬 베드로와 디두모라 하는 도마와 갈릴리 가나 사람 나다나엘과
세베대의 아들들과
또 다른 제자 둘이 함께 있더니

3 ② 시몬 베드로가 [나는 물고기 잡으러 가노라] 하매 저희가 우리도 함께 가겠다 하고
나가서 배에 올랐으나 이 밤에 아무 것도 잡지 못하였더니</td>
</tr>
<tr>
<td>너
희
에
게

고
기
가

있
느
냐</td>
<td>4-14
4 ③ 날이 새어갈 때에 예수께서 바닷가에 서셨으나 제자들이 예수신줄 알지 못하는지라
5 예수께서 이르시되 얘들아 [너희에게 고기가 있느냐] 대답하되 없나이다
6 가라사대 그물을 배 오른편에 던지라 그리하면 얻으리라 하신대 이에 던졌더니
고기가 많아 그물을 들 수 없더라

7 ④ 예수의 사랑하시는 그 제자가 베드로에게 이르되 주시라 하니
시몬 베드로가 벗고 있다가
주라 하는 말을 듣고 겉옷을 두른 후에 바다로 뛰어 내리더라
8 다른 제자들은 육지에서 상거가 불과 한 오십 간 쯤 되므로 작은 배를 타고
고기든 그물을 끌고 와서
9 육지에 올라보니 숯불이 있는데 그 위에 생선이 놓였고 떡도 있더라

10 ⑤ 예수께서 가라사대 지금 잡은 생선을 좀 가져오라 하신대
11 시몬 베드로가 올라가서 그물을 육지에 끌어 올리니 가득히 찬 큰 고기가
일백 쉰 세 마리라 이같이 많으나 그물이 찢어지지 아니 하였더라
12 예수께서 가라사대 와서 조반을 먹으라 하시니 제자들이 주신 줄 아는 고로
당신이 누구냐 감히 묻는 자가 없더라
13 예수께서 가셔서 떡을 가져다가 저희에게 주시고 생선도 그와 같이 하시니라
14 이것은 예수께서 죽은 자 가운데서 살아나신 후에
[세 번째로 제자들에게 나타나신 것이라]</td>
</tr>
</table>

21:1-14절

부활 후 세 번째로 나타내신 의도

첫째 단원(1-3) **나타내신 일이 이러하니라**
둘째 단원(4-14) **너희에게 고기가 있느냐**

마지막 장에 이르렀습니다. 21장 전체의 핵심은 "내 어린양을 먹이라(15), 나를 따르라"(19)하신 말씀에 있습니다. 그런데 21장은 "자기를 나타내셨으니 나타내신 일이 이러하니라"(1) 하고 시작이 됩니다. 이는 "나타나신" 목적(目的)이 주님에게 있음을 의미하는데 그렇다면 "세 번째 제자들에게 나타내신"의도가 무엇인가? 도표를 보시면 "나타내심"을 중심으로 베드로는,"나는 물고기 잡으러 가노라"(첫째 단원) 말하고, 주님은 그들에게 나타나셔서 "너희에게 고기가 있느냐"(둘째 단원) 하고 물으십니다.

▌첫째 단원(1-3) 나타내신 일이 이러하니라

① "그 후에 예수께서 디베랴 바다에서 또 제자들에게 자기를 나타내셨으니 나타내신 일이 이러하니라"(1),

21장은 "그 후에", 이렇게 시작이 됩니다. "그 후"란 주님의 부활을 제자들에게 확증(確證)하여 주시되 의심하는 도마까지 확신(確信)시켜주신 그 후를 의미합니다. 1절에는 "나타내심"이란 말이 강조되어 있는데, "나타내셨다"는 말은 열어서 보여주신 계시(啓示)를 의미합니다.

20장에는 세 번의 나타내심이 있었습니다.

㉮ 첫 번은 마리아에게 나타내시고(20:14),

㉯ 두 번째는 도마를 제외한 제자들에게(19) 나타내시고,

㉰ 세 번째는 도마를 포함한 제자들에게 나타내셨습니다. 20장의 "나타내심"의 목적(目的)은 분명합니다. 주님의 부활을 확신시켜 주시고자 하는데 목적이 있었던 것입니다.

그러하기 때문에 "손과 옆구리를 보여"(20)주셨고, "네 손을 내밀어 내 옆구리에 넣어보라"(27) 하고 까지 말씀하셨던 것입니다.

그렇다면 21장의 "나타내심"의 목적은 무엇인가? 통상적으로 주님을 세 번 부인한 베드로를 치유하시기 위해서라고 말합니다. 그런 의미도 있을 것입니다만 그렇게 한정을 한다면 나타내신 목적이 너무 협소해지고 맙니다. 제자들은 갈릴리에서 만나자는 주님의 약속 때문에 그리로 내려간 듯(막 16:7) 합니다. 그러나 언제 어느 장소에서 만나 뵙게 될지에 대해서는 더 이상 알지를 못했습니다.

㉠ "시몬 베드로와 디두모라 하는 도마와 갈릴리 가나 사람 나다나엘과 세베대의 아들들과 또 다른 제자 둘이 함께 있더니"(2),

② "시몬 베드로가 나는 물고기 잡으러 가노라 하매 저희가 우리도 함께 가겠다 하고 나가서 배에 올랐으나 이 밤에 아무 것도 잡지 못하였더니"(3) 합니다.

"이 밤에 아무 것도 잡지 못하였더니", 이것이 주님께서 나타내신 배경적(背景的)인 설명입니다. 이 말씀은 베드로가 주님을 부인하던 안나스의 뜰이 아니라, 제자들이 주님을 처음 만났던 누가복음 5장으로 인도해줍니다. 그 당시도, "우리들이 밤이 맞도록 수고를 하였으되 얻은 것이 없지만"(눅 5:5) 한 같은 상황이었습니다.

이것이 어찌 베드로 한 사람의 처지와 형편이며, 베드로 한 사람을 위한 나타내심이라 한정할 수가 있단 말인가? 주님의 승천하심으로부터 재림하시는 그날까지 지상에 두고 가신 그리스도인들이 직면하게 되는 실의(失意)와 낙망이기도 한 것입니다. 특히 "우리가 선을 행하되 낙심하지 말지니 피곤치 아니하면 때가 이르매 거두리라"(갈 6:9) 한 사역자들의 피곤함인 것입니다.

이점에서 유념해야할 점은 본문이 요한복음 마지막 장이라는 점과, 다른 복음서들이 마지막을 어떻게 끝맺고 있는가를 주목한다는 것이 본문의 "나타내신" 의도를 인식하는데 도움이 된다는 점입니다.

주님은 마태복음 마지막 장에서는, "볼지어다 내가 세상 끝날까지 너희와 항상 함께 있으리라"(마 28:20) 격려하시고, 마가복음 마지막 장에서는 "제자들이 나가 두루 전파할 새 주께서 함께 역사하사 그 따르는 표적으로 말씀을 확실히 증거하시니라"(막 16:20) 하고 마치고 있습니다. 이런 맥락에서 요한복음 마지막 장에서도 주님께서 제자들을 찾아오셔서 그들과 함께 하셨다는 점이 중요한 것입니다.

▌둘째 단원(4-14) 너희에게 고기가 있느냐

③ "날이 새어갈 때에 예수께서 바닷가에 서셨으나 제자들이 예수신 줄 알지 못하는지라"(4),

㉠ "얘들아 너희에게 고기가 있느냐? 대답하되 없나이다"(5), 이것이 나타내셔서 하신 첫 말씀입니다. 언제나 그러하듯이 주님의 물으심은 모르셔서가 아니라 자신을 돌아보게 하는 질문이었던 것입니다. "아무것도 잡지 못하였더니(3하), 없나이다"(5하), 이 대답은 저들로 하여금, "나를 떠나서는 너희가 아무것도 할 수 없음이라"(15:5) 하신 말씀을 상기케 하기에 족한 것이었습니다.

㉡ "그물을 배 오른편에 던지라 그리하면 얻으리라 하신대 이에 던졌더니 고기가 많아 그물을 들 수 없더라"(6), 이런 일이 있게 되자 저들은 분명, "시몬이 대답하여 가로되 선생이여 우리들이 밤이 맞도록 수고를 하였으되 얻은 것이 없지마는 말씀에 의지하여 내가 그물을 내리리이다 하고 그리한즉 고기를 에운 것이 심히 많아 그물이 찢어지는지라"(눅 5-6) 한, 그때 일을 상기했을 것입니다.

④ 그래서 "예수의 사랑하시는 그 제자가 베드로에게 이르되 주시라 하니 시몬 베드로가 벗고 있다가 주라 하는 말을 듣고 겉옷을 두른 후에 바다로 뛰어 내리더라"(7),

㉠ "다른 제자들은 육지에서 상거가 불과 한 오십 간쯤 되므로

작은 배를 타고 고기든 그물을 끌고 와서 육지에 올라보니 숯불이 있는데 그 위에 생선이 놓였고 떡도 있더라"(8-9) 합니다.

⑤ "예수께서 가라사대 지금 잡은 생선을 좀 가져오라 하신대 시몬 베드로가 올라가서 그물을 육지에 끌어 올리니 가득히 찬 큰 물고기가 일백 쉰세 마리라 이같이 많으나 그물이 찢어지지 아니하였더라"(10-11),

㉠ "예수께서 가라사대 와서 조반을 먹으라" 하시고, 떡을 가져다가 저희에게 주시고 생선도 가져다가 저희에게 주셨습니다. 제자들은 받아먹으면서 주님이신 줄 아는 고로, "당신이 누구냐 감히 묻는 자가 없더라"(12) 합니다.

디베랴 바닷가에서 나타내심은 20장에서처럼 부활 자체를 계시하시려는 데 목적이 있었던 것이 아닙니다. 왜냐하면 21장에서는 어느 누구도 주님의 부활에 대해 의심하고 있는 모습이 보이지 않기 때문입니다. 또한 주님 자신도 이에 대한 언급이 전연 없습니다.

그렇다면 복음서의 기록목적(20:30-31)까지를 말씀한 사도 요한이 21장을 기록한 의도가 어디에 있는가? 마태가 복음서를 끝마치면서 마지막으로 한 말씀은, "볼지어다 내가 세상 끝날까지 너희와 항상 함께 있으리라"는 말씀입니다. 요한복음은 "내가 세상 끝날까지 너희와 항상 함께 있으리라" 하심을 말씀으로가 아니라 실제적인 한 폭의 아름다운 장면으로 표현해 주고 있는 것입니다.

제자들이 옛 생활로 되돌아간 듯한 행동에 대해서 주님께서는 일언 반구 책망을 하지 않으셨습니다. 중요한 점은 제자들이 삶의 현장에서, 그것도 피곤과 실의에 빠져 있을 때에 주님께서 찾아오셨다는 점입니다. 어쩌면 갈릴리 바닷가 거기가 주님께서 만나자고 약속하신 장소였을지도 모릅니다.

부활하신 주님께서는, "내가 너희를 고아와 같이 버려두지 아니하리라"(14:18) 말씀하신 대로 제자들과 항상 함께 하신다는 점을 보여주는 것, 이것이 21장을 통해서 나타내고자 하는 주님의 자기계시였던 것입니다.

요한복음은 서두에서도 하나님의 나라가 임하였음을, "회개하라 천국이 가까웠느니라" 하는 "메세지" 대신, 가나 혼인잔치에서 물로 포도주를 만들어 축복해 주시는 장면을 통해서 하나님의 나라가 도래하였음을 보여주셨던 것입니다.

디베랴 바닷가에는 베드로를 위시하여 7명(2)의 제자들이 있었습니다. 부활하신 주님은 그들이 처한 삶의 현장에 찾아오셨습니다. 그러면 4명의 다른 제자들은 어디에 있었을까요? 모릅니다. 그러나 한가지 분명한 것은 부활하신 주님은 그들과도 함께 계신다는 믿음입니다. 주님께서는 "두 세 사람이 내 이름으로 모인 곳에는 나도 그들 중에 있느니라" 하고 약속하셨기 때문입니다.

누가복음 24장에는 예루살렘에서 엠마오로 내려가는 두 제자의 이야기가 있습니다. 주님께서는 그들과 동행하셨으며, 그들의 식탁에도 함께 하셨던 것입니다. 이처럼 시간과 장소를 초월하여 "세상 끝 날까지" 모든 그리스도인들과 항상 함께 하심이 가능하여진 것은 "죽으시고 다시 사심"을 통해서였던 것입니다.

피어 놓은 숯불을 중심으로 일곱 명의 제자들이 둘러앉아 식사를 나누고 있는 이 강변교회는 지금 7, 8명이 모이는 어느 어촌교회일수도 있습니다. 두메 산골교회라고 해도 무방합니다. 또한 엠마오의 두 제자의 식탁처럼 두 세 사람이 둘러앉은 그리스도인 가정(家庭)의 식탁일 수도 있습니다. 중요한 점은 그들 가운데 주님께서 함께 계신다는 점입니다.

이런 맥락에서 주님께서 자기를 나타내신 이 계시는 모든 그리스도인들을 포괄하고 있는 것입니다. 그러므로 우리의 고백은 주님의 이름으로 모일 때마다, 그리고 식탁에 둘러 앉을 때마다 이 식탁은 주님께서 준비하여 주신 식탁이라는 것과 우리와 함께 하신다는 감사와 감격이 있어야 한다는, 이것이 세 번째 나타내신 의도라는 말씀입니다.

제자들은 주님께서 자기들과 함께 계심을 확신했습니다. 앞으로도 그러할 것입니다. 그리고 주님은 제자들의 필요를 아셨습니다. 그리고 공급해 주셨습니다. "153마리라" 한 표현이 말해주듯이 이는 환상이나 꿈이 아니라 분명한 실제 상황이었습니다. 제자들은 기쁨과 놀라움으로 상기되어 있었을 것입니다.

마치 야곱이 죽은 줄로 알았던 "요셉이 자기를 태우려고 보낸 수레를 보고야 기운이 소생한지라, 족하도다 내 아들 요셉이 지금까지 살았으니 내가 죽기 전에 가서 그를 보리라"(창 45:27-28) 한 것 같이 말입니다.

제자들도 처음에는 그들 가운데 함께 계시는 주님을 "알아보지 못했다"(4) 하고 말씀합니다. 형제여, 우리도 그러하지는 않습니까? 예배를 드리면서도 주님의 임재를 알아보지 못하고, 삶의 현장에서도 주님의 동행하심을 알아보지 못하고 살고 있지는 아니합니까? "예수 그리스도는 어제나 오늘이나 영원토록 동일하십니다"(히 13:8).

"이것은 예수께서 죽은 자 가운데서 살아나신 후에 세 번째로 제자들에게 나타나신 것이라"(14).

묵상해 봅시다.

1. 너희에게 고기가 있느냐 물으심에 대해서,
2. 와서 조반을 먹으라 하심에 대해서
3. 세 번째 나타내신 의도에 대해서.

요한복음 21:15-25절 개관도표

주제:내 양을 먹이라, 나를 따르라

내 어린 양을 먹이라	15-17 15 ① 저희가 조반 먹은 후에 예수께서 시몬 베드로에게 이르시되 요한의 아들 시몬아 **네가 이 사람들보다 나를 더 사랑하느냐** 하시니 가로되 주여 그러하외다 내가 주를 사랑하는 줄 주께서 아시나이다 가라사대 **내 어린 양을 먹이라** 하시고 16 ② 또 두 번째 가라사대 요한의 아들 시몬아 **네가 나를 사랑하느냐** 하시니 가로되 주여 그러하외다 내가 주를 사랑하는 줄 주께서 아시나이다 가라사대 **내 양을 치라** 하시고 17 ③ 세 번째 가라사대 요한의 아들시문아 **네가 나를 사랑하느냐** 하시니 주께서 세 번째 네가 나를 사랑하느냐 하시므로 베드로가 근심하여 가로되 주여 모든 것을 아시오매 내가 주를 사랑하는 줄을 주께서 아시나이다 예수께서 가라사대 **내 양을 먹이라**
너는 나를 따르라	18-23 18 ④ **내가 진실로 진실로 네게 이르노니** 젊어서는 네가 스스로 띠 띠고 원하는 곳으로 다녔거니와 늙어서는 네 팔을 벌리리니 남이 네게 띠 띠우고 원치 아니하는 곳으로 데려가리라 19 이 말씀을 하심은 **베드로가 어떠한 죽음으로 하나님께 영광을 돌릴 것을** 가리키심이러라 ⑤ 이 말씀을 하시고 베드로에게 이르시되 **나를 따르라 하시니** 20 베드로가 돌이켜 예수의 사랑하시는 그 제자가 따르는 것을 보니 그는 만찬석에서 예수의 품에 의지하여 주여 주를 파는 자가 누구오니이까 묻던 자러라 21 이에 베드로가 그를 보고 예수께 여짜오되 주여 이 사람은 어떻게 되겠삽나이까 22 ⑥ 예수께서 가라사대 내가 올 때까지 그를 머물게 하고자 할지라도 네게 무슨 상관이냐 **너는 나를 따르라 하시더라** 23 이 말씀이 형제들에게 나가서 그 제자는 죽지 아니 하겠다 하였으나 예수의 말씀은 그가 죽지 않겠다 하신 것이 아니라 내가 올 때까지 그를 머물게 하고자 할지라도 네게 무슨 상관이냐 하신 것이러라
맺는 말	24-25 24 ⑦ **이 일을 증거하고 이 일을 기록한 제자가 이 사람이라 우리는 그의 증거가 참인 줄 아노라** 25 예수의 행하신 일이 이 외에도 많으니 만일 낱낱이 기록된다면 이 세상이라도 이 기록된 책을 두기에 부족할 줄 아노라

21:15-25절

내 양을 먹이라 나를 따르라

첫째 단원(15-17) **내 어린양을 먹이라**
둘째 단원(18-23) **너는 나를 따르라**
셋째 단원(24-25) **그의 증거가 참인줄 아노라**

부활하신 주님께서, "볼지어다 내가 세상 끝날까지 너희와 항상 함께 있으리라" 하심은, "함께"만 있겠다는 뜻이 아니라 "함께 일하신다, 싸워주신다"는 뜻입니다. "함께 하심"이 앞의 문단(1-14)의 중심주제라면, 본 문단의 중심점은 "내 어린양을 먹이라, 나를 따르라" 하신 주님과의 동역에 있습니다. 도표를 보시면 이를 중심으로 "내 어린양을 먹이라"(첫째 단원) 하고 세 번이나 말씀하시고, "나를 따르라"(둘째 단원) 하고 두 번이나 말씀하십니다.

▌첫째 단원(15-17) 내 어린양을 먹이라

① "저희가 조반 먹은 후에 예수께서 시몬 베드로에게 이르시되 요한의 아들 시몬아 네가 이 사람들보다 나를 더 사랑하느냐 하시니",

㉠ "가로되 주여 그러하외다 내가 주를 사랑하는줄 주께서 아시나이다",

㉡ "가라사대 내 어린 양을 먹이라 하시고"(15),

② "또 두 번째 가라사대 요한의 아들 시몬아 네가 나를 사랑하느냐 하시니",

㉠ "가로되 주여 그러하외다 내가 주를 사랑하는 줄 주께서 아시나이다",

㉡ "가라사대 내 양을 치라 하시고"(16),

③ "세 번째 가라사대 요한의 아들 시몬아 네가 나를 사랑하느냐 하시니 주께서 세 번째 네가 나를 사랑하느냐 하시므로 베드로가 근심하여",

㉠ "가로되 주여 모든 것을 아시오매 내가 주를 사랑하는 줄을 주께서 아시나이다",

㉡ "예수께서 가라사대 내 양을 먹이라"(17) 하십니다.

주님께서 이처럼 베드로에게, "네가 나를 사랑하느냐" 하고 세 번 물으신 것은 베드로가 주를 세 번 "아니라" 하고 부인한 것과 대칭을 이루고, 피어놓은 숯불은 베드로가 불을 "쬐다가" 주를 부인한 상황과 절묘한 조화를 이루고 있습니다. 그렇다 해도 부활하신 주님께서 나타내신 의도를 베드로 한 사람을 위한 것인 양 한정(限定)을 해서는 아니 됩니다.

왜냐하면 앞 문단에서도 "나는 물고기 잡으러 가노라"(3) 한 것은 베드로가 한 말이지만 혼자 간 것이 아니라 7명이 함께 갔으며, "내 어린양을 먹이라" 하심도 베드로 개인의 사명이 아니라, 베드로는 수제자로서 제자 된 우리 모두를 대표하고 있다는데 더 큰 비중을 두어야만 합니다.

동일한 원리를 마태복음 16장에 등장하는 베드로의 신앙고백에서도 볼 수가 있습니다. 베드로의 고백을 들으신 주님은 "너는 베드로라 내가 이 반석 위에 내 교회를 세우리니" 하시면서, "내가 천국 열쇠를 네게 주리니"(마 16:15-19) 하고 말씀하셨습니다. 이는 베드로 개인의 신앙고백도 아니요, 베드로 개인에게 주신 "천국 열쇠"도 아닌 것입니다. 이를 베드로 개인에게 하신 것으로 여기는 데서 교황제도의 오류가 발생한 것입니다.

그러므로 중심점은 베드로의 치유에 있는 것이 아니라 3번 강조하신 "내 양을 먹이라"는 지상명령(至上命令)에 있는 것입니다. 우리가 주님을 사랑하는 "사랑"을 어떻게 나타내기를 원하고 계시는가? "내 어린양을 먹이라, 내 양을 치라, 내 양을 먹이라" 하고 말씀하십니다. 승천을 앞둔 주님의 관심은 온통 두고 가시는 주님의 "어린양"에게 있었습니다. 어느 정도인가 하면, "나를 사랑한다면, 내 어린양을 먹이라" 하고, 자신과 어린양을 동일시 하십니다.

다른 곳에서 주님은 "지극히 작은 자에게 한 것이 바로 나에게 한 것이니라" 하고 말씀하십니다. "내 어린양을 먹이라"는 명령은 조반을 먹여주신 후에 주어졌습니다. 주님은 먼저 제자들의 발을 씻어주신 후에 "너희도 서로 발을 씻기는 것이 옳으니라"(13:14) 하고 교훈을 하셨습니다. 씻음 받은 자는 씻어주어야 하고, 사랑 받은 자는 사랑해야 하며, 받아 먹은 자는 먹여주어야 하는 것이 실천윤리의 원리입니다.

주님께서는, "내 어린양"이라고 말씀하십니다. "어린양"이라 하심은 개개인의 어린 상태를 의미할 수도 있고, 갓 태어나게 될 신약교회를 가리킬 수도 있습니다. 주님께서는 "네가 나를 믿느냐" 하시지 않고, 어찌하여 "네가 나를 사랑하느냐" 하고 물으셨을까요? 이제까지는 "믿음"이 강조되어 왔습니다.

"영접하는 자 곧 그 이름을 믿는 자들에게는 하나님의 자녀가 되는 권세를 주셨으니"(1:12),

"이는 저를 믿는 자마다 멸망치 않고 영생을 얻게 하려 하심이니라"(3:16).

"믿는 자는 영생이 있고"(3:36),

"믿는 자는 영생을 얻었고"(5:24),

"믿는 자는 영생을 가졌나니"(6:47),

"네가 믿으면 하나님의 영광을 보리라 하지 아니하였느냐"(11:40) 등 믿음을 요구하셨습니다.

그런데 주님께서는 지금 제자들의 사랑을 확인하고 계시는 것입니다. 주님께서는 "세상에 있는 자기 사람들을 끝까지 사랑"(13:1)하셨습니다. "사랑하시고 위하여 자신을 주시기까지"(엡 5:25) 사랑하여 주셨습니다. 주님께서는 그 사랑이 어떻게 전달되었는가를 확인하고 계시는 셈입니다.

왜냐하면 "섬김, 봉사, 목회"란 "그리스도의 사랑이 우리를 강권하시는 도다"(고후 5:14) 한, 사랑의 헌신(獻身)이기 때문입니다. 주님께서는, “새 계명을 너희에게 주노니 서로 사랑하라 내가 너희를 사랑한 것같이 너희도 서로 사랑하라”(13:34) 하셨습니다.

㉠ 새 계명은, “서로 사랑하라”는 말씀입니다.

㉡ 본문에서도 “나를 사랑하거든”, 나를 사랑할 것이 아니라 “내 어린양을 먹이라” 하고, 형제를 사랑하라고 말씀하십니다. 왜냐하면 교회는 주님의 몸이요, “몸을 사랑하는 것이 곧 주님을 사랑하는 것”(엡 5:28-29)이기 때문입니다.

진실로 예수가 하나님의 아들 그리스도이심을 믿는다면, 그리고 그분께서 십자가상에서 “다 이루었다” 선언하심으로 나의 죄가 다 속량되었다는 구속의 은총을 확신한다면 필연적으로 그 분을 사랑하지 않을 수 없는 것입니다.

“네가 이 사람들 보다, 또는 이것들(배, 그물, 고기 등) 보다 나를 더 사랑하느냐?” 이 물음에 대한 형제의 답변은 무엇입니까? 주님께서는 세 번이나 반복해서 물으셨습니다. 유대인에게 셋이라는 숫자는 절대적인 의미가 있습니다. 베드로는 주께서 세 번째, “네가 나를 사랑하느냐” 하시므로 근심하였다고 말씀합니다.

한 번, 두 번이 아닌 세 번이나 물으셨을 때에 근심하지 않을 자가 누구이겠습니까? 왜냐하면 자신의 대답이 얼마나 변하기 잘하고 성실하지 못하다는 점을 우리는 알기 때문입니다.

사랑은 이론(理論)이 아닙니다. 사랑은 실제적입니다. 사랑은 어떤 모양으로라도 표현되어야만 하는 것입니다. 그 때 우리의 답변이 진실하지 못했음이 나타나기 마련입니다.

“빚진 자가 둘이 있어 하나는 오백 데나리온을 졌고 하나는 오십 데나리온을 졌는데 갚을 것이 없으므로 둘 다 탕감하여 주었으니 둘 중에 누가 저를 더 사랑하겠느냐"(눅 7:41-42) 물으십니다. 사함 받은 일이 적은 자는 적게, 많은 자는 많이 사랑하게 마련입니다.

둘째 단원(18-23) **너는 나를 따르라**

④ "내가 진실로 진실로 네게 이르노니 젊어서는 네가 스스로 띠 띠고 원하는 곳으로 다녔거니와 늙어서는 네 팔을 벌리리니 남이 네게 띠 띠우고 원치 아니하는 곳으로 데려가리라"(18), 이는 주님께서 하신 25번째이자 마지막 "진실로, 진실로"라는 말씀과 함께 주어졌습니다.

㉠ "이 말씀을 하심은 베드로가 어떠한 죽음으로 하나님께 영광을 돌릴 것을 가리키심이러라"(19상), "어린양"을 먹이고 돌본다는 것은 푸른 초장 쉴만한 물가만 있는 것은 아닙니다. 때로는 이리를 만나 양들을 위해 목숨을 버려야 할 때도 있는 것입니다. 그러므로 "늙어서는 네 팔을 벌리리니 남이 네게 띠 띠우고 원치 아니하는 곳으로 데려가리라"(18) 하심이 어찌 베드로에 국한된 일이겠습니까?

⑤ "이 말씀을 하시고 베드로에게 이르시되 나를 따르라 하시니"(19하), "나를 따르라", 이것이 21장을 통해서 말씀하시려는 두 번째 주제입니다.

베드로는 그의 서신서에서, "이를 위하여 너희가 부르심을 입었으니 그리스도도 너희를 위하여 고난을 받으사 너희에게 본을 끼쳐 그 자취를 따라 오게 하려 하셨느니라"(벧전 2:21) 하고 말씀합니다. 스승의 자취를 따르는 것이 제자(弟子) 도(道)입니다.

㉠ "베드로가 돌이켜 예수의 사랑하시는 그 제자가 따르는 것을 보니 그는 만찬석에서 예수의 품에 의지하여 주여 주를 파는 자가 누구오니이까 묻던 자러라 이에 베드로가 그를 보고 예수께 여짜오되 주여 이 사람은 어떻게 되겠삽나이까"(21-22),

⑥ "예수께서 가라사대 내가 올 때까지 그를 머물게 하고자 할지라도 네게 무슨 상관이냐 너는 나를 따르라 하시더라"(22), 재차 "너는 나를 따르라" 하신 데서 의미가 더욱 선명하게 드러납니다.

인간이란 사람을 의식하고, 비교하고, 의존하려는 근성이 있습니다. 이는 마치 좌우(左右)를 두리번거리는 것과 같습니다. 이점을 호세아서에서는 "어리석은 비둘기"(호 7:11)라고 표현했습니다. 왜냐하면 하나님만을 신뢰하지 않고 "앗수르, 애굽, 바벨론"을 두리번거렸기 때문입니다. 주님은 단호하게, "네게 무슨 상관이냐 너는 나를 따르라" 하십니다. 다른 사람 어찌하든지 제자들은 주를 따라야만 하는 것입니다.

요한복음이 우리에게 촉구하는 마지막 말씀은 "나를 따르라"는 말씀입니다. 이 외에 무슨 말씀이 더 필요하겠습니까? "따르다"는 "아콜루테오"는 "동행하다"라는 의미입니다. "자 나와 함께 출발하자", 2천년 전에도 동행하여 주셨고, 현재에도 동행하여 주시며, 앞으로도 세상 끝날까지 동행하여 주실 것입니다.

이제 우리도 출발(出發)할 때가 되었습니다. 우리는 요한복음을 통해서 예수님이 하나님의 아들 그리스도이심을 믿고 구원에 대한 확신을 얻게 되었습니다. 이것은 값없이 주시는 하나님의 선물입니다. 그러한 우리들에게 주님은 사명을 주셨습니다.

"네가 나를 사랑하느냐……내 어린양을 먹이라",

그리고 짊어지고 주님의 자취를 따라야 할 십자가를 주셨습니다. 형제여, 주님께서는 형제와도 동행하심을 믿으시기 바랍니다.

셋째 단원(24-25) 그의 증거가 참 인줄 아노라

⑦ "이 일을 증거하고 이 일을 기록한 제자가 이 사람이라 우리는 그의 증거가 참인 줄 아노라"(24), 요한은 자신의 이름을 끝까지 밝히고 있지 아니합니다. 왜냐하면 증거되어야 할 분은 오직 예수 그리스도 한 분뿐이시기 때문입니다.

㉠ "예수의 행하신 일이 이 외에도 많으니 만일 낱낱이 기록된다면 이 세상이라도 이 기록된 책을 두기에 부족할 줄 아노라"(24-25), 요한의 끝맺는 말은 "참 인줄 아노라" 한 진실(眞實)이라는 말씀입니다. 우리는 이제까지 주님께서 친히 25번이나 "진실로 진실로 너희에게 이르노니" 하고 말씀하시는 바를 상고하였습니다.

이 복음은 "미쁘다 모든 사람이 받을만한 이 말이여 그리스도 예수께서 죄인을 구원하시려고 세상에 임하셨다 하였도다" 한 미쁘신 말씀입니다. 이제 형제의 고백은 무엇입니까? "죄인 중에 내가 괴수니라"(딤전 1:15). 아멘.

묵상해 봅시다.

1. "나를 사랑하느냐, 내 어린양을 먹이라"하고, 자신과 어린양을 동일시 하심에 대해서,
2. 너는 나를 따르나에 대해서,
3. 요한복음 파노라마를 마치는 소감에 대해서.

구속사의 관점에서 본
신약성경 파노라마
요한복음
초판 1쇄 발행 1997년 12월 23일
증보 1쇄 발행 2011년 11월 30일
3쇄 발행 2019년 8월 1일

지은이 유도순
펴낸이 유효성
펴낸곳 도서출판 머릿돌

등록번호 제17-240호
등록일자 1997년 5월 20일
주소 경기도 성남시 분당구 성남대로 30, 동아그린프라자 501호
Mobile. 010-9472-8327
http://cafe.daum.net/gusoksa
E-mail yoodosun@hanmail.net / yoohs516@hanmail.net

총판 기독교출판유통
경기도 고양시 일산동구 장대길74-6
(031) 906-9191

ISBN : 978-89-87600-61-1 (03230)